舒国滢——著

# 法哲学沉思录

增订注释版

广西师范大学出版社

·桂林·

FAZHEXUE CHENSI LU: ZENGDING ZHUSHI BAN

法哲学沉思录：增订注释版

出 品 人：刘春荣　　营销统筹：张　帅
责任编辑：安　静　　营销编辑：李怡霖
责任技编：郭　鹏　　装帧设计：徐俊霞
项目策划：乐律文化　　　　　　俸萍利

### 图书在版编目（CIP）数据

法哲学沉思录：增订注释版 / 舒国滢著. —桂林：广西师范大学出版社，2021.9
ISBN 978-7-5598-4065-3

Ⅰ．①法… Ⅱ．①舒… Ⅲ．①法哲学 Ⅳ．①D90

中国版本图书馆 CIP 数据核字（2021）第 151960 号

广西师范大学出版社出版发行

（广西桂林市五里店路9号　邮政编码：541004）
网址：http://www.bbtpress.com

出版人：黄轩庄
全国新华书店经销
深圳市精彩印联合印务有限公司印刷
（深圳市光明新区白花洞第一工业区精雅科技园　邮政编码：518108）
开本：635 mm × 965 mm　1/16
印张：17.25　　字数：336 千字
2021 年 9 月第 1 版　　2021 年 9 月第 1 次印刷
定价：108.00 元

如发现印装质量问题，影响阅读，请与出版社发行部门联系调换。

# 序

法哲学是有诱惑性的，不是因为它的平实朴素，而是因为其所讨论主题的严肃性与深刻性。本书作者同样本着学科专业主义的规准和诫命从事写作，当然，这个诱因也必定是来自专业内部的，即源自约翰·奥斯丁及其后的法哲学和政治哲学之提问方式、论述方式所构成的挑战。毫无疑问，当今几乎所有从事法哲学研究的人似乎都必须在下面这些人，即汉斯·凯尔森、赫伯特·哈特、罗纳德·德沃金、约翰·罗尔斯、约瑟夫·拉兹、尤尔根·哈贝马斯以及罗伯特·阿列克西等所限定的问题域中来寻找各自的立场、进路和方法。本书的写作显然受到了上述诸位法学巨擘之思想的激励，故而试图将他们的问题串连在一起，间或予以回应与解答。

本书共8章、64个命题，每章由8个命题以及命题展开的内容构成：命题1—8讨论世界、理论与逻辑，宣示一种逻辑进路的哲学立场；命题9—16论述法学、法哲学与法教义学的关系，提出"法教义学确定法学的基质和问学方式"的观点；命题17—24谈法、存在、行为与规范，提出"在逻辑结构上，法律规则乃行为规则与裁判规则的结合"和"若无裁判规则，法就失去其所应有的本性"的思想；命题25—32探讨法律概念、法律规则和法律原则的关系，力图证明法律规则是"行为规范"，法律原则是"证成规范";命题33—40讨论法律体系、结构与效力,将法律体系的效力分为"内部效力"和"外部效力",并提出"效力赋予"和"程序性确认"的概念及两者的关系;命题41—48谈规范承受者对法律的服从、抵抗与宪法权威,重点讨论"来自形式的单向性理由"与来自规范承受者之主观理由之间的关系以及"合法律性危机"问题;命题49—56讨论价值多元、普遍共识与论证,强调"不通过理性论辩,无以证成对法或法律体系的反驳或质疑";命题57—64的主题是时间、历史、人与法治,其研究不同时代的法律对不同类型的人类形象的塑造,提出"法治不是完美社会的完美原则,但无法治则无完美的社会"的结论。

  细心的读者会发现,本书的架构是开放的,并不限于法的理论问题(命题17—40),而且也触及传统上属于"政治哲学"(命题41—56)和"历史哲学"所探讨的问题(命题57—64)。这种学问领域间"横跨"不免遭人诟病,很有可能被指责为理论上的"无理跳跃"。然而,如果读者忽略我个人所提出的理论主张,而纯粹从所讨论的问题本身看,它们之间还是具有某种逻辑联系的:我们完全可以把本书所谈的法的理论问题(命题17—40)看作是"法的存在与效力问题",而把本书所谈的"政治哲学"问题(命题41—56)和"历史哲学"问题(命题57—64)看作是"有关法的存在与效力问题"。这两类问题固然可以分开,但它们彼此之间也并非毫无关联。本书正是在它们相互联系的意义上安排各个命题前后的顺序以及论述结构的。

任何一本书都有其独特的表达方式,本书尝试运用"命题展开"这样一种完全个性化的述说策略来表达主题的思考,段落长短不一,或详或略,或繁或简,权且冠以《法哲学沉思录》。

笔者相信,简单性是真理的标志(Simplex sigillum veri)。如维特根斯坦所言:"逻辑问题的解决一定是简单的,因为简单性是它们树立的标准。"[1]尽管深感自身的能力有所不逮,但本人仍然希望以简单性作为理论奋斗的目标。

最后,谨以谦卑之心向本书提及的所有思想者致敬,正是他们的思想犹如一道道闪电,照亮我在暗夜中前行的道路,让我看见大地遥远的风景。

---

[1] [奥]维特根斯坦:《逻辑哲学论及其他》,《维特根斯坦全集(第1卷)》,陈启伟译,河北教育出版社2003年版,第233页。

# 目　录

## 一、世界、理论与逻辑

命题 1　这个世界是由理论表述的　　　　　　　　　002

命题 2　所有表述这个世界的理论都是不完全的　　　006

命题 3　表述世界的理论之间是相互竞争的　　　　　009

命题 4　相互竞争的理论并非不存在基本的约定　　　014

命题 5　这些理论约定的基础就是人类思想所共有的逻辑　018

命题 6　承认这些逻辑的认识论根据在于人类的理性　　025

命题 7　人类的理性是不证自明的　　　　　　　　　027

命题 8　理性的毁灭是一切理论的最终毁灭　　　　　030

## 二、法学、法哲学与法教义学

命题 9　法学是充满理论争议的学问，但也有自己的理论
　　　　约定　　　　　　　　　　　　　　　　　　036

| 命题 10 | 法教义学确定法学的基质和问学方式 | 049 |
| 命题 11 | 法教义学沉默之处，便有法哲学 | 066 |
| 命题 12 | 法哲学的目的在于使法学思想在逻辑上得以清晰 | 076 |
| 命题 13 | 法哲学的使命不是改造世界，而是认识世界 | 082 |
| 命题 14 | 法哲学的工作方式主要是反思、解释和批判 | 088 |
| 命题 15 | 法哲学是多元的，但不必然是混乱的 | 097 |
| 命题 16 | 法哲学的命运不是死亡，而是再生 | 102 |

## 三、法、存在、行为与规范

| 命题 17 | 法作为非物理存在，是由人类创设或约定的 | 108 |
| 命题 18 | 人类创设或约定法，在于规制人的行为 | 114 |
| 命题 19 | 法对人类行为的规制具有规范性 | 120 |
| 命题 20 | 行为规制的规范性可以通过人类行为的逻辑加以辨识 | 132 |
| 命题 21 | 人类行为与其应归结的后果之关系不能看作是因果关系 | 137 |
| 命题 22 | 在逻辑结构上，法律规则乃行为规则与裁判规则的结合 | 141 |
| 命题 23 | 若无裁判规则，法就失去其所应有的本性 | 149 |

命题 24　无论行为规则，还是裁判规则，都是通过语言建构的　153

## 四、概念、规则和原则

命题 25　从语言上看，法是由法律概念构成的体系　162
命题 26　法律概念是对经验生活素材的提炼和抽象　170
命题 27　法律概念的意义就是它在语言中的使用　179
命题 28　没有法律概念，法律规则无以构成，但法律概念本身不能说明法律规则的性质　187
命题 29　法律规则排除任何个人对自己行为的合法律性判断，并由此成为刚性的独断理由来源　191
命题 30　法律原则并不是行为规范，不直接构成行为理由　208
命题 31　法律原则可以用作裁判规则，但必须具备条件　215
命题 32　法律原则的适用不是"非此即彼"的　234

## 五、体系、结构与效力

命题 33　凡法律规范均构成体系，并在法律体系结构中有效　248
命题 34　离开法律原则，无从认识法律体系的结构　255

命题 35　法律体系结构诸关系通过法条加以展开　　262

命题 36　法律体系的运行功能在于规范内部统一和因应外部变化　　269

命题 37　法律体系是动态的　　274

命题 38　法律体系的效力不能由法律体系本身证明，它的效力基础在体系外部　　280

命题 39　法律体系是经赋予并确认有效的　　285

命题 40　法律体系是制度化的，依靠制度化运作　　300

## 六、服从、抵抗与宪法权威

命题 41　法律体系在形式上要求规范承受者个人或集体遵行和服从　　310

命题 42　规范承受者个人或集体自愿遵行和服从法律，必然来自自我的内心认同　　324

命题 43　基于自我的内心信念，规范承受者个人或集体，也可能抵抗法或法律体系的效力　　337

命题 44　规范承受者个人或集体抵抗法律体系的效力必然首先表现为对制度化力量的抵抗　　348

| | | |
|---|---|---|
| 命题 45 | 对制度化力量的抵抗将会造成法律体系的"合法律性危机" | 357 |
| 命题 46 | 尊重宪法权威是避免"合法律性危机"的必要条件 | 361 |
| 命题 47 | 宪法权威的失落,意味着整个法律体系的解体或崩溃 | 366 |
| 命题 48 | 重建宪法权威,有赖于整合规范承受者个人或集体的法律确信,并形成普遍的社会共识 | 370 |

## 七、价值多元、普遍共识与论证

| | | |
|---|---|---|
| 命题 49 | 在价值多元社会中,每个人对于法或法律体系,均持有各自不同的主观价值判断 | 374 |
| 命题 50 | 对于法或法律体系持各自不同的主观价值判断,必然造成价值判断上的争议和冲突 | 380 |
| 命题 51 | 即使有统一的法或法律体系,仍会存在个人或集体的实践差异 | 386 |
| 命题 52 | 解决价值判断上的争议和冲突,应首先寻求具有可公度性的评价法律的标准 | 398 |
| 命题 53 | 寻求具有可公度性的评价法律的标准,必须通过 | |

| | "公共领域"的理性论辩 | 410 |
|---|---|---|
| 命题 54 | 理性论辩需要建立一套合理的论证规则 | 418 |
| 命题 55 | 理性论辩的目的在于使听众信服并形成共识 | 432 |
| 命题 56 | 不通过理性论辩，无以证成对法或法律体系的反驳或质疑 | 442 |

## 八、时间、历史、人与法治

| 命题 57 | 一切法律均处于一定的时间结构之中 | 448 |
|---|---|---|
| 命题 58 | 法律的历史并非空洞的时间序列 | 455 |
| 命题 59 | 因为有了人，法律的历史才不是空洞的 | 459 |
| 命题 60 | 法律是人的造物，人也被法律塑造 | 465 |
| 命题 61 | 不同时代的法律塑造不同类型的人类形象 | 472 |
| 命题 62 | 人治是理想的，但未必是现实的 | 479 |
| 命题 63 | 法治不是完美社会的完美原则，但无法治则无完美的社会 | 483 |
| 命题 64 | 世界的未来尚未可知，法治的使命尚未完成 | 490 |

**参考文献** 496

一、外文文献 496

二、中文文献（含汉译文献） 513

**后　记** 535

# 一 | 世界、理论与逻辑

## · 命题 1—8

- 1. 这个世界是由理论表述的
- 2. 所有表述这个世界的理论都是不完全的
- 3. 表述世界的理论之间是相互竞争的
- 4. 相互竞争的理论并非不存在基本的约定
- 5. 这些理论约定的基础就是人类思想所共有的逻辑
- 6. 承认这些逻辑的认识论根据在于人类的理性
- 7. 人类的理性是不证自明的
- 8. 理性的毁灭是一切理论的最终毁灭

## 命题 1 | 这个世界是由理论表述的

1.1. 这个世界是被人所述说的。[1]

1.2. 每个人都在以各自的方式述说这个世界。[2]

1.3. 人们述说这个世界的方式和语言存在差异。

1.4. 宽泛地说,所有对世界能够自圆其说的系统述说,都可以

---

[1] 这里的"述说"(拉丁文:narratio)是指陈述(statement),即表达对于世界以及世界的意义的语句及其形式。其中最重要的是有关"这个世界是什么"的陈述,也可以叫做"事实陈述"(narratio/statement of facts),它是人基于对客观对象的知觉而进行的"有什么""是什么"或"什么发生"的陈述(述说),这需要对陈述的内容("本体论承诺")进行"是"的真伪判断(证明)。在逻辑上,一个表达了事实(facts)的语句是真的,假的语句则表达了"非事实"(non-facts),也就是那些在这个世界中并未真实发生的事态(states of affairs)(参见[荷兰]雅普·哈赫:《法律逻辑研究》,谢耘译,中国政法大学出版社2015年版,第83页)。当然,人们同样可以运用语句来表示情感、价值或规范,我们分别称之为"情感表述""价值陈述""规范陈述",如此等等,这些语句所陈述的并不是世界"有什么""是什么"或"什么发生"本身,而是表达有关世界("有什么""是什么"或"什么发生")的意义的理解。在逻辑学界,对于后一类陈述是否具有真伪性(逻辑真值),一直存在着理论争议。

[2] 人们通过语句述说这个世界,有可能是这个世界的本相,也有可能是这个世界的幻象,只有前者的述说才有可能构成"知识",而后者则只能称作"意见"。当然,这个问题还需要进一步辨析,知识最初也以意见的形式存在,包裹在意见之中。从概念上讲,所有得到证成的信念性意见,才可能形成知识。那些未经检验或证成的意见,或者不经过论辩、未能形成共识的意见只能叫做纯粹的意见(私见),不能称作知识。有关"知识"与"意见"的分析,参见舒国滢:《西方古代修辞学:辞源、主旨与技术》,载《中国政法大学学报》2011年第4期,第40—47页。

称之为"理论"。¹

1.5. 理论是由一系列相互融贯的命题²构成的。单个的命题不能称为理论。³

1.6. 任何人都可能独自提出一系列相互融贯⁴的命题,只是他们

---

1 但严格地说,只有通过命题表达的述说才可能是理论。因为,按照维特根斯坦(Ludwig Wittgenstein,1889—1951)的说法,"实在必须通过命题以是或否加以确定"([奥]维特根斯坦:《逻辑哲学论及其他》,《维特根斯坦全集(第1卷)》,陈启伟译,河北教育出版社2003年版,第205页)。在他看来,"命题不可能表达高渺玄远的东西",因此,"不可能有任何伦理的命题",因为,"伦理是不可说的"(上揭书,第261页)。

2 应当看到,"语句"并不等同于"命题",陈述语句所表达的思想内容才是命题,这样的命题才有真假(参见张家龙:《逻辑史论》,中国社会科学出版社2016年版,第4页)。故此,亚里士多德在《解释篇》第4章(17a4段)中指出:"并非任何句子都是命题,只有那些自身或者是真实的或者是虚假的句子才是命题。真实或者虚假并不为任何句子所有,例如祈祷就是既无真实也无虚假可言的句子。"(Aristotle, *De interpretatione,* 17a4. 汉译,见[古希腊]亚里士多德:《工具论》(上),余纪元等译,中国人民大学出版社2003年版,第52页)维特根斯坦指出:"命题的**意谓**是实际与之对应的事实。"(维特根斯坦:《逻辑哲学论及其他》,《维特根斯坦全集(第1卷)》,陈启伟译,河北教育出版社2003年版,第5页)不过,在现代哲学上,也有人提出"规范命题"(norm propositions)概念,并且认为,规范命题可以通过经验观察和证实的,即,将它们化约为"法律现实"(legal reality)或"经验语句",理解为是有关一个法律共同体中的某个规范的事实承认的陈述:比如,北欧的现实主义法学(尤其是阿尔夫·罗斯[Alf Ross, 1899—1979])的理论)持这种见解(Aulis Aarnio, "Argumentation Theory— and Beyond: Some Remarks on the Rationality of Legal Justification ", in: *Rechtstheorie*, Bd.14,Heft 4, 1981, pp. 385-387)。

3 维特根斯坦说:"命题彼此之间有内在的关系:但是一个命题和另一个命题不可能具有一个**名字**和命题之间的**那种**内在的关系,这个命题以这个名字为其组成部分,……在这个意义上,一个命题是不可能在其他命题中出现的。"(维特根斯坦:《逻辑哲学论及其他》,第41页)

4 瑞典隆德大学法学院法哲学教授亚历山大·佩策尼克(Aleksander Peczenik, 1937—2005)在1983年出版的著作《法律论证基础》中指出,所谓命题的融贯性是指:若命题p支持命题q,我们就可以说,p和q之间是相互融贯的。此一概念也可以应用于主张或命题(描述性的、规范性的或评价性的,等等)之集合(两个集合$T_1$和$T_2$,若其中一个(转下页)

各自提出的根据存在差异：有些人纯粹基于个人独立的信念，有些人则建立在权威的指涉基础上。这些权威可能来自传统的说法、当下流行的意见或者某种系统的组织化权威。

1.7. 每个民族自古以来都有自己的理论，这些理论在历史中流传，构成所谓"文化"的内核。

1.8. 述说具有历时性，所有的述说存在于时间的流程之中。[1] 述说一旦产生，就成为历史。我们尽管在逻辑上可以分析述说的共时态结构，而且人们事实上可以在某个时间范围内同时述说，即便如此，我们仍然把述说看作是历时态的。因为历时态的述说才是可以理解的，也才是有意义的。述说的历时态把每一述说过程中的主体区隔开来，即述说者和述说接收者（听众）。仅有述说接收者（听众）而无述说者的所谓述说是不存在的，所有的人都同时是述说者而无述说接收者（听众）的所谓述说也不可能存在。[2] 述说的历时态是述说存在和展开的时间形式。

---

（接上页）支持另一个，则它们之间是相互融贯的；甚至可以比喻说，$T_1$和$T_2$若形成一个紧密联结的整体——一个相连、统一的要素网络，它们就是融贯的），比如，我们可以说某个理论与数据之间、或者某个理论的各部分之间以及不同的理论之间具有融贯性。这些 集合的融贯（支持）关系既可能是演绎的，也可能是非演绎的（立基于转化），并且可能是种类多样的；当对和的概念、结构和内容进行类比时，我们还可以发现有其他促进它们之间融贯性的因素存在（Aleksander Peczenik, *Grundlagen der juristischen Argumentation*, Springer-Verlag, Berlin/New York 1983, SS. 176-177; Ders, *The Basis of Legal Justification*, Infotryck AB Malmö, Lund 1983, p. 89）。

1 强调述说的历时性这一点是重要的：在这里，历时性对于述说来说不是经验实证意义上的，而是一种逻辑规定。
2 相关的论述，参见本书命题55.8。

1.9. 述说具有构造性，所有的述说均试图构造其所述说的世界，即通过概念或观念来形成对于世界的理解和解释。[1] 或者说，概念或观念是述说的工具或中介，对象受动于述说者的述说意图、通过概念或观念而进入述说的领域。在这个意义上，述说者的述说构造并非实际地干预或支配对象，而毋宁是对象的思想把握形式。

1.10. 述说不是行动，述说本身不可能改造世界，而只帮助人们认识世界、解释世界。[2] 当然，行动可以通过述说表示，但它仍属于述说，而非行动，除非述说本身就是行动。此时，应当区分述说和述说行动：述说行动有可能以干预或支配对象为目的。

---

[1] 卡尔纳普（Paul Rudolf Carnap，一译"卡尔那普"，1891—1970）在《世界的逻辑构造》（Der logische Aufbau der Welt）中将一切科学领域的概念都分析、还原到直接经验的基础，用"原初经验的相似性记忆"这个基本关系的概念，逐步地给所有其他概念以定义，有层次、有等级地把各个科学领域的概念重新构造出来，即所谓"理性的重构"（参见陈启伟："中译本序"，载［德］鲁道夫·卡尔那普：《世界的逻辑构造》，陈启伟译，上海译文出版社1999年版，第2页及以下页）。

[2] 述说不是行动，不能从约翰·奥斯汀（John Langshaw Austin, 1911—1960）、约翰·塞尔（John Rogers Searle, 1932— ）等人的"言语行为"（speech acts）理论的角度来界定述说。按照言语行为理论，说一个真正的词，是要改变（转型）世界（"世界呼应语词的方向"）。依此，表达言语行为的语句（比如，"我将这艘船命名为'伊丽莎白皇后号'"）是一种"以言行事"的句子或"施为句"（performatives），这种语句根本不是用来描述、报道或构成任何一种事情，没有"真"或"假"（此种语句称为"述谓句"［constatives］），但它们可以被表述为"成功"（幸运，愉快，有效）或"不成功"（不幸运，不愉快，失效）：比如，如果一项遗嘱没有通过法律上正确的方式订立的话，那么，"我将这块地遗赠给我的兄弟"这个语句将是不成功的；相应地，新郎在面对一位无权主持婚礼的人面前对新娘说出"我愿意"这个语句将是不愉快的（Jerzy Stelmach, Bartosz Brożek, Methods of Legal Reasoning, Springer, Dordrecht 2006, pp. 83, 84-85. 汉译，参见［波兰］耶日·司泰尔马赫、巴尔托什·布罗热克：《法律推理的方法》，孙海涛、孙江潮译，中国方正出版社2014年版，第89页，第91页）。

## 命题 2 | 所有表述这个世界的理论都是不完全的

2.1 任何述说一旦自称理论，就难以主张对世界的完全解释。[1]

2.2 理论意味着限度和限制：述说对象的限制，述说进路的限制以及述说方式的限制。

2.3 任何不拟受述说对象、进路和方式限制的述说，很难形成自圆其说的系统述说。原因在于：这些述说没有边界，也无以回归自我原初的述说。

2.4 述说对象（世界）的限制主要是指人们不可能根据受限的述说进路和述说方式说尽对象（世界）本身。

2.5 然而，理论的不完全性并非是由述说对象（世界）预先决定的。对象（世界）本身不主动限制述说者和述说行动。对象（世界）对述说保持着开放性，它们在述说者的对面等待述说。

2.6 对象（世界）是复数的，不特定的。当述说者以自己的述说进路和述说方式去述说一组特定的复数对象 $N（a_1 \wedge a_2 \wedge a_3 \wedge \cdots\cdots a_n）$

---

[1] 黑格尔说："完备的意思就是搜罗属于某一领域的东西的一切细节使无遗漏，从这一涵义说，没有一种科学和知识能说得上完备的。"（[德]黑格尔：《法哲学原理》，范扬、张企泰译，商务印书馆1982年版，第226页）

或特定的单一对象 a 时，他实际上对不特定的复数对象进行了区隔或分离，即：述说者述说那些他能够述说的对象，排除那些他不能述说或不拟述说的对象。

2.7 然而，对象并非因为述说者的区隔或分离而增加或减少。述说者不能通过述说改变述说对象的数量本身。

2.8 毋宁说，述说对象是述说者发现的：述说者能够发现他能够述说的对象，也能够发现他不能够述说的对象。在这个意义上，发现对象是一回事，述说对象是另一回事。

2.9 对象总是在述说中显现。对象一旦被述说，无论其是特定的单一对象 a 还是一组特定的复数对象 N，均成为"显在的述说对象"，那些没有被述说的对象就是"隐在的述说对象"。

2.10 由此推论，述说可以显现对象，也可以掩盖对象。而且，由于述说者采取不同的述说进路和述说方式，显在的述说对象会掩盖隐在的述说对象，这种掩盖或者是暂时的，或者是长久的。在此过程中，即使被述说的对象本身也可能以非本真的面貌显现，一定的述说进路和述说方式遮蔽了被述说的对象的面貌。

2.11 同时，述说能够歪曲地加工对象，使对象呈现出歪曲的形象。如此说来，述说者的述说所选定或者声称发现的述说对象未必就是真实的"显在的述说对象"；或者说，当述说者在述说自己选定的特定的单一对象 a 或一组特定的复数对象 N 时，被选定的特定的单一对象 a 或一组特定的复数对象 N 本身可能是虚假的。此时，被述说的对象的识别与确认就成为述说的重点,识别与确认述说对象是其他一切述说的前提。

2.12 应当承认,有些对象自始就是"隐在的述说对象",人们未曾述说这些对象,甚至未曾发现这些对象,或还不能够发现这些对象。

2.13 由此,凡声称能够发现或业已发现了一切"隐在的述说对象"的理论都是不可靠的。

## 命题 3 | 表述世界的理论之间是相互竞争的

3.1 对象是复数的,对象的述说或理论也一定是复数的。

3.2 特定的单一的理论 T 可以述说一组特定的复数对象 N,特定的单一对象 a 也可以被复数的理论 PT（$PT_1$,或 $PT_2$,或 $PT_3$,……）所述说。这样就可以区分两组理论:述说特定的复数对象的单一理论 $T_p$ 和述说特定的单一对象的单一理论 $T_a$；述说特定的复数对象的复数理论 $PT_n$ 和述说特定的单一对象的复数理论 $PT_a$。

3.3 复数理论的主体一定是复数的。

3.4 述说对象的主体可能是同一的,也可能是不同一的；单一理论之主体,无论其述说的是特定单一的对象 a,还是一组特定的复数对象 N,其理论本身在逻辑上应是前后一致、相互融贯的,我把这种逻辑一贯的理论称为"同一的 $T_a$"或"同一的 $T_p$"。同一主体的前后不一的理论,不能称为"同一的 $T_a$"或"同一的 $T_p$",但可以视为 $PT_a$ 或 $PT_n$。同时,也不排除不同的述说主体（复数主体）会提出相同的 $T_a$,甚至提出相同的 $T_p$。在这种情况下,复数的理论主体可以看作单一理论的集合主体。

3.5 单一理论的主体,无论是单个的主体,还是集合主体,其"同一的 $T_a$"或"同一的 $T_p$"不存在分歧,也不存在相互的竞争。

3.6 只有述说特定的复数对象的复数理论 $PT_n$ 和述说特定的单一对象的复数理论 $PT_a$ 才是存在分歧的理论。也就是说,复数的理论是相互独立、互不一致的理论。

3.7 从述说的复数主体上看,复数的理论包括两部分:不同的主体针对不同的对象(或特定的复数对象)所做的不同的系统述说($PT_n$);不同的主体就同一对象(或特定的单一对象)所做的不同的系统述说($PT_a$)。

3.8 不同的主体针对不同的对象(或特定的复数对象)所做的不同的系统述说(理论)之间可能产生分歧,也可能不产生分歧:因为这些系统述说(理论)有可能自说自话,它们之间是平行的、不相交集的。

3.9 真正的理论分歧发生在:述说者所述说的对象相同(相同的一组特定的复数对象或相同的特定单一的对象),但他们所述说的进路或方式不同。根据命题 2.10 和 2.11 的分析,由于述说对象本身可能被遮蔽或扭曲,有些理论分歧首先表现在对述说对象认知上的分歧。没有确定统一的述说对象,其实就不会产生理论的交集或相应的理论的分歧。而没有理论的交集和理论的分歧,每个述说者对世界的述说就是平行的:他们的理论互不理会,无以沟通。

3.10 分歧的理论存在着竞争,理论的竞争存在影响力的强弱,理论影响力的强弱取决于理论之信服力的大小,理论信服力的大小由述说接收者(听众)的信服程度来加以检验[1],而述说接收者(听众)的信服程度则根据一系列能够超越述说者和述说接收者(听众)之私人信念的识别标准和检验标准来判断。

3.11 在理论竞争中,并非只有那种自圆其说的真理(对述说对象进行真正经过检验、证明真实可靠的系统述说)是实际有影响力的,那些虚假的述说(经过检验证明毫无根据、不真实的述说)也可能依靠其述说的手段(如欺骗、诡辩)对述说接收者(听众)产生实际的影响。严格地说,虚假的述说不符合命题1.4有关"理论"的定义,它们与真正的理论之间的分歧不是真正的理论分歧,故而也不可能与理论之间形成真正的竞争。

3.12 不同的理论均依靠自身的述说进路或述说方式来强化或减弱其理论的分量。所以,理论的竞争实际上是理论之述说进路或述说方式的竞争。对同样的对象(相同的一组特定的复数对象或相同的特定单一的对象)存在两个或两个以上分歧的述说进路和述说方式,它们的理论就处在竞争状态。

3.13 对相同的特定单一的对象,当且仅当某个述说进路或某个述说方式被证明是唯一正确的,那么该述说进路或述说方式就是最有信服力的,其他述说进路或述说方式仅具有较弱的说服力或根本无说服

---

[1] 有关"听众"理论,参见本书命题55的展开。

力。对相同的特定单一的对象，当有两个或两个以上不同的述说进路或述说方式，这些述说进路或述说方式不能被证明是正确或错误的，不能证明哪一个或哪一些述说进路或述说方式比另一个或另一些进路或述说方式有更强的信服力，那么它们的分量只能根据具体情形分别加以识别和检验；在这个过程中，述说接收者（听众）并非被动的接收者，他们也在主动地选择相互竞争的理论。故而，述说接收者（听众）的选择本身也会构成理论竞争的真正原因：述说接收者（听众）有可能在真正竞争的理论中进行选择，也有可能把根本不相冲突、甚至不相交集的理论作为他所认为竞争的理论来进行选择。理论的竞争是一回事，因为选择而造成的理论竞争是另一回事。

3.14 对相同的一组特定的复数对象，当有两个或两个以上不同的述说进路或述说方式，那么它们的理论的信服力的识别和检验必须分别进行，即：将相同的一组特定的复数对象分解为若干特定单一的对象，逐一识别和检验这些对象的不同理论或相同理论，进而识别和检验它们各自的信服力。

3.15 理论的信服力与理论的论证力呈正反比例关系：论证力强的理论，其信服力也强；反之，论证力弱的理论，其信服力也弱。不同理论之间的竞争表现为理论论证力之间的竞争。

3.16 仅有结论没有论证的理论没有竞争力；仅有单一结论而没有逻辑展开步骤的理论没有竞争力。

3.17 理论的论证应遵循"同一性原则"，即：不同的理论必须就相同的对象、根据相同的论证规则来展开论证。否则理论之间不存在竞争。

3.18 在理论竞争中，论证理由更强的理论具有更强的竞争力，没有论证理由或论证理由较弱的理论无竞争力或竞争力较弱。[1]

3.19 相对于依据传统的说法、当下流行的意见或者某种系统的组织化权威作为论证理由的理论，没有其他理由、仅以个人信念作为论证理由的理论竞争力较弱。

3.20 理论的竞争不会改变述说对象本身，但可能使对象显现，也可能使对象被掩盖或遮蔽。使对象被掩盖或被遮蔽的理论竞争很容易成为纯粹的"言辞游戏"，此时还原述说对象的理论比掩盖或遮蔽述说对象的理论具有述说的优先性，同时也具有更强的竞争力。

3.21 在竞争中，只有那些没有竞争力的理论才会趋于沉寂，归于死亡。

3.22 竞争中死亡的理论是那些自始就缺乏竞争力的理论，一些在竞争中本来具有竞争力、却貌似死亡的理论在未来的某个时点可能获得述说接收者（听众）的普遍支持，重新获得其影响力。

3.23 理论在竞争中成长，也在竞争中延续。竞争不意味着理论的泯灭，而是理论保持生命健康的方式。

---

[1] 相关的论述，参见本书命题54.12。

## 命题 4｜相互竞争的理论并非不存在基本的约定

4.1 理论的竞争不是目的，没有任何理论是纯粹为了竞争的。当理论的竞争陷入僵局时，理论之间的约定就成为理论沟通和论证得以进一步展开的前提。[1] 所以，反过来看，没有理论约定，就没

---

1 芝加哥大学法学院和政治系卡尔·N. 卢埃林法哲学讲座教授（现任哈佛法学院的罗伯特·沃姆斯利（Robert Walmsley）讲座教授凯斯·R. 孙斯坦（Cass R. Sunstein，一译"桑斯坦"，1954—）在其著作《法律推理与政治冲突》（1996）一书中指出，尽管人们对是非善恶、自由公正根本性问题等等存在各种不同的理论（哲学）或分歧严重的抽象原则（比如，平等是否比自由更重要？自由意志是否存在？），但是人们却可能至少暂时接受这些意见分歧的抽象原则或对此保持沉默（接受这一原则的人们无需赞同它在特定情形中的要求，将权威的理论基础与关于真、善的抽象理论分开），进而对于如何解决具体案件达成一致意见，他把这些有关具体案件或低层次的（狭义的）具体规范的一致意见（也有可能在中观层次的问题上达成一致意见）称为"未完全理论化的协议"（incompletely theorized agreements），并认为它与法官所担当的社会角色尤其适合［法官做出许多决定（其本职工作是司法裁决/断案，而非政治决定或者提供完全理论化的解释，后者不属于法官的职责），共同生活，尽可能避免出错，他们相互尊重，尊重先辈，尊重所有对其决定产生过影响的人，正是这种协议情形的反映］，这种"未完全理论化的协议"是一种普遍的法律和政治现象，它具有多重的价值（能够减少持续性争议的政治成本，维持社会稳定，人们相互尊重，能够适应事实或价值的变化，解决有关宪法平等之各种争论，等等），在任何运转良好的法律体制中都起着重要作用［而对于认为法律领域实际上反映了某种一般理论（功利主义或康德学说）的人们来说是一种挑战：比如，人们设立时速不得超过60英里的限速，不得带大象进入饭馆，强奸未遂的刑期不得少于10年，这些规定无需在康德哲学和功利主义哲学之间的争辩中确立立场］，对于法律推理尤为重要（Cass R. Sunstein, *Legal Reasoning and Political Conflict*, Oxford University Press, Oxford 1996, pp. 4-6, 35-160, 110.汉译，参见［美］凯斯·R. 孙斯坦：《法律推理与政治冲突》，金朝武、胡爱平、高建勋译，法律出版社2004年版，第2—5页，第39—72页，第132页）。

有理论竞争的条件。理论约定不仅是述说者在述说时的选择行为，而且也是述说的规定性前提。选择理论约定，就是选择述说的对象、进路和方式。

4.2 理论存在分歧，分歧导致竞争，竞争需要协商并达成约定，由此产生理论论辩共同体。有效的理论竞争在论辩共同体之内进行[1]。

4.3 自始不拟参与约定、不拟受约定拘束的理论实际上在自说自话，这些理论不想影响人（述说接收者），也不想受他人理论的影响。

4.4 任何不拟参与约定、不拟受约定拘束的理论却试图通过专断的方式强迫述说接收者（听众）接受，企图干预理论的论辩和竞争过程，这种意图是难以实现的。因为假如一切理论均如此实施述说，不拟参与约定、不拟受约定拘束的理论意图，由于所有理论的无序竞争而变得没有实效。

4.5 理论的约定并非完全为了理论的趋同，而理论的论辩和竞争必然要求理论的约定。

4.6 通过理论约定，可以识别和检验各种理论的来源、立场，判断它们的理论承诺，区分它们各自的理论类型。

4.7 我们可以把理论约定大体上分为普遍的约定和特殊的约定。

4.8 普遍的理论约定是一切理论（即：所有对世界能够自圆其

---

1 相关的论述，参见本书命题53。

说的系统述说）的初始约定，这些理论在述说对象、述说进路和方式上存在差异，但它们均约定使用可以进行交流的述说语言、概念和术语，约定相互进行论辩的规则，约定识别和检验述说有效性的标准。没有普遍的理论约定，任何理论均无法展开有效的述说。

4.9 特殊的理论约定是述说特定的复数对象的复数理论 $PT_n$ 和述说特定的单一对象的复数理论 $PT_a$ 的相互约定。这可以分为：对相同述说对象的理论约定；对相同述说进路的理论约定；对相同述说方式的理论约定。

4.10 完全相同的述说对象约定、述说进路约定和述说方式约定不一定产生完全相同的理论；然而，不是建立在相同述说对象约定、相同述说进路约定和相同述说方式约定基础上的所谓"相同述说"，肯定不是相同的理论。

4.11 理论约定并非是毋庸置疑的，也非是不证自明的。述说者可以通过新的理论约定变更甚至推翻旧有的理论约定。然而，理论约定的变更或推翻也并非是任意的，它们必须遵守一定的规则或传统。

4.12 凡没有足够理由变更或推翻旧有的理论约定的，理论述说或论辩就依循旧有的理论约定。

4.13 当依循旧有的理论约定已经无法再展开有效的理论述说或理论论辩时，述说者必然变更或推翻旧有的理论约定，重新约定述说理论的语言、概念、述说进路或者述说方式。

4.14 当旧的理论约定和新的理论约定同时有效时，理论约定之间就存在着竞争，此时述说者选择理论约定是自由的。然而，一旦述说者做出了各自的选择，则他们的理论竞争关系就可能发生改变：原先没有竞争关系的理论可能具有了竞争关系，或者相反，原来处在竞争关系之中的理论由于理论约定的改变而成为平行的、不相交集的理论，它们不再具有竞争关系。

4.15 总之，理论约定是理论竞争避免无序的保证，凡存在理论竞争的地方一定有理论约定。

4.16 理论约定的目的在于寻求对于世界的相对稳定的理解方式。

## 命题 5 | 这些理论约定的基础就是人类思想所共有的逻辑

5.1 述说世界的方式和语言并非都是符合逻辑的，不合逻辑的述说也是述说。

5.2 然而，不合逻辑的述说很可能自说自话，[1] 它们会毫无目的、毫无限定地介入理论的论辩和理论的竞争。

5.3 一旦述说毫无目的、毫无限定地介入理论论辩和理论竞争，述说或理论竞争的无序就不可避免。

5.4 述说或理论竞争的无序将使所有的述说或理论实际上变得无效。

5.5 逻辑的诉求是解决一切述说或理论之间无理争端的最终手段。所有的理论争论，若不能退守到逻辑层面，则没有归路。[2]

---

[1] 维特根斯坦指出："命题不是语词的混合物。"（［奥］维特根斯坦：《逻辑哲学论及其他》，第196页）"我们不可能思任何非逻辑的东西，因为否则我们就不得不非逻辑地思了。"（上揭书，第195页）甚至连上帝也"不能创造任何违反逻辑规律的东西。——因为我们不可能**说出**一个'非逻辑的'世界会是怎样的"（上揭书，第195页）。"非逻辑的语言当是这样一种语言，在那里（比如说）你可以把一个**事件**放进一个洞里。"（上揭书，第29页）

[2] 这是因为："逻辑的研究就是对**一切规律性**的研究。而在逻辑之外，一切都是偶然的。"（维特根斯坦：《逻辑哲学论及其他》，第256页）而"只有**有规律**的联系才是可思的"（上揭书，第258页）。所以，"从某种意义上说，我们一定不会在逻辑（转下页）

5.6 但逻辑并非一种理论约定，毋宁说它是一切理论约定的基础或根据。人们不能约定逻辑，而只能发现或认识逻辑。这样说来，逻辑本身是述说或理论的对象。

5.7 逻辑作为述说或理论的对象是一回事，述说逻辑的理论是另一回事。但这一分别仅具有认识论上的意义，即：不可将逻辑和逻辑理论完全等同。维特根斯坦曾在《逻辑哲学论》中正确地指出："逻辑不是一种学说，而是世界的一种映像。"[1]

5.8 历史上曾经存在着各种各样述说逻辑的理论，这些理论尽管述说方式有别，尽管在信服力以及完全性程度上存在差别，但它们均多少反映逻辑的一般法则。

5.9 逻辑的一般法则包括同一律、不矛盾律和排中律[2]：当述说

---

（接上页）上犯错误"（上揭书，第49页）。"逻辑图像能够摹绘世界。"（上揭书，第194页）"命题在本质上必然与事况相联系。而且这种联系正是命题之为事况的逻辑图像。……在命题中，一个事况仿佛是试验性地组合起来的。我们可以干脆说：这个命题表现某某事况。"（上揭书，第206页）"命题表现事态的存在和非存在。"（上揭书，第210页）"命题之所以可能是真的或假的，只是由于它是实在的一种图像。"（上揭书，第208页）"命题'p'和'¬p'具有相反的意义，但是，与它们相应的是同一个实在。"（上揭书，第209页）故此，"逻辑命题表描述世界的构架，或者说得更确切些，是表现世界的构架"（上揭书，第252页）。

1　[奥]维特根斯坦：《逻辑哲学论及其他》，第254页。
2　传统逻辑一直把同一律、排中律和无矛盾律视为"思想的三大法则"（three laws of thought），即，（1）A等于A，（2）某物不能既是A，又不是A，不能既是A，又是非A，（3）要么A，要么非A（E. M. Barth, E. C. W. Krabbe, *From Axiom to Dialogue: A Philosophical Study of Logics and Argumentation*, Walter de Gruyter, Berlin/ New York 1982, p. 3）。不过，也有学者对那种认为任何数学命题必须不是真就是假的**排中律**（tertium non datur）观点提出质疑：比如，在直觉主义逻辑中，"否定"被解释为"不可证实"，要想直觉主义地断定¬φ，不仅要知道按现有信息不可证实φ，而且要知道即使信息（转下页）

者以相同的概念或观念述说不同的对象，或者将不同进路或不同方式述说的理论当作同一种理论，他就违反了同一律；当述说者将两个或两个以上针对同一对象所做出的完全对立或矛盾的述说均肯定是正确的，他就违反了不矛盾律；对同一对象存在两个或两个以上完全对立或矛盾的述说（其中必有某一述说是正确的），述说者却不肯定任一述说是正确的，他就违反了排中律。相对于其他的理论，遵循逻辑法则的逻辑理论的同一性约定程度最高：逻辑理论的竞争不会破坏逻辑法则本身，否则它们就歪曲了逻辑学，因而不再享有逻辑理论之名。

5.10 逻辑总是先验地存在着，[1]它们随着述说而从先验的存在成为人们分析和论辩的理论工具。

5.11 作为分析和论辩的理论工具的逻辑是人类思想共有的逻辑。人类的思想本身可能是千差万别的，但人类思想的逻辑是共有的。即使自称是反逻辑的思想也必须是以逻辑的方式述说的。

5.12 逻辑是系统而有效地述说世界的前提条件和检验手段，没有逻辑则难以形成理论。然而，也并不是说，所有的理论都必须符

---

（接上页）随时间增加也不可能证实 $\varphi$，如果 $\varphi$ 是既不真也不假的命题，那么 $\neg\varphi$ 也是既不真也不假的命题，因此，$\varphi \vee \neg\varphi$（即，排中律）和 $\neg(\varphi \vee \neg\varphi)$（即，无矛盾律）也都不真，因而排中律不再有效（参见刘佳秋：《直觉主义否定及其变种》，暨南大学出版社2013年版，第3页）。

[1] "逻辑是先验的。"（［奥］维特根斯坦：《逻辑哲学论及其他》，第254页）"逻辑之为先天的，就在于非逻辑的思维是不可能的。"（上揭书，第235页）

合由形式化语言（符号语言）构造的形式逻辑的推论条件。

5.13 世界并非完全是按照形式逻辑的方式存在的，世界也不是由形式逻辑所规定的，同样，形式逻辑也不能完全规定人们述说世界的方式。

5.14 说到底，形式逻辑是逻辑理论或逻辑学，它并非等同于逻辑。逻辑作为对象的存在，总是对述说或理论保持开放性。然而，迄今为止，形式逻辑在逻辑理论中具有强势的竞争力，它事实上在规定着逻辑的述说进路、述说方式和述说规则。述说其他对象的理论也在不同程度上参照形式逻辑的标准来构建体系，或者对形式逻辑的标准做出逻辑的回应。

5.15 古往今来的述说中不乏逻辑的洞见，但它们绝对不以形式逻辑的语言表达，有时形式逻辑的精密和严格形式化甚至会遮蔽或抑制来自非形式逻辑述说的智慧和悟觉。

5.16 自由的思想和自由的心灵往往不会选择纯粹的形式逻辑的语言来表述思想者内心的细腻洞观，它们反而倾向于利用体现思想者个人独特心性的表述方式来表达洞见和感受，这些洞见和感受有时候美轮美奂，尽展人类诗性智慧和情感，将形式逻辑的栅栏冲决，激情地跨越形式逻辑的鸿沟，无限地奔驰于无约束的自由思想之境。

5.17 然而，非形式逻辑述说的智慧和洞见并非不符合逻辑，真正不合逻辑的述说是不可理解的。通过诗化语言表达的述说可能不符合形式逻辑所要求的直线推导的清晰性，它们或许模糊了命题、概念和对象的边界，将多重繁复的因素用修辞化的方式组接在一起，以省略的表述剪裁冗长的逻辑推导。这样的述说反而贴近人类偶尔试图模糊地把握世界的情感需求和认知需要。

5.18 由此观之，诗和逻辑并非是完全对立的，诗以独特的方式遵循着逻辑的法则。[1]

---

[1] 德国人文主义学者、语言学家威廉·冯·洪堡（Wilheim von Humboldt，一译"洪堡特"，1767—1835）说："语言有可能限制乃至歪曲心灵的纯粹表达，因此，人有时会厌弃语言，去追求一种不使用语言媒介的感觉和思维；同样，即使是在充满诗情的气氛之中，人也可以放弃言语装饰，求助于简朴的散文。"（［德］威廉·冯·洪堡特：《论人类语言结构的差异及其对人类精神发展的影响》，姚小平译，商务印书馆1999年版，第232页）"诗歌的任务是抒发和颂扬瞬间的感觉，造成节庆场合的庄严气氛……它是诗人的想象力和听话人的理解力二者十分自然的产物。"（上揭书，第242页）"……这个时候的语言，便获得了前所未有的、既丰富又细腻的表达力量。"（上揭书，第246页）

5.19 人类既需要"几何智慧",[1] 也离不开"诗性智慧"。[2] 几

---

[1] 从古希腊柏拉图时期到20世纪初期,"几何学方式"(more geometrico)或"几何学精神"(der geometrische Geist)一直被视为思考世界和理解世界的科学方法:人们认为,如果没有几何学公理,无法想象科学如何存在。因此,包括理解在内的思想方法被视为应该是"逻辑的、有条理的"(参见王卓娅:《在方法论视域下的建构主义理性批判——论爱尔兰根学派的初始问题和根据问题》,复旦大学博士学位论文2010年,第14页)。近代以来,一些哲学家和法学家们依照"几何学方式"或"科学/逻辑式样"来建构一套知识体系:比如,荷兰哲学家斯宾诺莎(Baruch de Spinoza,也写作Benedictus de Spinoza,1632—1677)于1663年著《笛卡尔哲学原理》(*Renati Descartes Principia Philosophiae, More Geometrico Demonstrata*),依几何学方式演证和陈述笛卡尔的《哲学原理》([荷兰]斯宾诺莎:《笛卡尔哲学原理》,王荫庭、洪汉鼎译,商务印书馆1997年版,第43页)。在其殁后出版的名作《伦理学》(*Ethica Ordine Geometrico Demonstrata*,全称为:《伦理学,依几何次序演证》)中,斯宾诺莎再次以"欧几里得的几何学方式"来加以书写,将一种"物理学体系"和"政治学理论的概要"融入该部著作之中,一开始就给出一组公理以及各种公式,从中产生命题、证明、推论以及解释,以此作为"确立真理的手段"(参见[英]G. H. R. 帕金森主编:《文艺复兴和17世纪理性主义》,田平等译,冯俊审校,中国人民大学出版社2009年版,第323—325页)。17世纪的哲学家、法学家戈特弗里德·威廉·莱布尼茨(Gottfried Wilhelm Leibniz,1646—1716)试图按照几何学的标准(他认为,几何学作为包含无时间限制之真理的理性方法,是科学思考的一个典范)来构想一个根本上全新的法典,认为,法(ius)像某些存在物一样,本身是一种"力"的存在(a forceful being),法不仅遵守几何学法则,而且也符合宇宙的理性法则。因此,可以发现一个"宇宙法学"(universal jurisprudence)——"一个通行于神和人的法体系"(Patrick Riley, *Leibniz' Universal Jurisprudence*, Harvard University Press, Cambridge, Mass., 1996, p. 14; Roger Berkowitz, *The Gift of Science: Leibniz and the Modern Legal Tradition*, Harvard University Press, Cambridge, Mass., 2005, pp. 11, 17. 汉译,参见[美]罗杰·伯科威茨:《科学的馈赠——现代法律是如何演变为实在法的?》,田夫、徐丽丽译,法律出版社2011年版,第18页,第28页)。

[2] 18世纪意大利哲学家维柯(Giambatista Vico,一译"维科",1668—1744)在《新科学》中提出"诗性智慧"的概念。诗性智慧是原始人类"最初的智慧",或称之为"感觉到的想象出的玄学",是一种如同感觉力和想象力的诗性能力和心理功能,更是一种诗性创造。他由此探讨了诗的产生以及形象思维与抽象思维的区别。维柯首先论证了"诗的最崇高的功绩就是赋予感觉和情欲于本无感觉的事物",认为诗的基本特点是想象。他说原始人和儿童都长于想象,因此,"在世界的儿童期,人们按着本性都是崇高的诗人"。其次,他论证了想象力和推理力的差别,说"推理力愈弱,想象力也就愈强。""由于人类推理力的欠缺,崇高的诗人才产生出来。""把诗的产生和想象力联(转下页)

何智慧使人类能够穿越自然的枝蔓纵观宇宙的秩序,诗性智慧则使人类能够撩开人性的迷幛通达人间的真谛。

---

(接上页)系起来,从而区别了诗的逻辑和理智的逻辑。"维柯还认为诗与哲学的区别还在于"哲学飞腾到普遍性,而诗则必须深深地沉没到个别事例中去"。([意]维科:《新科学》(上册),朱光潜译,商务印书馆1989年版,第181—188页)

## 命题 6 | 承认这些逻辑的认识论根据在于人类的理性

6.1 逻辑并不需要人们承认或确认，除非逻辑述说或理论之间发生分歧，产生竞争，以至于遮蔽或歪曲了作为对象存在的逻辑本身。

6.2 遮蔽或歪曲作为对象存在的逻辑将会使一切理论分歧、争议乃至它们的竞争产生无序。

6.3 无序将使人类的认识永远受偶然的感性支配，人类的思想甚至将会因此而陷入混乱状态。

6.4 避免人类思想之混乱，必将求诸认识论根据的还原，以复现逻辑之本真。[1]

6.5 认识论根据的还原在于寻求人类认识共通性之根本所在。

6.6 人类认识共通性之根本所在就是人类的理性。[2]

6.7 人类可以通过纯粹的感觉而获得各种各样的经验认识，这些

---

[1] 在此意义上，"思想必是有节次的。"（［奥］维特根斯坦：《逻辑哲学论及其他》，第59页）
[2] 故此，尽管德国哲学家康德（Immanuel Kant，1724—1804）在其《纯粹理性批判》中看到"人类理性在其知识的某个门类里……为一些它无法摆脱的问题所困扰"，但他依然坚信："凡是理性完全从自身中带来的东西，都不会隐藏起来，而是只要我们揭示了它的共同原则，本身就会由理性带到光天化日之下。"（［德］康德：《纯粹理性批判》，邓晓芒译，杨祖陶校，人民出版社2004年版，"第一版序"，第1页，第8页）

经验认识之所以具有共通性，在于人类具有先验的理性认识能力。[1]

6.8 人类的理性认识能力在于：（1）构建概念。人类构建概念，以概念去把握感觉的世界。（2）对象整序。人类通过主观映像的整序能力去把握外在对象的映现，通过统一化和体系化方式将杂多的感觉世界整理为可以被人类共同认识的世界。（3）辨别和判断。人类的理性可以识别真假、判断是非。（4）反思和批判。反思避免独断，批判消除怀疑。

6.9 人类的理性保证人类认识、述说或理论的可沟通性和可交往性。

6.10 人类理性可以把握逻辑法则，并在经验认识中体现逻辑法则。逻辑为理性提供法则，人类的理性见证逻辑。

6.11 即使那些否认人类理性存在的述说或理论本身也一定是理性的，否则述说者的认识就不能自称为人类的认识。理性存在是一回事，承认或否认人类理性存在是另一回事。

6.12 也就是说，人类的理性不因人类自身的肯定或否定而存在或者不存在。

---

1 例如，我们可以说："只有仅从一个思想本身（而无须有对象与之比较）就能认出它是真的，我们才能先天地知道这个思想是真的。"（［奥］维特根斯坦：《逻辑哲学论及其他》，第195页）而只有在命题中，"思想以可被感官感知的方式表达出来"（上揭书，第195页）。

## 命题 7 | 人类的理性是不证自明的

7.1 人类的理性之存在，在本质上是不需要证明的，其他对象的认识最终还原于人类理性的存在。[1]

7.2 从概念上讲，人是理性的主体。人类能够认识世界，乃在于人类有理性。

7.3 在本质上，作为概念的人类理性与人类存在的历史条件无关。历史是人类理性现实展开的过程，但并不是说，没有了历史，就没有了理性。毋宁相反，有了理性，人类才开始了自我实现的

---

[1] "理性"一词在哲学上是一个有不同定义（界定）的概念。比如，按照当代芬兰法学家奥利斯·阿尔尼奥（Aulis Aarnio, 1937— ）的看法，"理性"（rationality）这个概念可以通过许多不同的方式来使用：首先，我们可能谈及法律理性以及一般层面的理性。在这里，"法律理性"这个概念所指涉的是法教义学（司法裁判）的范式。我们把它称为法律理性（legal rationality）。其次，还有其他类型的理性：比如，目的论理性（teleological rationality），决定论理性（finalistic rationality），制度理性（institutional rationality），体系—理论意义上的理性，等等（Aulis Aarnio, *The Rational as Reasonable: A Treatise on Legal Justification*, D. Reidel Publishing Company, Dordrecht 1987, pp. 188-189）。本书所说的人类理性乃是指人类逻辑地认识、思考、理解、判断（区别正确与错误、是与非）、确信、计算、衡量和决断的（健康）心智能力或心智状态。这种心智状态乃构成人之所以为人的一种性质/能力，它构成人类实际（经验）地认识、思考、理解、判断客观事象的前提。

历史。[1]

7.4 不能将理性的存在与理性能力的获得混为一谈，理性能力的获得与一定的历史条件相关联。

7.5 在经验的世界中，在人类的历史中，并非所有的人都是具有理性能力的，并非具有理性能力的人在任何时候都是理性的。

7.6 在经验的世界中，人只有获取理性能力，才有可能进行理性的活动。

7.7 经验中的个体或群体可能有意或无意以非理性或反理性的活动来遮蔽真正的人类理性。

7.8 由于受历史条件和主观条件的限制，经验中的个体或群体的理性能力是有限的。

7.9 但人不可以完全丧失理性。经验中的人绝对地丧失理性，不符合人的概念。

7.10 在认识和实践层面，理性的活动可以区分为：理性发现，理性商谈／论辩，理性决定和理性行为（行动）。

---

[1] 正是在这个意义上，德国历史法学派把法（实在法）和法的概念的生成发展看作是"一般的有机体"或"世界有机体"的一部分；或者说，法（实在法）是历史之"有机""内在关联""理性"的产物。这个学派的代表人物（萨维尼、普赫塔等）均承认法和法学兼有体系性（哲学性）和历史性（G. F. Puchta, *Cursus der Institutionen*, Erster Band, Siebente neu vermehrte Auflage, Nach dem Tode des Verfassers besorgt von Adolf Friedrich Rudorff, Verlag von Breitkopf & Härtel, Leipzig 1871, § 32, SS. 83-86; Jan Schröder, *Recht als Wissenschaft: Geschichte der juristischen Methode vom Humanismus bis zur historischen Schule*［1500-1850］, C. H. Beck'sche Verlagsbuchhandlung, München 2001, S. 202）。

7.11 理性的活动本身可能陷入矛盾或二律背反,但解决矛盾或二律背反依然需要通过理性的活动。[1]

7.12 理性发现、理性商谈/论辩、理性决定和理性行为(行动)只是证明理性存在的方式或途径,但不是证明其实在性的最终根据。[2]

---

[1] "二律背反"(antinomies)是德国哲学家康德提出的哲学基本概念。康德指出:由于人类理性认识的辩证性力图超越自己的经验界限去认识物体,误把宇宙理念当作认识对象,用说明现象的东西去说明它,这就必然产生二律背反,而实践则可以使主观见之于客观,论证相对性与绝对性统一的真理(参见[德]康德:《纯粹理性批判》,邓晓芒译,杨祖陶校,人民出版社2004年版,第347—349页)。
[2] 有关理性商谈/论辩,参见本书命题54、55、56。

## 命题 8 | 理性的毁灭是一切理论的最终毁灭

8.1 人类总是以这样或那样的方式怀疑理性的存在。

8.2 从方式上看，对理性的怀疑大体上分为非理性的怀疑和理性的怀疑。[1]

8.3 对理性的非理性怀疑又包括几种类型：（1）绝对无理性或丧失理性的人对理性的怀疑，这其实是无怀疑能力的怀疑或毫无意义的怀疑（称为绝对无理怀疑，记为"WL-怀疑"）；（2）基于非理性情绪或情感的怀疑（记为"YQ-怀疑"）；（3）基于非理性的价值偏好的怀疑（记为"YP-怀疑"）；（4）基于非理性主义理论的怀疑，这又分为对理性存在本身的怀疑和对理性的本体论承诺（理性主义理论或唯理论）的怀疑。这类怀疑记为"YL-怀疑"。

8.4 一般而言，YL-怀疑是用一套自圆其说的述说表达的怀疑，故称为有理怀疑；YQ-怀疑和YP-怀疑虽然是以述说表达的，但有些是自圆其说的，有些是不能自圆其说的。自圆其说的YQ-怀

---

[1] 理性对理性的怀疑本身会生成康德所讲的"二律背反"（见康德：《纯粹理性批判》，第357页及以下页）。

疑和YP-怀疑可以视为YL-怀疑，不能自圆其说的YQ-怀疑和YP-怀疑可以看作是WL-怀疑。

8.5 有时人们对理性的怀疑来自对其他对象的认同、确信或信仰。这种基于确信的怀疑，又分为：（1）基于个人感觉确信的怀疑；（2）基于集体确信的怀疑，其中包括基于道德信仰的怀疑，基于宗教信仰的怀疑，基于习惯信仰的怀疑以及基于组织化权威的怀疑。这类怀疑记为"YX-怀疑"。YX-怀疑既可能是WL-怀疑，也可能是YL-怀疑。

8.6 任何理性的怀疑均以一套自圆其说（融贯）的述说或理论形式出现的。在此意义上，理性的怀疑是一类特殊的YL-怀疑。

8.7 从理论上讲，理性的怀疑，就是理性对理性的怀疑。但这种怀疑并非真正是对理性本身的怀疑，而仅仅是一种理性的自省和自我批判，或者一种理性的证明方式，即通过理性的怀疑来达到对理性的确证。

8.8 理性的怀疑能够发现并提出人类理性本身之二律背反（比如逻辑悖论[1]），但它并不由此而否定理性，毋宁通过理性的证明消除理性之二律背反，从而确证理性。[2]

8.9 根据命题6.12和7.1可以得知，对理性的怀疑其实与人类

---

[1] 有关"纯粹理性的二律背反"的四个"先验理念的冲突"，参见康德：《纯粹理性批判》，第361—386页。
[2] 见康德：《纯粹理性批判》，第359—360页。

理性的实在性无关。无论怀疑理性，还是不怀疑理性，理性总是存在的。

8.10 值得怀疑的从来不是理性本身，而是有关理性的理论。企图毁灭理性的理论从来不会消灭理性，它们至多摧毁某些有关理性的理论体系或基础。

8.11 任何试图毁灭理性的理论也从来不是非理性的，它们实际上以否定的方式确证理性的实在性。

8.12 但在经验层面，毁灭理性的理论企图可能实际遮蔽或歪曲人们对理性的认识。[1]

8.13 遮蔽或歪曲对理性的认识将会使所有的理论争论和竞争失去支点，没有约定，没有规则，没有方向。

8.14 这样，理论竞争必然要求回到基本的约定，它们在认识和实践层面重新建立理性论辩/商谈的规则，以便找到被所有的理论商谈者所共同见证的理性。

8.15 由此可以从否定的方面确立三个较弱的理论标准：（1）一切试图毁灭理性而不拟提出任何理由的述说，本身不能称为理论；（2）一切试图毁灭理性而不拟参与理论约定的述说，本身不能称为理论；（3）一切试图毁灭理性而不拟参与理论论辩和理论竞争的述说，本身不能称为理论。

---

1 相关的理论分析，参见［匈］卢卡奇：《理性的毁灭：非理性主义的道路——从谢林到希特勒》，王玖兴等译，山东人民出版社1988年版。

8.16 所有不能称为理论的述说失去参与理论论辩、竞争的资格与正当性。

8.17 不能指望失去参与理论论辩、竞争的资格与正当性的述说能够真正拯救人类的理性。

8.18 能够真正拯救人类理性的，还是人类理性本身。

## 二 | 法学、法哲学与法教义学

· 命题 9—16

- 9. 法学是充满理论争议的学问，但也有自己的理论约定
- 10. 法教义学确定法学的基质和问学方式
- 11. 法教义学沉默之处，便有法哲学
- 12. 法哲学的目的在于使法学思想在逻辑上得以清晰
- 13. 法哲学的使命不是改造世界，而是认识世界
- 14. 法哲学的工作方式主要是反思、解释和批判
- 15. 法哲学是多元的，但不必然是混乱的
- 16. 法哲学的命运不是死亡，而是再生

## 命题 9 | 法学是充满理论争议的学问，但也有自己的理论约定

9.1 广义上，法学是复数的。[1]

9.2 法学述说的对象是复数的：法律规范、法律事实、实在法、自然法、共同法、特别法、习惯法、科学法、部门法、国内法、国家法、外国法；等等。

9.3 法学的述说进路是复数的：哲学的、社会学的、语言学的、经济学的、心理学的、历史学的。[2]

---

[1] 不过，应当看到，在狭义上，法学是单数的，这个单数的法学就是法教义学。所以，在法学文献中，法教义学也常常被称为"单数的法学"（Rechtswissenschaft im singular）（Jan C. Schuhr, *Rechtsdogmatik als Wissenschaft: Rechtliche Theorien und Modelle*, Duncker & Humblot GmbH, Berlin 2006, S. 24.），"严格意义的法学"（"legal science" in the strict sense）（Mark van Hoecke, *What is Legal Theory?* Acco, Leuven 1985, p. 40.），或者"最古老的法学"（the oldest legal science）（Stig Jørgensen, *Fragments of Legal Cognition*, Aarhus University Press, Aarhus 1988, p. 37）。有关法教义学的讨论，详见本书命题10的展开。

[2] 德国法学家卡尔·拉伦茨（Karl Larenz, 1903—1993）在《法学方法论》中认为：若要认识法学的学问性质或特征，"不如尝试由法的特质出发"来进行。但"法"是一种极其复杂的对象，它不只是不同的个别学科研究的客体，哲学也研究之；而且，因为法学至少也涉及文字内容的理解，因此，诠释学（即：关于理解的理论）对于法学家这部分活动的理解，至少具有重大意义（参见[德]卡尔·拉伦茨：《法学方法论》，陈爱娥译，商务印书馆2003年版，"引论"，第20—21页）。故此，"时至今日，有一系列（转下页）

9.4 法学的述说方式是复数的：意识形态的、形而上学的、经验观察—实证的、规范—实践的、逻辑—概念分析的。

9.5 复数的法学之间产生复杂的理论争议：法学的述说对象的争议、法学的述说进路的争议、法学的述说方式的争议。

9.6 复杂的理论争议产生不同的法学派别：自然法学派、实证法学派；哲理法学派、社会法学派；概念法学派、利益法学派、自由法学派、评价法学派；现实主义法学派、规范主义法学派；等等。[1]

9.7 甚至，法学本身也成为一个高度争议的概念：每个人均对法本身进行述说，且声称自己的述说是法学，是真正的法学或法律科学。[2]

---

（接上页）不同的学科以法为研究客体，其中最重要的包括法哲学、法理学、法社会学、法史学及法学（＝法教义学）。它们从不同的角度来观察法规范，因此其观察方法亦异。"（上揭书，第72页）

[1] 参见徐显明主编：《法理学原理》，中国政法大学出版社2009年版，第2—3章。
[2] 概括起来，历史上有关"法学"的概念争议主要集中在这样几个方面：第一，从知识论上讲，法学有没有自己的稳定的研究对象？这个对象到底是什么？第二，法学是一种决疑的技艺（ars/Kunst）或"决疑术"，还是一门真正意义上的科学？第三，如果说法学是一门科学，那么它到底是一门纯粹的理论科学，还是一门实践科学，或者两者兼而有之？第四，从方法论上看，法学是自治/自律的（autonomous），还是他律的（heteronomous）或者依附性的？法学有没有自己独立的科学方法论？第五，法学的知识兴趣是价值关联/价值导向的，还是像自然科学那样仅仅强调知识是价值无涉的（value-free）？第六，从学科归属上看，法学是说明的科学，还是诠释（理解）的科学？从更宏大的学科框架看，它属于社会科学，还是属于人文科学（精神科学）？（参见［德］N. 霍恩：《法律科学与法哲学导论》，罗莉译，法律出版社2005年版，第41页；舒国滢：《法学是一门什么样的学问》，载《清华法学》2013年第1期，第89—99页；郑戈：《法学是一门社会科学吗？》，载《北大法律评论》（第1卷第1辑），法律出版社1998年版，第1—30页）

9.8 法的述说之自我声称模糊了法学的标准和界限。而法学标准和界限的模糊本身可能加剧法学学问的不稳定性,可能使法学没有纪律、组织体和规则,没有明确的评价标准或判断标准。

9.9 没有明确的评价标准或判断标准,法学就会缺乏自治性和独立性:所有其他学科的学问可能取代法学的部分或全部的工作。[1]"法学之外的法学"[2]将会为法学的正宗,它将确定法学的活动方式。

9.10 而且,在没有纪律、组织体和规则的情境中,每个人都在

---

1 在法学上,对于"何为法学?","法学研究的对象是什么?","何为法律教育?","何为好的法律教育?","法学是事实科学还是规范科学?"以及"法学理论对法律实践起什么作用?"等等问题也存在着认识上的分野。当代法学在知识论上可能存在着一种(社会科学)外部视角的"结构—功能论"与(法教义学)内部视角的"规范论"之间的紧张关系。比如,有人批评当代美国大学法学院的教育,说美国最好的大学法学院被一些受法律现实主义激励的偏门学术,即一群所谓"业余的社会科学家"(amateur social scientists)所把持着,这些学者致力描述其所谓的"真实"的行为运作和法的效果,或者探究法律潜在的政策、以便揭示法律形式主义分析背后之裁决的真正据据(the true rationale of a decision),而不是基于规范分析概念和规则的内在的相互关系;他们实际上并不反对理论,但他们想要的是"关于"法的理论(theory "about" law),而不是"法的理论"(theory "of" law)。更直白地说,他们想要的不是"法律科学",而是与法律有关的"社会科学",即法社会学、法心理学、法的经济分析、法官的行为分析,诸如此类。正如有学者评论的那样,不幸的是,这些作为"业余的社会科学家"的法学教授把法学院系实际上变成了另一所社会科学院系,并已经成功地"驱逐"了最为严肃的法理论本身(Richard Smith, "Can Practice Do Without Theory? Differing Answers in Western Legal Education", in: *Archiv für Rechts-und Sozialphilosophie* [ARSP], Beiheft Nr. 80, 1994, S. 433ff.)。

2 笔者曾撰文指出,所谓"法学之外的法学"主要是指哲学家、伦理学家或政治学家的法学,也可以说是专业法学以外的思想者的法学;"法学之内的法学"乃指狭义的法学或法教义学。有关这两个术语的表述,参见舒国滢:《从方法论看抽象法学理论的发展》,载《浙江社会科学》2004年第5期,第39—40页。

参与法学的游戏,却不知这种游戏的机巧和方法,这将会导致法学的无政府主义。

9.11 真正令人忧虑的不是法学的无政府主义,而是法学争议的无意义。法学的无政府主义并非不能生产法学知识,但它所产生的法学知识难以在知识论上加以分辨。在此情境下,法学的争议可能是无意义的。

9.12 若法学的争议完全无意义,就不是真正的法学争议。

9.13 许多实际发生的法学争议并非是真正的法学争议,或者说,一些法学者自认为他们的理论与另一些法学者的理论是完全对立的,实际上他们的理论是相互平行的,根本没有交集。比如,将社会事实(行为、事件)作为研究对象的法学,与纯粹研究法律规范的法学不可能产生理论交集和争议,尽管它们因法学立场的截然不同而相互指责。

9.14 真正的法学争议必须具有最低限度的意义:寻求法律问题之答案。[1] 这是充满争议的法学之间必然进行理论约定的一项基本

---

1 卡尔·拉伦茨在《法学方法论》中定义:"'法学'是指,以某个特定的、在历史中逐渐形成的法秩序为基础及界限,借以探求法律问题之答案的学问。"([德]卡尔·拉伦茨:《法学方法论》,陈爱娥译,商务印书馆2003年版,"引论",第19页)德国美因茨大学法与经济学院(Rechts- und Wirtschaftswissenschaftliche Fakultät, Universität Mainz)教授特奥多尔·菲韦格(Theodor Viehweg, 1907—1988)在出版的《论题学与法学》中持如下立场:"法学作为有助于解决疑难的技术,就在主要点上与论题学相一致。"为了进一步说明这种法学相应的结构,他提出了三点要求:"(1)法学的总体结构只能由问题来确定。(2)法学的构成部分,它的概念和命题必须以特定的方式与问题保持关联,因此只能从问题出发来加以理解。(转下页)

要求。

9.15 法律问题（legal problem）[1]具有对象的属性，它与提问（question）不同，提问具有述说或理论的属性。[2]

9.16 毋宁说，法律问题是作为对象呈现给主体（人）或述说者的，而提问则是主体或述说者述说的一种方式，提问可能针对法律问题，也可能不针对法律问题。换言之，提问可能具有问题关切性，也可能不具有问题关切性。

9.17 提问者可能提出真正的问题，也可能提出虚假的问题。但法律问题不因提问者的提问或不提问而存在或消失。提问只是发现

---

（接上页）（3）法学的概念和命题故而也只能被赋予与问题保持关联的涵义。任何其他种类的涵义应当避免。"（Theodor Viehweg, *Topik und Jurisprudenz*, 5. Aufl., C. H. Beck'sche Verlagsbuchhandlung [Oscar Beck], München 1974, SS. 97. 汉译本，见[德]特奥多尔·菲韦格：《论题学与法学》，舒国滢译，法律出版社2012年版，第104—105页）有关法学与论题学的论述，亦见舒国滢：《寻访法学的问题立场——兼谈"论题学法学"的思考方式》，载《法学研究》2005年第3期，第3—20页；舒国滢：《走近论题学法学》，载《现代法学》2011年第4期，第3—15页。

[1] 法学思维总是针对法律问题而进行的思维，法学的首要任务就是解决法律问题，为法律问题提供答案。当人们对法律制度、社会现实或法律规范以及规范与事实两者相互如何对应等方面的理解存在多于一个以上的答案或者根本就没有答案时，在此处就存在着某个"法律问题"。法律问题（legal problem）本质上是规范性问题（参见舒国滢主编：《法理学导论》[第三版]，北京大学出版社2019年版，第8页）。进而言之，规范性问题，乃实践上的规定性问题（实践行动既是一种产生可能世界之本体论效果的现象事件，也是一种规范性事件[normative event]），其前提是有一套有关处理法律事项之理据（规范中的法理）的系统的理论述说，这种述说需要通过解释、论证、论辩（对话）等方式合理地解决人们在法律认识上的意见分歧和观点冲突，达成具有主体间性的、可普遍接受的"共识"，形成共识的意见（共识性真理或可证成性的真理）作为理论基础来指导法律实践。

[2] 有关problem、question和issue三者的区别与联系，亦见张健：《中国法学中的研究问题：一次有关学术规范的理论铺陈》，载《法律科学》2019年第6期，第3—14页。

法律问题的途径之一。

9.18 当然，法律问题也具有认识论属性：一方面，法律作为对象存在的模糊性、未知性、不确定性、未完成态或者变动性都会在主体（人）的认识上呈现出来而作为"问题"；另一方面，主体（人）也会通过提问而将未知或未确定的法律对象问题化，试图以问题化图式去认识、把握作为对象的法律。在此意义上，问题化是人类认识法律问题的一种手段，是法学理论的一种"法律问题承诺"的方式。

9.19 法律的问题化图式可能与实际存在的法律问题相一致，也可能与法律问题不一致。或者说，法律的问题承诺不等于法律问题：法律问题承诺者（法律问题的述说者）所承诺的法律问题可能是真正的法律问题，也可能不是真正的法律问题，甚至根本就不是法律问题。

9.20 提问者可能随时随地就不同的对象提出问题（question），他们可能任意地将法律问题化，遮蔽或者歪曲实际存在的法律问题。

9.21 提问者由于自我知识的局限也可能随时随地重新提起已经不是法律问题的问题，或者提起已经被解决的法律问题。

9.22 尽管提问是发现法律问题的途径，然而真正的提问并非是任意的，提问者在提问之前必然遭遇到实际存在的法律问题。或者说，实际存在的法律问题是向提问者敞开着的，提问者突然发现法律问题，从而把法律问题转化为提问。

9.23 任何法律问题的发现一定与提问者所处的特殊的具体情形（语境）有关：比如观察法律事实，理解和解释法律规范，或者试图运用法律规范来进行判断，做出决定，等等。

9.24 从法律问题的发现到法律问题的解决有一系列的中间环节，大体上可以分为三个阶段：法律问题的陈述 / 描述，法律问题的分析，法律问题的解决。

9.25 法律问题发现者应当首先将所发现的法律问题作为客观事实加以描述，说明法律问题的所在以及产生法律问题的原因。[1]

9.26 法律问题发现者应当对所描述的法律问题进行分析：（1）对法律问题的真假或适当进行鉴别：确定哪些是真的或适当的法律问题，哪些是假的或不适当的法律问题；（2）对法律问题

---

[1] 不过，这里值得注意的是，将所发现的法律问题作为客观事实加以描述，不等于在一个案件中可以将法律问题和事实问题画等号。公元前2世纪，古希腊修辞学家赫玛戈拉斯（Hermagoras of Temnos，希腊文Ερμαγόρας）在所著的《修辞术》（τέχναι ρητορικαί，Technai rhētorikai）中将案件争点分为：（1）"逻辑问题"（ζητήματα λογικά，rational questions或logical questions），它们可以表述如下："有没有某个问题？""该问题的实质是什么？""从其非实质特性及伴随条件的观点看，该问题有多严重？""对该问题应否有任何正式的行动（若有，它应否由一个特定的机构来承担）？"（2）"法律问题"（ζητήματα νομικά，legal questions）：第一，当（法律）制定者的意图看起来与条文（文本）的文字有出入时，就出现了有关"条文的字面含义与（立法）意义（意图）"的争议，其涉及法律应按照字面来解释还是应根据法律的原有制定者之意图来解释的问题；第二，当一部法律命令或允许做某一行为而另一部法律却禁止该行为时，就产生了所谓"法律冲突"的争议；第三，当一部法律或其他法律文件表达两种或两种以上的含义时，就会产生源于"（法律或文件表述）歧义"的争议；第四，当某个有待裁决的事项缺乏明确可以适用的法律、而必须根据一定的相似性从其他现行法中对系争事项寻找到某种类比时，就会产生"基于类比推理的"争议（参见舒国滢：《"争点论"探赜》，载《政法论坛》2012年第2期，第21—25页）。

进行定义：对所发现的法律问题进行区分，分析法律问题的性质和类别，比如，鉴别所发现的法律问题是法条问题、案件事实的法律确认问题，还是法律漏洞的填补问题，或是法律体系的建构问题；等等。

9.27 在分析法律问题时，区分纯粹单一的法律问题、法律问题序和法律问题域是必不可少的步骤。

9.28 当某一个特定的法律问题在设定的条件下与其他问题无关，或者可以从其他问题中分离出来独立存在时，这个问题就是纯粹单一的法律问题（记为 LPra）。纯粹单一的法律问题是法律问题中的最小单位，可以用单一的语句予以表达。但在实际的语境中，纯粹单一的法律问题几乎是不存在的（一个单一法律问题总是与另一单一法律问题相互关联），所以这种问题区分仅仅具有逻辑分析的意义。

9.29 法律问题序（记为 LPrO）是两个或两个以上同一维度中的相同性质、相同种类、相互关联的单个法律问题构成的问题序列。比如，解释法条中的某个法律概念，无论是解释概念的含义，还是选择解释概念的方法，均可能形成法律问题序。但它们可能属于不同的法律问题序，即解释概念的问题序和选择方法的问题序。确定法律问题序，必须注意：（1）法律问题序中的单个法律问题必须是同一维度中的法律问题；（2）这些单个法律问题必须具有相同性质或属于相同种类；（3）这些单个法律问题必须是相互关联的;(4)这些单个法律问题相互之间有主次之分、前后之分,必须按照它们的主次先后确定它们之间的位序。

9.30 法律问题域(LPrF)是同一维度的两个或两个以上相同性质、相同种类、相互关联的法律问题序形成的问题结构,在这个结构中,我们可以把法律问题域中的法律问题序分别记为:$LPrO_1$,$LPrO_2$,$LPrO_3$,……$LPrO_n$。

9.31 法律问题域必须是同一维度的两个或两个以上的法律问题序形成的问题结构,不同维度的法律问题序不构成同一法律问题域;法律问题域必须是两个或两个以上相同性质、相同种类的法律问题序形成的问题结构,不同性质、不同种类的法律问题序不构成同一法律问题域;法律问题域必须是两个或两个以上相互关联的法律问题序形成的问题结构,毫无关联的法律问题序不可能构成同一法律问题域。我们可以把同一法律问题域中的两个或两个以上相互关联的法律问题序按照它们的逻辑性质分别称为"一阶法律问题序"和"二阶法律问题序"。

9.32 法律问题域并非法律问题作为对象本身的属性,而是法律问题分析者运用逻辑对法律问题的整序和限定,所以它们带有理论的性质。或者说,法律问题域是一种法律的问题化图式。

9.33 在实际的法律问题研究中,法律问题往往是复杂地扭结在一起的,区分法律问题域至为重要:(1)应把扭结着的法律问题区分为若干法律问题域,即分别称为法律问题域1(记为 LPrF$_1$)、法律问题域 2（记为 LPrF$_2$）、法律问题域 3（记为 LPrF$_3$）……法律问题域 n（记为 LPrF$_n$）。(2) 把区分的法律问题域进行归类和辨别：识别哪些属于同类的法律问题域，哪些属于不同类的法律问题域，哪些属于互有关联的法律问题域，哪些属于毫无关联的法律问题域。法学者正是首先通过法律问题域来对实际存在的杂多的法律问题进行确认、辨析、区隔和定位的。[1]

9.34 每一种法学理论都必须首先申明自己的法律问题域。

9.35 凡没有问题域的法律问题都不是真正可以在法学层面上处理的法律问题，也不可能是正确的、有效的法律问题。因为没有问题域的法律问题是没有经过"认识论组构的"，[2]它自然地存在于人类认识的彼岸，人不知其在，也无以辨识其在。若没有问题域，人们就不能对问题进行描述和分析，更无从解决。

9.36 而且，若不设定法律问题域，人们还有可能浪费大量时间

---

[1] 这里，以赫玛戈拉斯的修辞学（"争点论"）为例。其理论意义在于：尽管它脱胎于司法（法庭）修辞，但适用范围却是整个修辞领域，适用于所有的演说类型。在此意义上，"争点论"乃是一种独特的开题理论，它要求修辞者在开题过程中的首要任务不是搜寻和发现与体裁、情境相适配的常规论题，而是确定什么是内在于相关修辞情势的核心争点。正是基于对争点的搜寻，修辞者才能够运用与修辞情境相适应的论据做出回应，进而有针对性地发现或者发明出适用的说服手段。也就是说，只有当具体的核心争点获得确定之后，才谈得上搜寻和建构自己的论点、论据，从而提供一种坚实稳固的论证结构，这样就使修辞者在从事开题时有一个明确的方向感和顺序感，将修辞者的注意力导向开题的原动力（即意见冲突），指引修辞者沿着已被明确界定的基本方向搜寻核心争点。没有这样一种发现程序和论证结构，一切后续的论述都将是无效的（参见舒国滢：《"争点论"探赜》，载《政法论坛》2012年第2期，第26页）。
[2] 这里的"认识论组构的"，表达这样一层意思：通过认识论的方式对问题进行结构化处理，比如，像赫玛戈拉斯那样对法律和事实问题进行划分、归类和整序。

去解决错误的问题,同时却又没有解决那些亟待解决的正确的法律问题。

9.37 对任何一种法学理论的审察,首先必须对其自我申明或确定的法律问题域进行审察,由此辨明所审察的法学理论的逻辑脉络、理论性质和理论类型。在这个过程中,审察其法律问题的发现方式,审察其自我申明的法律问题域的确定方式、述说进路或述说方式,都是进入其理论脉络的必要步骤。

9.38 任何法律问题的解决都是建立在法律问题的发现和分析基础之上的。没有法律问题的正确发现和正确分析,就没有法律问题的正确解决。

9.39 但是,有了法律问题的正确发现和正确分析,也并不必然有法律问题的正确解决。法律问题的发现和分析是一回事,法律问题的解决是另一回事。

9.40 法律问题的解决就是寻找到解答法律问题的方案(答案)。由于视角、进路、方式或价值取向不同,人们往往会对同一个法律问题寻找两个或两个以上完全对立的答案。故此,如果没有一定的客观判准和鉴别过程,法律问题的解答完全可能是任意的、因人而异的。

9.41 任意的、因人而异的法律问题的解答方式是任何以实现法治为目标的法律制度所不允许的。法律制度本身要求相互争议的法学通过理论约定寻找到能够保证法律问题解答得到有效鉴别、检验和确证的程序，或者至少找到能够避免任意的、因人而异的法律问题解答的方式和途径。

9.42 进一步说，法律制度可以允许不同的法学对法律问题提出不同的解答方案，但是这些解答方案本身必须是能够在客观上接受鉴别、检验和确证的；不准备接受这种鉴别、检验和确证的法学就算不上真正的法学。

9.43 只有经过鉴别、检验和确证，我们才可能在相互争论的法学中判断哪一种法学理论所提出的法律问题解答方案是有效的，哪一种解答方案是无效的；哪一种是正确的，哪一种是错误的；哪一种是有竞争力的，哪一种是无竞争力的；哪一种竞争力强，哪一种竞争力弱，从中寻找到诸种法律问题解答中最优的方案，进而找到法律问题的正确答案，甚至唯一正确的答案。[1]

---

[1] 美国法哲学家罗纳德·德沃金（Ronald Myles Dworkin, 1931—2013）在其《认真对待权利》一书中就论述过：赫拉克勒斯式"具有超人技巧、学识、耐心和聪慧"的理想法官利用"反思平衡"技术和"建构性模式"可以为"疑难案件"寻找到"唯一正确的答案"（Ronald Dworkin, *Taking Rights Seriously*, Harvard University Press, Cambridge, Mass., 1978, pp. 105—130, 155ss. 160ss.）。他在1986年出版的《法律帝国》中再次重申并细化了这一思想，他指出："在大多数疑难案件中，透过理性与想象，我们都可以找到正确答案。"（Ronald Dworkin, *Law's Empire*, The Belknap Press of Harvard University Press, Cambridge, Mass., 1986, p. viii. 汉译，参见［美］德沃金：《法律帝国》，李冠宜译，台北时英出版社2002年版，第xix页）"这项理想有时以这样的标语被描述，即我们必须对类似案件予以类似处理（treat like cases alike）。它要求政府对所有公民，必须要以一个声音说话，以一个具原则性且融贯的方式来行动，把自己对某些人所使用的公平或正义之实质性标准，扩张到每个人。如果政府依赖多数主义民主（majoritarian democracy）的诸原则，来证立自己对'谁可以投票'的决定，那么它在设计投票区时，也必须尊重相同原则。"（Ronald Dworkin, *Law's Empire*, p. 165. 汉译，见德沃金：《法律帝国》（转下页）

9.44 通过鉴别、检验，人们也许会发现，既往或现有的法学理论所提出的法律问题解答方案都是不理想、不可取的，甚至发现现有的法学理论的技术条件尚不能解决实际存在的法律问题，因而在现有的法学理论中，所存在的法律问题是无解的。

9.45 总之，无论是发现法律问题，还是分析法律问题和解决法律问题，法学理论必须首先约定发现、分析、解决的条件、程序和规则，这是法学理论之间展开有效的理论争论、竞争的前提。

9.46 不存在没有约定的理论，也不存在没有理论约定的法学。

---

（接上页，第174页）对于德沃金"唯一正确的答案"思想的反思批判，也可参见尤尔根·哈贝马斯（Jürgen Habermas, 1929— ）法理论的论述（Jürgen Habermas, *Faktizität und Geltung: Beiträge zur Diskurstheorie des Rechtes und des demokratischen Rechtsstaats*, Suhrkamp Verlag, Frankfurt am Main 1992, SS. 272, 275—276, 277. 汉译，见［德］哈贝马斯：《在事实与规范之间——关于法律和民主法治国的商谈理论》，童世骏译，生活·读书·新知三联书店2003年版，第272页，第275—276页，第277页）以及亚历山大·佩策尼克的评论（Aleksander Peczenik, *Grundlagen der juristischen Argumentation*, Springer-Verlag, Berlin/New York 1983, SS. 220-222; Ders., The Basis of Legal Justification, Infotryck AB Malmö, Lund 1983, pp. 107-110）。

## 命题 10 | 法教义学确定法学的基质和问学方式

10.1 法律问题主要是在法律适用（司法）中被发现的。

10.2 在法律的制定（立法）中，立法者可以预见法律问题，并尽可能以符合其能力的计划方案在立法中避免法律问题的出现。立法者的实际工作可能留有诸多实际的法律问题，但他们从目的和意图上不是故意制造法律问题，而是力图像他们所设想的那样避免出现法律问题，或者至少尽量减少法律问题的发生。立法的理念是：立法无问题。[1]

---

[1] 从理想的角度看，一切法律（法典）均应尽可能要实现立法之计划的圆满性（无漏洞）。比如，德国19世纪"学说汇纂学派"（Pandektisten，一译"潘德克顿学派"或"潘得克吞学派"）倡导"法律体系逻辑完备的原理"，即，将既存的法秩序设想为法（权利）概念的"公理的""封闭的""无漏洞的"体系。实际上，根据"理性建筑学"（Architektonik der Vernuenftigkeit）标准来建构概念清晰、位序适当、逻辑一致的法律公理体系，对于所有的法学家都有难以抵御的魅力。道理很简单：假如法学家能够将法律体系的各个原则、规则和概念厘定清晰，像"门捷列夫化学元素表"一样精确、直观，那么他就从根本上解决了千百年来一直困扰专业法律家的诸多法律难题。有了这张"化学元素表"，法官按图索骥，就能够确定每个法律原则、规则、概念的位序、构成元素、分量以及它们计量的方法，只要运用形式逻辑的三段论推理来操作适用规则、概念，就可以得出解决一切法律问题的答案（见舒国滢：《寻访法学的问题立场——兼谈"论题学法学"的思考方式》，载《法学研究》2005年第3期，第3—4页；舒国滢：《19世纪德国"学说汇纂"体系的形成与发展——基于欧陆近代法学知识谱系的考察》，载《中外法学》2016年第1期，第5—36页）。但"立法无问题"不是说立法中不（转下页）

10.3 没有问题的立法在适用中可能遭遇问题，我们可以把这样的问题笼统地称为法律问题。

10.4 从司法裁判的角度看，法律问题可以分解为三个维度的问题：（1）规范问题；（2）事实问题；（3）规范与事实的对应问题。[1]

10.5 当特定的单一法律规范（Na）或特定的一组法律规范（Nn），甚至整个法律体系（S）需要确证、解释和证成时，[2]我们就把这样的问题称为规范问题。

10.6 当特定的单一事实（Fa）或特定的一组事实（Fn）需要从法学上加以解释和确证时，我们就把这样的问题称为事实问题。

10.7 当运用特定的单一法律规范（Na）或特定的一组法律规范（Nn），甚至整个法律体系（S）对特定的单一事实（Fa）或特定的一组事实（Fn）进行认定，寻找它们之间的联接点或逻辑关系时，我们就把这样的问题称为规范与事实的对应问题。

10.8 法律问题实际上在适用之中产生：当人们在"用"法律时，他们才会发现所用之法律规范（法律规则或法律原则）与法律

---

（接上页）存在问题，而是说：仅仅根据立法及其立法的产品（制定法或法典），其实并不能看到真正的法律问题。法律问题是通过适用而逐步发现的。有关"法律公理体系之梦"的论述，亦见本书命题32.22及其注释。

[1] 参见舒国滢主编：《法理学导论》（第三版），北京大学出版社2019年版，第4—6页。
[2] 有关法律体系的概念和构成，参见本书命题33的展开。

规范所用之对象（事实）之间的关联问题。其中的主要问题在于：（1）选择待用的特定的单一法律规范（Na）或特定的一组法律规范（Nn），甚至整个法律体系（S），是否与当下有待认定的特定的单一事实（Fa）或特定的一组事实（Fn）有关；（2）即使选择待用的特定的单一法律规范（Na）或特定的一组法律规范（Nn），甚至整个法律体系（S），与当下有待认定的特定的单一事实（Fa）或特定的一组事实（Fn）有关，但它们之间是否具有逻辑上的涵摄关系；（3）假如选择待用的特定的单一法律规范（Na）或特定的一组法律规范（Nn），甚至整个法律体系（S），与当下有待认定的特定的单一事实（Fa）或特定的一组事实（Fn）不具有直接的涵摄关系，即所有有待认定的事实不直接符合法律规范所规定的构成要件（也可称之为"事实范型"[1]），是否能够在法律规范与事实之间建立起实质的逻辑链条。

10.9 在规范—事实的关联维度上，有一系列的法律问题序，比

---

[1] "事实范型"概念，详见舒国滢、王夏昊、梁迎修等：《法学方法论问题研究》，中国政法大学出版社2007年版，第286—290页。此处补充一个资料：基尔大学法哲学与公法学教授罗伯特·阿列克西（Robert Alexy, 1945— ）在1985年出版的《基本权利论》中，曾把德国基本法（权利）规范的构成要件论分为"广义的构成要件论"（weite Tatbestandstheorie）和"狭义的构成要件论"（Enge Tatbestandstheorie），并根据"（行为）构成"（Tatbestand）和"限制"（Schranke）各自的"肯定"性质（用"+"表示）和"否定"性质（用"–"表示），在逻辑上刻画出四种行为构成图式：（1）行为构成（+），限制（+）：不许可；（2）行为构成（+），限制（–）：许可；（3）行为构成（–），限制（+）：不许可；（4）行为构成（–），限制（–）：不许可。（Robert Alexy, *Theorie der Grundrechte*, Nomos Verlagsgesellschaft, Baden-Baden 1985, SS. 138-154, besonders, SS. 278-279）

如法律规范的发现或获取、法律规范的分析、法律规范的解释、法律规范的证成、事实的确证、事实推理、规范推理、个案裁判的证成，等等。[1]这些法律问题首先在司法裁判者（比如法官）的适用法律过程（即个案裁决）中呈现出来，[2]并且经司法裁判者的理论诉求，继而转化为法学家在法学理论上所要探讨的问题，由此，司法裁判的工作具有了理论的面向。

10.10 司法裁判的实践工作对法学理论的诉求，在客观上限定了法学的提问立场和提问方式。

10.11 无论如何，现行法律规范所形成的秩序（简称为现行法秩序）与实际存在的法律事实之关联，必然成为法学所要讨论的中心问题。这种关联问题是任何时代的法学都不可能回避的，即使想极力回避，也回避不了。类似或相同的法律问题在不同的时代会不断重复出现，这些问题也就成为同一时代的不同国别的法学或者不

---

1 黑格尔把法律适用（审判行为）分为两个方面："（一）根据事件的**直接单一性**来认识事件的性状，以视其是否有契约等存在，或是否有侵害的行为，以及谁是加害人；……（二）使事件归属于法律下，……有关这两个不同方面的裁判是属于不同职权范围内的事。"（［德］黑格尔：《法哲学原理》，范扬、张企泰译，商务印书馆1982年版，第233页）

2 比如，在个案裁决中，"证明一个理性的决定，如同法的概念本身一样，就在于认识它的必然性，所以要求一种不同于证明几何定理所用的方法。此外，在几何学中，图形为理智所规定，并早已按照某一定律而成为抽象的了。但是，关于经验的内容，像**事实**那样，其认识的素材乃是现成的感性直观、感性的主观确信和相应的陈述和保证。……这种客观真理所具有的涵义，与理性规定的真理性或某一定理的……真理性，是完全不同的。现在，表明认识某一事件的这种经验真理性是法院真正的法律上的职权，并表明法院在这一职权中具有独特的资格，从而具有排他的**自在权利**和必要性来从事这项工作……"（黑格尔：《法哲学原理》，第234—235页）

同时代的法学共同应对的法律问题。也就是说，由于历史的或发生学上的原因，法律问题具有"家族相似性"[1]：法学理论可能是不同的，但法学者们所遭遇的法律问题则可能是相同的或相似的。对相同或相似法律问题的解答构成法学的共同使命。由此，我们可以在不同国别的法学的问题应对方式以及历史上的法学在解答相同法律问题时一脉相承的传统中，寻找到法学大致相同或相似的提问方式和解答问题的方式。

10.12 法学的提问首先受到现行法秩序的限定：由于法律问题是在法律的适用中发现的，司法裁判所诉求的法学必然要在现行法秩序内寻求解决法律问题的答案。因而，"尊重现行法律规范"同时成为司法裁判所诉求的法学（实践取向的法学）达成理论约定的基础或前提。[2]

---

[1] "家族相似性"一词，德文为Familienähnlichkeit，英文为family resemblance。维特根斯坦在其后期著作《哲学研究》中第一次发现"语言游戏"中的"惊人的多样性"，指出：我们不可能通过揭示若干确定的特征来界定语言游戏的概念。毋宁说，在各式各样的语言游戏之间所存在的，是"家族相似性"的东西："我们看到了相似之处盘根错节的复杂网络——粗略精微的各种相似"，比如："身材、面相、眼睛的颜色、步态、脾性，等等。——我要说：各种'游戏'构成了一个家族。"（[奥]维特根斯坦：《哲学研究》，陈嘉映译，上海人民出版社2001年版，第49页）

[2] 法学思维以实在法（法律）为起点，法学家的思考始终不能完全游离于各个时代发生效力的实在法。他们不能像哲学家或伦理学家一样首先站在超实在法或实在法之外的立场（譬如自然法立场）来批判法律，不能完全用道德的评价代替法律的评价，不能简单地预先假设一切实在法都是"非正义的法"，是非法之法。法学家对法律的批评首先应当是"体系内的"批评，实在法为法学家提供了思考的起点和工作的平台，但同时也限制了法学家提问的立场和思考问题的范围[舒国滢主编：《法理学导论》（第三版），北京大学出版社2019年9月版，第7—8页]。故此，如卡尔·拉伦茨所言："假使法学不想转变成一种（转下页）

10.13 故此，法学是实践的知识（prudentia），也是教义学理论（dogmatics 或 Dogmatik）。[1]

10.14 法学应对实践问题，解决实践问题，它不可能完全属于纯粹知识，按照自然科学的范式来加以建构；法学是教义学的，因为它必须建立在理论约定的基础上，必须具有约束力的理论规则，否则法学就不能成为一门系统的、独立的、实践的学问。[2]

10.15 没有教义学指导的法律实践是混乱的，而没有实践推动的法学并非真正的法学。人们可以将"法学"之名安置在各自提出的任何理论上，但假如不是受法律实践的推动，这种安置可能是无意义的。法学之命名，也是一种建立在有约束力的理论规则之上的

---

（接上页）或者以自然法，或者以历史哲学，或者以社会哲学为根据的社会理论，而想维持其法学的角色，它就必须假定现行法秩序大体看来是合理的。……它所关心的不仅是明确性及法的安定性，同时也致意于：在具体的细节上，以逐步进行的工作来实现'更多的正义'。谁如果认为可以忽略这部分的工作，事实上他就不该与法学打交道。"（［德］卡尔·拉伦茨：《法学方法论》，陈爱娥译，商务印书馆2003年版，第77页）

1 哥廷根大学法哲学教授拉尔夫·德莱尔（Ralf Dreier, 1931—2018）在1989年为祝贺弗朗茨·维亚克尔诞辰八十周年所写的祝寿文章《法理论与法律史》（"Rechtstheorie und Rechtsgeschichte"）中指出：法教义学（Rechtsdogmatik）是法学（Rechtswissenschaft）的核心学科，因此常常被称为"狭义的、真正意义上的法学"（Rechtswissenschaft im engeren und eigentlichen Sinne），它是某个特定法律体系之实在法的法学理论，其研究兴趣是与法律实务（Rechtspraxis，特别是法官的审判实务）相关联的。法学院的所有其他学科（包括法哲学和法律史）的研究兴趣都是与法教义学相关的（Ralf Dreier, "Rechtstheorie und Rechtsgeschichte", in: Okko Berends, Malte Dießelhorst, Ralf Dreier［Hrsg.］, *Rechtsdogmatik und praktische Vernunft. Symposion zum 80. Geburtstag von Franz Wieacker*, Vandenhoeck & Ruprecht, Göttingen 1990, S. 21）。

2 "实在法规范的整体教义学是一门科学理论。连规范本身也属于教义学。"（Thomas Schlapp, *Theorienstrukturen und Rechtsdogmatik: Ansätze zu einer strukturalistischen Sicht juristischer Theoriebildung*, Duncker & Humblot, Berlin 1989, S. 14）

集体约定行动，而非个人的恣意行为。

10.16 为了对现实而急迫的法律实践问题提供有效的、统一的（甚至正确的）答案，为了获得对法的世界的稳定的理解，法学家们不得不按照教义学的规则和方式来构建法学，形成法学的规则和范式。

10.17 或者说，教义学传统确立了法学范式（Paradigm of jurisprudence）：它为现实的法律生活关系确立统一的概念，建立法律概念和法条解释的规则，确立基本的法律原则，规定裁判的方式和标准，限定法学的述说方式和方法。[1]

10.18 不按照教义学传统来建构法学，很可能是"走调的法学"，而"走调的法学"很难在法学知识共同体内部获得认同，也难以归于真正的法学之列。

10.19 所以，法学就其根本来说是教义学的，狭义的法学（Jurisprudenz）就是法教义学（Rechtsdogmatik）。[2]

---

[1] Csaba Varga, *The Paradigms of Legal Thinking*, Szent István Társulat, Budapest 2012, pp. 310-332.

[2] 如何界定"法教义学"（Rechtsdogmatik/legal dogmatics）？德国法学家古斯塔夫·拉德布鲁赫（Gustav Radbruch, 1878—1949）曾分析法教义学的概念与特征：狭义的法科学（即法教义学）或"本义上的法科学"，即体系性、教义性的法科学，可以界定为关于实定法秩序之客观意义的科学，构成其研究对象的是实定法秩序，其所处理的是法秩序而非法生活，是法规范而非法事实，是一门探究法的客观意义而非法的主观意义的科学。其作业包括三个层级：解释、建构与体系化。最后，法教义学是一门具有理解性质的文化科学，即一种理解性的、个别化的、价值关涉的科学（［德］古斯塔夫·拉德布鲁赫：《法教义学的逻辑》，白斌译，载《清华法学》2016年第4期，第200—206页）。拉尔夫·德莱尔的弟子、德国当代法学家、基（转下页）

10.20 法教义学[1]具有如下特性：（1）它既有实践取向/指向，[2]

---

（接上页）尔大学法哲学与公法学教授罗伯特·阿列克西（Robert Alexy, 1945— ）指出："假如我们沿用某些法学家或许较为权威的用法，那么'法律教义学'或'法教义学'这个术语就应理解为他们实际上所追求的狭义和本义的法学（Rechtswissenschaft im engeren und eigentlichen Sinne）。这个狭义和本义的法学是至少三种活动的混合体：（1）对现行有效法律的描述；（2）对这种法律之概念—体系的研究；（3）提出解决疑难的法律案件的建议。由此表明：法教义学是一个'多维度的学科'。与这三种活动相适应，可以区分为三个维度：描述—经验的维度；逻辑—分析的维度；规范—实践的维度。""根据这一说法，法教义学具有三方面的使命：（1）法概念的逻辑分析；（2）将这种分析概括成为一个体系；（3）将这种分析的结果用于司法裁判的证立。"（Robert Alexy, *Theorie der juristischen Argumentation: Die Theorie des rationalen Diskurses als Theorie der juristischen Begruendung*, 2. Aufl., Suhrkamp Verlag, Frankfurt am Main 1991, SS. 307-308, 311. 汉译，见 [德] 罗伯特·阿列克西：《法律论证理论》，舒国滢译，商务印书馆2019年版，第307—308页，第311页）丹麦阿尔胡思大学法学教授施蒂希·约根森（Stig Jørgensen, 1927—2015）在1988年出版的《法认知片论》（*Fragments of Legal Cognition*, 1988）一书的"前言"中指出："法教义学是法学的一个分支，它在对涉及法律与社会文化之关系的法律规则进行系统描述和解释的基础上，为司法实践提供解答法律问题的建议。这意味着，一般和特殊的法律理念和法律原理必然是目的论的和实用主义的法律用法的一部分。法学是一门文化科学，这就是为什么它的方法总是由社会文化状况所决定。"（Stig Jørgensen, *Fragments of Legal Cognition*, Aarhus University Press, Aarhus 1988, p. 5）不过，在法学界，"法教义学"这个名称也颇受人诟病，原因在于"教义"（Dogma, 信条）这个名称安置在法学上看起来很不适当。按照宗教的说法，"狭义的、充分意义的教义是直接由上帝启示的真理……"，"教义必须被教会作为'天启真理'……呈现。在此方面，教会必须绝对地发觉天启的内容"。（Thomas Schlapp, *Theorienstrukturen und Rechtsdogmatik: Ansätze zu einer strukturalistischen Sicht juristischer Theoriebildung*, S. 21）从形式上看，法学知识的确信与宗教上的"教义"的信仰有类似之处，但法教义（原理）的形成绝非天启的，而是通过理性论辩程序产生的。在此意义上，法教义是人类理性活动（论辩/商谈）的产物，它们通过理性的认识（论辩/商谈）而被法学知识共同体"视其为真"（真理或义理）。有关"法教义学"（Rechtsdogmatik）的最初汉译，参见舒国滢：《战后德国法哲学的发展路向》，载《比较法研究》1995年第4期，第353页。

1 在笔者看来，所谓法学（法教义学），乃是一门以法理为研究对象，具有实践指向，"以某个特定的、在历史上成长起来的法秩序为框架和基础来寻求法律问题之答案"，以"价值导向"为"思考方式"，"通过解释来理解法律规范"，具有教义学性质，旨在实现统一性和体系化的"规范科学"（Normwissenschaft）。

2 英国伯明翰大学法学院法理学教授肖恩·科伊尔（Sean Coyle）指出："法学（转下页）

又有理论的性格/面向;(2)它强调问题思维,也追求理论的统一性和体系化;[1](3)它尊重信条或规范,但也主张论证和论辩,强调判断、结论或裁决的证成;(4)它具有保守性格,坚持把现行实在法秩序作为其工作的平台,却也并非坚守封闭,而有一定的开放性,即:对体制外的批判保持一定的开放态度,尽管它可能会为体制外的批判设定栅栏,规定什么样的述说可以被法学所接受,什么样的述说可能与法学的范式不相兼容而不予接受;(5)它可能讨论个案中的裁判问题,但更多地是从一般法学角度来讨论现行有效的法律规范的内容,提出有关法律规范的自圆其说的解释和系统化的理论。在此意义上,法教义学绝不等同于司法裁判学或者更广义的所谓司法学。后者可能更强调解决个案裁判的程序和技术规则,而把论述的重点放在个案本身。

10.21 法教义学具有这样的功能:(1)认识功能。法教义学能够帮助人们借助法学概念来认识作为对象的法律现象,从中发现法

---

(接上页)理论是或应当是对法律实践的一种贡献,而不是阐释其'必然形式'的一种企图。"(Sean Coyle, "Two Concepts of Legal Analysis", in: Sean Coyle/George Pavlakos [ed.], *Jurisprudence or Legal Science? A Debate about the Nature of Legal Theory*, Hart Publishing, Oxford and Portland, Oregon 2005, p. 32.) 有时候,法学理论家本身在理论层面不能说明法律、道德思想与外部世界之间的关系,不能描述法律思想的结构。有学者建议,在此等情形下,我们只能解释我们的实践,并被我们的道德信念所引导(Veronica Rodriguez-Blanco, "Method in Law: Revision and Description", in: Sean Coyle/ George Pavlakos [ed.], *Jurisprudence or Legal Science? A Debate about the Nature of Legal Theory*, p. 86.)。

1 Mark van Hoecke, *What is Legal Theory*? p. 41.

律问题和分析法律问题。（2）评价功能。法教义学可以用来评价个案裁判的合法律性与正当性。（3）检验功能。法教义学可以运用体系化论证来检验法律规范的解释，规范与事实的涵摄以及司法裁判的理由说明是否具有逻辑上的一致性；（4）减负功能。法教义学由于尊重经过检验可以接受（至少暂时可以接受）的信条或规范，可以减轻法律论证的负担，并且为人们提供一种简化信息的指导，从而提高法律文本的"可传受性"（Lehrbarkeit）和"可习知性"（Lernbarkeit），便于人们迅捷知晓法律规范、法律事实及其存在的法律问题；同时，尊重经过检验可以接受的信条或规范，也可以避免随时启动的无理争辩对法律论证所施加的影响，[1]从而减轻论证的负担，增强决策的效率。（5）稳定功能。法教义学可以将以往的法律学说和以往的司法判决方式（判例）巩固下来，对新提出的法学论点加以证成，形成法学范式，从而可以为法学者寻找到超越不同时间阶段的稳定的法学理解与法学论证的方式和规则，避免任何形式的无理的法学提问和法学讨论。[2]

10.22 "法学范式"[3]是法学家或法律家在一定时期内从事解决

---

[1] 相关的论述，参见本书命题54.13。

[2] Robert Alexy, *Theorie der juristischen Argumentation: Die Theorie des rationalen Diskurses als Theorie der juristischen Begruendung*, 2. Aufl., Suhrkamp Verlag, Frankfurt am Main 1991, S. 326ff.（汉译，见［德］罗伯特·阿列克西：《法律论证理论》，舒国滢译，商务印书馆2019年版，第326页）

[3] "范式"（paradigm）一词是来自希腊文παραδειγμα（paradeigma），原意是指语言学的词源、词根，后来引申为范式、规范、模式、模型、范例等含义。美国科学哲学家（转下页）

法律问题之活动的理论框架,它是一定时期法学知识共同体的法律实践的前提,是该共同体一致信从的法学基本理论、信念、方法、标准等构成的集合。[1]

---

(接上页)托马斯·库恩(Thomas Kuhn,1922—1996)在1962年出版的《科学革命的结构》(*The Structure of Scientific Revolutions*,1962)使用此概念来表达在科学实际活动中某些被共有的范例(examples)。1974年,他为此特意写了《再论范式》一文,强调"专业母体"(disciplinary matrix)这个概念,认为用这个概念能更准确地表述范式的含义。20世纪80年代后,他很少再使用"范式"这个概念,而用"词典"(lexicon)一词取而代之,认为科学革命实际上是科学词典结构的改革,也就是用新词典取代旧词典。在他看来,词典是认识世界的方式,世界是通过词典来描述的,词典是一种历史的产物,不同时代的社会背景、不同的文化与不同的历史时期,各有不同的词典。词典由一套具有结构和内容的词汇组成,各种词汇构成一个相互联系的网络。前后出现的词典之间有部分交叉,即有些词汇是共有的,有些词则为某些词典所专有。理论与词典紧密相联,不同的理论需要用不同的词典才能得到理解,理论一旦改变,词典也需要——而且一定要随之改变。在他看来,拥有共同的词典是科学共同体的本质特征。这就是说,一个科学家如果接受某个科学共同体的词典,就自然成为这个科学共同体的成员,如果接受另一个科学共同体的词典,就自然成为另一个科学共同体的成员。一个科学共同体抛弃原来持有的词典,就意味着这个科学共同体的解体。一群科学家共同接受另一部词典,就意味着一个新的科学共同体业已形成(参见[美]伊安·哈金:"导读",载[美]托马斯·库恩:《科学革命的结构》(第四版),俞吾金、胡新和译,北京大学出版社2012年版,第1—30页;[日]野家启一:《库恩——范式》,毕小辉译,陈化北校,河北教育出版社2002年版,第4—9页)。

[1] 在此意义上,法教义学无论在概念、原理与原则、思考与论证方式均应按照统一的标准进行,所有的法教义学者无论其具体的论述方式有多么不同,但其共同的努力目标乃是趋向建立统一的法教义学体系。这是因为,法学所讨论的[关涉如何实践(裁判)的]法理问题不允许有不同的体系说明,不论学者们对同一个法理问题提出什么不同的、甚至自相矛盾的见解(意见),但按照教义学原则建立起来的法教义学体系却只能有一种。在法教义学建构中,只要按照法教义学的方式进行,学者们所提出的意见(或学说)都可能是有积极意义的,对法教义学体系的形成均可能有促进性贡献。在法学中,事实上,一个新的体系取代以前(旧有的)所有其他的体系,但是这丝毫不减损前人的功绩,因为,如果没有前人的法学发现,甚至是他们失败的尝试,后来的法学者也不可能凭空在自己的理论阐释中实现法教义学原理的真正统一。正如康德指出:"化学家安东伦·罗伦托·劳沃斯尔(1743—1794)说:化学只有一个体系。同样,病理学家勃朗(1735—1788)说:疾病分类的体系只有一个原则。"([德]康德:《法的形而上学原理——权利的科学》,沈叔(转下页)

10.23 法学范式是伴随着职业法律家阶层（包括法学家阶层）的形成而逐渐形成的，它并非完全由所谓法学理论家所创造，也并非仅由法学理论家予以信奉和遵守，而是由整个法律人（lawyers）共同体共同创造并加以遵从的。[1]

---

（接上页）平译，林荣远校，商务印书馆1991年版，"序言"，第4—5页）我们似乎也可以接着说：从理想的角度看，法教义学也应只有一种体系，一种原理或教义。

[1] 不过，黑格尔在《法哲学原理》中对法学家们垄断法学知识提出异议，指出："对法律具有特殊知识的法学家等级，往往主张这种知识是它的独占品，不是这一行的人就不该插嘴谈论。例如，物理学家对歌德的色彩学说就不以为然，因为他不是行家，何况他又是一位诗人。……法与自由有关，是对人最神圣可贵的东西，如果要对人发生拘束力，人本身就必须知道它。"（[德]黑格尔：《法哲学原理》，范扬、张企泰译，重印本，商务印书馆1982年版，第224—225页）不过，在法学上，确实如黑格尔所言，法学家群体相信他们所奉持的"博士们的共同意见"（communis opinio doctorum，通说）。"博士们的共同意见"实际上就是"基于知识和经验的实践权威"的意见（Joseph Raz, *Practical Reason and Norms*, Oxford University Press, Oxford 1999, pp. 63. 汉译，参见[英]约瑟夫·拉兹：《实践理性与规范》，朱学平译，中国法制出版社2011年版，第62—63页）。在一定意义上，"博士们的共同意见"是博士们（法学家们）这个特定的群体（尽管不一定是全体国民或民族整体）基于"内部观点"（尤其是基于"认知性的内部观点"，而非"意志性的内部观点"）对规则、规范、标准进行解释时形成的集体意见，此种意见通常用"应当""必须""理应""正确"和"错误"等规范性术语来加以表达（Neil MacCormick, *Legal Reasoning and Legal Theory* [Clarendon Law Series], Clarendon Press, Oxford 1978, pp. 264, 292. 汉译，参见[英]尼尔·麦考密克：《法律推理与法律理论》，姜峰译，法律出版社2005年版，第273页，第279页）。按照凯斯·R. 孙斯坦的观点，法学上的"博士们的共同意见"（通说）完全有可能属于一种"未完全理论化的协议"，即：在个案中，法学家们对于如何解决具体案件的难题达成的一致意见[有时候，追求完全的理论化是不现实的，因为法律中某个大的领域中的任何简单、普遍以及一元论的或单一价值的理论（如言论自由、合同和财产等等）都可能非常粗糙，不符合我们对那一领域中多种关键性的价值观做出的最佳理解]。在此意义上，对法律的了解在很大程度上是对法律共同体内主流的法律解释实践的理解。在许多情况下，它对表现为我们所称的"背景知识"[从认知科学和心理学的角度看，此种"背景知识"包括由语言"激起共同思想"的"画面"（比如，"苹果"是"水果"而非"椰子"）或"关系图景"（比如，"A偷了B的钱包"是"盗窃"而非"诈骗"）]。其（转下页）

10.24 法学范式为法学家或法律家发现、分析和解决法律问题提供至少在一定时期内可以作为通行标准的解答方案,这在一定程度上可以避免无理的争论,简化论证的程序,减轻论证的负担,使法学对于法的世界保持某种稳定的、可以通约的理解方式。

10.25 从法教义学的角度看,任何人都不可能无视以往的法律学说、原理而独自地提出一套纯属"私见"的法学理论。任何一种法学理论的提出,都必然与以往和现下接受的法学范式进行对话:要么在法学范式之内思考和述说,要么提出对抗现行法学范式的理由,重新确立法学范式。

10.26 法教义学作为制度化推动的法学也规定了这种知识形态的公共运用性质,法学范式不仅是任何法学研究者个体必须持守的一种理论框架,也是整个法律人对法学知识之公共运用的典型形式。在这一点上,法学范式排斥对法学知识的毫无根据、毫无理由的私人滥用。因为毫无根据、毫无理由的私人滥用不仅会破坏法学

---

(接上页)中,有的意思明确,但很多是被认为理所当然的(Cass R. Sunstein, *Legal Reasoning and Political Conflict*, pp. 33, 83-84. 汉译,见凯斯·R. 孙斯坦:《法律推理与政治冲突》,第37页,第100页)。这个理所当然的原因在于:"博士们的共同意见"(通说)可以阻止在对话博弈中的"无限倒退(还原)",在对话论辩中,一旦"博士们的共同意见"被接受,它就成为讨论法学问题的一个"教义",在此情形下,质疑"教义"是无理的、不被允许的(Arno R. Lodder, *DiaLaw: On Legal Jusitification and Dialogical Models of Argumentation*, Springer Science+Business Media, Dordrecht 1999, p. 26. 汉译,见[荷兰]阿尔诺·R. 洛德:《对话法律:法律证成和论证的对话模型》,魏斌译,中国政法大学出版社2016年版,第33页)。在这个过程中,法学家们(法律解释共同体,interpretative community)之间的"教义学共识"(通说、教义或原理)对于决定何为"'法理'的真谛"这个问题具有重要的意义。

知识共同体共守的法学范式,而且很可能造成对法的世界理解的混乱和不稳定。

10.27 当然,法学范式并非是一成不变的。在历史上也经常会发生从某个法学范式向另一个法学范式的转变,这是一个新旧法学范式更替的过程。[1]

10.28 新旧法学范式的更替实际上是新法学范式不断地取代旧法学范式的过程,但这个过程也不是任何个人的好恶所决定的,它取决于推动法学发展的社会条件和制度性条件,取决于法学知识共同体在特定时期的"期待视域"和"容忍视域"的变化。[2] 在法学知识共同体的期待视域和容忍视域没有变化之前,业已形成的法学范式就是有效通行的。

10.29 法学知识共同体的"期待视域"和"容忍视域"的变化同样不受法学家个人意愿的左右:法学家个人可以通过提出新的

---

1 参见[美]托马斯·库恩:《科学革命的结构》(第四版),第13章。
2 在现象学和解释学哲学家们看来,"视域"是一个人在其中进行领会/理解的构架(视野)。每个人作为一个历史的存在者都处于某个传统和文化之中,并因此而居于某个视域之中。一个视域就是一个人的生活世界。不可能有纯客观的、与人的特殊视域无关的理解。一个文本的意义是在某个领域中被确定的。要获得对于历史的理解,一个人必须"尽力"得到一个历史的视域,并且通过历史存在者本身和过去传统的视域来进行解释,而不能只通过这个人的当代尺度和偏见来进行解释。一个视域本身总是一个形成的过程。视域现象是解释学循环的基础。美国文艺理论家、俄亥俄州立大学日耳曼语与文学系教授罗伯特·C. 霍拉勃(Robert C. Holub)认为,从接受美学的角度看,期待视野"显然指一个超主体系统或期待结构","'一个所指系统'或一个假设的个人可能赋予任一本文的思维定向"。(周宁、金元浦:"译者前言",载[联邦德国]H·R. 姚斯、[美]R. C. 霍拉勃:《接受美学与接受理论》,周宁、金元浦译,辽宁人民出版社1987年版,第6页)

法学理论来影响整个法学知识共同体的"期待视域"和"容忍视域",但不可能任意取而代之。[1]

10.30 新法学范式取代旧法学范式,不仅意味着新法学范式在竞争力上超过旧法学范式,而且意味着新法学范式业已被某个时期的整个法学知识共同体或至少该共同体中的大多数成员所接受。[2]

10.31 在前后相续的法教义学传统中很少看到法学范式转化中的断裂和新旧法律学说间的无理跳跃。[3]

---

[1] Enrique Zuleta-Puceiro, "Scientific Paradigms and The Growth of Legal Knowledge", in: *ARSP*, Beiheft 25, 1985, pp. 127-134.
[2] 认知科学证明,相似的人类心灵可以理解同一种事物,而在此意义上讲,它们彼此也能理解,共享并预测对方的想法。这就是所谓"同类相知"(like knows like)(参见〔美〕乔治·桑塔亚纳:《怀疑主义与动物信仰——一个哲学体系的导论》,张沛译,北京大学出版社2008年版,第80页)。不仅如此,有学者甚至认为,一切科学知识的生产本质上都是一种社会活动,故而自20世纪90年代以来,认知科学家们开始更多地关注认知的社会方面,关注认知或知识的社会意义和作用。人们在哲学领域日益显示出对"社会认识论"不断增长的兴趣(参见熊哲宏:《认知科学导论》,华中师范大学出版社2002年版,第446—447页)。
[3] 这里以民法上的核心概念"法律行为"(Rechtsgeschäft)的形成过程作为例证:尽管在罗马法上有actus(行为)和negotium(事务、交易、行为)这些用语,但它们当时都不是法律术语或技术术语(Terminus technicus),约翰内斯·阿尔特胡修斯在描述"行为"时第一次使用到negotium这个词,但他在1586年撰写的《罗马法学两卷本》和1617年出版的《诉讼原理三卷本》中均没有将它作为法律术语,而只是将negotia gerere(交易活动)作为法律术语。在历史上,真正第一次将negotium作为法律术语来探讨的人是丹尼尔·内特布拉德,内特布拉德于1748年首版的《一般实在法学基本体系》(*Systema elementare Jurisprudentiae naturalis*)中将negotium iuridicum和actus iuridicus一并引入法学理论之中的,并于1772年出版的《日耳曼共同实在法学新导论》(*Nova introductio in iurisprudentiam positivam Germanorum communem*)一书第495节中将这两个词均译作德文ein rechtliches Geschäft(法律的行为);然而,作为一个独立德语单词Rechtsgeschäft的出现以及该词被作为"当事人设立与变更法律关系"之手段(行为、意思表示)来理解,则是18世纪末期、尤其是19世纪初期(海泽、萨维尼和普赫塔等人的学说产生之(转下页)

10.32 通过法教义学形成法学范式，这种现象也说明：法学的发展是渐进的、积累性的。[1]任何一种后来时期的法学都是在前一

---

（接上页）后）的事情，而1794年的《普鲁士通用邦法》第一次在立法上采纳了法律行为（意思表示）理论（Gábor Hamza, "Historische Bemerkungen zum Pandektensystem", in: *Revita Internacional De Derecho Romano*, 2013, SS. 153-155.; Werner Flume, *Allgemeiner Teil des Bürgerlichen Rechts*. Zweiter Band：Das Rechtsgeschäft, 4. Aufl., Springer-Verlag, Berlin 1992, SS. 28-29. 汉译，参见［德］维尔纳·弗卢梅：《法律行为论》，迟颖译，米健校，法律出版社2013年版，第32—36页）。

[1] 为说明上述论点，此处以《德国民法典》的评注为例：《德国民法典》之现代评注可以分为"简明评注"（Kurzkommentar）、"手册评注"（Handkommentar）、"大型评注"（Großkommentar）、"学习型评注"（Studienkommentar）、"网络版民法典评注"（Der online BGB-Kommentar）等类别，共计有十余种，它们本身是民法教义学（民法科学/19世纪的"学说汇纂"体系）的产品，其评注同样得益于民法教义学的研究进展、体系和方法完善。也就是说，《德国民法典》的评注是在法律科学（民法科学）的"学术监督"下进行的，本身体现了法律科学（民法科学）的精神，乃在法律科学（民法科学）监督、指导下具有实务和学术双重指向的作品，其作者众多（据说《施陶丁格民法典评注》［*Staudingers Kommentar zum Bürgerlichen Gesetzbuch*］竟有97册之多，作者近百人），几乎是一项举全体法律人（学者和法官）之力方能完成的集体事业。以《帕兰德民法典简明评注》（*Palandt, Kurzkommentar zum BGB*）为例，它最初（1938）由德国民法学家、时任德国考试委员会主席的奥托·帕兰德（Otto Palandt，1877—1951）负责编订，并由此得名。该评注自1949年（第7版）后几乎每年更新，陆续修订，到1993年出第52版，至2018年出第77版。该评注的结构安排如下：每一编、章、节前均有一个学术性"导论"或"概览"，介绍相关概念的定义、分类、制度的沿革（历史），具体条款的注释对每个条款所涉概念的界定，条文的适用范围，条文间的关系，条款的变更，一般规定，特殊条款（例外规定），相关的判例（案例）和新近的法律解释，学者的意见（相关论文、论著），通说，等等，均有详细提示，内容可以说比较详备（Palandt, *Bürgerliches Gesetzbuch*, 52. neu bearbeitete Auflage Bearbeitet von Bassenge, Diedrichsen, Edenhofer, Heinrichs, Heldrich, Putzo, Thomas, C. H. Beck Verlag, München 1993, SS. 1-2676），可供法律实务、司法考试以及法律研究之用，不仅是法学研究的工具，也是法官判案、律师办案必须依赖的工具，所谓"一套评注在手，所有答案都有"，其犹如一张告诉人们到何处找资料、期刊文章以及判决书的地图，或者将法律问题、法律案件、法律理论与法条组合起来的"密码图"。这样，民法典评注在一代代法律人中传递下去，民法学（民法教义学）知识作为积累性知识就扎扎实实地在代际之间得以延续。

个时期或更早的若干时期的法学基础上作业，任何的法学都不可能跳脱这种历时性传统的路径依赖，更不可能超越历史的框限。后来的法学都是在继承和发展以前的法学之基础上不断充实和丰富的。[1]

10.33 法学是守成的，它作为积累性知识不可能接受完全否定其自身的任何革命性的理论或思想体系，它对来自其知识体系外的知识总是采取过滤的方式有限度地吸纳。实际上，任何所谓革命性的理论或法学知识体系外的知识最终都会被法学的传统所同化，成为法学范式的构成部分。

10.34 法学传统的力量总是默默地起作用，绵延不绝。

---

[1] 正是在这个意义上，德国柏林自由大学法哲学与法社会学教授胡伯特·罗特洛伊特纳（Hubert Rottleuthner, 1944— ）说："法教义学语句就是那些绝大多数法律职业人认为正确的语句"，"法学作为规范的学科……"，本身也必须理解成是一种"论证—理论"（Hubert Rottleuthner, *Rechtswissenschaft als Sozialwissenschaft*, Fischer-Taschenbuch-Verlag, Frankfurt am Main 1973, SS.178, 188）。

## 命题 11 | 法教义学沉默之处，便有法哲学

11.1 法教义学守成理论的传统，它本身也设定了理论的框限。[1] 这种框限既限定了它的论述风格和论述形式，也构成它对其法学知识体系外的知识进行过滤的一套典型模式。或者说，法教义学了解自己的论述能力，同样知晓本身论述的界限。

11.2 以往的学问基本上在三个维度上展开：（1）描述—经验的维度；（2）逻辑—分析的维度；（3）规范—实践的维度。[2]

11.3 当一门学问偏重于描述—经验的维度，着力描述和说明事实，描述和说明事实形成的原因和社会基础，描述和说明规范实施的效果，描述和说明行为的外在构成，描述和说明行为的影响力和

---

1　Enrique Zuleta-Puceiro, "Scientific Paradigms and The Growth of Legal Knowledge", in: *ARSP*, Beiheft 25, 1985, pp. 127-134.
2　拉尔夫·德莱尔指出，法学不拘泥于某一方面，它是一个三维度的学科（eine dreidimensionale Disziplin），即它一般在事实上被如此地进行、且应按照理性的方式（合理地）如此进行：在其经验维度上，它基于实在法素材的汇总与筛选以程式（公式）化的方式表达；在其分析维度，它基于概念—体系的贯通来表达；在其规范性（或法伦理）维度，它在实在法的模糊性领域提出理性的决定建议。最后一个维度与实践理性相关（Ralf Dreier, "Rechtstheorie und Rechtsgeschichte", in: Okko Berends, Malte Dießelhorst, Ralf Dreier [Hrsg.], *Rechtsdogmatik und praktische Vernunft. Symposion zum 80. Geburtstag von Franz Wieacker*, Vandenhoeck & Ruprecht, Göttingen 1990, SS. 21-22）。

产生的动机等等，那么它就是描述—经验性的。

11.4 当一门学问偏重于逻辑—分析的维度，着力分析概念和规范，分析各种规范之间的逻辑关系，分析法律问题的结构，那么它就是逻辑—分析性的。

11.5 当一门学问偏重于规范—实践的维度，着力从某种应然的标准解释现行的规范，对某种规范进行证立，对某种制度和裁判进行评价，那么它就是规范—实践性的。

11.6 就论述风格和形式看，法教义学主要偏重于逻辑—分析维度和规范—实践维度，在这个意义上，法教义学是分析性的和规范性的学问。[1] 法教义学是分析性的，因为它必须对既有的法律概念、法律规范和存在的法律问题进行分析，考察它们各自的结构和逻辑关系；法教义学是规范性的，因为它必须对所应适用的法律规范进行解释，对所提出的法律规范进行证立，对法律制度和司法裁判的合理性、正当性进行判断和检验。对"理由""正当""应然命题""义务"等问题的论证，在很大程度上，使法学与其他学问（特别是自然科学）区别开来。[2]

---

[1] 英国伦敦玛丽女王大学比较法教授马克·范·胡克（Mark van Hoecke, 1949— ）指出：法教义学通常在严格意义上被用来指称"法科学"，力求体系化，并在一定程度上解释现行的实在法，其在本质上具有规定性（prescriptive by nature）。（Mark van Hoecke, *What is Legal Theory?* Acco, Leuven 1985, pp. 40-41）

[2] 自然科学在方法上通过"控制实验"（control experiment, 即，控制-对照-比较）来找到有待观察的实在世界中两个或两个以上的因子（条件）之间是否存在一种确定的互动关系（比如物理学上的力和速度之间的关系，用方程表达，即f=ma），并将这种（转下页）

11.7 但也并不是说,法教义学与描述—经验的维度没有任何关系。从实践层面上看,法教义学的规范分析必然以法律事实、法律行为和法律问题的经验描述为基础,[1]对法律制度和司法裁判的评价也必然建立在对实在的法律制度和实际的个案裁判的描述基础之上,有时候它还可能涉及通过描述来澄清某个法律规范制定者(立法者)的实际意图。然而,不能由此得出结论,法教义学就是经

---

(接上页)现象上升为有关自然规律(自然之道)的理论。或者说,自然科学一方面纯粹建立在经验的基础上,特别是在实验中对自然因子(条件)的控制与观察,另一方面建立在对这种结果以数学和逻辑方式所表述的逻辑严密的衡量的基础上。相形之下,法学和其他人文(精神)科学都无法做到自然科学所要求的控制实验[社会科学中的经济学、社会学等学科的控制实验研究的情形似乎要好一些,但即便如此,社会科学研究也因为其因子(条件)关系的多层次、大量起作用的正负反馈机制(N个机制/原因导致某一结果产生的所谓"过度决定"现象,缺乏自然现象中"覆盖性法则"),因子(比如经济结构中的诸条件)的随机性、价值/理念关涉和无法还原,也难以做到像自然科学那样的完全的控制实验,很难达到与自然科学那样的认识上的(控制实验意义上的)科学性]。法学和其他人文科学(甚至某些社会科学)著作中可能混合着研究者个人思想中的"意识形态""智慧""价值评价""品味""偏好"等非(自然)科学的因素,这更增添了法学和其他人文科学(以及某些社会科学)之对象的科学研究难度。总体而言,法学(法教义学)以特有的解释(事实解释和规范解释)直接本质地进入规范世界(理的世界,或应然规整领域,理性的抽象实体或评价性实体,本质上属于哲学上所讲的"客观精神"领域)来探寻或推导出法律规范/法律规整的原因性规定根据(法理)。这种认知方式可被概括为"(规范)解释性认知"(或"无表象的推理性认知)模式(Heinrich Henkel, *Einführung in die Rechtsphilosophie: Grundlagen des Rechts*, 2. Aufl., C. H. Beck'sche Verlagsbuchhandlung, München 1977, S. 375; R. C. Schank, " Conceptual dependency: a Theory of Natrual Language Understanding", in: *Cognitive Psychology*, Vol. 4, N. 3. 1972, pp. 532-631; 熊哲宏:《认知科学导论》,华中师范大学出版社2002年版,第303页)。

[1] 法教义学有事实关联性(faktenbezogen),也可以说,法教义学是在部分逻辑上可以释义,将一定的事实加以排列的结构。(Thomas Schlapp, *Theorienstrukturen und Rechtsdogmatik: Ansätze zu einer strukturalistischen Sicht juristischer Theoriebildung*, SS. 23-29)

验—描述性的学问。经验—描述不是法教义学的首要任务,也不可能构成法教义学的学问性格。相反,法社会学、法律史学、比较法学则可能部分地偏重经验—描述,因而可能是经验性的。

11.8 法教义学作为分析性的、规范性的学问,必然懂得保持某种谦抑的特性:它可以解决其能够解决的法律问题,不可能解决所有的法律问题;对它所不能够解决的法律问题,法教义学应当选择保持沉默。

11.9 法教义学有时保持适度的沉默,并非一种缺点,反而可能是一种优点,它以这种独特的方式宣示法学的独立性、自治性和学问性格:既然自然科学不能解释所有的事情,法学也不可能解决所有的问题,或者证立一切所讨论的事情。

11.10 法教义学在履行其使命时面临诸多的两难,比如,一方面,要保持在现行法秩序范围内进行评价,另一方面,又不得不回应来自现行法秩序之外的问题的挑战;一方面守成传统、权威和秩序,另一方面却又不得不适时顺应时代需求、社会条件以及法学范式的变化。在此情形下,法教义学可能宁愿放弃无所不能的解答方案和论述方式,而更倾向于选择规范分析的、有限度的、比较稳定的述说方式和论证方式,舍弃那些虽然新奇但却无边界、不稳定的述说方式和论证方式。在此意义上,法教义学所承担的是有限的使命。

11.11 法教义学的谦抑恰好表明它是审慎严谨的,它要求人们在框限和规准之内观察和思考，对于框限和规准之外的问题则交由其他学问去解决。

11.12 简括地说，法教义学的观察和思考是一种体制内的观察和思考，是基于传统和范式的观察和思考，是根据业已确定的法律规范、法学概念、法学原理和法学方法来进行的观察和思考，是规范分析、说理证成式的观察和思考。[1]

---

[1] 因此，从狭义的法学知识（法教义学）角度将法学分为"教义（体系、司法、内部）法学"（dogmatic [systematic, juridical, internal] legal sciences）和"非教义（元法律、外部）法学"（non-dogmatic [meta-legal, external] legal sciences）或（特奥多尔·菲韦格所讲的）"法探究学"是必要的，前者的研究对象有一部分是有效法（实在法），后者的研究处在与法律之间更明显的元关系（外部关系）之中，通常从某些非法学（non-legal science）的视角研究法律，比如，法律史，法哲学，法社会学，"法与经济"研究，"法与逻辑"研究，等等。由此看来，所谓"法学家"（jurists），首先应当专指那些懂"教义法学"的专家（实务法律人更是如此），他们不仅研究法律，而且也应当像法律适用者和法律手艺人那样处理法律问题。"法学家"的法律视角在传统上往往是"事后的"（ex post），但他们对待有效法（实在法）的态度又是"（教义）科学"的［正是在此意义上，美国19世纪著名法学家、教育家特奥多尔·威廉·德威特（Theodore William Dwight, 1822—1892）指出："人们所知的科学，唯有真正的法律科学是严格演绎的"（Cf. Wilson Huhn, *The Five Types of Legal Argument*, Second Edition, Carolina Academic Press, Durham 2008, p. 8.）］，而非"政治的"或"政策"（policy）的，即，他们总是应当用"（教义）科学"的方式批判或检验（检测）（现行的）有效法（实在法），从"（教义）科学"上为（现行的）有效法（实在法）的"官方版本"（the official version of the valid law）找到"一个更佳的版本"（a better version），法学家对（现行的）有效法（实在法）的集体理解乃构成一种（法学家们所认为的）科学的、正确的"范式性的法理解"（das paradigmatische Rechtsverständnis）或"导向性知识"（Orientierungswissen）（Jürgen Habermas, *Faktizität und Geltung: Beiträge zur Diskurstheorie des Rechtes und des demokratischen Rechtsstaats*, 2. Aufl., Suhrkamp Verlag, Frankfurt am Main 1992, S. 474；汉译，见［德］哈贝马斯：《在事实与规范之间——关于法律和民主法治国的商谈理论》，童世骏译，生活·读书·新知三联书店2003年版，第490页）。这种"教义法学"不仅对法律适用者和其他法律人是有价值的，而且对立法者，乃至法律教育也是有价值的（Åke Frändberg, *The Legal Order:*（转下页）

11.13 在没有传统和范式可作依凭的情形下，法教义学可能是不知所措的。这个时候，法教义学必须借重法律史学、法社会学、比较法学研究的成果，尝试着恢复和重建法教义学传统和范式。

11.14 法律史学、法社会学、比较法学是法教义学的辅助学问，没有发达的法律史学、法社会学、比较法学，就不可能有完善的法教义学。然而，有了发达的法律史学、法社会学、比较法学，也不一定有完善的法教义学。毕竟，法教义学的发展还取决于现行的制度化的推动。所以，从发展的顺序上看，反而是先有制度化推动，后有法教义学的生成，再次是法教义学对法律史学、法社会学、比较法学的求助，整体上形成良性的互动。[1]

11.15 法律史学、法社会学、比较法学各有不同的使命和理论旨趣，它们不可能从根本上规定法学的基质和问学方式，法学家也可能通过这些学科单独确立法学范式。确立法学范式，主要还是依

---

（接上页）*Studies in the Foundations of Juridical Thinking*, Springer International Publishing AG, Cham 2018, pp. 9-10）。总之，如瑞典乌普萨拉大学法学院法理学教授、国际法哲学与社会哲学协会瑞典分会（Swedish section of IVR）主席艾克·弗兰德贝格（Åke Frändberg, 1937— ）在2018年出版的著作中所言："有效法是教义法学的自然出发点，而不是它的最终产品。"（Valid law is the natural point of departure of dogmatic legal science, not its final product.）（Åke Frändberg, *The Legal Order: Studies in the Foundations of Juridical Thinking*, p. 9）

1 区分"教义法学"和"非教义法学"的功能，比较容易厘清法学知识的类型以及各自不同的生产方式，避免那些不必要的（甚或无理的）"跨界争论"。有关"社科法学"与"法教义学"之争，此处不予置评。

靠法教义学的工作。[1]

11.16 但法教义学在框限和规准之内观察和思考毕竟也是它的局限所在。[2]

11.17 在自己的理论框限之内,法教义学不可能设定批判、反思、评价和检验自身体系是否适当、合理或有效的标准。[3]

11.18 但另一方面,任何法教义学不能解决的法律问题也不能交给人们的非理性决断。此时,法教义学可能把它的目光投射于法哲学,[4] 或者相反,法哲学觉察到法教义学的局限和问题,而从体

---

[1] 从中我们也可以引出一个观点:一国的法学只有达到法教义学的程度(水平)才是成熟的,如果仅仅停留在"非教义法学"的阶段,法学则很难称得上成熟完善。所以,如果说狭义的法学研究是法教义学研究,那么我们完全可以把所有的"非教义法学"或"法探究学"的研究称为"前法教义学研究",后者可以为成熟的法教义学研究提供(事实与规范的)素材、理论视野、来自外部的价值观点、历史——现实的批判理据和批判标准(判准),等等。

[2] 在康德哲学中,教义学被称为"独断论",这基本是对G. 莱布尼茨、C. 沃尔夫等人的哲学体系的负面评价。在他看来,"独断论"(教义论)是"纯粹理性没有预先批判它自己的能力的独断处理方式",而一个教条(Dogma, 教义)是指"出自概念的直接综合命题"。不能真正现实的问题,乃是沃尔夫"独断论"(教义论)或学院派哲学的"阿喀琉斯之踵"(Immanuel Kant, *Kritik der Reinen Vernunft*, Felix Meiner Verlag GmbH, Hamburg 1993, SS. 31, 675;汉译,参见[德]康德:《纯粹理性批判》,邓晓芒译、杨祖陶校,人民出版社2004年版,第25页,第568页)。

[3] 德国法学家阿图尔·考夫曼(Arthur Kaufmann, 1923—2001)在所著的《法律哲学》中指出:法教义学(法律信条学)"以未经验即视为真实的条件为前提",法教义学者"在现有的情况下"来思考,不问法律"究竟"是什么,也不问是否、在何种情况下、在什么范围内、以何种方式会有法律的认识(Arthur Kaufmann, *Rechtsphilosophie*, 2.Aufl., C. H. Beck'sche Verlagsbuchhandlung, München 1997, S. 12. 汉译,见[德]考夫曼:《法律哲学》,刘幸义等译,台北五南图书出版公司2001年版,第12页)。

[4] 法教义学"只有当它将超体系导向法律哲学之非信条论思考方式认为是不必要、'纯理论'或甚至认为不科学且不理性的而拒绝时,才会'变得可疑'"(Arthur Kaufmann, *Rechtsphilosophie*, 2. Aufl., S.12;汉译,见考夫曼:《法律哲学》,第12页)。

制外进行观察、思考和批判,完成法教义学不能承受、不能完成之使命。[1]

11.19 法哲学大体上以两种形式存在:一种是对于法律问题,哲学家自问,哲学家自答,这种法哲学可以称为"哲学家的法哲学";另一种是法学家提问,哲学家回答或者法学家提问,法学家本人以哲学家的方式回答,这种法哲学可以笼统地称为"法学家的法哲学"。[2]

11.20 "哲学家的法哲学",属于哲学家之哲学体系的构成部分,它们往往与政治哲学、道德哲学密不可分,相互间共生一体,亦我亦他,亦此亦彼:所谓法的原理同时也是政治原理、道德原理。

11.21 "法学家的法哲学"之生成力和推动力来自法学内部,其问题是法学的,其解答是哲学的。有学者名之曰"一般法学"(general jurisprudence 或 allgemeine Rechtslehre),有学者称之为"实在法哲学"(philosophy of positive law)或"法理学"

---

[1] 这一点类似于哲学和自然科学(或物理学)的关系。维特根斯坦说:"哲学为自然科学中有争议的领域划出界限。"([奥]维特根斯坦:《逻辑哲学论及其他》,《维特根斯坦全集(第1卷)》,陈启伟译,河北教育出版社2003年版,第210页)"真命题的总和是全部自然科学(或各门自然科学的总和)。"(上揭书,第210页)
[2] 有关"哲学家的法哲学"和"法学家的法哲学"的提法,参见舒国滢:《走出概念的泥淖——"法理学"与"法哲学"之辨》,载《学术界》2001年第1期,第103页。德文"法学家哲学"(Juristenphilosophie,一译"法律人哲学")一语,参见Arthur Kaufmann, *Rechtsphilosophie*, 2. Aufl., S.13;汉译,见[德]考夫曼:《法律哲学》,第13页。

（Jurisprudence），晚近则又称为"法的理论"（legal theory 或 Rechtstheorie）。[1]

11.22 由于受各自时代之思想脉络和思想方式的影响，"哲学家的法哲学"或多或少受到形而上学的影响，带有形而上学的特性；"法学家的法哲学"或多或少受到实证主义的影响，带有实证主义的特性。

11.23 应当承认，"法学家的法哲学"和"哲学家的法哲学"无论在理论旨趣、理论雄心、提问立场上，还是在解答方式、论述方式和论述方法上均存在一定的差异。毋宁说，"法学家的法哲学"的出现是一种与传统的"哲学家的法哲学"相间离的思想努力，它愈来愈想把法哲学牵引进法学的学问体系之内，而不是像以往的哲学家那样把法哲学当作哲学的子部门。[2]

11.24 在这个意义上，"法学家的法哲学"的思想方式和思想

---

[1] Arthur Kaufmann, *Rechtsphilosophie*, 2.Aufl., S. 13; 汉译，见［德］考夫曼：《法律哲学》，第13页。

[2] 德国学者，无论是哲学家，还是职业法学家，大体上都承认：法哲学（Rechtsphilosophie）是哲学的一个部分，而不是法学的分支学科。例如，古斯塔夫·拉德布鲁赫在《法哲学》第1章"事实与价值"中指出："法哲学是哲学的一个部分。因此，首先指出法哲学的一般哲学前提条件，是绝对必要的。"（Gustav Radbruch, *Rechtsphilosophie*, K. F. Koehler Verlag Stuttgart, 1963, S. 91）相同的论述，也表现在阿图尔·考夫曼的著述中（Arthur Kaufmann, "*Rechtsphilosophie, Rechtstheorie, Rechtsdogmatik*", in: A. Kaufmann und W. Hassemer [Hrsg.[, *Einfuchrung in Rechtsphilosophie und Rechtstheorie der Gegenwart*, 3. Aufl. C. F. Mueller Juristischer Verlag GmbH, Heidelberg/Karlsruhe, 1981, S. 1; Arthur Kaufmann, *Rechtsphilosophie*, 2. Aufl., S. 7; 汉译，见考夫曼：《法律哲学》，第7页）。

风格也在一定程度上受到法教义学以及由法教义学确立的法学范式的影响，至少它必须正视法学家基于法教义学提出的法哲学问题，而"哲学家的法哲学"却可能是反向的，它完全摆脱法教义学的思想方式和思想风格，也不受特定时代的法学范式的制约和束缚。面对法教义学，"哲学家的法哲学"可能是完全自说自话的，它不想限缩自己的思想理想，单单为法学承担监护之责。同时，"哲学家的法哲学"也并不关心自己的理论在法学（法教义学）上的运用。在哲学家们看来，提出法哲学理论是一回事，运用法哲学理论是另一回事。

11.25 然而，法学家们更关心法哲学理论在法学上的运用。在这里，法学家们遭遇到"法哲学为何"问题之困扰。

## 命题 12 | 法哲学的目的在于使法学思想在逻辑上得以清晰

12.1 "哲学家的法哲学"和"法学家的法哲学"之区分,并不能直接回答法哲学为何的问题。

12.2 回答法哲学为何的问题还得首先考察法哲学本身如何回答该问题。

12.3 每一种法哲学都在以不同的方式回答法哲学为何的问题。也有些法哲学并不直接回答该问题。

12.4 "哲学家的法哲学"通常更为重视对法哲学为何问题的回答。因为这种法哲学无一例外,都试图建立一种与其哲学相一致的法哲学体系,定义法哲学必然成为首要的使命。回答法哲学为何的问题,是建构哲学家之法哲学体系的基础。

12.5 回答法哲学为何的问题,几乎均以确定法哲学的对象为要务。然而,对于这个对象的认识却是见仁见智的。

12.6 在"哲学家的法哲学"中,"法之理念","法之实体","法之整体","法之究竟"(Überhaupt),"法之概念","法之原理","法之规律","法之结构","法之真、善、美","法之形式客体","自然法","理性法","正确法"(rechtiges

Recht），等等，都曾经被当作法哲学研究的对象。[1]

12.7 上述种种所谓法哲学研究的对象均可称为"非物理的存在实体"，哲学家都是根据自己的认识图式来描画和解释这些"非物理的存在实体"，并且尽力周密地构建其所描画和解释的体系。比如，黑格尔（Georg Wilhelm Friedrich Hegel, 1770—1831）说：法哲学这一门科学以法的理念，即法的概念及其现实化为对象。[2] 他的《法哲学原理》是对《哲学全书》中已包含的关于同一哲学部门的基本概念所作的更为详尽，尤其是更为系统的阐述。[3]

12.8 总体上看，"哲学家的法哲学"作为体系取向的法哲学是"不及物（问题）"的法哲学，因为它们不及物（问题），所以它们也无意关注法的世界之个别事物（个案）中存在的问题。毋宁说，"哲学家的法哲学"是反问题的法哲学：在其看来，法哲学本

---

[1] 阿图尔·考夫曼说：法哲学作为"正义的学说"（Die Lehre von der Gerechtigkeit），总是对"法应当是什么"或"正确法"（Richtiges Recht）的问题的讨论和追问。例如，为什么存在者终究存在，而不存在者终究不存在？为什么我终究在此存在并且终究走向何处？为什么必须有法根本上（Überhaupt Recht）存在，而这种（正当的）法究竟是什么？为什么人必须受到惩罚？等等。这些问题大体上可以简化为两个最基本的问题：（1）什么是"正确法"（正义）？（2）我们如何才能认识并实现正确法？这两个问题共同构成法哲学的任务。一切法哲学家，无论他们使用的方法有什么不同，其观察的角度有什么差别，都不过是在寻找这两个基本问题的终极答案（Arthur Kaufmann, *Rechtsphilosophie*, 2. Aufl., S. 9. 汉译，见考夫曼：《法律哲学》，第9页）。康德把1797年出版的《法的形而上学原理》称为"正义的理论"或"正义的形而上学"（［德］康德：《法的形而上学原理——权利的科学》，沈叔平译，林荣远校，商务印书馆1991年版，"序言"，第2页）。
[2] ［德］黑格尔：《法哲学原理》，范扬、张企泰译，商务印书馆1982年版，第1页。
[3] 参见贺麟："黑格尔著《法哲学原理》一书评述"，载上揭书，第3页。

身不研究法律问题，也不承认法哲学内容本身包含法律问题。换言之，在"哲学家的法哲学"看来，法哲学与具体问题是相对的，旨在研究法律问题或解决法律问题的法哲学并非真正的法哲学；凡内容本身包含法律问题探讨的法哲学亦非真正的法哲学。

12.9 反之，"法学家的法哲学"却可能是问题取向的，它们会发现法的世界之个别事物（个案）中存在的问题，并尝试从哲学上予以解答。在这里，法哲学家关注的并非法哲学的对象和体系，而是对于法律问题的哲学述说或概念分析。[1]

12.10 显然，"法学家的法哲学"是受法律问题域框限的法哲学，它们将法哲学的视野从"哲学家的法哲学"之"对象—体系"中移开，投向法律问题的哲学考察和阐释。它们不再满足于"不及物"的哲学之宏大述说，不首先去讨论"法之整体"和"法之规律"问题，而是尝试在有情境关联的个别事物（个案）中，在个别事物的细节上寻求法的原理或者寻求至少接近法的原理的门径。在这个过程中，"法学家的法哲学"可能满足于法律问题之哲学解答的自圆其说，满足于受问题域框限的法哲学体系的提出，满足于法哲学体系的局部建构。

---

[1] 例如，英国分析法学创始人约翰·奥斯丁（John Austin, 1790—1859）著《法理学讲义》从第1卷第12讲讨论"权利"，"人"，"物"，"事实"（"事件与'行为'"），"义务"，"意念"，"意图"，"抑制"，"不作为"，"疏忽"，"制裁"，"伤害"，"有罪"，"苛责（性）"，等等。（John Austin, *Lectures on Jurisprudence or The Philosophy of Positive Law*, Vol. One, 5th edn, John Murray, London 1885, pp. 343-507）

12.11 "法学家的法哲学"作为问题取向的法哲学有时直接以某种既有的哲学为前提,它们在选择其所讨论的法律问题时也在选择述说的哲学进路、维度和方法,将既有的某种哲学作为自身理论的基础。这个时候,法哲学的贡献不在于哲学理论的创造,而在于哲学理论的运用。

12.12 法哲学对哲学的运用并非将任何一种哲学思想、学说、理论像"医学处方"一样简单套用在法律问题上,来医治"法律之病"。法哲学对哲学的运用本身必须是在法哲学积极反思和批判性参与下进行的。法哲学必须将法律问题"转化为"哲学问题,并且找到解答这些问题的适切哲学,或者找到哲学与问题之间适切的联接点,在这种规定的条件下开展工作。无反思、无批判地滥用哲学,必然会造成"法哲学的安乐死"(德国法学家古斯塔夫·拉德布鲁赫语)。[1]

12.13 "哲学家的法哲学"和"法学家的法哲学"之各自的思想关怀,表面上好像模糊了法哲学的活动性质:似乎"哲学家的法哲学"在建构理论,"法学家的法哲学"在应对实践。实际上,两者都是在构建理论,在不同的维度、领域、方向和程度上提出有关法的世界的系统述说。

---

[1] 古斯塔夫·拉德布鲁赫的原话是:"纯粹经验主义的一般法学是法哲学的安乐死。"([德]古斯塔夫·拉德布鲁赫:《法律智慧警句集》,舒国滢译,中国法制出版社2016年版,第165页)

12.14 既然法哲学是有关法的世界的系统述说，它在本质上就规定了自身的目的，即任何一种法哲学都不是为了让法学思想陷于混乱，相反，它们应该使法学思想在逻辑上更加清晰。[1]

12.15 法哲学应当按照逻辑的方式述说，不仅可以避免许多无理的争论，而且可以免却法学上出现模糊不清的思想。[2]

12.16 无论"哲学家的法哲学"，还是"法学家的法哲学"，尽管它们的理论不一定相同，但从来不会降低其述说对逻辑的诉求。

12.17 并非所有的法哲学都一定按照逻辑语言表达，但凡被称作是法哲学的述说，一定经得起逻辑的检验。

12.18 本身在逻辑上不清晰的法哲学不可能充当检验法学思想是否清晰的学问标准。

12.19 如果法教义学应当用法学理论说清楚实践本身无以解决的法律问题，那么，法哲学就应当用哲学说清楚法教义学中没有能够说清楚的理论问题。

12.20 凡是说不清楚的，法哲学也应当抑制自我的述说。

12.21 当然，述说的清楚和不清楚本身也是争议的问题。法教

---

[1] 维特根斯坦："哲学的目的是对思想的逻辑澄清。……哲学应当把不加以澄清似乎就暗昧而模糊不清的思想弄清楚，并且给它们划出明确的界限。"（［奥］维特根斯坦：《逻辑哲学论及其他》，《维特根斯坦全集（第1卷）》，陈启伟译，河北教育出版社2003年版，第210页）

[2] 所以，维特根斯坦指出："哲学是由逻辑和形而上学构成的：逻辑是其基础。……哲学是关于科学命题（不仅是初始命题）的逻辑形式的学说。"（维特根斯坦：《逻辑哲学论及其他》，第23—24页）

义学述说的清楚或不清楚之争，可以通过逻辑和法哲学来评判；法哲学述说的清楚或不清楚，则由逻辑来评判，逻辑不能评判的，则交由诸种法哲学之间的理论竞争，真正清楚的法哲学述说应当在理论竞争中胜出。

12.22 当法哲学理论不相交集时，其述说的清楚或不清楚，只能从形式层面进行审查，逻辑上清晰的法哲学优越于逻辑上不清晰的法哲学。

## 命题 13 | 法哲学的使命不是改造世界，而是认识世界

13.1 法哲学是负有使命的。

13.2 每个时代对法哲学的使命有不同的期待。

13.3 每个时代的期待在一定程度上影响其时代的法哲学之形成。[1]

13.4 这毋宁是说，时代的期待连同时代的精神一并融入其法哲学之中。在这个意义上，法哲学必然反映时代的精神气质和思想风貌。所以，黑格尔在更高的程度上说，哲学是被把握在思想中的它的时代。妄想一种哲学可以超出它那个时代，这与妄想个人可以跳出他的时代，跳出罗陀斯岛，是同样愚蠢的。[2]

13.5 然而，法哲学又不仅属于其所产生的特定时代，否则它们

---

[1] 理论（Theoria）或"沉思"都是对永恒的体验，而这种体验注定又是对"当代性"的思考。任何一种法律思考都不可避免地带有它得以型塑的"历史气候"（historisches Klima）的印记；同样，处在"意义之网"中的著作者们也从一开始就被不知不觉地限制在历史可能性和规定性的界限之内的。我们并没有能够完全摆脱来自显现的（"明"的）或遮蔽着的（"暗"）时间和空间背景的束缚。我们尽管可以借助思想的翅膀在"法的形而上学"的天空中翻飞翱翔，但终不能脱离大地的引力和持守，不能在纯粹的时间真空中伸展自由。（舒国滢：《寂静的旅途》［代序］，载氏著：《在法律的边缘》，法制出版社2016年版，第1页）

[2] ［德］黑格尔：《法哲学原理》，范扬、张企泰译，商务印书馆1982年版，"序言"，第12页。

就属于特殊的理论，而不是可以超越时代的一般理论。也就是说，法哲学可以"逸出"特定的时代，而参与整个法哲学历史的发展进程之中，成为整个人类"共享的"思想。在此意义上，法哲学具有代际性。

13.6 作为具有代际性的思想体系，每个时代的法哲学又与人类历史上不同时代的法哲学一脉相通：当下的法哲学与过往的法哲学相接，而又开启未来的法哲学。

13.7 法哲学在不同时代之间的传续呈现出复杂的情形。它们或者表现为：前一个时代或前若干时代的法哲学提问，后一个时代或后若干时代的法哲学回答；或者表现为：前一个时代或前若干时代的法哲学提出原理，后一个时代或后若干时代的法哲学不断推导出体系；或者表现为：前一个时代或前若干时代的法哲学确立某种学说，后一个时代或后若干时代的法哲学提出某种相反的学说，共同推进对法的世界的认识。

13.8 从推进认识的角度看，随着人类认识能力的增强和知识增量，后一个时代或后若干时代的法哲学总是比前一个时代或前若干时代的法哲学增加更多确定的、清晰的因素；而不是相反，随着人类认识能力的增强和知识之量的增加，后一个时代或后若干时代的法哲学比前一个时代或前若干时代的法哲学变得更加模糊和不确定。原因在于：法哲学愈来愈模糊和不确定本身不符合法哲学在历史中自我展开的法则。

13.9 由此可见，任何的法哲学都在当下时代和超越当下时代所形成的时间结构中来确定自己的使命：立足于当下时代的精神、问题和社会情事，联接不同时代的法哲学思想、学说和方法，会通整个人类的法哲学思想之流。

13.10 实际上，整个人类的法哲学思想之流并非直线地流向一个未知的方向，在当下时代和超越当下时代所形成的时间结构中，法哲学可能形成思想之流的循环，这种循环使法哲学不仅接通不同世代的历史，而且接通不同世代的问题、思想和方法，通过法哲学的思想呈现理性在历史之中回复流经的痕迹和样态。[1]

13.11 法哲学思想之流的循环不是完全按照理想的圆形运行的，它是一种在不断运动膨胀的椭圆形态。[2] 其实真正的圆形的思想流动，是思想沿着一条固定轨迹或思想河床机械地运动，这不会发生因"运动的变型"而造成的思想膨胀，而思想的膨胀恰好能够揭示

---

1 德国当代著名哲学家汉斯-格奥尔格·伽达默尔（Hans-Georg Gadamer，1900—2002）在其著作《真理与方法》（Wahrheit und Methode，1960）中指出："其实正是世界本身在相互交往中被经验并且作为一种无限开放的任务不断地交付给我们（traditur）。世界从来就不是某个混沌初开的世界，而是不断地遗留给我们的世界。"（［德］汉斯-格奥尔格·伽达默尔：《真理与方法》［下卷］，洪汉鼎译，上海译文出版社1999年版，第793页）
2 黑格尔哲学强调理念的圆圈运动。他说："哲学形成为一个圆圈：它有一个最初的、直接的东西，因为它总得有一个开端，即一个未得到证明的东西，而且也不是什么成果。但是哲学的起点只是相对地直接的，因为这个起点必然要在另一终点上作为成果显现出来。哲学是一条锁链，它并不悬在空中，也不是一个直接的开端，而是一个完美的圆圈。"（［德］黑格尔：《法哲学原理》，范扬、张企泰译，商务印书馆1982年版，"导论"，第4页）

法哲学随着人类认识能力的增强和知识增量在历史之中自我展开的形状。法哲学像任何一种思想体系一样，总是行进在这种膨胀的椭圆轨道之上，并且又不断通过自我展开的运动之力延伸这种轨道的距离和长度。

13.12 法哲学之自我展开过程中所释放的推进之力固然可能来自每个时代的实践需求，然而，根据命题12.13的解释，法哲学的根本使命并非直接为实践提供"行动的方案"。法哲学的本性不是改造世界，而是认识世界。古往今来的法哲学一直在追寻认识和述说法的世界的稳定而清晰的原理、规准和方法。

13.13 然而，并不否认，有些学者直接将法哲学宣称为改造法的世界的哲学，并且在自己的学说中更多地不是在从事阐释性的述说，而是构想行动的方案，使法哲学思想转化为决策的行动。

13.14 改造法的世界的法哲学宣称并不能从根本上改变法哲学的性质，否则，法哲学就成为"法政策学"或者其他什么学问了。[1]

13.15 在这里，应当区别"法哲学是什么"和"法哲学被用作

---

[1] "法律政策"（Rechtspolitik或legal policy）一词在19世纪末开始被法学家们广泛使用。对其含义和研究范围，学者间大体上有广义和狭义两种解释。广义的法律政策是指为达到一定的社会目的而在法律上采取的各种手段和方法。在此意义上，法律政策不仅包括立法政策和司法政策，而且包括社会政策的一切领域（如住房政策、农业政策、药品政策、卫生健康政策、劳动政策、人口政策、环境政策等）。狭义的法律政策仅指立法政策（Gesetzgebungspolitik），即在立法上为解决各种社会问题、达到一定社会目的而采取的对策（参见舒国滢：《战后德国法哲学的发展路向》，载《比较法研究》1995年第4期，第354页）。

什么"。法哲学完全有可能被用作改造世界，但它本身不是改造世界的学问。[1]

13.16 不能在逻辑上清晰解释法的世界的法哲学在用于改造法的世界时是根本不适格的，其所产生的行动必然是盲目的，其所带来的后果必定是不确定的。乖张的理论，可能引起乖张的行动，乖张的行动可能产生乖张的后果。果若如此，那么，法哲学作为一种"爱智的学问"，就偏离了它的本性。因为，"乖张的智慧"本身就是一个矛盾。[2]

13.17 法哲学不是改造世界的学问，也可以使之摆脱各个时代的政治统治者或者形形色色的革命者对它的凌辱。统治者或革命者乖张的性情有可能以其"飘忽不定的好恶"将某种法哲学奉若神明、尊为宗教，而将另外的法哲学贬斥为"妄说"或"有害的意识形态"，从而以纠集的政治力或革命力极尽践踏之或者摧毁之。[3]

13.18 法哲学不应替现实的政治或革命充作马前卒，它总是应

---

[1] 在此意义上，法哲学和哲学有相同之处："我只有放弃对世界上发生的事情施加任何影响，才能使自己独立于世界，从而在某种意义上支配世界。"（[奥]维特根斯坦：《逻辑哲学论及其他》，第153页）

[2] 如果一个人仅仅根据自己的私见（私人的意见）作为诠释世界的根据，盲目崇尚某种毫无逻辑的乖张的理论，那么我们就应该像古希腊思想家柏拉图（Plato，希腊文 Πλάτων，公元前427—前347）那样，称这样的人为"爱意见者"，而不称其为"爱智者"。（参见[古希腊]柏拉图：《理想国》，郭斌和、张竹明译，商务印书馆1995年版，第226页）

[3] 故此，德国哲学家卡尔·雅斯贝尔斯（Karl Jaspers，1883—1969）在《智慧之路》中对哲学的评论也同样适用于法哲学："哲学的真谛是寻求真理，而不是占有真理。哲学就是在路途中。哲学不是给予，它只能唤醒……"（Karl Jaspers, *Way to Wisdom: An Introduction to Philosophy*, Yale University Press, New Haven/London 1954, Chap. I.）

当保持着一种高贵的述说姿态。即使统治者或革命者禁止述说，法哲学依然凝视着亘古不变的理念，保持着它特有的述说姿态准备述说。

13.19 法哲学有时会保持沉默或以沉默代替述说，但它从不会停止述说。

13.20 聪明的人类从来不会让"法哲学闭嘴"，因为"法哲学闭嘴"所损害的不是一时一地的政治或革命的事业，不是一时一地世俗的生活，它所损害的是人类的历史："法哲学闭嘴"抽空了某种历史存在的意义，让某个时代的历史变得毫无意义、暗淡而无光泽。[1]

13.21 其实，法哲学自身从来不会真正地沉默，只是它在反思时有可能对不可述说或不能清晰述说的对象或问题暂时选择不予述说。[2]

13.22 特定时期政治力或革命力的禁止不可能构成法哲学沉默的理由。法哲学作为思想之流，不会因为外力的拦截而自动断流，它会一如既往地沿着伸展的轨道循环流动。

---

[1] 18世纪中叶，北美独立的呼声越来越高，英国软硬兼施，采用各种手段，力图维持它与北美殖民地的宗主国关系。殖民地某些人由于在利益上与英国有联系，主张效忠英国；一部分人主张武力反抗英国；还有些人对于反抗英国感到悲观，主张和解。众说纷纭，争吵不休。1775年3月23日，美国律师帕特里克·亨利（Patrick Henry, 1736—1799）在弗吉尼亚州议会上发表演讲，表达了宁愿牺牲生命也要维护自由的决心，最后一句"不自由，毋宁死"（Give me liberty or give me death! 直译："要么给我自由，要么给我死亡"）像一声惊雷，响彻北美大陆，动摇了英国在北美的统治（参见《世界近代史辞典》，上海辞书出版社1998年版，第253页）。帕特里克·亨利的这一句话似乎也可以用来说明法哲学。

[2] "我们不能思我们不能思的东西：因此我们也不能说我们不能思的东西。"（[奥]维特根斯坦：《逻辑哲学论及其他》，第153页）"凡是不可说的东西，必须对之沉默。"（维特根斯坦：上揭书，第263页）

## 命题 14 | 法哲学的工作方式主要是反思、解释和批判

14.1 命题 13 表明，法哲学是认识世界的学问。

14.2 认识世界的学问有可能受限于每个时代的人类所经历的经验世界。

14.3 经验世界反映在人类认识中的是一些经验的素材（empirical data）。

14.4 人类认识中的经验素材本身是偶然的、零乱的堆积，它们本身没有逻辑关联性和思想性。

14.5 经验素材具有质感和多彩性，通过人类的感觉而渗透进人类的思想。经验素材可能引诱人类的思想逸出灵魂，并使之受制于经验对象的束缚。

14.6 尽管从时间上看，没有任何知识是先行于经验的，一切知识都是从经验开始的，[1] 然而，真正的哲学并不是忙于获得经验知识，或者扩展经验知识，而是把知识和思想本身作为批判研究的题

---

[1] 康德在《纯粹理性批判》开篇即说："我们的一切知识都从经验开始……所**按照**时间，我们没有任何知识是先于经验的，一切知识都是从经验开始的。"（［德］康德：《纯粹理性批判》，邓晓芒译，杨祖陶校，人民出版社2004年版，第1页）

材，寻找知识的来源；¹ 或者如康德那样，建立一门科学，以此来规定一切先天知识的可能性、原则和范围。²

14.7 法哲学并非研究人类的先天知识或者纯粹知识为要务的学问，但也并非与讨论人类的知识毫无干系。

14.8 法哲学所要考察的是法的世界，它必然遭遇一种与对象有关的知识，这些对象要么是超验的（如自然法），要么是经验的（如实在法）。

14.9 与对象的遭际，有可能使法学思想受制于对象，被对象所呈现于人类直觉中的假象所迷惑或遮蔽，故此，法哲学作为一种哲学，会不断地运用反思的工作方式来观照有关对象的知识。

14.10 法哲学上的反思不是直接关注对象或存在本身，而是把兴趣放在法的认识本身，即：借助反思，法哲学发现以往法学思想中存在的问题，对既有学说的认识进路和方式提出质疑，甚至对自我述说本身的正确性提出疑问。

14.11 如此说来，法哲学的反思不是为了扩展对法的世界的认识，而是澄清对法的世界的认识，使法学认识和法学思考尽力避免错误。

---

1 这是因为：在法哲学中，如同在一般哲学中，"有些知识甚至离开了一切可能经验的领域"（康德：《纯粹理性批判》，第5页）。如此说来，"假如经验所遵循的一切规则永远总是经验性的，因而是偶然的，经验又哪里还想取得自己的确定性；所以我们很难把这些规则当作第一原理来看待"（上揭书，第4页）。
2 康德：《纯粹理性批判》，第5页。

14.12 反思可以使法哲学保持自我的警省，不至于使自我陷于独断论甚或妄断论，而始终把追问的目光投向真理和理念。[1]

14.13 反思可以使法哲学追寻更加清晰的原理和推导体系，为法学思想规定更加清晰的述说进路和述说方式，确立法学理论述说和论辩的规则及判准。

14.14 只有通过反思，法哲学才可能把自身独特的学问同其他的学问（比如法教义学、法社会学）区别开来。我们甚至可以说，其他学问是不反思的，而它们一旦运用反思，那就是在运用哲学（包括法哲学）。

14.15 法哲学的反思作为一种工作方式主要还是表现为思想对自我的思考，它甚至可能不表现为述说，而作为纯粹的思维活动本身存在。

14.16 法哲学的工作不可能仅仅停留于纯粹的思维活动本身，它总是逸出思维领域，而对法的世界进行述说。这种述说分为两个方面：解释和批判。

14.17 法哲学的解释总是与解释的对象相关联。没有对象，就谈不上解释。在这里，应当区分法哲学所遭遇的对象和它所解释或述说的对象。比如，我们完全可以笼统地说法哲学也会遭遇规范问题、

---

[1] 古斯塔夫·拉德布鲁赫指出："正如在理论领域观点的多重性只是谬误的多重性，而真理只有一个；同样，在伦理领域，个性的多样性也只是其错误的多样性，而又注定要消融在完善的伦理之中。"（［德］古斯塔夫·拉德布鲁赫：《法律智慧警句集》，舒国滢译，中国法制出版社2016年版，第3页）

事实问题、规范与事实对应问题，但法哲学不可能像法教义学那样直接将上述问题作为述说或解释的对象。无论是"哲学家的法哲学"，还是"法学家的法哲学"，无论体系取向的法哲学，还是问题取向的法哲学，都不会按照法教义学的方式去发现问题、分析问题和解决问题。毋宁说，法哲学会在它所遭遇的问题中发现了适合于其所述说和解释的问题，它会将遭遇的问题"转化为"哲学问题，并给予述说或解释。比如，法教义学关注现行法律规范的意义如何解释，而法哲学却可能关注经过教义学解释具有某种明确意义的法律规范为何有效；法教义学关注如何用规范涵摄事实，而法哲学却可能首先区分事实的标准以及规范涵摄事实的哲学根据或正当性基础。

14.18 法哲学的解释对象总是法律问题中带有普遍性的、一般性的且属法的终极根据之因素。它会对法教义学引以为解释根据的基本前提本身提出问题，做出解释。在此意义上，法哲学解释也可以说是对法教义学解释的再解释。但法哲学的再解释绝不是在同一逻辑维度上对法教义学解释的展开，法哲学也不是法教义学之理论漏洞填补的方式。毋宁说，相对于法教义学解释，法哲学的再解释是性质不同、逻辑维度不同的解释。而且，法哲学也完全可以不依赖于法教义学，独立地对所涉主题进行解释。

14.19 同样，法哲学对于在经验的法的世界中获取的经验性素材采取哲学的解释方式，即：把经验性素材转化成纯粹的思想性素材，从中找到它们的逻辑关联性，在经验素材中提取抽象的、绝对的、终极的和基础性的恒定因素，以获得对法的世界的清晰、稳定的认识和正确理解。

14.20 法哲学解释将经验性素材转化成纯粹的思想性素材并非简单的过程中，其中，如何跨越"实在"和"观念"、"实然"和"应然"之鸿沟来找到两者的联接点并非易事。在这里，法哲学也必须透过事物之间的"恒常联接"（constant conjunction）来找到规范与规范之间、规范与事实之间双向对流解释的可能性。[1]

14.21 要做双向对流的解释，法哲学必须进行三方面的联接：（1）概念联接，包括法学概念的联接，法学概念与哲学概念的联接；（2）经验素材之间的联接；（3）概念和经验素材之间的联接。这些联接的目的在于诸种要素之间的相干性以及它们之间互释的条件和可能性。

14.22 更进一步说，法哲学一方面要对抽象概念、思想和观念给予限定，确定概念之间的逻辑推导关系，另一方面要对经验素材进行抽象化和一般化工作，寻找到经验素材中的典型例证和重要的、

---

[1] 18世纪英国（苏格兰）著名哲学家大卫·休谟（David Hume, 1711—1776）在《人类理解研究》中把人心中的一切知觉分为两类：一类叫作"印象"（impression）或表象，另一类叫作"思想"（thoughts）或"观念"（ideas）。前者是指"我们有所听，有所见，有所触，有所爱，有所憎，有所欲，有所意时的知觉而言"；后者是"在反省上述的那些感觉和运动时我们所意识到的一些较不活跃的知觉"。通过"思想"或"观念"这样的知觉以及人心的种种思想或观念之间具有某种次序和规则的"联系的原则"或者"观念的关系"，我们人类其实可以把"没有看过，没有听过的东西"构想出来。（［英］休谟：《人类理解研究》，关文运译，商务印书馆1981年版，第19—20页，第24页及以下页，第26页及以下页）

不断重现的因素,并把这些因素在观念上加以归纳、分类和整序,这样法哲学才有可能在思想、概念和经验素材之间建立起解释的联接点。不能完成这种相向的联接,法哲学的解释工作就无以进行。

14.23 法哲学的解释不是技术意义上的解释,它并非为法律问题提供决策方案的解释,法哲学的解释具有认识论的意义,它的任务是寻求认识法的世界的可能性、原则、范围和方法。

14.24 无疑,批判也是法哲学之常态的工作方式。[1] 批判以反思为基础,没有反思就谈不上批判。毋宁说,法哲学批判是法哲学反思的外化形式。

14.25 如此一来,法哲学批判必须诉诸人类的理性,它必须遵循人类理性之永恒不变的法则,这些法则包括:普遍性法则、统一性法则、不矛盾性法则、正确性法则。我们也可以把这些法则称为"法哲学批判法则"。

14.26 所谓普遍性法则,是指法哲学在批判任一对象 a 时,也必须能够将同样的批判应用于所有相关点上与 a 相同的其他任一对象上。[2]

---

[1] 维特根斯坦在《逻辑哲学论》中甚至说:"全部哲学乃是'语言批判'。"([奥]维特根斯坦:《逻辑哲学论及其他》,《维特根斯坦全集(第1卷)》,陈启伟译,河北教育出版社2003年版,第204页)因此,"一部哲学著作本质上是由阐释构成的。"(上揭书,第210页)

[2] 罗伯特·阿列克西在论述普遍实践论辩的第一组基本规则时指出:"**任何一个言谈者,当他将谓词F应用于对象a时,也必须能够将F应用于所有相关点上与a相同的其他任一对象上。**"(Robert Alexy, *Theorie der juristischen Argumentation: Die Theorie des* (转下页)

14.27 所谓统一性法则，是指法哲学必须能够将统一的、合乎体系的批判标准根据情境应用于所有其所批判的任一对象上。在具体情境中，统一性法则与平等性法则相关，即：针对相同情境的对象进行法哲学批判，必须遵循相同的统一批判标准。

14.28 所谓不矛盾性法则，是指法哲学在进行批判时不得在基本立场、前后论述、前提与结论推导上自相矛盾。[1]

14.29 所谓正确性法则，是指法哲学批判必须以认识和述说是否正确作为出发点和结论检验的标准，必须在批判中排除不合理、乖张、虚假、荒谬的意见和立场。如果说不合理、乖张、虚假、荒谬可以归结为错误，那么可以归结为正确的，就是指与不合理相对的合理，与乖张相对的可靠，与虚假相对的确实，与荒谬相对的有理。

14.30 不遵循批判法则的法哲学批判是无理的法哲学批判，不适格的法哲学批判，这样的批判将会使法哲学批判本身陷入批判的恶循环之中，其本身就背离了人类的理性。

14.31 法哲学的批判包括法哲学的自我批判和对法学的批判。

---

（接上页）*rationalen Diskurses als Theorie der juristischen Begruendung*, 2. Aufl., Suhrkamp Verlag, Frankfurt am Main 1991, SS. 235-236. 汉译，见［德］罗伯特·阿列克西：《法律论证理论》，舒国滢译，商务印书馆2019年版，第232页）

[1] 罗伯特·阿列克西："任何一个言谈者均不得自相矛盾。"（Robert Alexy, *Theorie der juristischen Argumentation：Die Theorie des rationalen Diskurses als Theorie der juristischen Begruendung*, 2. Aufl., S. 235. 汉译，见罗伯特·阿列克西：《法律论证理论》，第232页）另见本书命题54.8（3）。

14.32 面对法的世界，法哲学必须进行自我批判，即：对自身的认识条件、判断和主张的正当性、有效性提出审问，交由批判法则来加以检验。这样，法哲学可以保持自我的警醒，不断寻找通往对法的世界之最佳解释的哲学范式和方法论。不经自我批判的法哲学没有对他者批判的能力和资格。

14.33 法哲学对法学的批判是其经常性的工作方式。法哲学受其目的和使命的驱使，从体制外采取超越体制的立场对法学和体制的基本问题和基本前提进行批判，从中寻求法学认识的条件、法学思想的逻辑，诊断法教义学解答方案的独断性谬误，揭示法的原理之所在。

14.34 然而，面对法哲学的批判，法教义学也并非完全消极被动：法教义学完全可能通过加强自己理论的论证力和防卫力来对抗法哲学的批判。有时候，由于法教义学和法哲学之话语的不同，法哲学的批判也可能是无理的、不适当的或者不切题的。

14.35 当本身不清晰或不能自圆其说的法哲学对已成为法学范式的法教义学理论进行批判时，它可能是无理的。

14.36 当法哲学的批判和法教义学理论之间毫无干系，它们之间没有最起码的理论联接点时，那么其批评就是不适当的或者不切题的。

14.37 假如法哲学没有目标地批评法教义学，形式上好像是在进行批判，但不知道在批判什么，那么这种批评就是自说自话的。

14.38 任何法教义学理论背后都可能有其相应的哲学基础作为

支持，所以，法哲学如果不能直接对教义学进行批判，那就应当将作为法教义学基础的哲学作为批判的对象。这是法哲学批判的有效方式。有时候，只有通过"哲学"这个平台，法哲学才能对法教义学展开批评。否则法哲学对法教义学的批判就是不相交的，或者是自说自话的。

14.39 寻找和限定批判的平台是法哲学批判获得有效性的条件。找不到批判平台，找不到批判的联接点，法哲学批判可能是无效的。此时，法教义学仅仅将这一点作为理由就可以用来排斥法哲学批判。

14.40 无论如何，法哲学批判是法学认识保持自觉、法学思想保持清晰和接近正确的必要手段。法哲学批判不是为了反对或否定法哲学和法学本身，而是为了保存和提升法哲学和法学的生命力。只有通过法哲学批判，法哲学和法学才不至于变得死气沉沉。

14.41 法哲学不否定建构，然而并非所有的法哲学都是建构的，或者将建构作为唯一常态的工作方式。若法哲学不从事批判，那就是不适格的。没有批判就没有建构，没有建构的法学批判理论，仍不失为一种法哲学。

## 命题 15 | 法哲学是多元的，但不必然是混乱的

15.1 法哲学是多元的，更确切地说，法哲学学说是多元的。[1]

15.2 在历史上，对法的世界，不同的法哲学从不同的进路和述说方式来加以述说。

15.3 然而，没有任何一种法哲学学说可以宣称自己的学说是唯一正确的法哲学学说。因为，宣称自己的学说是唯一正确的法哲学学说不仅要证明自己学说的完全正确，而且要证明自己的学说优越于任何其他的法哲学学说。这种完全将无可承受之证明负担强加于身而得以成功的法哲学学说至今几乎不存在。

15.4 也没有任何一种法哲学学说可以宣称自身垄断了对法的世界的解释权和法哲学的批判权。因为，垄断解释权和批判权的法哲

---

[1] 当然，对这个问题的看法肯定是有所不同的。比如，康德在《法的形而上学原理》"序言"中提出这样一个问题："真的有可能存在多种哲学而不只是单一种哲学吗？当然，事实上存在多种的哲学论述方式，以及通过多种方式去追溯最早的理性原则，随之或多或少成功地去建立一个体系的基础。……不过，从客观的角度看，既然只有一种人类的理性，就不会有多种的哲学，这就是说，不论看来如何多种多样，甚至自相矛盾，人们可以各自对同一个命题作哲学的阐述，但是，按照原则建立的哲学体系却只能有一种。"（[德]康德：《法的形而上学原理——权利的科学》，沈叔平译，林荣远校，商务印书馆1991年版，"序言"，第4—5页）在笔者看来，康德在这里把哲学和科学的理想划等号了，其哲学（包括道德哲学）主张显然受到当时的自然科学范式的影响。

学不会对自我进行反思和批判,它的宣称也就没有正当性和有效性。

15.5 正因为法哲学是反思的和批判的,所以法哲学学说必然不是一元的,而是多元的。

15.6 任何的法哲学反思和批判都离不开反思和批判的主体,离不开反思和批判主体的反思和批判活动。也就是说,法哲学反思和批判都是由此时此地或彼时彼地的这一个人或那一个人进行的。

15.7 任何从事法哲学反思和批判的这一个或那一个人都不可能完全鹦鹉学舌式地重复以往的法哲学述说,他们必然从其各自的立场出发重新选择反思和批判的方式。任何法哲学重述,既不是反思,也不是批判。也就是说,重述与反思、批判是正相反对的,它本身不是法哲学的工作方式,而是思想史的工作样态。

15.8 既然法哲学的反思和批判是这一个或那一个人在此时此地或彼时彼地不断开启的哲学作业,那么它们就不可避免地带有从事法哲学反思和批判的这一个人或那一个人之个人的精神特性,这些个人的精神特性不是完全相同的,呈现出多元化形态。正是循着这种多元化形态的精神特性,我们可以辨别出多元的法哲学学说的各自特征和基本类别。

15.9 我们在历史上可以发现无数个个人的法哲学学说所带有的不同之精神特性,比如柏拉图法哲学的圆融通达,托马斯·阿奎那法哲学的神性光辉,卢梭法哲学的激情伸张,康德法哲学的严谨透辟，黑格尔法哲学的博大深邃，萨维尼法哲学的平静庄严，¹哈贝马斯法哲学的繁复宏阔，哈特法哲学的简洁清晰，约瑟夫·拉兹法哲学的绵密细致，等等。在这些富有精神个性的法哲学学说中，也可以看出这一个或那一个法哲学反思和批判者之共同特征：他们均真诚、严肃地面对此时此地或彼时彼地所存在的法哲学问题，用他们的智慧去破解法哲学之谜，或者（像卢梭那样）呈现他们所遭际的法哲学之谜。

15.10 凡真诚、严肃地面对此时此地或彼时彼地所存在的法哲学问题的法哲学家，他们的法哲学学说就参与了法哲学思想之流的循环，与历史上不同时代的法哲学相接与融通。

15.11 所以，法哲学的目的和使命在无数代际的法哲学家们的工作中体现出来，许多法哲学原理、思想通过法哲学家们的持续不断的工作逐渐得以澄明和展现。在这些原理和思想的形成中，固然不可消除原理和思想提出者的个人的精神印记，但也同时反映出无

---

1 古斯塔夫·拉德布鲁赫曾经这样描述保罗·约翰内斯·安塞尔姆·冯·费尔巴哈（Paul Johannes Anselm von Feuerbach）和弗里德里希·卡尔·冯·萨维尼（Friderich Carl von Savigny）的不同："费尔巴哈的风格近似席勒的风格那样具有对立性的紧张，而他的对立面萨维尼却近似歌德风格的写手，像奥林比亚山一样静穆。费尔巴哈和席勒的风格类似一座桥，以突兀的紧张一跃而过一个一个的桥墩，萨维尼和歌德的文体则更像是桥下奔涌的河流平静庄严。""一个植根于康德续造的启蒙运动，另一个更接近浪漫主义；一个像是笃信理性和乐于行动的立法者，另一个像是以敬畏的心情洞察历史演变反对立法专制的旗手；一个内心充满矛盾、外在生活面临各种各样的窘迫而极尽消耗自己的效能，另一个则自幼能神奇般保持平衡，天生和善而灵敏，勤谨而昂扬——一个是泰坦，另一个是奥林匹亚神。"（引自［德］阿图尔·考夫曼：《古斯塔夫·拉德布鲁赫传——法律思想家、哲学家和社会民主主义者》，舒国滢译，法律出版社2004年版，第10—11页）

数代际的法哲学家们共同努力的身影。

15.12 法哲学家们对法哲学的共同努力，使之形成法哲学共同体。这样，任何一种法哲学学说的提出，都会有法哲学共同体作为鉴别和评价的主体。任何法哲学个人均可自由地选择是否参与法哲学论辩或商谈活动，自由选择某一种哲学进路和述说方式，但共同参与活动本身制约着法哲学家个人私见的任性表达。

15.13 法哲学家个人的无理私见可能产生法哲学思想的混乱，无理私见的累积会在某个时间内遮蔽真正的法哲学认识。然而，从历史的角度看，法哲学思想之流本身业已形成淘汰和过滤机制，这个机制会保留那些真正有价值的法哲学思想，而冲刷、清洗掉那些不结实的个人私见。

15.14 多元的法哲学学说不是混乱的，人们可以根据法哲学思想的基本构成来清晰判断各种法哲学学说的类别、历史脉络和理论旨趣。任何纯粹的私见都不是法哲学思想的主流，除非私见经过理论竞争、被普遍接受而转化为公共的意见，并且经过检验而被证明是可靠、结实的法哲学思想，融汇于法哲学思想之流。[1]

15.15 法哲学学说的多元化绝非法哲学思想之流的障碍，而是法哲学思想之清流通畅的充分条件。法哲学反思和批判累积一股股

---

[1] 这一主张来源于康德在《法的形而上学原理》"序言"中的信念：既然只有一种人类的理性，就应当希望人类的思想能够得到清晰而融贯的表达，直至达成体系统一的哲学原理（康德：《法的形而上学原理——权利的科学》，"序言"，第4—5页；另见本书15.1及其注释）。

细小的清泉汇入法哲学思想的洪流之中，这样，即使那些在河岸上袖手旁观的人也可以辨认这个清洁的洪流中漂动的物体及其流动的方向。

## 命题 16 | 法哲学的命运不是死亡，而是再生

16.1 任何时候都会有思想的慵懒。

16.2 思想的慵懒缘于思想的消费。

16.3 思想的消费表现为人们机械地重复过往的思想。

16.4 思想的消费使法哲学反思力和批判力逐渐弱化。法哲学反思力和批判力的弱化将会使法哲学生命趋向枯萎。

16.5 所以，思想的消费是导致法哲学走向衰亡的最重要因素。如果说法哲学遭遇衰亡的危机，那一定是来自某个时期内存在的思想的消费。

16.6 而思想的消费之产生，一定是因为法哲学失去了发展的推动力。

16.7 任何一个时代的法哲学一旦失去了发展的推动力，就会被动地拖进法哲学思想之流，随波逐流。它不再进行任何有意义的思想努力，而满足于重述过往的学说，机械地消磨历史的时间。

16.8 然而，机械地消磨历史时间的法哲学歪曲了法哲学的反思和批判的本性，从事这一门学问的人实际上在进行思想的消费，而不是思想的生产。

16.9 思想的消费行动本身无可指责，任何时代都存在思想的消

费，但法哲学所反对的是思想的普遍消费和思想消费之瘾。因为后者啃噬了人类积累下来的全部思想资源，并且形成了一种不可逆的惰性的思想慵懒积弊，因而愈来愈弱化法哲学的反思力和批判力，使法哲学生命枯萎。

16.10 另一方面，法哲学的发展也可能遭遇思想的恐慌，这种恐慌表现为人们对法哲学的一种极度怀疑、悲观失望的情绪，一种思想的惆怅、痛苦呻吟或狂躁的呐喊。

16.11 我们首先在哲学界看到了这样一种个人或集体的思想惆怅、呻吟或呐喊现象。比如，尼采（Friedrich Wilhelm Nietzsche，1844—1900）说："上帝死了！"[1]这一惊呼引起长达一个多世纪的思想恐慌。

16.12 思想者的惊恐不在于他们看到了上帝作为思想主体的死亡，而在于他们内心存在的上帝隐退后"不知什么事件来临"的未定感，一种对"倒退到无定形的不同一"之惶惑。[2]

16.13 思想的恐慌像思想的慵懒一样会对法哲学的发展产生消极的影响。它可能让法哲学的思考长时期陷入对个体此在的边缘性

---

[1] 尼采在所著《查拉图斯特拉如是说》（Also sprach Zarathustra, 1883—1885）中以查拉图斯特拉（Zarathustra，一译"苏鲁支"）："在上帝面前么！——但现在这上帝死掉了！你辈高人呵，这上帝是你们最大的危险。"（[德]尼采：《苏鲁支语录》，徐梵澄译，商务印书馆1995年版，第292页）有关"上帝死了"的书名，见[德]尼采：《上帝死了》，戚仁译，上海三联书店2007年版。

[2] 古希腊米利都学派的代表人物阿那克西曼德（希腊文 Ἀναξίμανδρος，英文 Anaximander，约公元前610—前545）指出：万物的本原是无定形（无限者），一切都生于无定形（无限者），一切都灭于无定形（无限者）（参见北京大学哲学系外国哲学史教研室编译：《西方哲学原著选读》，商务印书馆1988年版，第16—17页）。

体验的关注，沉迷于存在论上的冥思和对世界非终局性的敏感。其结果，不仅法哲学上既有的原理遭到解构，而且还可能因为思想者普遍的悲观情绪而使法哲学处于倒退和衰落中。<sup>1</sup>

16.14 其实，面对人类当下的战争、疾病、瘟疫、死亡、文化的毁灭、民族的没落和经济的迅速衰退，<sup>2</sup> 法哲学没有理由随同广为弥漫的悲观情绪一同悲观失望，而应依循人类的理性，重新树立昂扬的精神来应对人类生存的困境和精神的危机。<sup>3</sup>

16.15 困境和危机不应扰乱法哲学的理性反思和批判，而只能

---

1 当代的法哲学家们意识到：在这个由分析实证法学和社会法学占主导地位的时代，知识分化已经导致了理论"对话"和"商谈"（discourse）的阻隔，法哲学被各种社会"科学"所蚕食和并吞，在"科学"语言解构之后已经变得支离破碎。在此背景下，法哲学也愈来愈消隐去自己的"智慧之光"，遮蔽在多元无序的、杂乱的思想场中，堕落成对受政治权力宰制的实在法规则的简单注释，成为一个把有关法的各种各样的思考都可以投入其中的杂货袋（ragbag）。在趋向"简单主义"的过程中，法哲学愈来愈失去了它那种把"主体从依附于对象化的力量中解放出来"的理论旨趣，放弃了它对法的真正源泉的思考和对实在法的批判的责任，丧失了对于暴政和社会"事实"的抵抗力，在定位"振摆"中已经忘记自己作为超越事实的"正确法"（正义）哲学的使命。同时，法哲学家们还可能看到：由于法哲学在理论上的"缺席"，表象的实证主义与意识形态相互合谋，甚至造就了一大批怠惰的、无反思的知识庸人，其不良后果更是难以挽救的。（舒国滢：《走出概念的泥淖——"法理学"与"法哲学"之辨》，载《学术界》2001年第1期，第109页）
2 以色列历史学家尤瓦尔·赫拉利（Yuval Noah Harari, 1976—　）在总结人类在当代的命运时指出："我们拥有的力量比以往任何时候都更强大，但几乎不知道该怎么使用这些力量。更糟糕的是，人类似乎也比以往任何时候更不负责。我们让自己变成了神，而唯一剩下的只有物理法则，我们也不用对任何人负责。正因如此，我们对周遭的动物和生态系统掀起一场灾难，只为了寻求自己的舒适和娱乐，但从来无法得到真正的满足。"（［以色列］尤瓦尔·赫拉利：《人类简史》，中信出版社2014年版，第407页）
3 古斯塔夫·拉德布鲁赫："哲学不应取代决定，而只应面对决定。哲学不应轻率地对待生活，而只应处理问题。一个哲学体系应等同于一个哥特式拱顶，由块块垒石相互支撑，又相互交错。不把世界视为理性的、有目的创造，这样的哲学多么令人怀疑！而世界确实是无矛盾地被融入理性体系的！"（［德］古斯塔夫·拉德布鲁赫：《法律智慧警句集》，舒国滢译，中国法制出版社2016年版，第3页）

使其反思和批判更加敏锐、更加犀利。我们不应把困境和危机看作是法哲学终结的来临，而应该看作是法哲学再生的契机。悲观中应有希望的种子，希望的种子孕育新的生命。

16.16 在历史上终结的不是法哲学，而可能是某些法哲学理论或学说。一些法哲学学说面对与此竞争的法哲学学说失去其竞争力，逐渐从历史的舞台上消失。同时，一些经历困境和危机的新的法哲学学说在理论竞争中脱颖而出，引领法哲学的思想潮流。[1]

16.17 法哲学的生命表现在其母体的恒久延续，这个母体像一棵大树随秋冬季节的到来而飘落枯叶，又随着春夏季节的来临而枝繁叶茂。这是一种稳定的生命运动的力量。稳定、恒常、循环，这是生命运动的特征，也是人类心中的信念。人有信念，就会泰然地应对思想的恐惧。

16.18 法哲学有时入睡，但绝不会死亡。

16.19 觉醒者可以在过往历史的精神晚霞中沐浴法哲学生命呈射的光辉。[2]

---

[1] 恩格斯在《反杜林论》第三版序言这样评价当时德国的哲学状况："'创造体系的'杜林先生，在当代德国并不是个别的现象。近来在德国，天体演化学、自然哲学、政治学、经济学等的体系，雨后春笋般地生长起来。最蹩脚的哲学博士，甚至大学生，不动则已，一动至少就要创造一个完整的'体系'。"（《马克思恩格斯选集》第3卷，人民出版社1976年版，第46页）

[2] 比如，德国著名刑法学家埃里克·沃尔夫（Erik Wolf, 1902—1977）在《德意志思想史上的伟大法律思想家》一书中称赞伯恩哈德·温德沙伊德（Bernhard Windscheid, 1817—1892），形容其"活在康德的精神世界和歌德时代文化的最后晚霞之中"。（Erik Wolf, "Bernhard Windscheid", in: Ders., *Große Rechtsdenker der Deutschen Geistesgeschichte*, 4. Aufl., J. C. B. Mohr［Paul Siebeck］, Tübingen 1963, S. 597）

# 三 | 法、存在、行为与规范

· 命题 17—24

- 17. 法作为非物理存在，是由人类创设或约定的
- 18. 人类创设或约定法，在于规制人的行为
- 19. 法对人类行为的规制具有规范性
- 20. 行为规制的规范性可以通过人类行为的逻辑加以辨识
- 21. 人类行为与其应归结的后果之关系不能看作是因果关系
- 22. 在逻辑结构上，法律规则乃行为规则与裁判规则的结合
- 23. 若无裁判规则，法就会失去其所应有的本性
- 24. 无论行为规则，还是裁判规则，都是通过语言建构的

## 命题 17 | 法作为非物理存在，是由人类创设或约定的

17.1 法是一种存在。

17.2 法这种存在并非一种物理的存在，它作为存在实体也不表现为自然界中的"物"。

17.3 法不具有自然物的物理属性，法没有形状、重量和广延性，不在物理空间中存在。

17.4 在物理空间中存在的是法的质料，而不是法本身。法的质料是表达法的各种物质材料，比如，金属物体、石材、泥块、纸质文件等，它们具有物理属性。法不因为其质料而变成自然物。

17.5 法不能像自然物那样作用于世界的其他对象，当然，法也不是像自然物一样作用于人。法的质料在物理空间中可能对人或物产生作用，比如镌刻律条的石碑倒塌伤人或者毁损他物，但这不是法本身所发生的作用。

17.6 法是人类创造的社会—制度性实体。造法者可能是某个人，比如原始时代的诗人、祭司或者后来的国王，也可能是一个组织或团体，比如议会或元老院，或者可能是无数佚名的个体，他们在法的无数代际的形成过程中共同参与了法的创制。

三 法、存在、行为与规范　109

17.7 法可能通过创设产生，也可能通过约定形成。法的创设建立在统治分殊基础上，统治者通过创设新法来管理被统治者。法的约定建立在团体自我管理的基础上，它表现为一定团体成员共同约定遵守历史流传而来的法。所谓的"神法"即使不是人类创设的，但也必须经过人类的约定才会在特定的团体（比如教会）内发生效力。[1]

17.8 法的创设或约定与法的记忆形式密不可分。人类最早的记忆形式是内心记忆，因为没有文字，人类只得将法条口语化，通过秘授或者亲口相传，或者口头传唱将法一代代传递下来；在前文字阶段，人类也通过简单的绘画来表述法，比如在岩石或泥块上描绘法意。在有了文字之后，人类的法通常采取"成文法"，表达成文法的质料又是多种多样的，比如铭文法、竹书法、纸书法，等等。[2]

17.9 在不同的时代，使用什么样的质料表达法，这本身就是法所要规定的事项。有时候，使用特殊的质料（比如，玄武石、[3] 大

---

[1] 按照13世纪意大利著名经院哲学家托马斯·阿奎那（Thomas Aquinas，1224—1274）的理论，法分为四种，即永恒法、自然法、人法和神法。永恒法是上帝用来统治整个宇宙的根本大法；自然法是人参与永恒法，是上帝用来统治人类的法；人法是国家制定和颁布的合乎理性的法；而神法就是《圣经》，它是对人法的必要补充。（参见［意］托马斯·阿奎那：《阿奎那政治著作选》，马清槐译，商务印书馆1963年版，第106—108页）。

[2] 参见［日］穗积陈重：《法律进化论》，黄尊三等译，中国政法大学出版社1997年版，第91—134页。

[3] 最典型的例子是古巴比伦国王汉谟拉比（约公元前1792—前1750年在位）于公元前1776年左右颁布的《汉谟拉比法典》（Code of Hammurabi）。其原文用阿卡德楔形文字刻在一段高2.25米、上周长1.65米、底部周长1.90米的黑色玄武岩石柱上，故又名"石柱法"，现存于巴黎卢浮宫博物馆亚洲展览馆（参见［以色列］尤瓦尔·赫拉利：《人类简史》，中信出版社2014年版，第101页）。

理石、青铜或者金银）作为法的载体，不仅是为了宣示法的神圣性，而且也是为了明示法的效力及其等级。

17.10 但法不是这些质料本身，而是通过这些质料所表述的内容——法律规范，一种针对人类行为、可以通过语言表述而做出的规定。

17.11 法为人类创设或约定，属于另一种存在，即：人类社会—制度性存在。在这种"存在"的意义上，法具有双重的独立性：一方面，法作为人类社会—制度性实体，独立于自然界和自然物，不属于物理性存在意义上的"是"，而是与一定的集体心灵（或精神）相关联的社会—制度性存在意义上的"是"；另一方面，法作为人类社会—制度性实体，是人类通过心灵活动创造的存在体，又独立于人类的心灵，即，法并非属于人类的心灵本身，而具有可以感知或观察的外在性和客观性。

17.12 法作为一种社会—制度性存在，它在外观上体现出社会—制度的组织性和结构性，[1] 这一点使它不同于个人的愿望、偏好、评价和道德态度，等等；法所具有的社会组织性和结构性，又使它不同于自然物的组织性和结构性，因为作为人类的创造体，它必然体现创造者及人类集体的意向性，而自然物缺乏意向性，它们不可

---

[1] 用美国哲学家约翰·塞尔的话说，在法律制度上，"契约""行政行为""正当防卫"等概念并非指涉自然的事实（brute facts），而是制度性事实，即：只有当有相应的规则存在时，才会出现这样的事实，比如国际象棋获胜的事实（J. R. Searle, *Speech Acts*, Cambridge 1969, p. 50ss）。

能依靠只有人类才具有的意向性来形成组织和结构,其仅仅受制于无意志的自然之因果律。

17.13 很显然,法所具有的外在性和客观性,也不同于物理性存在之物体的外在性和客观性。物理性存在之物体直接独立于人类的心灵之外,即,物体"可以由它们自身而存在",不依赖于人的心灵,不取决于人类对它们的任何态度,人类的心灵也不可对它们进行支配,故而是客观的;法并非与人类的心灵和意向性无关,不仅法的创设或约定离不开人类的心灵,而且法也必须通过人类的心灵活动(比如集体确信、接受或承认)而发挥功能。尽管如此,作为人类社会—制度性存在的实体,法又与人类心灵相对分离,就这种"分离的外在性"而言,它是客观的。[1] 所以,在本体论意义上,自然物和法的存在方式具有差异:自然物的存在完全与人类的心灵和意向性无关,是一种"无心的存在",法的存在则与人类的心灵和意向性有关,也可以姑且称之为一种"有心的存在"。[2]

---

[1] 有关"分离的外在性",参见〔斯洛文尼亚〕斯拉沃热·齐泽克:《敏感的主体——政治本体论的缺席中心》,应奇、陈丽微、孟军、李勇译,江苏人民出版社2006年版;刘建辉:《论列维纳斯"绝对他者"背后的主体性》,载《教育界》2019年第7期(总第331期),第44—45页。

[2] 约翰·塞尔在《意向性——论心灵哲学》中发展了一种"有关意向性的理论",很好地解释了所谓"有心的存在"。他确信,言语行动表征世界上的对象与事态的能力,是对于心灵(或大脑)经由信念和愿望这样的心理状态,特别是通过行动和感知,将有机体与世界关联起来的那些在生物学上更加基础的能力的扩充。他通过分析"心理状态的意向性"(第1章)、"感知的意向性"(第2章)、"行动的意向性"(第3章)、"意向因果性"(第4章)、"各种形式意向性在非表征性心理能力背景下的作用"(第5章)、"关于解释心理的意向性与语言的意向性之间的关系"(第6章)、"带t的意(转下页)

17.14 同样，自然物体的运动形成自然力，它们的运动与人类心灵及意向性无涉。法的力量则来自人类心灵的活动及意向性，或者说，只有通过人类心灵活动和意向性之"推动"，法才可以发挥规范力之作用，比如惩罚作用、保护作用等。

17.15 法的规范力实际上是人类社会—集体的意志力，在这一点上，法的规范力体现出建立在人类认同、接受和承认基础上的意向性协同和意志的聚合。规范力不是任何人类个体的意志力量，而是一种社会力，即人的集体意志聚合所形成的力量，这种力量常常以机构组织化力量（比如国家的意志力和强制力）为其形态。

17.16 法是一种"有心的存在"，实际上是说，法在形成之前和形成之中，人类已经将特定的意义、目的和功能意向赋予给这种存在体；离开了人类所赋予的意义、目的和功能意向，法的存在是不可理解的。与此相反，自然物是"无心的"，人类只有在"用"自然物的时候才会将自己的意义期待、目的愿望和功能意向重构"投射"于自然物，自然物的存在本身与这些意义期待、目的愿望和功能意向无关。

17.17 意义—目的—功能意向的投射是人在"使用存在体"时

---

（接上页）向性和带s的意向性之间的关系"（第7章），从所谓"索引表达式""自然种类词""从物—从言的区分""专名"等等的意向性解释，提出对所谓"心—身"或"心—脑"问题的一种"消极"解决方案，试图说明"心灵/大脑是如何将有机体与实在关联起来的"（［美］约翰·R. 塞尔：《意向性——论心灵哲学》，刘叶涛译，上海人民出版社2007年版，"导言"，第1—5页）。

的主动行动,与此相反,从"使用"的角度讲,所有的存在体都是"被人使用的"。它们存在着,但可能被人使用,也可能不被人使用,在"用"的这一点上,存在体是被动的;另一方面,它们之用与不用并不影响它们的存在,当存在体被使用时就会有人类附加之意义—目的—功能意向的投射。无论自然物,还是法本身,莫不如此。

17.18 从"存在"和"使用"相区分的意义上,我们可以说,法所反映人类心灵活动及其意向性的方式是有所不同的:法存在时业已承载着其创设者或约定者的意义、目的和功能意向,在这一点上,法的存在与法的使用者之心灵活动及其意向性无关,法的使用者在使用法时只是将其意义期待、目的愿望和功能意向重构"投射"于法之上,但这种意义期待、目的愿望和功能意向重构之"投射"不能决定法的存在,除非法的使用者同时也是法的创设者或约定者。即便法的使用者同时也是法的创设者或约定者,也应当把同一主体的创设或约定与"投射"区别开来,因为这对于认识法的存在及其形式至关重要。

17.19 进一步说,投射不是创设或约定,它不具有形塑法的功能,假如它具有形塑功能,那么就不再是投射,而是创设或者约定。

17.20 总之,法的存在是可以被我们从不同的角度来加以观察的,这些角度包括"物理存在—非物理存在"图式、"自然存在 - 社会存在"图式、"无心的存在—有心的存在"图式;等等。

## 命题 18 | 人类创设或约定法，在于规制人的行为

18.1 法不可能孤立地存在。它总是与其他的社会存在乃至物理世界的对象相联系。我们可以把这种联系称之为"其他对象与法的呼应关系"，记为"W → F 关系"。

18.2 如命题 17 所示，"W → F 关系"并非自然界中的因果关系，而是人类通过其心灵活动和集体意向性而设定的。它们之间是拟制的关系。所谓拟制的关系，就是人类通过创设或约定在法和世界的其他对象之间建立起来的联系。"拟制"这个特征说明了"W → F 关系"中包含着人类所赋予其间的意义、目的和功能意向。自然物之间的因果关系本身不包含人类所赋予的意义、目的和功能意向，所以不是拟制关系。

18.3 "W → F"的拟制关系体现着人类的意图和目的，即人类试图通过法的创设或约定来使世界的其他对象呼应或适应法的规范、法的标准。这个关系是一种典型的"其他对象呼应法"的指向关系。在这个关系中，同样反映出人类试图通过其他对象对法的呼应来"调整或改变对象"的意图，我们可以把这个意图称为"法的

实践目的"。[1]

18.4 其实，就调整或改变对象而言，法与世界的其他对象（比如自然物）并不能直接形成呼应关系，它们必须通过人的行为这个连接的中介。人的行为直接与外部世界的对象发生联系，而法与行为之间则形成直接的呼应关系。

18.5 古往今来，一切法的创设或约定，都是为了调整或规制人的行为。从这个角度讲，所谓"W→F关系"在狭义上就是"法与行为的关系"，记为"A→F关系"。

18.6 "A→F关系"是行为呼应法的关系。这里的"呼应"可以理解为行为作为对象世界与法的规范之间相符合或相一致。

18.7 寻找法与行为的联接点是考察"A→F关系"的关键。从行为与法的呼应的角度看，它们的关系有如下的特点：（1）法和行为有相互指涉性，如果法和行为仅仅是自我指涉的，它们就不可能建立起联系；（2）在呼应方向上，法与行为的呼应关系是单向的，即行为对法的呼应，而不是相反；（3）行为对法的呼应是法本身所要求的，这种要求反映着法试图通过"行为指令"来指引、调整或改变行为，使之符合自己设定的规范。

18.8 法试图通过"行为指令"来指引、调整或改变行为，构成

---

[1] 正是在这个意义上，研究法理问题的法学也是实践导向（具有实践性）的。有学者说，一本鸟类学的教科书不曾触动鸟类的世界，但一本刑法教科书却可以改变刑法（参见［德］乌尔弗里德·诺伊曼：《法律论证学》，张青波译，法律出版社2014年版，第7页）。

了行为呼应法的原因，但这并不是一个简单地运用自然界的因果律就可以来说明白的问题。不是说，有了法的"行为指令"这个原因，就必然产生"行为呼应法"的结果。

18.9 应当看到，行为是人有意识地造成或阻止世界中的变化而做出的动作，具有意向性。行为是由人来实施的，实施行为的人既是行为者，也是自我行为的功能意向的预设者，即：行为者在实施行为时预设了行为的功能意向（行为目的、目标或宗旨），而这种功能意向预设又与行为者的利益、价值观、情感、偏好和知识联系在一起。这样，不同的行为者对同一种行为可能有不同的功能意向预设，比如合同签约人以不同的功能意向预设来对待签约行为：签约人甲把签约当作成功的正当获利手段，签约人乙将签约作为诈取他人财物的手段。个人行为的功能意向预设可能导致行为的失范，产生冲突，直至导致个人行为功能意向预设本身的无效。这个时候，就需要一种"凌驾于"行为者个人行为功能意向预设之上的行为功能意向预设，我们暂且把这种行为功能意向预设称为"规范性行为功能意向预设"。

18.10 "规范性行为功能意向预设"首先是一种行为观察者视角的行为功能意向预设，只有行为观察者才可能以外在的、客观中立的视角寻找到"凌驾于"行为者个人行为功能意向预设之上的行为功能意向预设，并且把这种行为功能意向预设体现在规范之中，由此来指引和调整或改变人的行为；其次，"规范性行为功能意向预设"也应当是行为人视角的行为功能意向预设。为了使人的行为得到指引、调整或改变,"规范性行为功能意向预设"必须"转化为"行为者个人的行为功能意向预设。为了区别于行为者个人自我行为的功能意向预设和观察者视角的行为功能意向预设,我们把转化了的规范性行为功能预设称为"行为人的规范性行为功能意向预设"。

18.11 法包含有这种规范性行为功能意向预设,正是在这种意义上,它要求个人行为对法律规范的呼应。

18.12 基于法自身包含的规范性行为功能意向预设,法所要规制的个人行为绝非个人自涉行为,而一定是个人所实施的它涉行为,即个人所实施的对一定的物、他人行为、既有的关系状态所实施的效果行为。这种行为尽管是个人所实施的,但它本身却是体现集体意向性的行为,即:它涉行为是一种需要集体合作并且体现集体合作意向的行为,没有集体的合作或协同,任何它涉行为均不可能达到预期的目的。比如,一方发出要约,若没有人承诺,要约就是无效的或者无意义的;再比如:一个人演讲,另一个人或另一些人在倾听,说者和听者的行为构成合作或协同关系,不存在无听者的纯粹的说者行为(除非演讲者仅把自己作为唯一的听众,这种行为不是它涉行为,而是自涉行为),也不存在任何无演讲者的纯粹的听众行为。[1]

18.13 任何实施它涉行为的人都必然具有集体意向性或集体合作行为的意向性，这是他们实施行为的基础。进一步说，它涉行为是一种连带性行为，一种外向指涉性的、依存性的行为，也是一种具有秩序框架限定的行为。任何不参与合作或协同的它涉行为必定是失败的行为，无效的行为，也可能是遭致惩罚的行为。

18.14 法构成了行为之秩序框架限定的一部分。秩序框架的限定是它涉行为的有效实施的逻辑前提和现实前提；换言之，实施它涉行为必须是在秩序框架限定之内进行，否则就是无效的或者无意义的。从这个角度看，秩序框架限定是从"外在于行为"的方面施加于行为的一种客观限制，而这种客观限制又是人类自己通过创设或约定而形成的，是一种"有心的存在"。

18.15 个人通过理解自涉行为及其意义，来理解它涉行为及其意义，再由理解自己的它涉行为来理解和预测集体合作行为，由理解和预测集体合作行为，而理解和预测他人的它涉行为以及调整主体间行为的法律规范。这样，人类行为的理解和相互理解就构成了"行为呼应法的关系"（"A→F 关系"）的先在的主观条件。只有存在理解这样的先在的主观条件，才会有人们之间对法律规范的认同和承认，进而以行为呼应法律规范。

---

[1] 相关的论述，参见本书命题1.8。

18.16 简括地说,理解产生认同,认同产生合意,合意建构规范,规范调整行为,行为构成关系,关系形成秩序。这个过程是循环的。

## 命题 19 | 法对人类行为的规制具有规范性

19.1 行为与时间有关，行为处在不同的时间序列[1]之中。从时间序列看，规制人类行为的法所针对的人类行为主要有三类：一类是已行行为，一类是现行行为，还有一类是将行行为。法通过设立行为标准来分别作用于这三类行为。

19.2 已行行为就是人类已经完成了的、处于完成时态之中的、从空间的角度看是已经固化了的效果行为，这种行为已经成为现实存在的一种事实，它的存在本身不以人的意志为转移，也就是说，不以当下的行为观察者和已行行为人的意志为转移，行为观察者和已行行为人不能再以意向性来干预已行行为的存在，任何人都不能通过意向性而使本来已经存在的已行行为不存在。

19.3 从行为功能意向预设角度看，行为观察者和已行行为人不能干预行为人的已行行为，法也同样不能干预之，即，法实际上不可能"调整"行为人的已行行为，不能通过"行为指令"来指引或改变行为人的已行行为。然而，行为人的已行行为却又是法规制的

---

[1] 有关"时间序列"，参见本书命题58.3。

对象,是法予以规定并确立其意义之判断标准的对象。说到底,行为人的已行行为虽不是法调整的对象,但却是法裁判的对象。

19.4 法对行为人的已行行为的规制似乎是从行为观察者角度来着眼的:法裁判行为人的已行行为,实际上是将"规范性行为功能意向预设"投射于行为人的已行行为,确立行为人的已行行为是否呼应法律规范的判断标准。然而,法对行为人已行行为之功能意向预设的投射,又不同于实际裁判人在"适用"法时对已行行为之功能意向预设的投射。后者在把法律规范中的"规范性行为功能意向预设"投射于行为人的已行行为时,有可能"重构"规范性行为功能意向预设,从而实际地增添或删减"规范性行为功能意向预设"的意义或标准。此时,法律规范(规则)既以行为人的已行行为作为功能意向的投射对象,又以裁判人的裁判行为作为调整或指引的对象。正是在这个意义上,法律规范(规则)中所包含的"裁判规则"既是对裁判人的裁判行为的指引,又是对行为人已行行为的功能意向预设的投射。显然,法此时针对的行为人的行为是已行行为,而针对裁判人的行为却不是已行行为,而是现行行为或将行为。[1]

19.5 现行行为是人类正在进行的,处于进行时态之中的,从空

---

[1] 从逻辑上看,"已行行为"与本体论意义上的"世界"(现实世界)有关,可以视为现实世界的"事实";"将行为"与"可能世界"相关,它有可能造成"可能世界"的"本体论效果",但"可能世界"的"本体论效果"还不是现实世界意义上的"实在"本身。故此,"将行为"不能看作是"世界"(现实世界)存在的"事实"。"现行行为"的情形复杂,要做具体分析,不可一概而论。

间的角度看是部分固化的、部分尚未完成的行为，这种行为对行为观察者而言是现实存在的一种事实，它的存在本身不以行为观察者的意志为转移，但对行为人而言，现行行为是行为人的意志可以干预的行为，[1]是体现其个人意向性，并且应当体现人类集体意向性的行为。从意向性角度看，现行行为需要一个从开始到完成的时间过程，这个过程保证整个行为的完整性。一个完整的现行行为是具有完整的意向性的行为，一个体现行为人之完整意图和目的的行为。理解一个人的行为的完整性可以从"事态""意向性""机会""结果"四个方面来进行：一个人实施某个行为，实际上是先有造成或者阻止世界中的事态变化的意向性，当他意图造成或者阻止世界中的事态变化的过程中，可能遭遇到造成或者阻止事态变化的机会（或时机），我们可以称之为"行为机会"，这些行为机会与行为者之间存在着复杂的关系，表现为：（1）行为机会存在，行为者不在场；（2）行为者在场，而客观上不存在行为机会；（3）行为机会存在，行为者在场，但行为者主动放弃了行为机会，采取"不作为"；（4）行为机会存在，行为者在场，并且按照其欲造成或者阻止世界中的事态变化的意向性来行为，并且实际造成或者阻止世界中的事态变化的结果。我们可以把（4）看作是一个

---

[1] 维特根斯坦甚至说："意志活动不是行为的原因，而是行为本身。人不可能有意志而无行动。……愿望不是行动，然而意志是行动。"（[奥]维特根斯坦：《逻辑哲学论及其他》，《维特根斯坦全集（第1卷）》，陈启伟译，河北教育出版社2003年版，第176—177页）

完整的行为。

19.6 但现行行为会随着行为人的意向性的改变或者由于客观原因（如发生行为人不可预料的意外事件）的阻碍而中断或终止，这个时候现行行为就是不完整的行为。所谓不完整，就是指中止或终止的行为没有体现行为人的完整的意向性，不体现其完整的意图和目的。

19.7 应当区分现行行为的中断和终止的不同意义。现行行为的终止可能已经造成部分的后果或效果（不一定符合行为人之意向性的后果或效果），终止的现行行为成为一种不以人的意志为转移的客观事实，[1]因此，可以视为已行行为。现行行为的中断本身是一

---

1 客观事实不等于客观事件（事态），凡能够证明了的客观事件（事态）的真相（"一个事态是可想的"[可想象的]，即，我们可以给自己做出一幅关于它的图像），才是客观事实：证明某事发生，是一种事实（正的事实）；证明某事没有发生，也是一种事实（负的事实），两者都是客观的，也可以说是真实的[维特根斯坦说："真是命题和事态间的一种关系"，"命题是正如我们对实在所想象的那样的一个实在的模型"，"命题是一个事态的逻辑图像"，或者，"命题不过是对一个事态的描述"，"如果命题所表象的东西存在，它就是真的"（[奥]维特根斯坦：《逻辑哲学论及其他》，《维特根斯坦全集（第1卷）》，陈启伟译，河北教育出版社2003年版，第74页，第75页，第80页，第83—84页，第90页）]。"事实"这个概念本身就包含着"真实的"这个意谓，但说"真的事实"则是一个赘语，但无论如何不存在"假的事实"这个表达，因为凡属事实的，就不可能是假的。也就是说，假的事实就不是事实，它不符合"事实"这个概念。故此，维特根斯坦正确地指出："有**正**的事实和**负**的事实，但没有**真**的事实和**假**的事实。"（维特根斯坦：《逻辑哲学论及其他》，第10页）所以，事实是通过（逻辑）命题来表达的：按照维特根斯坦的理解，说命题具有意义，就是指真的或假的，一个命题的意谓就是与之对应的事实，为真为假实际上构成了命题与实在的关系（于是，任何命题都可被否定。对于所有命题来说，"真"和"假"的意谓是同一的）：例如，我们的命题是"aRb"，如果该命题是真的，那么相应的事实就是aRb；如果它是假的，那么相应的事实就是aRb（维特根斯坦：《逻辑哲学论及其他》，第35页，第36页，第77页）。在笔者看来，根据维特根斯坦的想法，我们完全可以将命题真的意谓对应的事实称为"**正的事实**"，而把命题假的意谓对应的事实称为"**负的事实**"。

个客观事实，但中断的现行行为处在未定状态：它有可能终止，也有可能在中止期结束或因中止事由的排除而继续进行。若中断的现行行为最后终止，就可以视为已行行为；若中断的现行行为继续进行，那仍然构成一个完整的现行行为。不过，在中断期内，有待继续完成的剩余部分行为也可以看作是一个非独立的将行行为。这里的所谓非独立，是指有待继续完成的剩余部分行为不是一个独立于中断的现行行为的将行行为。如果有待继续完成的剩余部分行为可以独立于中断的现行行为，那么必然意味着中断的现行行为已然终止，有待继续完成的剩余部分行为构成一种新的行为，与原先中断的现行行为无关。

19.8 因为现行行为与时间有关，尤其是可能涉及行为的中断和终止，所以，若不是从行为的意义、行为人的意向性角度来判断现行行为的性质，我们很难将现行行为同已行行为和将行行为区别开来。所以，这里应再次将行为观察者视角的行为和行为人视角的行为分开。只有从行为人视角看，现行行为才会有完整和不完整之说，才会有行为的中断和行为的终止之别。

19.9 总体上说，现行行为是行为人的意图可以干预的行为，是体现行为人实时的意向性和功能意向预设的行为；同样，现行行为也正好是法可以调整的行为，因为现行行为是正在进行、尚未完成的，法对该行为的调整和干预就是适当的，可以保证法律规范中所包含的"规范性行为功能意向预设"转化为行为人的行为功能意向预设，由此确保现行行为的实施过程体现集体意向性，使行为人个人所实施的它涉行为真正成为法律规范所要求的集体合作行为或者协同行为。

19.10 现行行为受法调整和干预，这其中隐含着一个认识论上的前判断：现行行为未必符合理想的行为要求。这样，我们首先应将现行行为分为两组，即，现实的现行行为和理想的现行行为，正确的现行行为和错误的现行行为。那么，据此，我们可以形成这样几个逻辑命题：（1）理想的现行行为应当是正确的；（2）错误的现行行为不是理想的；（3）正确的现行行为和错误的现行行为是对立的；（4）现实的现行行为可能是正确的，也可能是错误的。

19.11 这里，我们似乎遭遇到"实然"行为和"应然"行为之不可逾越的鸿沟。按照休谟定律，"应然"和"实然"分属不同的领域，两者的命题之间不可相互推导。"理想"或"不理想"，"正确"或"错误"，这属于人类在应然领域设定的认识和判断标准，如何使之逸出"应然"和人类心灵的领域，用来描述和说明实然的行为，则是命题19.10（4）得以成立的关键。这里要论证的核心问题在于：为了避免现实的现行行为可能发生错误，人类必须以"应然的""理想的""正确的"行为规则或行为标准来调整这种行为。

19.12 为了证明这一点，我们必须论证：（1）现行行为是实然的行为；（2）实然的现行行为与理想的行为标准之间有关联性；

（3）可以用理想的、正确的行为标准作为"行为指令"来指引和改变现实的现行行为。归结起来，这里所要探讨的就是人类行为规制的规范性问题。

19.13 从概念上讲，所谓"行为规制的规范性"就是指人类以理想的行为为标准，通过制定规范来规定人们如何正确行为的性质。在行为规制的规范性中，体现着人类预设的一种理想的目的论，即现实行为应符合理想行为。

19.14 行为规制的规范性独立于行为人现行行为的实然性，也独立于行为人个人的行为服从、拒绝、遵照、承认或者否定。也就是说，行为人是否实际上以理想的、"应然的"行为标准来行为，并不决定或影响行为规制的规范性。从行为"指令"的角度看，恰好不是行为规制的规范性去实际反映行为人之行为的实然性，而是行为人之行为的实然性应反映行为规制的规范性。这一点与"行为呼应规范"的要求是一致的。

19.15 有关"行为规制的规范性"，我们根据命题18的展开，可以暂时得出这样一些结论：（1）实然的现行行为不仅体现行为人个人之行为功能意向预设，而且必须体现人类集体意向性的规范性行为功能意向预设；（2）规范性行为功能意向预设必然优先于行为人个人之行为功能意向预设，以至于当行为人个人之行为功能意向预设和规范性行为功能意向预设不一致时，行为人当以规范性行为功能意向预设作为现行行为衡量标准，以此来调整自己正在进行的行为的方向；（3）规范性行为功能意向预设具有理想性和正确性，以至于法律规范（规则）可以借此而对人们的行为做出规定，即，规定人们可以做什么，不可以做什么，以及应当或必须做什么；（4）法律规范（规则）所规定的行为是人们的行为模式或者行为的理想类型，这些行为模式或行为类型可以作为"行为指令"来调整或改变行为人实际进行的（有可能不符合法律规范要求的）现行行为；反过来说，行为人的现行行为当与法律规范（规则）中的行为模式或行为类型相呼应。

19.16 显然，我们只有在行为的个人意向性和集体意向性、行为功能的个人预设和规范预设、行为意义的个人理解和社会—集体理解、行为人的个人确信和社会—集体的行为约定、行为人之它涉行为的自主性与合作性、协同性等关系维度才能说明行为规制的规范性问题，才能说明规范性行为功能意向预设的优先性，说明行为的理想性和正确性。简括地说，行为规制的规范性、行为的理想性和正确性是建立在人类集体理解、约定和承认之基础上的规范性、理想性和正确性，是与人类的集体意向性相关的规范性、理想性和正确性。[1]

---

1 罗伯特·阿列克西曾撰文（"法的双重性质"）指出：法律必然宣称正确性（claim to correctness），而且这种宣称中包含了对道德正确性的主张。对正确性的宣称是法律与道德之间存在必然联系的根源。我们必须区分两个阶段或者两个层面的正确性：一阶正确性（first-order correctness）与二阶正确性（second-order correctness）。一阶正确性仅仅指理想维度。它集中关注正义。二阶正确性更为宽泛。它既指理想维度，也指实在维度（转下页）

19.17 为了进一步说明上述问题，我们根据命题18.12的展开，再次强调：他涉行为尽管是行为人个人实施的，但因为行为是他涉的，故而行为就不是行为人任性而为的。在他涉行为的场合，行为人个人的自我指涉性的意向性在逻辑上就不具有优先性。相反，人类的集体意向性，人类的集体理解、约定、承认以及行为的合作与协同原则在逻辑上是优先的。这一点证成了行为规制的规范性，行为的理想性和正确性。舍此，规范性、理想性和正确性就是不可理喻的，也难以构成行为人之行为呼应法律规范的理由。

19.18 法针对行为人之现行行为所设定的规范，可以称为"行为规则"，其采取的表达式为："若……，则行为人可以（或不得或应当）如何行为。"[1] 这种表达式与裁判规则不同，裁判规则的

---

（接上页）。这意味着它不但关注正义，也关注法律的安定性（Rechtssicherheit，法律的确定性）。然而，法律的安定性只能通过实在性来获得。按照这种方式，宣称正确性——即二阶主张必然将正义原则与法律的确定性原则连接起来。（Robert Alexy, "The Dual Nature of Law", in: *IVR 24th World Congress Papers Plenary Sessions*, Peking 2009, pp. 257-274）

[1] 1951年，芬兰逻辑学家、哲学家乔治·亨里克·冯·赖特（Georg Henrik von Wright, 1916—2003）在《心灵》杂志第60卷以"道义逻辑"（Deontic Logic，缩写为D.L.）为名发表文章，以道义模态词/算子（"许可"为道义模态词/算子的初始概念）解释真势模态词/算子（"必然"为真势模态词/算子的初始概念），对真势模态逻辑中的公理或规则加以修改或补充建立了［基于语言FL1（初始符号和形式规则）之上的］关于行为类型（具有行为A、B、C……类型）的一元道义逻辑系统［该系统的合式公式被称为"O—表达式"（O—语句/命令—语句）］，其由"公理"（定义、准许原则、道义分配原则、道义逻辑偶然性原则、外延性规则、边沁法则）、"推理规则"（分离规则、替换规则）以及15个"定理"等构成（比如，如果A是义务的，并且做A使我们承诺去做B，那么B也是义务的，用O—语句（命令—语句）表达就是：OA∧O［A→B］→OB（G. H. von Wright, "Deontic Logic", in: *Mind*, Vol. 60, No. 237, 1951, pp. 4-14）。赖特的道义逻辑系统可以部分地刻画"行为规则"的逻辑特征。但也有认为其逻辑系统不能用来处理"反义（转下页）

表达式为："以……行为的，可以视为……"，或者"以……行为的，判处……"。[1] 裁判规则所针对的显然是已行行为。对已行行为重在判断和评价，对现行行为重在指引和调整。

19.19 行为规则同样针对将行行为，或者从行为规则设定的目的看，行为规则所针对的主要是人们的将行行为。将行行为的规制能够更好地揭示所谓规范性、理想性、正确性、应然、规范性行为功能意向预设和规范作为行为指令的性质及意义。

19.20 将行行为是人类将来要完成的、处于将来时态之中的行为，这种行为尚未成为现实存在的一种事实，行为人可以通过其意向性来加以改变或影响。将行行为虽然不是在正进行的现行行为，但它也不等于行为人的行为意图本身，而是根据集体意向性和合作——

---

（接上页）务命令"（Contrary-to-Duty Imperatives，缩写为CTD，有学者将其译为"渎职命令"）这一规范性概念。"反义务命令"，简单地说，就是：一个人有义务去实现A [原初义务命令，或符合义务的命令，即"OA"［比如，"不得伤害他人的感情"）］，但若他忽略（或违反）了自己的义务，其行为结果造成¬A（比如，"某个做了伤害他人的感情的行为"），此时他就有义务去实现B［反义务命令，即"¬A→OB"（比如，"若做了伤害他人的感情的行为，某人应当道歉"）］。而根据赖特建构的道义逻辑系统（SDL语义学），从"原初义务命令"（OA）则推不出"反义务命令"（¬A→OB），此种情形被称为"齐硕姆悖论"（Chisholm's Paradox）。（Roderick M. Chisholm, "Contrary-to-Duty Imperatives and Deontic Logic", in: *Analysis*, Vol. 24, 1963, pp. 33–36.）

[1] 裁判规则"以……行为的，可以视为……"或者"以……行为的，判处……"，可以用逻辑表达式表达，即：$\forall(X)[T(X)\to OR(X)]$，比如，《民法典》规定"故意侵害他人者应当赔偿其损失"，就可以造成：$\forall(X)[$故意侵害他人$(X)\to O$赔偿损失$(X)]$。Siehe Ingeborg Puppe, *Kleine Schule des juristischen Denkens*, 2. Aufl., Vandenhoeck & Ruprecht, Göttingen 2011, S. 163. 汉译，参见［德］英格博格·普珀：《法学思维小学堂》，蔡圣伟译，北京大学出版社2011年版，第135页。

协同原则在规定的时期内必将发生的行为。我们可以从这样几个方面判断将行行为的特征：（1）将行行为在发生之前，行为人业已表示行为意向和意思，并且可能伴随行为人的行为预备。（2）将行行为是可预测的行为。在他涉行为的场合，一方若先行实施或正在实施某种行为，根据约定，另一方必将实施相应的合作—协同行为。（3）将行行为附有时间期限规定，在规定的时间期限内行为必将发生。（4）将行行为具有可改变性。行为人在实施行为前有可能改变行为的意图和目的，从而实际地改变将行行为的方向和性质。

19.21 正因为将行行为具有可改变性，行为人若任意改变行为意图，将行行为就会丧失可预测性，也会破坏行为之合作—协同原则，这将导致行为人之间行为的不合作、不协同，引发他们之间的争议，也使行为人的他涉行为失效。为避免这种结果发生，设定法律规范来规制将行行为，使之呼应法律规范的要求，就成为必要。

19.22 将行行为处在将来时态之中，这与法律规范之"指引"作用的时态一致，或者说，指引作用的方向是针对将来的。法律规范"指引"作用方向的将来时态也能够说明行为指引与应然、规范性、正确性、理想性之间的关联；[1] 法律规范总是以"应然

---

1 荷兰马斯特里赫特大学法学院法理学教授雅普·哈赫（Jaap Hage，也可为"雅普·哈格"，或"亚普·哈格"，1956— ）在2005年出版的《法律逻辑研究》中认为，法律规则的独特性在于：它因为"法律上的意义约定"（legal meaning conventions）而具有直接的"世界呼应语词的方向"（在此意义上，它是针对可能世界的约束条件），并且作为具有"道义后果"（deontic consequences）的道义规则（"立法行为"→"确权规（转下页）

的""规范性的""正确性的""理想性的"行为模式或行为类型来指引将行行为。反过来说,"应然的""规范性的""正确性的""理想性的"行为模式或行为类型若不是用来指引将行行为的,那么它们就不符合"规范性行为功能意向预设",因而也不符合人类集体的意向性,这样的规范创设可能会在功能上失去意义。

19.23 如果说法律规范对已行行为的作用是"评价",对现行行为的作用是"调整",那么它对将行行为的作用就是"指引"。所有这一切作用均体现着行为规制的规范性。

---

(接上页)则"/"承认规则"→"道义规则"),能够将道义事实附加于那些能够满足其规则条件的事实之上,从而产生某种(影响、但并非改变现实世界的)"本体论效果",即:如果一条(道义)规则得以形成,那么,该规则通过"在不同的事实类型之间建立起某种关联"而为世界所增加的那个结构(比如,"盗贼是应当受惩罚"这一道义事态/道义事实,在这里,作为约束条件的法律规则实际上确认了道义的可能世界)也随之得以构成。(参见[荷兰]雅普·哈赫:《法律逻辑研究》,谢耘译,中国政法大学出版社2015年版,第224—234页)

## 命题 20 | 行为规制的规范性可以通过人类行为的逻辑加以辨识

20.1 人类的实际行为可能是无逻辑的，也可能是具有逻辑性的。或者说，在一定条件下，人类行为有可能按照自己所确信的逻辑进行。[1]

20.2 这毋宁是假设：行为人可能是"理性人"，懂得运用自己所理解和掌握的逻辑法则来实施自己的行为。[2] 行为人可能明白自己在做什么，他们有行为的意向、目的和动机，甚至在行为之前对行为有预先的思考和深思熟虑的计划。换言之，行为人至少认为自己的有意图的行为是符合主观逻辑的。

---

1 参见［美］曼瑟尔·奥尔森：《集体行动的逻辑》，陈郁、郭宇峰、李崇新译，格致出版社/上海三联书店/上海人民出版社1995年版；翟学伟：《中国人行动的逻辑》，生活·读书·新知三联书店/生活书店出版有限公司2017年版。
2 理性人是指这样的人，他们在现有的约束条件下，根据某个实践理性或者效用最大化的标准，鉴于自己的信念和愿望，来选择可用的最佳行动方案。经济人是理性人的典型代表。但美国经济学家和社会学家曼瑟尔·奥尔森（Mancur Lloyd Olson, Jr., 1932—1998）认为，理性人并不简单等同于经济人，理性人并不一定像经济人那样是完全自利的（参见曼瑟尔·奥尔森：《集体行动的逻辑》，第73页及以下页）。有关"理性人"的进一步论述，参见本书命题51.11、命题51.12、命题51.13、命题61.9、命题61.11、命题61.12。

20.3 照此理解，凡依照行为人之行为意向、目的和动机来进行的行为就是符合逻辑的行为，凡没有行为人之行为意向、目的和动机或者没有按照行为人之预先思考、计划而发生的行为就是无逻辑的或不合逻辑的行为。当然，无逻辑的行为与不合逻辑的行为并非完全等同，但这里均笼统地作为符合逻辑的行为的对称。

20.4 从行为人的主观逻辑看，符合逻辑的行为应具备以下条件：（1）行为必须是行为人所意图发生的；（2）行为人意图发生的行为将会出现行为人所期望的结果；（3）行为意图和期望的结果构成行为人行为的理由。

20.5 与此相反，无逻辑的或不合逻辑的行为应具备的条件是：（1）行为发生，但并非行为人所意图发生的；（2）意图发生的行为并未产生行为人所期望的结果；或者行为结果与行为意图完全背离；（3）行为人实施行为毫无目的，或者将两个完全相反的目的作为行为的目的。在此意义上，我们也可以把命题19.6所谈到的由于客观原因的阻碍而中断或终止的行为看作是一种无逻辑的或不合逻辑的行为。

20.6 行为人的主观逻辑可能反映行为人个人的价值观或者反映其主观上所认为的合理性，然而行为人个人的行为逻辑并不具有规范性。行为人个人的主观逻辑的自洽并不足以证成其行为的理由。也就是说，行为人个人确信自己的行为符合逻辑，并不能完全证明自己的行为正当，也不能证明符合自己主观逻辑的行为就是在客观上"应当如何"的行为和普遍"应当如何"的行为。

20.7 上述一点是不难证明的,譬如,一个人出于盗窃的目的,可能把顺利地窃取到他人的财物看作是符合自己的行为逻辑的。但这显然不符合规范的要求,这种行为逻辑不具有正当的理由。[1]

20.8 说到底,行为人个人的主观逻辑不是人类必然行为的逻辑,也不一定是人类集体行为的逻辑。人类必然行为逻辑中包含着行为的客观可能性和必要性,而行为人个人的主观逻辑则可能考虑、也可能不考虑行为的客观可能性或必要性。人类集体行为逻辑是一种主体间的行为逻辑,即体现人类集体意向性,符合集体意图和目的的行为逻辑,这种行为逻辑的最基本的原则是行为合作—协同原则:凡行为者,须以集体行为的合作或协同为目标,而非以个人的主观意图为指归。尽管人类集体行为逻辑未必就是客观逻辑,或者人类必然行为的逻辑,但这种逻辑对行为人个人的行为具有指向力和引导力,当成为个人的行为逻辑。

20.9 当我们说人类集体行为逻辑应当成为个人的行为逻辑时,我们实际上假设了一个前提:在对行为人之他涉行为的指引上,人

---

[1] 因此,按照康德的哲学,我们不能仅仅根据经验的准则或者某种心理学的原理(比如功利主义哲学)来解释人们的行动逻辑,不能把人们主观上认为正确的行为当作是正当性基础(主观上正确的根据至多可以视为行动"准则"),而意志(自由、自律)的法则(不仅主观上认为正确,而且客观上必然正确的法则)才是行动的规定根据(Immanuel Kant, *Kritik der praktischen Vernunft*, Felix Meiner Verlag GmbH, Hamburg 1993, SS. 68-71; 汉译,见[德]康德:《实践理性批判》,邓晓芒译,杨祖陶校,人民出版社2003年版,第78—81页)。

类集体行为逻辑优先于行为人个人的主观逻辑。这个时候,集体行为逻辑对于行为人之行为的指引具有规范性的意义。

20.10 行为指引上的优先是一种规定上的优先或逻辑上的优先。在实施行为时,行为人可能首先从其主观逻辑出发来筹划或选择自己的行为,在这个过程中,行为人并非完全以规定上的优先或逻辑上的优先之行为指引作为行为的出发点,他们甚至可能选择与规定上的优先或逻辑上的优先之行为指引不同的或背离的行为。但这并不影响集体行为逻辑在行为指引上的优先性。

20.11 集体行为逻辑,若要真正成为具有指向力和引导力的行为逻辑,它就必须"改造为"规范逻辑,这种逻辑"改造"的中介就是行为合作—协同原则。行为合作—协同原则可以证成应然命令的可能性:行为人可以按照自己的主观逻辑来行为,但必须证明个人的主观逻辑在任何时候同时也是普遍的集体行动的逻辑。或者如康德在《实践理性批判》中确立的纯粹实践理性的法则:"要这样行动,使得你的意志的准则任何时候都能同时被看作一个普遍立法的原则。"[1] 这一句话也可以简括为:"行动所遵守的唯一准则也应当是你所希望的普遍法则。"(K. 宾默尔语)[2]

20.12 只有借助行为合作—协同原则,在集体行为逻辑的基础

---

[1] Immanuel Kant, *Kritik der praktischen Vernunft*, S. 36; 汉译,见康德:《实践理性批判》,第39页。

[2] K. Binmore, *Game Theory and Social Contract*, Vol. I: Playing Fair, The MIT Press, Cambridge, Mass., 1994, p. 148.

上才有可能通过增加"应当""允许""禁止"等规范模态词，建立一个其命题形式的"真"除了可能具有真值性外，还具有合理性的逻辑系统，因而在现实的行为世界与理想的可能行为世界（应然的行为世界）之间建立起逻辑联系。通过这种逻辑改造，我们就可以把我们判断为正当的、或我们应当去做的行为看作是"可推理的"行为，或者说"合理的"行为。在此意义上，规范逻辑就是"ought-to-do"的逻辑。[1]

---

[1] 参见冯·赖特的道义逻辑。（G. H. von Wright, "Deontic Logic", in: *Mind*, Vol. 60, No. 237, 1951, pp. 4-14）

## 命题 21 | 人类行为与其应归结的后果之关系不能看作是因果关系

21.1 人类行为与其应归结的后果的规范（规则）联接问题构成规范逻辑的主要问题。"为什么人们实施某种行为，必须要承担某种后果？"这个问题就是人类行为与其应归结的后果的规范联接问题。我们把上述问题转换成一个命令句式，即"人们必须、应当或者不得做出某种行为，否则必须承担某种后果"，这个句式同样表达了行为与其所应归结的后果的规范联接问题。

21.2 在规范层面上，人类行为与其应归结的后果的联接关系不是自然事物中原因与结果关系的联接关系。

21.3 自然事物中原因与结果的联接关系是一种不受人的意志干预，不以人的意志为转移的"必然发生的关系"，即："同样的原因总是必然产生同样的结果"，这可以表述为："当且仅当 C（原因）发生时，E（结果）一定因此而产生。"我们可以用描述性语句来表述和说明原因和结果之间必然发生的过程和性状。

21.4 人类行为当然可以作为一种"自然事实"看待，行为同样可以被看作是某种结果发生的原因，比如，杀人行为导致被杀者死亡的结果。此时，行为（杀人）与行为造成的后果（死亡）之间存在因果关系。

21.5 人类行为与其造成的结果之间的因果关系并非规范逻辑研究的关系。规范逻辑所研究的关系是行为和规范所归结于行为的后果（规范后果，在法律规则的场合，特指"法律后果"）之关系，它们之间的联接因素是"应然"（Ought），而非"实然"（Is），"实然"是因果关系的联接因素。所以，这里应当把人类行为造成的结果与人类行为本身在规范上所应归结的后果区别开来。后者是规范对行为进行判断和评价，并将人类设定的体现着集体意向性的后果施加于行为人。其表达式为："若……行为，则应有……后果"或"以……行为的，判处……（后果）"。比如，《中华人民共和国刑法》（以下简称《刑法》）规定："故意杀人的，处死刑、无期徒刑或者十年以上有期徒刑。"这里，"死刑""无期徒刑"或者"十年以上有期徒刑"等的规定是刑法规范（规则）针对行为人之"故意杀人"行为而规定的法律后果，而非"故意杀人"行为本身造成的后果（"被害人死亡"）。我们完全可以将《刑法》有关"故意杀人"的规定转换成带有"应然"规范词的命令语句："凡故意杀人者，应处死刑、无期徒刑或者十年以上有期徒刑。"当然，这个命令句不是直接针对行为人的，而是针对裁判者（法官）的。

21.6 我们说，行为人的行为可能遭致法律规则所规定的法律后果，但这种行为与法律后果的关系不是"必然发生的关系"，这里所说的"遭致"不是因果意义上的。不是说,一旦有了行为人的行为,就必然、自动地产生与该行为相应的法律后果。行为与法律后果的联接必须以下列条件为基础:(1)针对一定的行为,法律规则必须规定有相应的法律后果;(2)行为与法律后果之间存在逻辑关系;(3)行为与法律后果的归结须经过一个过程或程序。

21.7 行为与法律后果之归结关系反映出规范关系的特点:所谓规范的归结(英语:imputation,德语:Zurechnung),其实是将一定的法律后果"人为地"施加于某种行为,"算作是"该行为的结果。[1]比如,刑法规范(规则)将"死刑""无期徒刑"或者"十年以上有期徒刑"人为地"算作是"故意杀人行为的结果。所以,行为与法律后果之归结同样体现着分析哲学家约翰·塞尔所讲的

---

[1] 汉斯·凯尔森在《纯粹法理论》中非常详细讨论规范的"归结"(或"归属")关系:"纯粹法理论并非如传统理论一般,将法律规范也如道德规范一般归结为绝对命题,而是将其理解为表述条件事实与其后果之关系的假言命题(hypothetisches Urteil)。如此一来,法律规范一变而为法条(Rechtssatz),后者乃实在法之基本形式。正如自然规律联结原因事实及其结果,实在法同样联结了法律要件与法律效果(即所谓不法行为之后果)。前者之联结模式为因果,后者则为归属(Zurechnung),而此归属在纯粹法理论看来恰是法律之为法律并具有自主性之关键所在。正如结果不离原因,法律效果同样系于法律要件。然而,切不可认为法律要件乃其效果之因,毋宁是法律效果(不法行为之后果)被归属于法律要件。此即所谓某人'因'犯罪而受罚,或'因'未清偿债务而被执行财产云云的真正含义。刑罚与犯罪、强制执行与私法上之不法(Unrecht)行为仅有规范关系,却无因果关系。纯粹法理论称此关系名之为'归属',同时也表达了法律之特殊存在即其效力:一言以蔽之,法律无他,唯'应然'而已。纯粹法理论即以'应然'描述法律,'应然'体现了这一独特意义:从属于某一法律秩序之事实在相互关系中之独特含义;而'必然'之于因果律亦同此理。……上述两种情形皆包含要素间功能联系之简化表述,而该联系因所体现之系统而异:因果律体现自然,而归属律体现法律。"([奥]凯尔森:《纯粹法理论》,张书友译,中国法制出版社2008年版,第53—54页)

"地位功能"(status function),即:"X在语境C下算作Y"。[1]我们将这个公式稍作变动,用来描述规范的归结:"法律后果在行为A发生时算作行为A的结果E。"

21.8 显然,没有"人为地"归结,没有"算作是"这样的地位功能预设,行为和法律后果之间不可能有任何逻辑的联接,它们之间不存在必然的关系。所以,规范关系必须以某种集体认可的方式(比如立法的规定)才得到确立。

21.9 通过行为与法律后果之归结关系的讨论,我们也可以看出"法"作为一种社会—制度性存在的特殊性质,但这还需要经过更多的逻辑论证步骤进一步展开。

---

[1] [美]约翰·R.塞尔:《社会实在的建构》,李步楼译,上海人民出版社2008年版,第25页。

## 命题 22 | 在逻辑结构上，法律规则乃行为规则与裁判规则的结合

22.1 应该看到，在规范上联接人类行为与其应归结的后果的规则，实际上就是裁判规则。

22.2 根据命题 19.18 的展开可知，裁判规则所针对的是"已行行为"，它不明确规定人们在什么情境下"可以""应当"或者"不得"如何行为。而直接采取这样一种特殊的规范条件句：在这个条件句中，从句"以……行为的"，表示假设的行为动作客观真实发生的情况（已行行为），主句"则应有……后果"或者"判处……（后果）"，表示规范对已行行为动作的反馈或所施予的评价后果。[1]

22.3 根据从句假设的情形以及施予的相应后果不同，可以将裁判规则分为不同的类别：（1）确认性裁判规则，指在某行为发生或行为条件存在时规定确认后果的规则。其中包括肯定确认裁判规则和推定确认裁判规则。比如，我国《民法典》第 156 条"民事法

---

[1] 如上所述，裁判规则的逻辑表达式，参见本书命题19.18及脚注。

律行为部分无效，不影响其他部分的效力的，其他部分仍然有效"的规定就是一个肯定确认裁判规则，《民法典》第25条"自然人以户籍登记或者其他有效身份登记记载的居所为住所，经常居所与住所不一致的，经常居所视为住所"的规定就是一个推定确认裁判规则。如果根据规定的事由不同，那么还可以把确认性裁判规则分为身份—地位确认规则、行为确认规则、关系确认规则和事项确认规则，等等。（2）否认性裁判规则，指在某行为发生或行为条件存在时规定否认后果的规则，这里的否认主要是对人们的身份—地位、行为、关系、事项等不予承认，比如我国《民法典》第221条第1款规定："当事人签订买卖房屋的协议或者签订其他不动产特权的协议，为保障将来实现物权，按照约定可以向登记机构申请预告登记。预告登记后，未经预告登记的权利人同意，处分该不动产的，不发生物权效力。"（3）制裁性裁判规则，指在不法行为发生时规定制裁性后果的规则。比如，刑法规范（规则）所规定的内容即属此类规则。

22.4 制裁性裁判规则是联接人类行为与其应归结的后果之典型规则。在一定意义上，法律规范（规则）之所以不同于其他社会规范，就在于法律规范（规则）对不合乎规范的情形（不法行为）规定制裁或惩罚。也可以说，制裁性裁判规则对不法行为与法律后果（法律制裁）的联接体现出法律规范的本质属性。法律规范乃（国家）强制规范，原因就在于它把法律制裁规定为不法行为的法律后果。[1]

22.5 制裁性裁判规则同样可以揭示法律规范（规则）作为"国法"（state law）的必然性。[2] 因为法律制裁是一种独特的、会给行为人带来重大利益影响的法律后果，所以规定什么样的行为是"不法行为"，以及给不法行为课予什么样的法律制裁，这些都是具有高度争议的事项。在团体间争议的场合，若没有凌驾于团体间的组织权威来设定法律制裁，那么有关法律制裁的争议将会是不可调和的，甚至会导致团体与团体之间无休止的战争冲突。为了避免这种冲突，社会团体必须约定放弃各自对团体间事项的判断权和裁决权，交由国家通过国法加以规定。或者说，由国法来规定法律制裁，就成为团体之间集体行为合作—协同的必然选择。[3]

---

[1] 汉斯·凯尔森指出："本理论以为，法条中系于特定法律要件之效果乃国家之强制行为——包括刑罚及民事及行政制裁——据此，仅当条件事实被界定为不法行为时，结果事实始为此不法行为之效果。"（凯尔森：《纯粹法理论》，第56页）
[2] 美国法学家庞德（Roscoe Pound, 1870—1964）认为，法的意义有三：（1）法律秩序——即通过有系统地、有秩序地使用政治组织社会的强力来调整关系和安排行为的制度；（2）一批据以做出司法或行政决定的权威性资料、根据或指示（特定的法律、比较法、财产法或契约法等）；（3）司法过程——即为了维护法律秩序依照权威性的指示以决定各种案件和争端的过程（见［美］罗斯科·庞德：《通过法律的社会控制·法律的任务》，沈宗灵、董世忠译，商务印书馆1984年版，第22页）。笔者认为，如果我们抛弃对法概念做过度宽泛的描述，那么，法这个概念首先应指"国法"（国家的法律）。其外延包括：（1）国家专门机关（立法机关）制定的"法"（制定法或成文法）；（2）法院或法官在判决中创制的规则（判例法）；（3）国家通过一定方式认可的习惯法（不成文法）；（4）其他执行国法职能的法（如教会法）（参见舒国滢主编：《法理学导论》［第三版］，北京大学出版社2019年版，第28页）。
[3] 意大利法学家G.德尔·韦基奥（Giorgio Del Vecchio, 1878—1970）认为，强制力与法律这两个概念在逻辑上是不可分的，"哪里没有强制力，哪里就没有法律"（转下页）

22.6 所以，国法的强制性和制裁性是一种通过社会团体约定而形成的强制性与制裁性。社会团体间的约定具有"创设权力"的意义：社会团体约定放弃自己对团体间冲突事项的判断权和裁决权，同时将这种判断权和裁决权赋予国家作为权力。故此，从逻辑上看，国法规定制裁性裁判规则的正当性就在于社会团体的约定。反之，若丧失了社会团体的约定，国法也就失去了规定制裁性裁判规则的适格性。

22.7 然而，制裁性裁判规则并非是独立存在的，也不是法律规范（规则）唯一的内容。在法律规则的结构中，还包含针对现行行为和将行行为而做出规定的行为规则。

22.8 行为规则是调整性规则，即对现行行为和将行行为规定"这样做或那样做"的行为模式之规则。这种规则所采取的是一种特殊的规范命令句：规定行为人在一定的情境中"可以""应当"作为或者不作为。比如，"任何人侵害他人的所有权且有过错，应当赔偿损失。"这里，行为规则的命令语句，也是主句和从句构成的复合句式。从句"若（如果）……"表达的是行为的条件，主句"可以（或不得或应当）如何行为"表达的是规范性命令。

22.9 应当说，行为规则并非为法律规范（规则）所专有的规

---

（接上页）（Giorgio Del Vecchio, *Philosophy of Law*, trans. T. O. Martin, Washington 1953, p. 169）。汉斯·凯尔森则将法律描述为是一种"强制规范"（Hans Kelsen, *The Pure Theory of Law*, 2nd edn, trans. M. Knight Berkeley, 1967, §12., pp. 19—21; 汉译, 凯尔森：《纯粹法理论》，第56页）。

则。所有的社会规范，包括道德规范、宗教规范、习俗规范等，均可能为人们规定行为规则。

22.10 行为规则也并非专由国家所规定，任何社会团体和社会组织都可以规定在各自团体和组织内部施行的行为规则，比如协会章程、政党章程、俱乐部规则，等等。

22.11 任何社会规范规定的行为规则均不具有穷尽性，或者说，没有任何一种社会规范所规定的行为规则可以穷尽人类一切可能或者应然的行为空间。法律规范（规则）所规定的行为规则也是如此。这是因为，任何行为规则的制定或规定均与行为规则制定者或规定者的特定意向性有关，行为规则制定者或规定者的意向性是特定的，受限于一定的意向性背景（人的能力、才能、倾向、习惯、性情、不言而喻的预设前提、方法以及相应的文化），那么其所制定或规定的行为规则就不可能是穷尽一切人类行为空间、适用于一切场合和情境的。

22.12 社会规范所规定的行为规则不完全是统一的。它们之间可能是一致的，也可能是相互冲突的。比如，为习俗规范所承认的行为规则不一定符合道德规范或宗教规范的行为规则，法律规范（规则）所规定的行为规则不一定符合宗教规范、道德规范的行为规则，反之亦然。

22.13 相应地，不同社会规范规定的行为规则之间具有竞争性。由于不同社会规范所规定的行为规则可能不一致，它们在指引人们行为上就存在着竞争。

22.14 事实上，任何社会规范所规定的行为规则本身不能自行设定标准，用来解决不同规范的行为规则之间的不一致和竞争问题。这是因为，任何规范（包括法律规范）所规定的行为规则均无正当理由否认其他社会规范所规定的行为规则，也无从判断自身在竞争中当然优先于其他规范所规定的行为规则。

22.15 判断不同社会规范之行为规则冲突和竞争，并且从中决定以何种规范所规定的行为规则作为论证依据的规则，只能是裁判规则。

22.16 所以，行为规则和裁判规则的联接和联接方式本身也就成为一个重要的问题。

22.17 裁判规则与法律规范（规则）所规定的行为规则之间具有直接的逻辑关系。法律规范（规则）所规定的行为规则是证成裁判规则的前提和基础。裁判规则中假设的行为动作表示客观真实发生的情况（已行行为）或构成要件与法律后果之所以具有逻辑推导关系，原因就在于法律规范（规则）所规定的行为规则为行为动作客观真实发生的情况（已行行为）或构成要件提供了评价和解释的前提。[1]再以"故意杀人"及其后果为例：实施"故意杀人"的行

---

1 对于这一点，汉斯·凯尔森的解释是："令人之行为不法者乃其罪过（广义），此罪过既非行为自身之品质，也非其与某超法律规范或超越实在法之道德价值的关系；而仅在于此行为被法条规定为特定效果之要件，仅在于实在法秩序为其设定了强制行为。"（凯尔森：《纯粹法理论》，第56页）

为人之所以被判处"死刑""无期徒刑"或者"十年以上有期徒刑",就在于刑法规范(规则)中包含了"禁止故意杀人"的行为规则。换言之,"禁止故意杀人"不仅是指示行为人如何行为的一种行为规则,同时也被看作是证成裁判规则(制裁性裁判规则)的规则。"故意杀人"之所以是"不法行为",乃在于这种行为是违背"禁止故意杀人"之行为规则的行为。这里的所谓"不法",就是指"不符合行为规则"或"与行为规则相违背"。[1]

22.18 从另一方面看,裁判规则与法律规范(规则)所规定的行为规则之间具有直接的逻辑关系,这反过来也证明:法律规范(规则)所规定的行为规则区别于其他社会规范所规定的行为规则。法律规范(规则)所规定的行为规则具有法的性质和效力,其他社会规范所规定的行为规则不属于法的范畴,也不具有法的效力。

22.19 裁判规则不可能直接建立在其他社会规范所规定的行为规则的基础之上,它们之间不具有直接的逻辑关系。只有在特定的

---

[1] 有关"不法行为"的概念分析,参见凯尔森在《纯粹法理论》中的解释,其中一点比较重要:"不法行为即法条中之条件行为,也即法条中所设立之制裁将加诸其身者之行为。既然不法行为乃制裁所针对者,则作为不法行为之事实本身必有别于其构成要件。"(凯尔森:《纯粹法理论》,第56—57页)也就是说,不法行为作为"已行为"的一种,其本身是一种事实,该行为事实之所以是"不法的",乃在于其符合裁判规则(尤其是制裁性裁判规则中)以假言命题的"前件"("以……的")表述的(行为)"构成要件"。所以,不法行为有别于(行为)"构成要件":不法行为是事实,(行为)"构成要件"乃规定的是一种"事实范型"。有关"事实范型"一语,亦见本书命题10.8(及其脚注)。

条件下，其他社会规范所规定的行为规则才可能被看作是"非正式的法的渊源"，与裁判规则之间形成间接的逻辑论证关系。然而，这些规范的行为规则本身不能被视为"法"。行为规则若要直接成为证成裁判规则的前提，那它就必须上升或转化为法律规范（规则）所规定的行为规则。

22.20 因此，任何法律规则在结构上就是行为规则[1]与裁判规则的结合。其中，行为规则承担着法的秩序调整功能；裁判规则承担着法的秩序保护功能。

---

1 由于行为规则包含"应为"（道义逻辑算子O）、"勿为"（道义逻辑算子F）、"可为"（道义逻辑算子P）等不同的行为（命令）模式，不容易用比如冯·赖特"道义逻辑"的"O—表达式"（O—语句/命令—语句）来统一刻画（G. H. von Wright, "Deontic Logic", in: *Mind*, Vol. 60, No. 237, 1951, pp. 4-14.）。故此，此处不能为行为规则提供一个类似于裁判规则一样的简明逻辑表达式。当然，在逻辑上，可以根据道义逻辑算子O、F、P来分别刻画法学上所称的"授权性规则""命令性规则"和"禁止性规则"（相关的概念及其界定，参见舒国滢主编：《法理学导论》[第三版]，北京大学出版社2019年版，第106—107页）。

## 命题 23 │ 若无裁判规则，法就失去其所应有的本性

23.1 由命题 22 的展开，我们得知，法不仅是行为规则体系，而且必然包含裁判规则。

23.2 行为规则本身不能将不同的社会规范区别开来。只有裁判规则，才能将法与其他社会规范加以区分。尽管其他社会规范可以规定与法律规范（规则）所规定的行为规则相同的行为规则，然而任何其他社会规范均不得规定只有法才能加以规定的裁判规则。

23.3 行为规则并不能单独说明法的独特性质。法的独特性质在于将人们的行为（尤其是不法行为）或构成要件与法律后果（特别是制裁性后果）相联接。仅有行为规则，若无法律后果的规定，并不能构成一个完整的法律规范（规则）；而有裁判规则，即使法条中没有明确规定行为规则，也可以根据逻辑来推导出行为规则，从而展现一个完整的法律规范（规则）。

23.4 裁判规则不是行为规则，它本身不规定行为人"可以""应当"或"不得"如何行为，但它可以鉴别行为规则的性质，判断什么样的行为规则是法律规范（规则），什么样的行为规则不是法律规范（规则）。在此意义上，裁判规则是行为规则

的识别规则。[1]

23.5 裁判规则具有构成社会—制度存在的性质，所以它也可以被看作是一种特殊的构成性规则（constitutive rules）。[2] 按照塞尔的解释，所谓构成性规则是指通过规则来构成活动的规则，这种规则具有"地位功能"，即把"X 在语境 C 下算作 Y"的功能。比如在橄榄球比赛中，带球穿过对方的门线算作"达阵得分"，一次达阵得分算作"6 分"，得分比对方多算作"赢球"。[3] 法律规范（规则）所规定的裁判规则具有相同的性质和功能，这些规则常常通过"构成要件"和"法律后果"的规定，把一定的身份—地位、行为、关系或事项算作是"合法的"或"不法的"，从而建构相应的制度性事实或法律事实。

23.6 裁判规则不直接调整行为人的行为，因而也不直接干预或形塑人们之间的社会生活，但它有可能通过自身规则的构成性质来

---

[1] 汉斯·凯尔森把本书所讲的"行为规则"称为"次要法律规范"：此类规范"着眼于法律秩序之预设目的，即使人依法而行以免受强制，则法律秩序可视为合乎其目的之命令规范之集合，诸如'不得偷盗''欠债还钱'之属。然而值得注意者在于，法律之根本属性——即其与强制之关联——却未必明显。那么，规定不受裁制之行为（即法律所欲之行为）的规范便只在此前提下始为法律规范，即其为下述完整法条避免繁冗而采取简练之表述形式：应为某行为，否则便将遭受裁制。此法条乃是法律规范之主要形式；而单纯规定不受裁制之行为的规范则可视为次要法律规范。"（凯尔森：《纯粹法理论》，第59页）
[2] 字面上讲，"构成性规则"（constitutive rules）指本身构成了或产生了某种形式的行为或活动的规则。违反了构成性规则，这种行为或活动便不存在了（参见杨志红：《言语行为的构成性规则：目的、意义及缺陷》，载《长春师范学院学报》[人文社会科学版] 2010年第3期，第99—102页；张莉、杨金山：《公文中的指令言语行为的构成性规则》，载《长春师范学院学报》2013年第10期，第127—128页）。
[3] [美] 约翰·R. 塞尔：《社会实在的建构》，李步楼译，上海人民出版社2008年版，第14页，第25页，第65页。

确认、保护依然存在的社会生活或者恢复、修补已被违法者破坏了的社会生活。

23.7 裁判规则和行为规则直接指向的主体有所不同。如果说行为规则直接指向行为人，裁判规范则直接指向国家的法院或其他裁判机关。国家的法院或其他裁判机关是裁判规则的承受者，它们负有义务实施裁判规则。

23.8 实施裁判规则的权力是专属的，这种权力体现出国家强制力的性质。其他社会规范不得规定只有法才能加以规定的裁判规则，故而它们也不以国家强制力加以保障。

23.9 一切法或法律都必然以规定裁判规则作为其存在的标志。若无裁判规则，法就不能称其为法，它就会变成德国法学家耶林（Rudolf von Jhering）所说的"不燃烧的火，不发亮的光"。[1]

23.10 作为法或法律存在标志的裁判规则必须体现普遍性法则、统一性法则、稳定性法则和安定性法则。所谓裁判规则的普遍性法则，是指裁判规则在适用于任一案件 Ca 时，也必须能够将同样的规则适用于所有相关点上与案件 Ca 相同的其他任一案件（Cb 或 Cc，或……Cn）上。所谓裁判规则的统一性法则，是指裁判规则必须能够将统一的、合乎体系的标准应用于所有其所适用的任一案件上，不允许相同的案件存在不同的裁判。所谓裁判

---

[1] 参见［德］鲁道夫·冯·耶林：《为权利而斗争》，胡宝海译，中国法制出版社2004年版，第7页。

规则的稳定性法则，是指裁判规则必须能够保持在时间上相对不变，从而使国家的法院或其他裁判机关始终一贯地遵循这些规则，并且将这些规则连续地投射于不断出现的新的案件。所谓裁判规则的安定性法则，是指裁判规则必须至少在有限的范围内让人能够预见和预报据以判决的结果，进而使人能够事先对自己的事务做出安排。

23.11 凡违反普遍性法则、统一性法则、稳定性法则和安定性法则的裁判规则，将失去其作为法或法律存在标志的属性。这样的裁判规则同时也失去了作为行为规则之识别规则的资格，成为不适格的裁判规则。

23.12 裁判规则体现普遍性法则、统一性法则、稳定性法则和安定性法则，这不仅是社会团体约定放弃各自对团体间事项的判断权和裁决权所要求的，也是形式法治原则所要求的。只有根据形式法治原则（比如，美国法学家朗·富勒［Lon L. Fuller, 1902—1978］所讲的构成法律的"内在道德"的八大要素，即"法律的普遍性""法律的公布""可预期""法律的非溯及既往""法律的明确性""避免法律中的矛盾""法律的稳定性""官方行动和法律的一致性"等），[1] 才能够更清晰地看出裁判规则作为法或法律存在标志的性质。

---

[1] ［美］富勒：《法律的道德性》，郑戈译，商务印书馆2005年版，第55页及以下页。

## 命题 24 | 无论行为规则,还是裁判规则,都是通过语言建构的

24.1 根据上面的分析,可以看出,一切法律规范(规则),无论是其中的行为规则,还是裁判规则,都必须以语句形式表达出来。[1]

24.2 这也可以说:法是通过语言带引出来的。语言的生命造就了法的生命,只有通过语言,人类才能表达、记载、解释、续造和发展法律。语言的界限也是法的界限,语言之外不存在法。[2]

24.3 人们可能在内心有一种所谓"无言的命令",人们在内心甚至会把法看作是无言的,然而这只是就命令和法被感知或感受而言的,从存在本身而言,法根本不可能是无言的。相反,法这样一

---

[1] 维特根斯坦在《逻辑哲学论》中有三句话特别重要:"所用、所思的命题指号就是思想。思想是有意义的命题。命题的总和就是语言。"([奥]维特根斯坦:《逻辑哲学论及其他》,《维特根斯坦全集(第1卷)》,陈启伟译,河北教育出版社2003年版,第203页)

[2] 这个有关语言与法的观点,同维特根斯坦的一般论述是一致的。他曾经指出:"**我的语言的界限就是我的世界的界限。**"(维特根斯坦:《逻辑哲学论及其他》,第245页)"人所不能思者,人亦不能有所说。"(上揭书,第171页)德国康斯坦茨大学(Universität Konstanz)民法与法理论教授伯恩德·吕特斯(丁晓春、吴越译为"魏德士",Bernd Rüthers,1930— )说:"一切法律规范都必须以作为'法律语句'的语句形式表达出来的,可以说,语言之外不存在法。只有通过语言,才能表达、记载、解释和发展法。"([德]魏德士:《法理学》,丁晓春、吴越译,法律出版社2005年版,第71页)

种存在是语言依赖的。

24.4 从不同的维度看,语言是思想交流的工具,[1]使用语言是一种独特的行为,语言本身还构成一种集体约定的制度。作为思想交流的工具,语言承载着表意和传达意义的功能,在此意义上,语言必须是公共的,而非纯粹私有,它代表着至少要有两个人的参与关系。使用语言作为一种行为,即"以言行事的行为",它像其他行为一样,在本质上是意向性的,它将行为、意义和意向结合在一起,这种行为同样必须体现集体行为的合作—协同原则,否则使用语言就是无效的。[2]作为一种集体约定的制度,语言本身具有地位功能和一套构成性规则,没有这些规则(比如语法规则),语言交流活动基本上不可能进行。

24.5 相对于人类的其他制度,语言是一种特殊的制度,即meta-institution,一种"元制度"。也就是说,语言在逻辑上是先于其他制度的,当然也先于法律制度。[3]在这个意义上讲,人类的

---

[1] 威廉·冯·洪堡在《论人类语言结构的差异及其对人类精神发展的影响》一书中甚至说:"语言是构成思想的器官(das bildende Organ des Gedankens)。"([德]威廉·冯·洪堡特:《论人类语言结构的差异及其对人类精神发展的影响》,姚小平译,商务印书馆1999年版,第65页)"语音把人的独立自主性与被动接受性联系了起来……因为,言语不应该被压抑在地面上,它期待着自由地从一个人的嘴中发出,传递给另一个人,它伴随有面部表情和手势,换言之,言语与使人成其为人的一切有关。"(上揭书,第66—67页)

[2] "语言无时无刻不具有民族的形式,民族才是语言真正的和直接的创造者。"(威廉·冯·洪堡特:《论人类语言结构的差异及其对人类精神发展的影响》,第47页)

[3] 瑞士语言学家索绪尔(Ferdinand de Saussure,1857—1913)在所著《普通语言学教程》(*Cours de Linguistique Générale*)中指出:语言是一种社会事实,一种"约定俗成(转下页)

语言本身就成了人类社会的种种习俗、惯例、规范、制度、法律、法规等生活形式生成和存在的必要条件，或者说，人类社会的所有这些生活形式无一不存在于语言之中并以语言的"形式"求得其存在。[1]只有有了人类语言，其他种种习俗、惯例、规范和制度等人类生活形式才成为可能。

24.6 语言具有代际间的持续流传性，后一个时代或后若干时代的人类之所以能够持守前一个时代或前若干时代的人类传统，[2]原

---

（接上页）的东西"，它"并不是在任何一点上都跟其他社会制度相同的社会制度"（［瑞士］费尔迪南·德·索绪尔：《普通语言学教程》，高名凯译，岑麒祥、叶蜚声校注，商务印书馆2002年版，第26页，第31页）。维特根斯坦在《哲学研究》第540节也把语言看作是一种"制度"（建制）（参见［奥］维特根斯坦：《哲学研究》，陈嘉映译，上海人民出版社2001年版，第226页）。约翰·塞尔认为，为了有其他制度，一个社会至少有一种原始形式的语言，故此，语言制度对其他所有制度而言均是先在的（prior to other institutions）。塞尔还认为：从其他制度预设语言但语言本身却不预设其他制度的存在这一视角来看，语言是一种更根本的社会制度，即，一种元制度（meta-institution）（［美］约翰·塞尔：《心灵、语言和社会：实在世界中的哲学》，李步楼译，上海人民出版社2008年版，第147页；John R. Searle, *Construction of Social Reality*, The Free Press, New York 1995, pp. 76-78.）。

[1] "语言的所有最为纤细的根茎生长在民族精神力量之中，民族精神力量对语言的影响越恰当，语言的发展也就越合乎规律，越丰富多彩。语言就其内在联系方面而言，只不过是民族语言意识（der nationelle Sprchsinn）的产物，所以，要是我们不以民族精神力量为出发点，就根本无法彻底解答那些跟最富有内在生命力的语言构造有关的问题，以及最重大的语言差异缘何而生的问题。"（威廉·冯·洪堡特：《论人类语言结构的差异及其对人类精神发展的影响》，第17页）

[2] "语言与人类的精神发展深深地交织在一起，它伴随着人类精神走过每一个发展阶段，每一次局部的前进或倒退，我们从语言中可以辨出每一种文化状态……具体的语言必须始终伴随着兴盛的民族，并在它们当中发展，从起着某些限制作用的民族精神特性之中生长出来。"（威廉·冯·洪堡特：《论人类语言结构的差异及其对人类精神发展的影响》，第21页）因此，"一个生活在重大语言变革时期的民族似乎处在历史发展的中间阶段，一方面它受到先前时代的持续影响，另一方面它期待着进一步的发展，并且包孕着发展的潜在萌芽。"（上揭书，第24页）

因就在于不同世代的人类共同使用可以进行思想交流的语言。语言也同样把历史上的法律制度流传给后来的世代。语言是创造法的生命的力量,也是维持法的生命的力量。

24.7 毋庸置疑,所有的行为规则和裁判规则可以用不同的地方性语言(譬如英语、德语、法语、阿拉伯语、汉语)表述,然而,这些表述行为规则和裁判规则的地方性语言之间又是可以相互理解和翻译的。

24.8 凡是表述行为规则和裁判规则的语言,不论其属于哪一种地方性语言,均可称为"规范性语言"或"法律语言"(legal language 或 Rechtssprache)。在我国,人们常常称之为"法言法语"。

24.9 法律语言是冷静的、刚硬的、简洁的、合逻辑的,是经过法律家(法官、律师)和法学家们提炼、加工和创造出来的行业语言,与普通人所使用的"日常语言"存在一定的差别。在许多场合,法律语言对外行人来讲是非常陌生的,如"无因管理""不可抗力",等等。[1]

24.10 法律语言是约定俗成的,具有惯习性。法律家和法学家提炼、加工并创造了法律语言,而且通过他们的实践活动(法律实践)和学术活动(法学研究)守成、发展了法律语言。改变一种法律语言,首先必须改变约定法律语言的传统惯习。

---

[1] 舒国滢主编:《法理学导论》(第三版),北京大学出版社2019年版,第3-4页。

24.11 法律语言像其他语言一样具有塑造能力和构成性质，它本身构成了法律制度的结构体系，法律语言不仅可以描述和评价社会事实，而且连同法律制度一起规定、确定、巩固、保护甚至构成一定主体的身份——地位、关系和秩序。

24.12 法律语言具有规范性，当人们用法言法语来"描述"生活事实或生活关系时，那么他们实际上就是在运用表述行为规则和裁判规则的语言来评价生活事实或生活关系。比如，"故意杀人"不仅是对杀人行为的自然事实（brute fact）的描述，而且也是根据刑法规范（规则）对"杀人"这一"不法行为"的评价。在这一意义上，根据法律规范来描述和评价的事实就是规范性事实（normative fact）或法律事实。

24.13 法律语言具有有限性，它在内容表达上不可能是漫无边际的，在形式风格上也不可能是自由随意的。立法者总是以有限语言来表述行为规则和裁判规则。我们可以把法律语言之冷静、刚硬、简洁、合逻辑的特征看作是其有限性的表现。[1] 法律语言虽不同于自然科学语言和纯人工语言或符号化语言，但它也不是随时变易内容和形式的自然语言。

24.14 与上述一点相关，法律语言在功能上具有约束性和指引性。法律语言不仅构成了法律制度的结构体系，而且也对其使用者

---

1　Gustav Radbruch, *Rechtsphilosophie*, 6 Aufl., Stuttgart 1963, S. 206.

和思考者形成约束力和指引力。法律语言限定了使用者和思考者的说话方式、思维方式和论证方式。凡运用法律语言进行表达、思考和论证的人都自觉或不自觉受到这种独特语言之纪律的约束。他们尽可能在法律语言的语义框架内工作，尽可能在语义射程之内寻求法律语言所表达的语义。[1]

24.15 法律语言可以是优雅的、具有美感的。[2] 在历史上，一些

---

[1] 在此意义上，法学思维是论证的思维、说理的思维。法学在为法律问题提出解答方案时，必须为结论提出必要而充分的理由。在这里，法学思考遵循着"理由优先于结论"的规则。也就是说，法学的结论必须是有论证理由的结论，是对法学思考者本人以及其他的人均有说服力的结论。显然，这种结论的形成需要通过由众多的个人和集团参与交谈、论辩，寻求讨论和理解的前提和方法（舒国滢主编：《法理学导论》[第三版]，北京大学出版社2019年版，第9页）。

[2] 德国著名童话作家（《格林童话》的著作者之一）、历史法学派的重要代表雅各布·格林（Jacob Grimm, 1785—1863）于1816年发表长篇论文《论法之诗》（*Von der Poesie im Recht*），从诗性的法律语言、法律象征、诗歌形式诸角度考察了法与诗歌之间的关系以及德意志古法中的诗性规则（法律的韵律）。他在文章的开篇即指出："法和诗相互诞生于同一张温床。……的确，两者的起源都建立在两种本性之上：一种建立在惊奇之上，一种建立在信奉之上。这里的惊奇，我更愿意把它当作是任何一个民族法律和民歌的开始。……所以，诗中蕴涵有法的因素，正条法中也蕴涵有诗的因素。"（Jacob Grimm, *Von der Poesie im Recht*, in: *Zeitschrift für geschichtliche Rechtswissenschaft*, Band II, 1816, Heft 1, S. 27-28）古斯塔夫·拉德布鲁赫在其《法哲学》一书中主张通过文学创作和艺术作品来认识法律的本质，并且要求建立一门法美学（Aesthetik des Rechts）（Gustav Radbruch, *Rechtsphilosophie*, 6 Aufl., Stuttgart 1963, Kapitel 14）。德国法哲学家阿图尔·考夫曼称赞其师古斯塔夫·拉德布鲁赫是"一位语言大师"。"他懂得在高度抽象和片面具体，也就是说在表达精确而内容贫乏与内容富有弹性而表达不甚精确这两者之间保持适度的火候。我们也可以这样说：他的语言是思考的严谨与陈述的华丽的圆融。……拉德布鲁赫的语言既绵密厚重又简明扼要，既直白清朗又纯真朴实。他能够采撷到物之精华，宛若把光线集聚为耀眼的亮点。他既是学问人，也是艺术家。当我们阅读或聆听这样的警句时，我们获得了生命的充实和心智的启迪，同时也由于这一表达方式之美而得到一种美的享受。"（见[德]阿图尔·考夫曼："中译本序"，载[德]古斯塔夫·拉德布鲁赫：《法律智慧警句集》，舒国滢译，中国法制出版社2016（转下页）

伟大的立法家、司法家、法律著作家以及一批佚名的法律智者依靠他们卓越的想象力，为人类留下了大量"智若神明"的立法、"如诗如歌"的判决和"像闪电照亮大地一样"的法律原则。[1]在远古的诗体法中，生动形象的诗歌之美调和了它自身的内外界限，调和了规则和自由。[2]然而，自从有了法典编纂之后，法律语言多少反

---

（接上页）年版，第1—2页）有关"法美学"，亦见吴经熊：《正义之源泉：自然法研究》张薇薇译，法律出版社2015年版，第358—381页；舒国滢：《从美学的观点看法律——法美学散论》，载《北大法律评论》，第3卷第2辑，法律出版社2001年版；吕世伦主编：《法的真善美——法美学初探》，法律出版社2004年版，第3编。

[1] 比如，18世纪意大利哲学家维柯（维科）称颂古罗马法说："古代法学全都是诗性的，……古罗马法是一篇严肃认真的诗，是由罗马人在罗马广场表演的，而古代法律是一种严峻的诗创作。"（[意]维科：《新科学》下册，朱光潜译，商务印书馆1989年版，第563页）在以"输洛加"（Slokas）诗体写成的印度《摩奴法典》中，我们甚至读到了来自远古"诗化的"醍醐灌顶的智慧，其第8卷第132—138节关于"罚金"计量的描述，真可谓"微宏寸心之间"（见[法]迭朗善译：《摩奴法典》，马香雪转译，商务印书馆1982年版，第181—182页）。此外，历史上各个时期法官的判决（判例）也是表达法的审美价值的合适形式。实际上，法律的形式美法则（如法律语言的对称均衡、逻辑简洁性和节奏韵律，法律文体的多样统一，等等）更多地体现在那些独具个性而又富有审美趣味的法官们的判词之中。法官们的"优美的"判决所生发的美学价值，决不压于任何优秀的艺术作品。著名法律史家、《德国民法典》第二（起草）委员会非常任委员鲁道夫·佐姆（Rudolph Sohm, 1841—1917）曾经赞扬杰尔苏（Celsus）的判决才能，说他能够从个别的案件中抽引出普遍的规则，运用最为简洁的语言形式；这些形式具有凌空飞动的语词的冲击力，令人升华，使人澄明，犹如一道闪电照亮遥远的风景（Gustav Radbruch, *Rechtsphilosophie*, 6 Aufl., S. 207）。对法（规则）与诗的内在的玄机，印度大诗人泰戈尔（Tagore）的解释富有哲学的想象："诗的美被严格的规则所约束，但是我却超越了约束。规则是诗的翅膀，它们不是使它下坠，而是把它带向自由。诗的形式在于规律，而它的思想在于美。规则是走向自由的第一步，美是建立于规则基础上的完全的自由。"（[印度]罗宾德拉纳特·泰戈尔：《人生的亲证》，宫静译、章坚校，商务印书馆2007年版，第56页）

[2] 日本法学家穗积陈重（1855—1926）在其皇皇大著《法律进化论》中提供的凿凿之据表明：在东方和西方的法律进化史上，从"无形法"到"成形法"的过渡，其间经历了"句体法""诗体法""韵文法""绘画法"和"文字法"诸阶段。例如，德意志古（转下页）

映出工商社会的审美旨趣，这种旨趣反对在法学和法律中直接使用诗性思维，而崇尚法律语言的对称均衡、逻辑简洁性和法律语句表达的谦抑严谨之美。[1]

24.16 法律语言是可以跨越地域和文化界限的。通过传播和学习机制，法律语言不仅可以形成地方性的法律知识共同体，而且也可能超越地方性语言形成民族—国家间的法律知识共同体，因而，法律语言有可能被不同民族—国家约定为共通的语言。

24.17 应该这样说：谁掌握了法律语言，谁就掌握了法的世界。

---

（接上页）法谚简明匀称，罗马法《十二表法》句韵切合，中国太古之"象刑"（绘画法）栩栩生动，均属上述法律形式之典型。在穗积氏看来，这些法律表达形式的变化，实际上反映出人类智慧、认知能力的增长和社会力之自觉的发展过程（［日］穗积陈重：《法律进化论》，黄尊三等译，中国政法大学出版社1997年版，第109—119页）。

[1] 古斯塔夫·拉德布鲁赫指出："法律的语言是冷静的：它排除了任何情感的声调；法律的语言是刚硬的：它排除了任何说明；法律的语言是简洁的，它排除了任何学究之气（Lehrabsicht）。"（Gustav Radbruch, *Rechtsphilosophie*, 6 Aufl., Stuttgart 1963, S. 206）美国的卡多佐法官（Benjamin N. Cardozo, 1870—1938）说："除非为了某些充足的理由，我不想通过引入不连贯性、无关联性和人为的例外来破坏法律结构的对称性。"（Cardozo, *The Nature of the Judicial Process*, 1921, pp. 32-33）

# 四 | 概念、规则和原则

· 命题 25—32

- 25. 从语言上看,法是由法律概念构成的体系
- 26. 法律概念是对经验生活素材的提炼和抽象
- 27. 法律概念的意义就是它在语言中的使用
- 28. 没有法律概念,法律规则无以构成,但法律概念本身不能说明法律规则的性质
- 29. 法律规则排除任何个人对自己行为的合法律性判断,并由此成为刚性的独断理由来源
- 30. 法律原则并不是行为规范,不直接构成行为理由
- 31. 法律原则可以用作裁判规则,但必须具备条件
- 32. 法律原则的适用不是"非此即彼"的

## 命题 25 从语言上看，法是由法律概念构成的体系

25.1 在法律规范中，有各种各样的法律概念。[1]

25.2 各种各样的法律概念是法律对世界中各种各样的存在物、关系、状态、行为等对象的规范命名。

25.3 像任何其他的概念一样，法律概念实际上涉及能指（signifier）和所指（siginified）的关系。所谓能指和所指的关系，也就是通常所讲的"词"和"物"的关系：能指是语言中的"词"，所指是词所代表、指称或者所表示的世界中的对象。词或者概念就是世界中的对象的名称或"标签"。[2]

25.4 对世界中的对象赋予名称或标签，实际上也是将体现人的一定意向性的地位功能赋予世界中的对象。[3] 由于体现人的一定

---

1　参见［德］考夫曼：《法律哲学》，刘幸义等译，台北五南图书出版公司2001年版，第7章。
2　索绪尔在《普通语言学教程》中指出："我们建议保留用**符号**这个词表示整体，用**所指**和**能指**分别代替**概念**和**音响形象**。后两个术语的好处是既能表明它们彼此间的对立，又能表明它们和它们所从属的整体间的对立。"（［瑞士］费尔迪南·德·索绪尔：《普通语言学教程》，高名凯译，岑麒祥、叶蜚声校注，商务印书馆2002年版，第102页）这是最早有关"能指"和"所指"之关系的论述。
3　维特根斯坦指出："语言之于实在，犹之乎视网膜的影像之于视觉的影像：在视觉映像中似无任何东西与视网膜上的盲点相对应，因而盲点的界限决定视觉的影像（转下页）

意向性之地位功能赋予，表示对象的词或名称便具有了一定的意义。所以，词是人对对象赋予具有一定意向性的地位功能的一种形式。而词的意义是人在为对象命名时附加于对象的一种意向性内容。

25.5 每个人可能对世界中的对象会有不同的命名，不同的群体（比如民族）对世界中的对象也会有不同的命名。[1]这种现象随着不同地区的文字的出现而变得更加普遍。不同的命名可能使同一对象被人为地附加了不同的意义。

25.6 然而，为了尽可能广泛地利用语言进行交流，人类对世界中的对象的命名逐渐趋向稳定和一致。

25.7 追求命名的稳定和一致是为了寻求人类思想表达的稳定和一致，更确切说，是为了寻求概念或词的意义的稳定和一致。因为没有概念或词的意义的稳定和一致，人类很难进行思想的交流，没有思想的交流，就不可能有行为的合作或协同，没有行为的合作或协同，就不会形成有序的社会关系、组织结构和社会制度。[2]

---

（接上页），正如对原子命题的真的否定决定实在一样。"（维特根斯坦：《逻辑哲学论及其他》，《维特根斯坦全集（第1卷）》，陈启伟译，河北教育出版社2003年版，第14页）

[1] 所以，"语言学中最先看到的就是地理上的差异：它确定了对语言的科学研究的最初形式……"（费尔迪南·德·索绪尔：《普通语言学教程》，第267页）

[2] 索绪尔看到："语言事实的传播，跟任何习惯，比如风尚一样，都受着同样一些规律的支配。每个人类集体中都有两种力量同时朝着相反的方向起作用：一方面是分立主义的精神，'乡土根性'；另一方面是造成人与人之间交往的'交际'的力量。……语言的扩张和内聚都要依靠交际。"（费尔迪南·德·索绪尔：《普通语言学教程》，第287页）因此，"社会联系有造成语言共同体的倾向，而且也许会给共同的语言烙上某些特（转下页）

25.8 同样，法律概念作为实现人类行为合作—协同的思想交流工具，也必须具有稳定性和一致性。稳定和统一的法律语言不仅可以简化人类在法律生活中进行交流的复杂性，还可以减轻人们在法律生活中识别关系、行为及其他事实的负担和困难。在法的世界中，若没有法律概念，具有法律意义的生活事实只不过是显现在人类经验感觉中的一堆杂多的互不关联的印象。人们若不利用法律概念，那么就无法理解表面上看起来杂多的互不关联的生活事实，或者迷失在生活事实的意义之网中，无以寻找破解意义之网的门径。[1]

25.9 所有的法，无论是制定法，还是习惯法，其在生成之中已被创制者或约定者附加了他们的意向性，[2] 附加了体现这些意向性的意义，这些意义通过法律概念加以表达。所以，从语言学的角度看，法律概念是法的基本表意单位，法就是由法律概念构成的体系。[3]

---

（接上页）征；反过来说，语言共同体在某种程度上也会构成民族统一体。一般地说，语言共同体常可以用民族统一体来加以解释。"（上揭书，第311页）

[1] 威廉·冯·洪堡（洪堡特）指出："没有语言，就不会有任何概念，同样，没有语言，我们的心灵就不会有任何对象。因为对心灵来说，每一个外在的对象唯有借助概念才会获得完整的存在。"（［德］威廉·冯·洪堡特：《论人类语言结构的差异及其对人类精神发展的影响》，姚小平译，商务印书馆1999年版，第70—71页）

[2] 就此，黑格尔指出："甚至**习惯法**（因为只有动物是以本能为它们的法律的，而人是把法律当作习惯的）也包含这一环节，即作为**思想**而存在、因而**被知道**。习惯法所不同于法律的仅仅在于，它们是主观地和偶然地被知道的，因而它们本身是比较不确定的，思想的普遍性也比较模糊。"（［德］黑格尔：《法哲学原理》，范扬、张企泰译，重印本，商务印书馆1982年版，第173页，第218—219页）

[3] 在此意义上，一个国家仅仅有法律如何应用的法学（实用法学/法律知识）是远远不够的，还必须有作为一套成体系的理论知识、原理（教义）和法学概念构成（转下页）

25.10 在法律规范之中，既包括一些原有的日常用语，比如"财产""占有""出生""死亡""杀人""伤害"等，也包括法学家和法律家创造出来的专门用语，比如"无因性""不当得利""善意取得""时效""正当防卫"等，还包括一些道德伦理概念，比如"正义""公平""平等""诚实信用"等，以及法律专门术语，比如"法律权利""法律义务""法律行为""法律关系""法律规范""不法""法律责任"等。从法学的角度看，这些概念有的是评价性概念，比如"正义""公平""法律规范""不法"，有的是描述性概念，如"占有""出生""死亡""杀人""伤害"。[1] 实际上，在法律规范中，即使那些日常用语中纯粹描述性的概念也是附加有规范的评价的，因而具有规范意义。这种意义使法律规范所包括的日常用语区别于它们在其他语

---

（接上页）的法律科学（Rechtswissenschaft）。法学概念愈精确、精准、详密，我们借以对法理的认识才愈清晰。有关概念形成对于知识形成的重要性之论述，参见武秀波、苗霖、吴丽娟、张辉：《认知科学概论》，科学出版社2007年版，第125页及以下页。另见Thomas Schlapp, *Theorienstrukturen und Rechtsdogmatik: Ansätze zu einer strukturalistischen Sicht juristischer Theoriebildung*, Duncker & Humblot, Berlin 1989, S. 77。

[1] 阿图尔·考夫曼认为：法律概念大体分为两类：一类是"与法律相关但又非本义的（uneigentliche）法律概念"，如出生、死亡、物、能力、挪动、致死、继承、婚约、伤害、意志（意思）、错误、占有、所有、真实、宣誓、建筑物、业主、市场行为、内部市场、邻居、纵火、物资匮乏、时间、空间、转移、卑鄙无耻、诚实信用，等等；另一类是法的基本概念和本义的（eigentliche）法律概念，如法、法律、法律规范、法律渊源、法律事实、法律关系、法律主体，等等。（Siehe Arthur Kaufmann, *Rechtsphilosophie*, 2. Aufl., C. H. Beck'sche Verlagsbuchhandlung, München 1997, SS. 96ff , 98ff. 汉译，[德]考夫曼：《法律哲学》，刘幸义等译，台北五南图书出版公司2001年版，第96页及以下页，第98页及以下页）

境中的使用。比如，只有符合刑法或民法所规定的构成要件的伤害行为才被视为法律规范中所称的"伤害"。故此，法律规范中的"伤害"就是一个具有规范意义的概念，而在其他语境中，它可能是一个纯粹的描述性概念。

25.11 严格地说，只有法学家或法律家创造出来且在法律规范中加以规定的专门用语和法律专门术语才是法律概念，在法律规范中所包括的日常用语或道德伦理概念不是本有的法律概念，而是"与法律有关的概念"，或者说，借用"地位功能"的说法，日常用语或道德伦理概念在法律规范中"被算作是"法律概念。或者，我们可以采用这样的表达公式："在 F 法中，x 意味着 y。"其中，F 代表任何一部法律或者法典，x 代表着任一日常用语或者道德伦理概念，y 指法律限定的意义。

25.12 从表达的角度看，任何的法都有一个意义整体，所有的法律概念构成表达这个意义整体的必要成分。

25.13 表达法的意义的法律概念必定是可以相互诠释的，在逻辑上具有多重关系，这些关系包括上下位关系（涵摄关系）、反义关系、相对关系等。

25.14 不是所有法律体系中的法律概念之间的关系都像德国法学家普赫塔（Georg Friedrich Puchta, 1798—1846）所设想的那样构成一个可以按照形式逻辑规则进行演绎推导的"概念金字塔"

（Begriffspyramide），[1] 但也不是说所有的法（包括那些历史上自始

---

[1] "概念金字塔"（Begriffspyramide）是后世学者（比如，卡尔·拉伦茨）对普赫塔思想的概括（Karl Larenz, *Methodenlehre der Rechtswissenschaft*, 6. Aufl., Springer-Verlag, Berlin, Heidelberg 1991, SS. 19-20）。普赫塔自己用的是"谱系"一词，其在《法学阶梯教程》第1卷第15节讲"法条的谱系"（Genealogie der Rechtssätze），在第33节讲"概念的谱系"（G. F. Puchta, *Cursus der Institutionen*, Erster Band, Siebente neu vermehrte Auflage, Nach dem Tode des Verfassers besorgt von Adolf Friedrich Rudorff,Verlag von Breitkopf & Härtel, Leipzig 1871, §15, S. 33., §33, S.88）。总体而言，他主张在法条体系和法概念体系的建构上应采取一种独特的"概念的谱系"（Genealogie der Begriffe）方法，这种方法实际上是通过形式逻辑的方式对必要的抽象法条（规则）的理解采取一种概念层级（die Hierarchie der Begriffe）的建构思考——一种（将实在法条作为加工素材的）法律基本概念的逻辑分类体系。法学此时的任务是在体系的关联上去认识彼此互为条件、又相互衍生的法条，以便能够追溯单个法条的"谱系"，向上回溯至其原则，并且同样地从原则向下延伸至其最外部的分支。在这样的工作中，那些隐藏在民族法律精神之中的法条被带入意识之中，并被发掘出来，只有这样，法条作为"科学演绎的产物"才清晰地产生出来。这就要求法的体系性知识抓住法条的整体关联和它们相互之间的亲缘关系，以便"能够通过在其形成中起作用的所有中间环节，向上和向下追溯每一个概念的来源"：比如，当观察需要经过的某块土地（该土地的所有人指定了相邻权的所有人）的单个权利时，法学家必须一方面意识到该权利在法律关系体系中的地位，另一方面又必须把该权利的来源向上追溯至权利的概念，并从权利的概念向下追溯，才能得到此项权利，该权利的性质才会被完满地确定。这个过程包括对"权利""物权""自物权""他物权"概念的理解，物之"使用权"及其条件、"役权"（Servitut）的界定，由此人们才会知道，一块土地（利用供役地）的役权叫做"地役权"（Prädialservitut），而一块土地（因为通行）需役的权利叫做"道路役权"（Wegservitut）。在这里，"道路役权"首先是一项（主观）权利（或对标的的一种力）；其次，它是一项"对某个物"的权利（物权）；再次，它是一项"对某一他物"的权利，即物的部分附属性质的权利；而物的附属之特殊性质是物之使用，故此，"道路役权"属于"物之使用权的谱系"，这个谱系还可以不断地向下追溯（G. F. Puchta, *Cursus der Institutionen*, Erster Band, §33, S. 88）。不过，其后的法学家，比如，日耳曼法和民法教义学者菲利普·赫克（Philipp Heck，一译"海克"或"黑克"，1858—1943）把从上位概念（原则）推导出特殊概念和法条（新规则）这一过程称为"颠倒方法"（Inversionsmethode）或"颠倒程序"（Inversionsverfahren）（Philipp Heck, "Was ist diejenige Begriffsjurisprudenz, die wir bekämpfen?"［1909］, in: Günter Ellscheid und Winfried Hassemer [Hrsg.], *Interessenjurisprudenz*, Wissenschaftliche BucHgesellschaft, Darmstadt 1974, S. 42）。

不讲究立法技术的法）是由一堆杂乱的、毫无逻辑关联的概念构成的。换言之，任何法律概念都是符合最低限度的逻辑要求的。

25.15 只有符合最低限度的逻辑要求，法律概念才形成一个体系，在这个体系中，法律概念是可以相互推导的：下位的法律概念可以从上位的法律概念推导出来，它们之间具有涵摄关系。[1]没有这样的推导或涵摄关系，由法律概念所构成的法就在形式上失去了作为规范的条件和资格，法就不再是法，而变成了没有限定、没有逻辑、没有意义整体，纯粹可作任意解释、矛盾解释的词语堆积体。

25.16 法律概念是法学思维的必要工具。法学家和法律家总是

---

[1] 古希腊哲学家柏拉图在所著《智者篇》中阐释了一种"概念区分"（διαίρεσις，拉丁文译作divisio或者distinctio）方法和技术（也称为"概念二分法"），即，将一个"属"概念（genus）划分成若干"种"概念（species）、再将"种"概念细分为更次一级的"种"概念（subspecies，亚种）的反复分析过程：比如"技术"（τέχνη）（1）这个词本身是一个"属"概念。"技术"（1）这个"属"概念可以区分为"生产（制作）型技术"（1.1）与"取得型技术"（1.2）两个"种"概念；"取得型技术"（1.2）这个"种"概念可以进一步区分为"交换型技术"（1.2.1）与"强取型技术"（1.2.2）两个更次一级的"种"概念；"强取型技术"（1.2.2）再可区分为"争取型技术"（1.2.2.1）与"猎取型技术"（1.2.2.2）；"猎取型技术"（1.2.2.2）还可以继续再作区分，这样就构成了一个一般范畴（"技术"）的循序渐进的细分链条（chain of subdistinctiones），最终，获得"钓鱼"这一概念（species infima，"最下位的种"概念）（Theodor Viehweg, *Topik und Jurisprudenz*, 5. Aufl., C. H. Beck'sche Verlagsbuchhandlung, München 1974, S. 68. 汉译，见［德］特奥多尔·菲韦格：《论题学与法学》，舒国滢译，法律出版社2012年版，第72页）。有学者把柏拉图辩证法中的分析方法（Analysis）称为"下降法"，即：由原理下降，由属降到种或划属为种的方法，或者，一种从复杂概念引导出简单概念［将复杂概念分解为最简单概念（词语），并通过列举尽可能分解为最小因子］的方法（Jerzy Stelmach, Bartosz Brożek, *Methods of Legal Reasoning*, Springer, Dordrecht 2006, pp. 69-70. 汉译，参见［波兰］耶日·司泰尔马赫、巴尔托什·布罗热克：《法律推理的方法》，孙海涛、孙江潮译，中国方正出版社2014年版，第73页）。

依凭法律概念来进行观察和思考，这也使法学家和法律家的世界观与普通人的世界观存在一定的区别。法学家和法律家面对的是一个由法律概念构成的、具有规范意义的世界，普通人不一定了解这个世界，他们可能在这个世界之外进行思考、观察或判断。法学家和法律家则不可能游离于这样一个世界。

## 命题 26 | 法律概念是对经验生活素材的提炼和抽象

26.1 任何法律概念,都不是自然形成的,它们必然经历过一个对象"命名"的过程(a process of naming)。[1]

26.2 法律概念的对象命名过程绝非本能性的,而是约定的,具有积累性的、文化的功能。

26.3 法律概念的对象命名首先以人类集体或民族的稳定的语言系统为条件。没有稳定的语言系统,任何一个人类集体或民族都不可能有法律概念的对象命名能力。[2]

26.4 法律概念的对象命名的约定过程也是人类集体行为合作—协同的过程。或者说,人类出于合作—协同的意向,而对法律概念的对象命名采取了明示或默示的约定。

26.5 法律概念的对象命名不是任意的,而是一定的人类集体或

---

[1] 德国法哲学家、法现象学者阿道夫·莱纳赫(Adolf Reinach, 1883—1917)在所著的《论法现象学》(*Zur Phänomenologie des Rechts*, 1913)中指出:法学概念是法律人发现的,而不是他们创造的(Cf. Mark van Hoecke, *What is Legal Theory*? Acco, Leuven 1985, p. 30)。

[2] 所以,"真正的语言有机体一经确立起来,就成了语言稳固的、甚至可以说是永远不可排斥的属性。正是由于这个原因,拉丁族诸语言才保持了纯粹的语法结构。"(威廉·冯·洪堡特:《论人类语言结构的差异及其对人类精神发展的影响》,第283页)

一定的个体（法学家、法官、立法者等）代表人类集体将体现集体意向性的地位功能赋予世界中的对象。[1]在这里，同样存在着法律概念之对象命名的合作原则。

26.6 法律概念不是对世界中的所有对象的命名，并非世界中的所有对象都需要从法律上加以命名。法律概念的对象命名应该是一定的人类集体或一定的个体基于集体意向性考量而对世界中的对象所进行的"概念剪裁"：从规范规制的角度，把世界中的一定对象作为法律调整的对象并赋予规范名称。

26.7 法律概念的对象命名需要命名主体之资质、能力，有时还需要一定的命名程序。比如，法学家可能在其著作中提出某种法律概念，法官在其审判过程中为某些法律关系命名，立法者在制定法文件中创造一些法律概念。这个时候，法律概念的命名主体无论是个体还是组织体，都可以看作是整个人类集体或民族的代表。法律共同体和整个人类集体或民族对于这些概念的接受可以看作是对法学家、法官和立法者命名资质的确认。

26.8 在历史上，法律概念的对象命名也经历了一个竞争、承认和继受的过程。当某个具有命名资质、能力的主体（法学家、法

---

[1] 威廉·冯·洪堡（洪堡特）说："语言始终参与了表象的转化，即使在沉默不语的情况下，表象也会借助语言而获得客观性，然后再回到主体上来。没有这种过程，就不可能构成概念，不可能有真正意义的思维。……从表现形式看，语言只能在社会中发展，一个人只能在别人身上试验过他的词语的可理解性，才能够达到自我理解。"（威廉·冯·洪堡特：《论人类语言结构的差异及其对人类精神发展的影响》，第67页）

官）提出某个法律概念时，可能遭到同时代或其后时代的法学家、法律家的批评，后者提出与之不同的法律概念来表述相同的对象。这样，法律概念的对象命名之间就产生了竞争。大多数法学家或法律家一旦在这种竞争中普遍采用其中的某个概念命名，那么这个被接受的概念就是约定的概念，并且成为通行的概念，除非后来的法学家或法律家提出一个新的且广为接受的法律概念取而代之。[1]

26.9 经过对象命名过程而广为接受的法律概念对人类集体中的每一个个体具有规范意义。也就是说，一旦法律概念得到普遍接受，个体只可以通过"解释"而把自己所理解的意义"投射于"这些概念，而不能随意规定或改变这些概念的意义。[2]

26.10 既然法律概念经历了一个对象命名过程，它们就不是先验的概念，而是经验的概念。法律概念与人类的经验生活事实相

---

[1] 例如，为了理解什么是"占有"，法学家们首先着手考察历史上（比如罗马法）对于占有提供了哪些保护与救济的手段，以及对方当事人有可能在法庭上提出什么样的抗辩。其次，这些法学家对于与占有有关的各种法律渊源进行详细的考证，如"裁判官告示""诉讼程式""制定法""法学家意见"和《民法大全》的文本，等等。最后，他们归纳出占有的构成要件：占有一方面取决于某人对于该物的实际控制（"体素"）；另一方面取决于此人出于善意保有该物的主观意思（"心素"）。就此，参见Friedrich Carl von Savigny, *Das Recht des Besitzes: Eine civilistische Abhandlung*, 7. Aufl., [Hrsg.] von Adolf Friedrich Rudorff, Carl Gerold's Sohn, Wien 1865, SS. 25ff, 100ff, 153ff；[美]塔玛尔·赫尔佐格：《欧洲法律简史：两千五百年来的变迁》，高仰光译，中国政法大学出版社2019年版，第1章，第12章。

[2] "理解在心灵中只能借助人本身的活动进行，其实，理解和讲话者只不过是同一种语言力量的不同作用。……理解者必须像讲话者一样，借助自己的内在力量重新把握同一些语言材料；他所知觉到的，只是能够引发相同感受的刺激。"（威廉·冯·洪堡特：《论人类语言结构的差异及其对人类精神发展的影响》，第68页）

关，或者说，法律概念来源于人类的生活，是法学家、法官、立法者对人类经验生活素材的抽象。比如，在没有出现家庭这样的社会组织之前，人们不可能提出"家庭"这个名词，在没有出现家庭成员的财产相互继承这样的社会生活事实之前，也绝不可能有"继承"这样的概念。在历史上，通常的情形是：类似的、重复出现的社会生活关系、社会生活事实业已存在若干世代之后，才会有人在法律上或者在法学著作中或者在司法判决中为之命名。

26.11 从指称功能上看，法律规范中的法律概念几乎都不是逻辑意义的专名（proper names）。专名意味着某一概念只指称唯一特定的对象，比如"太阳""长江"，或个人的名字。与此相对，法律概念更类似于英国哲学家、逻辑学家密尔（John Stuart Mill，一译"穆勒"，1806—1873）在他的著作《逻辑系统》（*A System of Logic*，1843）中所讲的"通名"（common names），一种"非严格的指示词"，即需要一定的摹状词来加以描述的概念。[1] 比如，"法人"是"依法成立""有自己的名称、组织机构、住所、财产或者经费""依法独立享有民事权利和承担民事义务的组织"。这里，"依法成立""有必要的财产和经费""有自己的名称、组织机构、住所、财产或经费""依法独立享有民事权利和承担民事义

---

[1] 参见［英］约翰·斯图亚特·穆勒：《逻辑系统》，郭武军、杨航译，上海交通大学出版社2014年版，第2章第3节。

务"等就是描述法人特征的限定摹状词。[1]

26.12 在法律概念的对象命名过程中,最重要的步骤在于寻找法律概念所指称之对象上的那些显著而持久的典型特征。这首先需要命名者对所命名对象进行经验观察,对观察之对象的显著而持久的典型特征进行归纳、提炼、抽象,然后用适当的限定摹状词对它加以描述。所有法律概念的形成大体上均经历过这样的过程。

26.13 法律概念的对象命名过程可以分为三个阶段:(1)观察和归纳。即:命名者对所命名对象进行经验观察,对所观察之对象的显著而持久的典型特征进行归纳,寻找和比较对象的显著而持久的典型特征的相同点和不同点。(2)提炼和分析。这是指命名者对经过观察对象而获得的经验素材加以汇总整理,并对它们进行理论的提炼和概念的分解、归类,找到所观察的对象中包含的"普遍性"因素和"特殊性"因素,分别做出相应的处分,[2] 比如将某些

---

[1] "限定摹状词"亦译"定摹状词""确定摹状词"。英国哲学家贝特兰·亚瑟·威廉·罗素(Bertrand Arthur William Russell,1872—1970)在论述摹状词时指出:"摹状词可能有两种:限定的和非限定的。一个非限定的摹状词是一个这种形式的词组:'一个某某',一个限定的摹状词是一个这种形式的词组:'那个某某'。"在将冠词区分为定冠词和不定冠词的语言如英语中,包含定冠词(如the)的摹状词称限定摹状词,如"那个学生"。其中的"那个"代替定冠词,表示所指称的事物是唯一的。因此,该词组所指称的是那一个特定的(所指的)学生。相关的评述,参见鲁家铭:《罗素摹状词理论研究》,吉林大学2010年博士论文;贾可春:《罗素的摹状词理论》,载《哲学研究》2004年第9期,第80—83页。

[2] 概念的不同不仅在于其所指的实体类型不同,而且在于其对各种特定实体加以表征的抽象水平不同。一般而言,几乎所有概念都能够置于某个分类层级内,在这个层级内它属于包括它的更一般的类(如同狗之于动物),同时又是它自己所包含的更具体的类的上位概念(如同狗之于长卷毛狗)(参见[美]J. H. 弗拉维尔、P. H. 米勒、S. A. 米勒:(转下页)

对象归属于业已存在的法律概念之下（概念涵摄），或者找到它们与已经存在的法律概念之间的逻辑关系，若对象不能作概念涵摄，则需要根据概念位序原理（即不同的概念按照逻辑顺序加以排列组合）来为该对象做出命名的准备；（3）摹状和命名。即：命名者在归纳、提炼和分析的基础上，找到合适的限定摹状词来描述所观察的对象，并且提出新的法律概念为之命名。我们把上述所有的步骤称为法律概念的对象命名的"技术法则"。

26.14 法律概念与其指称对象之间并非具有严格的指示关系，因为法律概念不是专名，所以，它们不是从一开始就直接指称一个固定不变的对象。比如，"何为法？"对于这个问题，不同的人可能有不同的回答，原因在于人们用"法"这样一个名称来指称不同的对象或者指称一类对象。这个时候，"法"这个概念本身是一个具有高度理论争议的名称。"法"之概念不仅涉及"什么是法"的对象品类，而且涉及包含在"法"之对象品类中的各种属性，还可能涉及确定哪些成员属于"法"之对象品类的识别标准。所以，人们要了解某个人讲的"法"所指为何，那么就必须先了解此人在法

---

（接上页）《认知发展》［第四版］，邓赐平、刘明译，缪小春审校，华东师范大学出版社2002年版，第150页）。在逻辑上，我们可以把将一种简单原子合并建构成为一个复合实体的过程，或者，通过假定或假说上升到理念或原理的方法，称之为"综合方法"（Synthesis）或"上升法"（与"下降法"相对）。许多法律概念是通过这种方法形成的（Jerzy Stelmach, Bartosz Brożek, *Methods of Legal Reasoning*, pp. 69-70. 汉译，参见耶日·司泰尔马赫、巴尔托什·布罗热克：《法律推理的方法》，第73页）。

概念上所持的理论立场为何以及他对"法"所持的识别标准为何,[1]否则人们就无从知晓此人所讲的"法"与别人所讲的"法"是不是指称同一个对象。

26.15 法律概念作为指示词与其指称对象之间并非稳定的指称关系取决于多种因素:(1)法律概念提出时,其指称对象就是不明确的;(2)法律概念提出时,其指称对象虽然是明确的,但后来有人又将这同一个法律概念适用于其他场合,扩大了其指称对象,因此反而使指称对象变得模糊;(3)人们对法律概念指称对象的性质的认识发生变化,并且用变化了的限定摹状词来描述对象,这使对象指称本身变得不稳定;(4)因为许多法律概念并非自然类词项,它们所指称的并非纯自然事物,而是社会事物,这些事物受人类意向性的影响,在此情形下,法律概念的意义会随着人类的意向性的改变而发生改变。法律概念的意义的改变当然会引起其指称的改变。

26.16 美国逻辑学家克里普克(Saul Aaron Kripke,1940— )

---

[1] 就此,赫伯特·L. A. 哈特在《法律的概念》中提出法律乃"初级规则与次级规则的结合",并且提出"承认规则"乃识别法律体系效力的基础(识别义务之初级规则的权威性判准)(见[英] H. L. A. 哈特:《法律的概念》[第二版],许家馨、李冠宜译,法律出版社2011年版,第5章,第6章第1节)。美国耶鲁大学法理学与哲学教授朱尔斯·L. 科尔曼(Jules L. Coleman)在《原则的实践》一书中评述道:"承认规则设定了有效性或资格条件(membership condition)。它可以——但不必——充当一个认知性的角色;它可以——但不必——提供个人据以识别法律及其内容的工具。如果法律能够成为一个权威,则必定存在一些不必求助于道德就可识别法律及其内容的方法。"([美]朱尔斯·L.科尔曼:《原则的实践》,丁海俊译,法律出版社2001年版,第165页)

与普特南（Hilary Whitehall Putnam，1926—2016）曾经正确地指出：许多概念（比如自然类词项）具有语义深度（semantic depth）。所谓语义深度，指的是概念所表述的特征和概念所适用的对象的真正性质之间具有的落差。例如，"金子是一种黄色、闪闪发光的金属"，这些特征构成了我们平常用来判断某个东西是不是金子的标准，甚至被当作是"金"的概念或意义。然而，有些矿物，尽管具备了上述特征，实际上并不是金子，例如所谓的愚人金（黄铁矿）。决定一个事物是不是金子，关键在于它是否和金子的典型事例具有相同的自然性质，亦即金子的本质性结构——原子序数第79的元素。这种内部的分子结构可以被看作是金子的本质属性（essential property）。[1] 从语义学上看，"金子是一种黄色、闪闪发光的金属"，这个说法与金子的本质性结构——原子序数第79的元素之间就存在语义的深度。这种现象也存在于法律概念之中，也就是说，法律概念所表述的特征和法律概念所适用的对象的真正性质之间可能存在语义的落差。[2]

26.17 由此也可看出：法律概念的对象命名不等于法律概念意义的确定。概念的对象命名是一回事，概念意义的确定是另一回事。

---

[1] 参见朱建平："论克里普克与普特南自然类词项语义学观之异同"，载《电子科技大学学报》（社会科学版）2011年第1期，第74—79页。
[2] 有关法律的语义学理论之讨论，参见Ronald Dworkin, *Law's Empire*, The Belknap Press of Harvard University Press, Cambridge, Mass., 1986, pp. 31-44. 汉译，参见［美］德沃金：《法律帝国》，李冠宜译，台北时英出版社2002年版，第31—45页。

26.18 法律概念的对象命名和法律概念之意义的确定可能是同步的,也可能是不同步的。有的时候,某个法学家或法律家提出某个法律概念同时就明确限定了该法律概念的意义,这种概念和意义均被普遍接受;有的时候,某个法学家或法律家提出某个法律概念却未能同时确定该概念的意义,或者虽提出该概念并试图说明该概念的意义,但却在法学共同体内引起争议,而由后来者确定该概念的意义。后来者确定法律概念的意义,可能来源于他们对法律概念所适用的对象的真正性质之认识,也可能不是来源于他们对法律概念所适用的对象的真正性质之认识,而是基于其他的原因或理由。

26.19 上面一点也说明:法律概念的意义与它们的使用有关,与概念使用的语境及规则相关联。

## 命题 27 | 法律概念的意义就是它在语言中的使用

27.1 任何孤立地追寻法律概念的意义本身是无意义的，我们必须在法律规范中，在法律概念与法律概念之间、在规范命题以及法律概念使用的语境中来追寻法律概念的意义。[1]

27.2 这毋宁说，任何法律概念的意义的确定总是要求人们首先弄清楚法律概念使用的条件和规则。

27.3 人们常常认为，法律概念的意义具有模糊性、不确定性，或者如英国新分析法学派的重要代表人物赫伯特·哈特（Herbert Hart,1907—1992）所言，概念具有意思中心（core of meaning）和开放结构（open texture）或不确定的阴影地带（penumbra）。[2] 在德语世界里，法学家们经常谈到词语的意义波段宽度（Bandbreite）[3] 或

---

[1] 维特根斯坦指出："语词不可能以两种不同的方式出现：单独出现和在命题中出现。"（［奥］维特根斯坦：《逻辑哲学论及其他》，《维特根斯坦全集（第1卷）》，陈启伟译，河北教育出版社2003年版，第190页）
[2] 见［英］H. L. A. 哈特：《法律的概念》（第二版），许家馨、李冠宜译，法律出版社2011年版，第119页及以下页。
[3] 关于法律规范之"波段宽度"的概念，见［德］卡尔·拉伦茨：《法学方法论》，陈爱娥译，商务印书馆2003年版，第24页。

概念之晕（Begriffshof）或词义的射程（Schußweite des Wortlaut）。[1]然而，法律语言的意义之模糊性并非法律概念存在的性质；在存在的意义上，法律概念无所谓确定或不确定，清晰或者模糊。只有当人们在使用法律概念时，才需要辨析法律概念的意义，特别是当我们用法律概念与具体的对象（关系、事实、行为）进行对比，建立它们之间的逻辑关系（涵摄关系）时，才可能看到到底什么是法律概念的意思中心，什么是它的开放结构或所谓不确定的阴影地带。比如，在"禁止任何机动车辆进入公园"这个规定中，"机动车辆"的概念是否涵摄"摩托车""电动自行车""电动玩具车"，这就需要确定"机动车辆"在该规定中的词义射程或意义的波段宽度。"机动车辆"概念的意义应根据该规则的规定和有待涵摄的对象本身加以确定。

27.4 其次，我们要了解法律概念的意义，则必须了解规范命题以及表达规范命题的语句。一个词只有作为语句的一部分才有意义。只有在命题或语句中，我们才能发现法律概念之间的逻辑联接和联接方式，发现法律概念在命题或句子结构中的意义。这是因为概念或词是构成句子的最小单位或元素。离开了句子，尽管我们可能知道一个法律概念的称谓，但并不知道它到底有什么意义。比如，我们尽管知道"法人"的名称，但具体地说，什么

---

[1] 词语的"可能的含义"或"词义的射程"，参见卡尔·拉伦茨：《法学方法论》，第202页。

组织是法人，什么组织不是法人，法人成立需要什么条件，这些问题可能需要到相关的法条（即表达法人之成立条件的法律语句）中去寻求解答。

27.5 故此，我们同样可以说，法律语言并不是在孤立的法律概念或法律语词那里实现自己的。只有通过法律概念联接起来的规范语句或规范命题，才构成法律语言。语言是命题或语句的总和，而不是名称或概念的总和。

27.6 如果我们接受"言语是一种行为"的说法，那么"法律概念到底有什么意义"这个问题的答案还可以在人们的言语行为中寻找和确定。按照牛津学派的哲学家约翰·奥斯汀（John Langshaw Austin, 1911—1960）在《如何以言行事》中的说法，言语行为可以分为"以言表意的行为"（locutionary act，或译为"语谓行为"）、"以言行事的行为"（illocutionary act，或译为"语行行为"）和"以言取效的行为"（perlocutionary act，或译为"语效行为"）。[1] 在这三种言语行为中，处于核心的是以言行事的行为

---

[1] 按照奥斯汀的理解，**语谓行为**是由带有一定涵义的语句的表达构成的。它又相应地可以再分出三种行为：发声行为（phonetic act）、出语行为（phatic act，一译"**发语行为**"）和表意行为（rhetic act，一译"**发言行为**"）；发声行为是一定的发声的表达，出语行为是按照一定的语法说话的表达，表意行为是使用语词以说出某些指称（reference）的涵义（sense）（J. L. Austin, *How to do things with Words*, London/Oxford/New York 1962, pp. 92-132.）。**语行行为**是指在说某种事情的过程中做某种事情。在说某种事情的过程中做某种事情，必须与通过说某种事情而做某种事情区别开来（Austin, *How to do things with Words*, p. 99）。前者依赖于**约定俗成的东西**（Konventionen，规约性的东西），后者取决于在特定的情境下**实际发生作用**（faktisch bewirkt）的东西。当我对（转下页）

（语行行为），即以话语来施行特定的行动，因此其语言使用的核心不在表达意义，而在于表达意向性。按照约翰·塞尔在《心灵、语言和社会》中的解释，以言行事的行为又可以分为断定式的（assertive）、指令式的（directive）、承诺式的（commissive）、表情式的（expressive）和宣告式的（declarative）。[1]譬如，"我保证15天内偿还所欠的5万元的债务。"这一句所表达的是一个承诺式的以言行事的行为。按照言语行为理论，"我保证"是以言行事的行为的语行力（illocutionary force），"15天内偿还所欠的5万元的债务"，则是以言行事的行为的语行内容（illocutionary content，塞尔）或语谓意义（locutionary meaning，奥斯汀）。显然，"偿还""债务"等概念构成语行内容或语谓意义的必要因

---

（接上页）某人说"我答应帮你搬家"时，我就在做出承诺，而我通过这样对他说，可能既让他感到惊喜、愉快，也让他感到惊讶。透过表达带来这样一些影响，就是奥斯汀所称的**语效行为**（Austin, *How to Do Things with Words*, p. 101）。关于奥斯汀所使用的这三个概念，即locutionary act, illocutionary act和perlocutionary act，汉语学界曾有不同的译法。例如，杨玉成先生将它们译作"话语行为"（locutionary act）、"话语施事行为"（illocutionary act）和"话语施效行为"（perlocutionary act）（见杨玉成：《奥斯汀：语言现象学与哲学》，商务印书馆2002年版，第81页）。英语专家许国璋教授曾将此分别译为"以言表意行为""以言行事行为"和"以言取效行为"，这在相当长时间被视为权威译法。后来，蔡曙山博士在其著作《言语行为和语用逻辑》（中国社会科学出版社1998年版）中则将它们译作"语谓行为""语用行为"（即语行行为）和"语效行为"，取词简洁而表意贴切，为学界接受。

[1] 约翰·塞尔在《心灵、语言和社会》中专章讨论"语言如何工作：作为一种人类行为的言语"：言语行为：以言行事的行为和以言取效的行为；"meaning"的多种意义；意义和交流；各种类型的言语行为；构成性规则和符号系统，等等（[美]约翰·塞尔：《心灵、语言和社会：实在世界中的哲学》，李步楼译，上海人民出版社2008年版，第6章）。

素。它们在言语行为中的意义必须根据语行力和语行内容或语谓意义来确定。

27.7 由此而见，法律概念是相对稳定的，而其用法则是依使用的情形的变化而变化。

27.8 与上面一点相关联，在历史上，法律概念的对象命名不变，但其意义却在发生变化。

27.9 法律概念，并非像概念法学所认为的那样，是"自我生产"的，自我能动地创造规范及其意义的。[1] 毋宁说，具有生产性和能动性的是使用概念的人，而不是概念本身。

27.10 时代的变化必然引起法律概念意义的变化，这个变化过程与法学家或法律家们的诠释工作密切相关。

27.11 命题26.9强调说，个体只可以通过"解释"而把自己所理解的意义"投射于"法律概念，而不能随意规定或改变这些概念的意义，但是，我们还是看到：不同时代的法学家、法官或立法者通过各自的诠释工作在删减或添加法律概念的意义。在此过程中，后来世代的法学家或法律家有可能不断覆盖、遮蔽或隐藏法律概念的意义。

27.12 或者说，法律概念的意义在历史上是不断地被覆盖、压

---

[1] 鲁道夫·冯·耶林在出版的《罗马法的精神》第1册"导言"中论述概念和法条的特性时有一句话很有代表性："概念是生产性的，它们自我配对，然后生产出新的[概念]。法条本身则没有这样的孕育力[diese befruchtende Kraft]……"（Rudolf von Jhering, *Der Geist des römischen Rechts auf den verschiedenen Stufen seiner Entwicklung*, I., 2. Aufl., Druck und Verlag von Breitkopf & Härtel, Leipzig 1866, "Einleitung", §3, S. 40）

缩和隐藏的。这种现象随着时间距离的加长而变得更为明显。但也可能有相反的现象，即：一些被覆盖、压缩和隐藏的法律概念的意义借助更为晚近的法学家或法律家群体的发现、接受而重新复活。法律概念的意义被覆盖与对抗覆盖本身是一个竞争的过程。总体上说，法律概念的意义一旦在历史上被覆盖、压缩和隐藏，其复活是相当困难的：一方面是因为复原已被覆盖、压缩和隐藏的法律概念的意义本身是困难的；另一方面，即使能够复原已被覆盖、压缩和隐藏的法律概念的意义，但时过境迁，这些法律概念的意义也未必适宜于其被复原的那个时代。

27.13 上述一点并不是说，每个时代法律概念的意义是流动的、不稳定的，而是有基本的集体约定的。法律概念的意义的集体约定，通常基于下列三个方面：（1）每个时代的法学范式；（2）每个时代的实在法规范的规定；（3）每个时代法官审判实践通行的裁判标准。我们把这三个方面称为法律概念之意义的"限定框架"。在此"限定框架"之内，法律概念的意义是相对确定的。如果游离于此"限定框架"之外，不采纳约定的法律概念的意义，那么，任何个人的诠释工作是任意的，也不可能影响或改变法律概念的意义。[1]

---

[1] 在历史上，关于法律解释的目标，有"主观说"和"客观说"：比如，莱比锡大学民事诉讼法教授阿道夫·瓦赫（Adolf Wach, 1843—1926）在1885年出版的《德国民事诉讼法手册》第1卷第1编第3章第2节有关"法律解释的方法"中提出：法律可能比创造它的主体更聪明，而且必然更聪明（Adolf Wach, *Handbuch des deutschen Civilprozeßrechts*, Bd.1, Verlag von Duncker & Humblot, Leipzig 1885, S. 258）。

27.14 除了法律概念的意义的约定方式之外，还有一种情形，即通过制度方式对法律概念或相关概念之意义进行界定。通常的方式是通过定义性法条确定某些法律概念之意义，或者通过司法解释对相关概念做出定义。比如我国《刑法》第13条对"犯罪"概念的解释，第20条对"正当防卫"的界定。这些界定对于法律适用者具有约束力，也排除了任何个人对这些概念所做的任意解释。

27.15 上面的论述表明：法律概念意义的确定是一项制度性的活动，而不可能是一种"私人性"的活动。个人可以解释法律概念，但其所解释的意义能否"嵌入"法律概念之中，取决于其解释意义本身是否与集体约定概念意义的"限定框架"一致，其解释意义是否得到理论标准的检验，是否得到法律共同体的普遍认可。这里，"制度性"和"私人性"其实是两种解释意义之确立标准的性质。说到底，法律概念的解释尽管可能是"私人"进行的（我们之所以在这里将"私人"打引号，是因为这个概念用在法律概念之解释意义上是不适当的，任何人均不得以纯粹"私人"的身份来解释法律概念的，"私人"身份标明了解释者不准备参与法律概念之解释共同体，不准备参与法律概念之意义的集体约定），但其解释意义的确立不得以"私人性"标准作为准据。

27.16 个人解释的意义"嵌入"法律概念，也说明了一个事实：解释行为（哪怕是法学家、法律家的学理解释行为）不能直接影响或改变法律概念的意义，只有经过普遍检验、承认和认同之后，由集体约定赋予个人解释意义的权威性,并将解释的意义添附进所使用的法律概念之中。显然,在法律概念之意义的确定过程中,具有决定作用的,不是个人的解释,而是集体的约定。集体的约定具有意义设定的"正当性"(legitimacy)效力。[1]

27.17 法律概念不是私有的,其意义也不是私有的。一旦有人宣布法律概念是私有的,那它就不再是法律概念。同样,一旦有人自称其所解释法律概念的意义仅为私人性的,那么其通过解释所设定的意义也就不再是法律概念的意义。

---

[1] 或者说,在此方面,法律解释当以"博士们的共同意见"(communis opinio doctorum,通说)为解决争议的根据。

## 命题 28 | 没有法律概念，法律规则无以构成，但法律概念本身不能说明法律规则的性质

28.1 根据命题24.1，任何法律规则都必须以规范语句或规范命题来表达。[1] 所以，从语言表达上看，无法律概念，则无法律规则。法律规则通过概念联接成为有意义的表达方式（命题或语句）。

28.2 但法律规则又不是由法律概念和相关概念简单拼凑而成的，法律规则通过规范语句，由法律概念和其他形式词语联接而成。在这里，语句的表达本身必须符合一定的规则（语法、逻辑规则等）。

28.3 没有任何法律规则是由纯粹描述性概念构成的，或者说，法律规则不可能是纯粹由描述性概念联接的描述性语句来表达。如命题21和命题22所述，无论行为规则还是裁判规则，都采取一种特殊的规范语句，行为规则采取规范命令句，由表示假定条件的从句和规定命令（道义逻辑命题）的主句构成；裁判规则采取特殊的规范条件句，由表示构成要件的从句和规定法律后果的

---

1 参见［德］魏德士：《法理学》，丁晓春、吴越译，法律出版社2005年版，第46页。

主句构成。[1]

28.4 规范命令句和规范条件句，通过逻辑常项（"如果""那么"）或规范词（"应当""可以""必须"等，也称为"道义逻辑算子"）就可以把描述性概念（包括原有的日常用语中的描述性概念，法学家和法律家创造出来的专门用语中的描述性概念）和评价性概念（包括法律专门术语和道德伦理概念）联接起来，成为法律规则的有意义的表达方式。譬如，我国《民法典》第1124条第1款规定："继承开始后，继承人放弃继承的，应当在遗产处理前，以书面形式作出放弃继承的表示；没有表示的，视为接受继承。"这个条文规定包含两个规范语句：第一个语句表达的是行为规则，第二个语句表达的是裁判规则。第一个规范语句之从句"……的"和主句中的规范词"应当"，把"继承""继承人""放弃继承"等法律概念联接起来，就表述了一个有关"放弃继承"的行为规则。第二个规范句的从句所表达的是"没有（放弃继承）表示的"这样一个行为动作客观真实发生的情况或者构成要件，而其主句所表述的是一种对行为动作客观真实发生的情况的反馈或根据构成要件而施予评价的法律后果，即"视为接受继承"。

---

[1] 伯恩德·吕特斯（魏德士）说：规范性语句有两类：一类是命令语句，如："禁止吸烟！""请关上窗！"；另一类确定语句，如："蓄意杀害他人的，将因为谋杀或故意杀人而受到刑事制裁"（《德国刑法典》第211条、第212条）（魏德士：《法理学》，第53—55页）在笔者看来，他所谓的"命令语句"其实就是表述行为规则的语句，而"确定语句"则是表述裁判规则的语句（就此内容，参见本书命题22和命题24）。

28.5 但法律概念不能脱离其所组成的规范语句，单独说明法律规则的意义和性质。

28.6 作为规范语句的构成成分，法律概念是被动地等待人们去选择运用的。只有人（法学家、法官或立法者）基于一定的意向性才会主动地将分散存在、看起来互不关联的法律概念组合成语句来表达法律规则。

28.7 法律概念连同其所组合而成的规范语句只是表达法律规则的形式或工具，它们只是人（法学家、法官或立法者）借以"说出法律规则"的方式。[1] 法律概念及规范语句仅仅构成认识和追寻法律规则之意义和性质的"语义框架"，但绝非决定法律规则意义和性质的本体。决定法律规则之意义、性质的本体还是欲表达法律规则的主体，即人。自然，我们可以借概念及规范语句之"语义框架"探寻"说出法律规则"的主体（法学家、法官或立法者）之意图、功能指向预设和规范意义预设。

28.8 诚如命题18所言，人类创设或约定法，在于规制人的行为。人们"说出法律规则"，目的也在于此。从另一方面讲，所谓

---

[1] 法学概念既是"法理"认识和法学知识的元素，也应当是规范建构和制度建构的元素。具有认识论功能的法学概念经过实践的检验而被立法者、法官等采纳，用来表述制定法规范或判例法规范，成为法律规定（法条）或整套法律的基本单位，它们就成了法律概念，这些概念如同原子组成分子、再由一种或由多种分子混合或化合成更大的化学单位那样组成各式各样的法律规范，乃至形成整个法律体系（参见黄茂荣："论民法中的法理"，载《北方法学》2018年第3期，第6页）。

规制人的行为,就是以法律规范来设定人们行为的理由或裁判的理由,借以指引或判断人的行为,并且对行为规定相应的法律后果。

28.9 构成人们行为理由来源的不是法律概念或由法律概念组成的语句,而是人借法律概念及规范语句所说出的法律规则。

28.10 探讨法律规则的性质,实际上就是在探讨法的性质。[1]

---

[1] 这是因为,所谓"法的内容",就是指构成法的内在要素,即法律规范及其构成要素。从法律规范的内在结构看,法律规范是由法律规则和法律原则构成的,而法律规则和法律原则的核心部分就是法律权利和法律义务,还有假定条件和法律后果(舒国滢主编:《法理学导论》[第三版],北京大学出版社2019年版,第46页)。

## 命题 29 | 法律规则排除任何个人对自己行为的合法律性判断，并由此成为刚性的独断理由来源

29.1 任何规范都与理由有关。法律规范（规则）也是如此。

29.2 理由无强界。理由存在于人的认识与活动的一切领域：凡人思考、判断、行为、表示愿望、情感、态度和信念的地方，都存在着与思考、判断、行为、愿望、情感、态度和信念相关的理由。

29.3 理由具有如下性质：（1）理由是多样性的，人们在从事某种行为时，不可能总是基于某个唯一的理由（尽管在实践中这种情形并非不存在），而总是基于多种理由，至少要面对多种理由的选择；（2）理由可能是冲突的：当行为人从事某种行为时，既有支持其行为的理由，又有反对其行为的理由，假如这些理由均有效，它们之间就存在着冲突；（3）理由是可以比较的，不可比较的理由根本算不得理由；（4）理由是可以衡量的，或者，在一定的条件下，我们可以衡量诸种相关理由（理由1，或理由2，或理由3，或……理由n）的分量及优先性；（5）理由是可以废止或驳

倒的(defeasible):[1]当有足够的论据证明某种理由(比如理由1)

---

[1] "可废止"(defeasible,可辩驳/可击败)这个词最早是由英国法哲学家赫伯特·L. A. 哈特在1951年发表的论文《责任和权利的归属》(*The Ascription of Responsibility and Rights*, 1951)中使用的。他用"可废止"来表达这样的情形:一个概念有许多适用条件,但在例外的情况下,此概念的表面适用变得无效。比如,在英国法上,一个有效合同的存在要求有一些积极的条件,但如果出现欺骗、不诚实的陈述或者受到不正当的影响,合同有效的主张就可能被"废止"(defeat,击败),即使合同的所有积极条件都得到满足(H. L. A. Hart, "The Ascription of Responsibility and Rights", in: A. Flew [ed.], *Logic and Language*, Blackwell Publishers, Oxford 1951, p. 152)。从哲学上看,"可废止的"论证的基础可能在于英国哲学家卡尔·波普尔(Karl Popper, 1902—1994)所提出的"证伪论":知识是一套证立的信念或普遍法则,当我们发现一种情况,此种信念或普遍法则让我们导致错误的(不可接受或荒谬的)结论,那么必然看到,我们的理论(或蕴含错误结论的命题)被证伪,变得不可接受。此时,我们必须摒弃这些蕴含错误结论的命题,代之以不可推出错误结论的新普遍命题(Giovanni Sartor, "defeasibility in Law", in Giorgio Bongiovanni, Gerald Postema, Antonino Rotolo, Giovanni Sartor, Chiara Valentini, Douglas Walton [ed.], *Handbook of Legal Reasoning and Argumentation*, Springer Nature B. V. 2018, p. 342)。在法律上,"可废止性"(defeasibility)是法律认识、法律推理和问题解决的一个关键点,也是法律的"概念建构"(conceptual construction)的一个实质方面。此种意义的法律推理本质上是一种可废止的推理,它涉及三个方面:(1)基于推论的可废止性(inference-based defeasibility),即,法律结论尽管被一定数量的信息(或前提)正确地支持,但当包含这些信息(或前提)的理论随着进一步的信息(或前提)被扩展时,却不可能推导出来(或者:随着新增的事实、规则等信息/知识,比如,规则的例外、规则的冲突情形存在,一个被证成的结论可能变成一个不被证成的命题,初始结论被新增信息击败),这一点经常表现在作为非单调推理的"常识推理"[common sense reasoning]、"自然语言逻辑推理"(在这种推理中,存在着自然语言的模棱两可、模糊性和不完全性,其大量问题并不是无语境依赖的语句之"语义蕴涵",而是依赖语境的"话语隐涵"(话语的语用含义或话语的言外之意)]、"手段—目的推论"[means-end inference](目的具有不可公度性 [incommensurability of ends])、且可能是任意的、不确定的、相互冲突的以及道德推理和法律推理(包含着不同目的的法律规范和原则用于案件事实时仅仅提供表面上(表见性/初显性)的法律结论,只有通过考量所有适用于一切相关事实的相关规则和原则,才能得到被视作法律结论的所有事情,这一反对立场就蕴涵着可废止性观念,它是法律理论之内理性推理的一个本质特征)之中;(2)基于过程的可废止性(process-based defeasibility),它表达了尤其是与法律程序相关的可废止推理的"动态"方面,在此,一个法律争议的结果不仅取决于论辩双方交互的陈述和论证(即,经过"程序过滤"[procedural filter]),而且(转下页)

不成立，或有更强的理由（比如理由2）"压倒"该理由（理由1），那么被证明不成立的或者被"压倒"的理由就是可以废止或驳倒的理由；（6）理由也是可以相互支持的，或者说，理由的强度可能是建立在支持性理由之基础上的：一个有支持性理由或支持性理由较多的理由是较强的理由，反之，没有理由支持或支持性理由较少的理由是较弱的理由。[1]

29.4 根据不同的判断标准，理由可以分为：（1）主观理由和客观理由。主观理由是认识—行为主体基于自身主观的认识、判断、愿望、情感、态度和信念所持的理由；客观理由是独立于认识—行为主体自身主观之认识、判断、愿望、情感、态度和信念的理由；（2）表见性[2]理由和真正理由。表见性理由是指表面上看起来似乎可行，但由于其他理由的存在而有可能被推翻或者被驳倒的理由；真正的理由是自始不可被推翻的理由；[3]（3）私人理由和公共理由。私人理由是个人基于私人利益而提出的理由；公共理由是

---

（接上页）取决于他们所表达的"命题态度"（propositional attitudes）以及论证负担如何分配，等等；（3）基于理论的可废止性（theory-based defeasibility），它涉及有用输入信息之解释并体系化的理论的评估与选择，即，当一个更好（优势）的理论变得可用时，劣势的理论（以及包含"谬误"[fallacy]的理论）应被废止。

1 有关理由的学说，参见［英］约瑟夫·拉兹：《实践理性与规范》，朱学平译，中国法制出版社2011年版；徐向东：《道德哲学与实践理性》，商务印书馆2006年版。

2 表见性（prima facie character）在汉语中有不同的译法，有人译为"初步性""初显性"或者"初始性"。其所表达的意思是指某种理由乍一看来（表面上看来）具有可行性，但因其他理由，这种可行性有可能被推翻（参见舒国滢主编：《法理学导论》［第三版］，北京大学出版社2019年版，第113页）。

3 相关的论述，参见本书命题32.9。

旨在为公共利益或公共目的而提出的理由；（4）信念理由和行为理由。信念理由是指基于个体或群体的信念而提出的理由；行为理由是人在选择某种行为或不选择某种行为时所持有的理由；（5）正当理由和非正当理由。正当理由是具有正当根据或证成根据的理由；非正当理由是没有正当根据或证成根据的理由。[1]

29.5 法律规范（规则）并非与任何种类的理由都有关联。严格地说，法律规范（规则）主要与行为人的行为理由相关。因为法律规范（规则）是规制人类行为的，它所规定的行为规则和裁判规则均与人们的行为理由相关联。

29.6 人是自由的主体，既是自由思想的主体，也是自由行为的主体。所谓自由行为，就是人完全可以按照自己的主观理由（即：基于自身主观的认识、判断、愿望、情感、利益）来选择某种行为或不选择某种行为。[2] 这种选择可能来自个人信念的支持，也可能

---

[1] 有关行为理由的类型，亦见徐显明主编：《法理学原理》，中国政法大学出版社2009年版，第105—111页。

[2] 自由行为（德文：Handlungsfreiheit）所强调的重点是行为的性质，即，行为本质上是自由的，行为之所以是行为，乃在于其（意志）自由，（意志）自由是行为的内在构成性因素（有关行为/意志自由的论述，见［德］康德：《实践理性批判》，邓晓芒译，杨祖陶校，人民出版社2003年版，第78—79页，第89—92页；［德］黑格尔：《法哲学原理》，范扬、张企泰译，商务印书馆1982年版，第10—22页）。在历史上，思想家们曾主张所谓自由行为乃至"意志自由"（liberum arbirrium）或"选择自由"（Wahlfreiheit）。这个思想遭到德国哲学家戈特弗里德·威廉·莱布尼茨的批判。其后，康德才将自由界定为"基于理性明智地决定"：自由者，即自我负责的自我决定之自由，即自律也（参见［德］考夫曼：《法律哲学》，刘幸义等译，台北五南图书出版公司2001年版，第241页）。在刑法学上，有一个概念叫做"原因自由行为"（拉丁文：actio libera in cause），是指有刑事责任能力的人由于自己故意或者过失的行为，（转下页）

来自规范（传统、习惯、道德、风尚等）的支持，比如，某人喜欢穿一种特定款式的服装，可能基于自身的偏好，也可能是受到当时服饰风尚的影响。

29.7 然而，人的自由行为的理由可能是情境化的、多变的、不稳定的。这是因为人在自由空间中行为必然随着空间的移动而不断遭遇多种多样行为的情境，情境改变，人的行为理由也必定发生改变。

29.8 来自规范（传统、习惯、道德、风尚等）支持的行为理由具有相对的稳定性，然而，正如命题22.12所示，社会规范可能是相互冲突的，它们所支持的行为理由也可能是相互冲突的。比如，按照现代社会的法律，一个人受到侵害，不允许其事后私自对加害者进行报复，然而，按照传统的荣誉规范，事后的报复却是受到赞许或鼓励的。

29.9 纯粹来自行为人之情境化的、多变的、不稳定的行为理由不能作为人类他涉行为之后果的判断标准。而来自相互冲突之规范

---

（接上页）导致自己陷入无刑事责任能力的状态，并在此状态之中，造成危害社会的结果，行为人应当就此危害社会的结果负责任。例如，自知饮酒过量会陷入病理性醉酒状态，而疏于节制酒量，以致饮酒过量陷入无刑事责任能力的状态，实施了杀人行为的，应负过失杀人罪的刑事责任。再如，铁路上的扳道员，意图倾覆火车，而故意超量饮酒，使自己陷入无刑事责任能力的状态，从而不履行扳道义务，致使火车倾覆的，扳道员应当负故意破坏交通工具罪的刑事责任（参见［日］桥爪隆：《论原因自由行为》，王昭武译，载《苏州大学学报》［法学版］2018年第3期，第137—149页；周剑君：《论原因自由行为的可罚性》，载《湖南工业大学学报》［社会科学版］2018年第3期，第83—88页）。

所支持的冲突的行为理由本身也不符合逻辑，同样不可作为他涉行为之后果的判断标准。

29.10 不言而喻，法律规范（规则）所规定的行为规则和裁判规则（以下统称为法律规则）本身同样构成人们行为的理由来源。不仅如此，它们还是司法判决的理由来源。

29.11 在实际行为中，法律规则所规定的行为命令（可以如何行为、应当如何行为、必须如何行为、禁止如何行为）可能成为行为人个人行为的主观理由，也可能不构成其行为的主观理由，甚至与其行为的主观理由发生冲突。这个时候，行为人在自由选择行为时实际上也在衡量和选择行为理由：他可能选择"遵守法律规则所规定的行为命令"作为自己行为的主观理由，尽管这个理由与其自身的利益、欲望或者信念并非一致；他也可能以法律规则所规定的行为命令与其自身的利益、欲望或者信念不一致为由而不遵守法律规则，甚至违抗法律规则所规定的行为命令。[1]

29.12 然而，行为的主观理由不等同于行为的裁判理由。也就是说，个人可以自由选择遵守法律规则所规定的行为命令作为自己的行为理由，也可以不选择它作为自己的行为理由，但这不构成其行为性质判断的客观理由。

29.13 相对于行为人行为的主观理由，法律规则所规定的行为命

---

[1] 相关的论述，参见本书命题53。

令总是外在于行为人之心灵的，也可以说是其行为的客观理由，即：不管行为人是否选择遵守法律规则所规定的行为命令作为自己的行为理由，法律规则所规定的行为命令总是其行为的一种外在的理由。[1]

29.14 在行为人选择行为理由时，在对行为人之行为性质进行判断时，行为的客观理由是否总是优先于行为的主观理由，或者说，行为的客观理由是否总是能够"压倒"行为的主观理由，对这个问题的回答，需要辨析复杂的行为条件和行为情境，在此可以存而不论。但就法律规则所规定的行为命令作为行为理由而言，它总是优先于行为人基于自身主观的认识、判断、愿望、情感、利益所形成的纯主观理由的。原因很简单，尽管行为人纯粹基于自身主观的认识、判断、愿望、情感、利益而具有他自认为"最好的"行为理由，甚至自己为自己确立一种"内心的命令"，但他也没有权利以此为由排拒人类集体创设或约定的法律规则及其所规定的行为命令。"行为命令"阻断了行为人个人行为的主观理由。[2] 即使行为人能够实际地违反"行为命令"去选择行为，但法律规范（规则）

---

[1] 这个问题可能涉及历史上有关"主观法"（subjektives Recht）和"客观法"（objektives Recht）之间关系的辨析。参见［奥］凯尔森：《纯粹法理论》，张书友译，中国法制出版社2008年版，第66—75页。

[2] 在实践中，"行为命令"阻断了行为人个人行为的主观理由，原因有多种：比如，最佳决策要求不允许每个人就其不熟悉或不专业的问题进行权衡，更重要的是，由于个人对正当理由的判断不一致，如果每个人都根据自己的判断而行动，必然会产生许多社会不合作难题（参见徐显明主编：《法理学原理》，中国政法大学出版社2009年版，第161—162页）。

所规定的裁判规则也会对这样的行为予以否定。

29.15 可以看出，至少在法律规范（规则）规制行为的领域，法律规范（规则）所规定的行为命令是行为人行为的客观理由、优先理由或凌驾于纯主观理由之上的理由。尤其是法律规则中所规定的"应当如何行为""必须如何行为""禁止如何行为"的命令，更是构成行为人之"不可选择的"行为理由。此时，法律规则所规定的行为命令"吞噬了"行为人纯粹基于自身主观的认识、判断、愿望、情感、利益所形成的主观理由，哪怕是"最好的"的主观理由，[1] 使这些行为的纯主观理由失去优先性。或者说，在这一点上，法律规则所规定的行为命令成为刚性的独断理由，行为人行为的纯主观理由被这种刚性的独断理由所取代。[2]

29.16 真正的难题是：行为人根据其他社会规范（道德、宗教、习惯等）所规定的行为规则或行为命令来排拒对法律规则的遵从。

---

[1] 其实，有一句谚语说："La plus grand ennemi du bien, c'est le mieux.（**好的最大的敌人是最好。**）"（引自［德］黑格尔：《法哲学原理》，范扬、张企泰译，商务印书馆1982年版，第226页）

[2] 朱尔斯·L.科尔曼在《原则的实践》一书中指出："哈特宣称，法律的理由不仅仅是内容无涉的，而且也是断然的和不容分说的（peremptory）。说'由一个指令而产生的理由是不容分说的'，意思是说，该理由不仅是行动的'第一次序'理由（first-order reason），而且它不是基于对先前指令所具有的价值深思熟虑后而获得。断然的理由对于指令的价值'拒斥深思熟虑'。既然法律理由是内容无涉的，同时也是不容分说的，那么法律通过告诉我们有义务以某种特定方式做某事来指引我们的行为，其理由不过是法律发出了那样的命令而已。"（［美］朱尔斯·L.科尔曼：《原则的实践》，丁海俊译，法律出版社2001年版，第156页）有关主观理由与"来自形式的单向性理由"的讨论，详见本书命题41、42和命题43。

29.17 对于行为人而言，其他社会规范（道德、宗教、习惯等）所规定的行为规则或行为命令并非其行为的纯主观理由，而是像法律规则所规定的行为命令一样，是外在于其心灵的"客观理由"，而且在理由强度上可能并不弱于法律规则所规定的行为命令的理由，甚至是在表象上比法律规则所规定的行为命令"显得更好的"理由。在这些来自其他社会规范的行为理由与来自法律规范的行为理由发生冲突时，到底来自其他社会规范的行为理由"优先于"或者"凌驾于"来自法律规范的行为理由，还是后者"优先于"或者"凌驾于"前者，这就成为一个亟待解答的问题。

29.18 这个问题的关键在于：在对来自其他社会规范的行为理由和来自法律规范的行为理由进行比较与衡量时，法律规则所规定的行为命令能否取代其他社会规范所规定的行为规则或行为命令，成为刚性的独断理由。

29.19 回答这个问题，不应是笼而统之的，而首先应限定比较、衡量来自规范的行为理由的领域和条件。只有在这些领域和条件下，我们才能够辨别来自不同规范的行为理由之间的强弱。

29.20 如果不限定比较、衡量的领域和条件，我们可以假定：所有来自规范的行为理由（包括来自法律规范的行为理由和来自其他社会规范的行为理由）的强度是相等的，至少是难分强弱的。如果限定比较、衡量领域，情况就不一样了。比如，假设我们在宗教规范规制行为的领域来比较来自规范的行为理由，这个时候，基于宗教规范的行为判断标准就可能成为比较、衡量理由强弱的基准，在这个领域内，来自其他规范的行为理由（包括来自法律规范的行为理由）可能就显得不是特别重要了，就会被看作是相对较弱的行为理由。反之，换一个规范调整领域，来自宗教规范的行为理由就不一定是最强的行为理由。显然，随着规范调整领域的变化，比较、衡量行为理由强弱的标准也在变化，来自规范的行为理由的强弱自然也就不同。不同社会规范规制行为的领域构成各自比较、衡量行为理由强弱的阻却性领域。

29.21 所以，要说明法律规则所规定的行为命令是刚性的独断理由，是需要"二阶证成的"，即：不仅要证成在法律规范规制行为的领域内，来自法律规范的行为理由"优先于"或者"凌驾于"其他社会规范所规定的行为规则或行为命令的理由（这个证成过程可以称为"一阶证成"），而且还必须证成在何种条件下，法律规范规制行为的领域可以取代其他规范规制行为的领域，作为比较、衡量行为理由强弱的领域，甚至是比较、衡量行为理由强弱的唯一阻却性领域（"二阶证成"）。[1]

---

[1] 英国当代法哲学家约瑟夫·拉兹（Joseph Raz, 1939— ）以"理由论"为分析工具揭示了法律权威的实践本质，提出权威优位性命题（preemptive thesis）：行为人应该把权威指令当作排他性的二阶理由，而不仅仅是把权威指令当作一个强大的一阶理由加以考虑。因为在一个认识论不透明的社会中，不仅社会成员的个人判断之间存在冲突，个人判断与权威判断经常也是不一致的，如果允许个人对权威判断再进行权衡，就又回到了个人自主判断的决策模式中，从而导致通过权威促进社会合作这一目标的彻底失败。权威要实现其解决社会合作的功能，就必须要求社会成员用权威指令排除个人判断。（转下页）

29.22 "法律规则所规定的行为命令是刚性的独断理由",这个命题的"一阶证成"应该是不困难的。[1]只要我们预设这样一个条件,即"在法律规范规制行为的领域内",也就是说,只要我们把法律规范规制行为的领域作为比较、衡量行为理由强弱的阻却性领域,我们就可以说,法律规则所规定的行为命令是刚性的、独断的。原因在于:(1)法律规范的行为判断标准成为比较、衡量理由强弱的基准,来自其他社会规范的行为理由之强弱与否,必须透过法律规范的评价框架来比较与衡量。在这一点上,也可以说,法律规范调整的行为领域,决定了法律规范评价基准的优先性,法律规范评价基准的优先性,决定了法律规则所规定的行为命令作为行

---

(接上页)即使社会成员认为其个人判断是正当的,也应该服从权威的判断。因此,权威性规则具有了独立于其背后的正当化理由的地位,具有某种程度的自治性。我们可以将这种规则称为自治性规则(autonomous rules)(参见[英]约瑟夫·拉兹:《法律与权威——法律与道德论文集》,朱峰译,法律出版社2005年版;[英]约瑟夫·拉兹:《自由的道德》,孙晓春等译,吉林人民出版社2006年版;[英]约瑟夫·拉兹:《实践理性与规范》,朱学平译,中国法制出版社2011年版。另见徐显明主编:《法理学原理》,中国政法大学出版社2009年版,第162—164页)。

1 "法律规则所规定的行为命令是刚性的独断理由"这个命题可以通过下列论点来加以论证:第一,它的效力是基于来源的(source-based),换言之,它的效力来自其由权威发布这一事实,不需要诉诸对规则内容的评价。在这个意义上,它是一种独立于内容的理由(content-independent reason)。对规则内容的重新权衡不会对它的效力产生影响。第二,它既是实施其所规定的行为的一阶理由,也是排除并取代冲突理由的二阶理由。排他性是二阶理由影响实践推理的特殊方式,也是原则等一阶理由所不具有的功能。一阶理由只能通过内容分量的较量决定何种理由胜出。而二阶理由战胜冲突理由,不是根据内容的分量,而是根据其理由的性质。比如,一个内容分量较轻的规则可以根据其作为二阶理由的性质排除一个内容分量更重的原则(参见徐显明主编:《法理学原理》,中国政法大学出版社2009年版,第164—165页)。

为人之行为理由的优先性。在法律规范规制行为的领域内，法律规则所规定的行为命令阻断了行为人之纯主观理由，也阻断了来自其他规范的行为规则作为行为人行为理由的优先性。在此领域，无论来自其他规范的行为理由有怎样的支持力和怎样良好的辩解力，都不能反过来取代法律规则所规定的行为命令作为优先的行为理由。此时，法律规则所规定的行为命令是刚性的、独断的，对于行为人来说是"必须服从的"。（2）根据命题22.17，即使法律规则规定的行为命令与来自其他规范的行为规则之间构成了所谓的竞争关系，法律规范所规定的裁判规则也不会直接将来自其他规范的行为规则作为自己证成的前提和基础，而是把法律规则规定的行为命令作为优先的裁判理由。换言之，法律规则规定的行为命令既是行为人之优先的行为理由，也是裁判者之优先的裁判理由。

29.23 比较困难的是法律规则所规定的行为命令作为刚性的独断理由的"二阶证成"。根据命题22.11，既然没有任何一种社会规范（包括法律规范）所规定的行为规则可以穷尽人类一切可能或者应然的行为空间，[1]所有法律规范规制行为的领域就有其发生和存在的必然性，而且从存在的角度看，这些规范规制行为的领域是

---

[1] 既然没有任何一种社会规范（包括法律规范）可以强迫人去做那些人所做不到的事情（所谓"法不强人所难"），它所规定的行为规则就不可能穷尽人类一切可能或者应然的行为空间，总是一些规范外空间（包括"法外空间"[rechtsfreier Raum]）在逻辑上是必然的（有关"法外空间"，参见本书命题32.7及其注释；有关"法律不强人所难"，参见本书命题34.10及其注释）。

相对独立、互不隶属的。

29.24 当然，从逻辑上看，法律规范和其他社会规范所规制的行为领域有交叉重叠的部分。在这些交叉重叠的领域，不同社会规范所规定的行为规则之内容可能是相同的，比如"禁止杀人""禁止盗窃"，不仅是法律规范所规定的，也是道德规范、宗教规范和习俗规范所要求的，我们可以将这种情形称为"规范的交叠"。然而，不同的社会规范所规制的行为领域也有不相交叠的部分，或者虽然交叠，但它们的行为规则的内容有别，我们可以称之为"规范的差异"。

29.25 "规范的差异"不仅表明规范种类和性质的区别，而且表明不同种类和性质的规范之存在的相对独立和互不隶属性。

29.26 "规范的差异"必然造成行为理由的差异。在"规范的差异"的情形下，其他社会规范及其规制的行为领域独立于或者不隶属于法律规范及其规制的行为领域，它们所支持的行为理由也独立于或不隶属于法律规范所支持的行为理由。这一点业已说明。

29.27 此时，我们必须证明：在"规范的差异"的情形下，为何"法律规范规制行为的领域可以取代其他规范规制行为的领域作为比较、衡量行为理由强弱的领域，甚至是比较、衡量行为理由强弱的唯一阻却性领域"？

29.28 实际上，上面这个问题可以分解为三个相互关联的问题，即：（1）在什么条件下，应当排除相互竞争的规范规制行为的领域作为比较、衡量行为理由强弱的领域？（2）在什么条件下，可以排除相互竞争的规范规制行为的领域作为比较、衡量行为理由强弱的领域？（3）在什么条件下，法律规范规制行为的领域可以作为比较、衡量行为理由强弱的替代领域？

29.29 关于问题（1），可以这样来作答，当且仅当下列条件得到满足时，应当排除相互竞争的规范规制行为的领域作为比较、衡量行为理由强弱的领域：第一，有多个规范规制行为的领域作为比较、衡量行为理由强弱的领域；第二，规范规制行为的领域作为比较、衡量行为理由强弱的领域实际上存在着相互竞争；第三，这种竞争将导致行为人在选择来自规范的行为理由时处于无所适从的状态；第四，不应将规范规制行为的领域作为比较、衡量行为理由强弱的领域存在竞争时的判断和选择行为理由的负担转嫁给行为人，由行为人承担；第五，基于第三和第四点，在规范规制行为的领域作为比较、衡量行为理由强弱的领域存在竞争时必须阻断竞争。

29.30 关于问题（2），可以这样来作答，当且仅当下列条件得到满足时，可以排除相互竞争的规范规制行为的领域作为比较、衡量行为理由强弱的领域：第一，在阻断不同规范规制行为的领域作为比较、衡量行为理由强弱的领域之相互竞争时，能够找到比较、衡量来自不同规范的行为理由之强弱的替代方案；第二，这种替代方案本身被证明是合理正当的；第三，替代方案能够证明：在相互竞争的比较、衡量行为理由强弱的领域中有一种领域是优先性领域，¹该领域是阻断其他比较、衡量行为理由强弱之领域的领域，当然也可以作为比较、衡量行为理由强弱的替代领域。

29.31 关于问题（3），可以这样来作答，当且仅当下列条件得到满足时，法律规范规制行为的领域可以作为比较、衡量行为理由强弱的替代领域：第一，法律规范规制行为的领域是一个独立于其他社会规范所规制的领域；第二，法律规范规制行为的领域是可以有限地替代其他社会规范规制的行为领域，而本身不被后者所替代的领域；第三，法律规范规制行为的领域是终结其他社会规范规制的行为领域作为比较、衡量行为理由强弱的领域，而不被后者所终结之领域；第四，由于选择法律规范规制行为的领域作为比较、衡量行为理由强弱的领域，自然就阻断了不同规范规制行为的领域作为比较、衡量行为理由强弱的领域之相互竞争。

29.32 有关问题（3），还可以进一步展开的论点有：第一，人类有绝对的理由需要终结或阻断因不同规范规制行为的领域同时作为比较、衡量行为理由强弱的领域而带来的相互竞争；第二，人类不可能依靠比较、衡量行为理由强弱的领域之相互竞争本身来终结或阻断它们之相互竞争；第三，根据理性法则，在所有相互竞争的规范规制行为的领域中，人类不可能依靠意见分歧最大的规范规制行为的领域作为终结或阻断它们相互竞争的领域，而总是会选择没

---

1 参见约瑟夫·拉兹所提出的权威"优位性命题"（徐显明主编：《法理学原理》，中国政法大学出版社2009年版，第164页）。

有意见分歧或者意见分歧最小的规范规制行为的领域作为终结或阻断它们相互竞争的领域；第四，规范规制行为的领域之意见分歧的大小本身是可以比较、衡量的；第五，在所有存在意见分歧的规范规制行为的领域中，总有一个规范规制行为的领域是可以消除意见分歧的。

29.33 根据命题22.5和22.6对"国法"之必然性的分析，我们同样可以得出这样的结论：法律规范规制行为的领域即使不是绝对没有意见分歧的领域，但相对于其他规范规制行为的领域，它在本质上首先应当消除意见分歧。人类为了避免无休无止的认识和判断上的纷争，避免更大、更广泛的冲突，必然需要这样一个在本质上是应当消除意见分歧的领域来作为比较、衡量行为理由强弱的领域。简括地说，即使没有这样一个领域，人类也要通过达成共识和约定来创设这样一个领域。

29.34 在上述意义上，我们可以把法律规范规制行为的领域看作是能够产生最大限度的人类合作，意见分歧最小的领域。当然，这是从法律规范规制行为的领域与其他社会规范规制的行为领域相比较的意义上而言的：即使人类不能在其他社会规范规制的行为领域达成意见一致，但必须在法律规范规制行为领域通过一定论辩方式（程序）消除意见分歧，否则人类社会的秩序就难以形成。

29.35 从上面这个立场和论点出发，我们可以反过来证明：在不同规范规制行为的领域作为比较、衡量行为理由强弱的领域之间产生竞争时，法律规范规制行为的领域是比较、衡量行为理由强弱的唯一阻却性领域、决定性领域；在法律规范规制行为的领域内，来自法律规范的行为理由"优先于"或者"凌驾于"来自其他社会规范的行为理由。[1]

29.36 在法律规范规制行为的领域内，来自其他规范的行为理由之强弱只有通过与来自法律规范的行为理由进行比较、衡量之后才能加以确定。

---

[1] 在此意义上，来自法律规范的行为理由作为"刚性的独断理由"，不在于其是否属于"内容依赖的"、最佳的"慎思性的理由"，而在于其属于一种独特的权威性（命令）理由。这种理由之所以属于"独断理由"，原因在于：（1）它的效力可识别（来自其由权威发布这一事实）；（2）它是一种独立于内容的理由。对此，参见徐显明主编：《法理学原理》，中国政法大学出版社2009年版，第105—108页，第164—165页。

## 命题 30 | 法律原则并不是行为规范，不直接构成行为理由

30.1 法律原则不是法律规则，法律规则是"ought to do"的规范或"行为规范"，法律原则不能直接看作是"ought to do"的规范，它在性质上首先是"ought to be"的规范。[1]

30.2 也就是说，法律原则并不是行为规范，它不直接规定人们在一定条件下"可以""应当""必须"或者"不得"如何行为，也不直接规定在什么样的构成要件成立时应给予什么样的法律后果（裁判规则）。由此可见，法律原则并不直接构成人们据以行为的理由，也不直接构成裁判者的裁判理由，它所提供的是一种"证成性理由"（justifying reason）。就此而言，法律原则与法律规则是两种性质上独立的规范类型。

30.3 进一步说，法律原则和法律规则的区分不是表现在行为调整领域，不是说，它们两者都是行为规范，不是像通常所理解的那样，法律规则是明确的行为规范，法律原则是抽象的、一般性的行

---

[1] 在此意义上，本书并未完全否定法律原则与"ought to do"的规范或"行为规范"的联系，把它们完全排除在法律规范之外，它们不仅是法律规则的证成性理由，有时也可能构成人们行为的证成性理由。就此，参见下文。

为规范。法律原则和法律规则之间最重要的不同是它们作为规范的种类和性质不同，而非是它们规定的内容明确与否的不同。[1]

30.4 这很容易理解：假如法律原则只是与法律规则在内容的明确性上有差别的行为规范，那它与法律规则并没有实质的区别。此时，法律原则无论作为概念，还是作为规范，都没有存在的必要。我们完全可以用法律规则概念来涵摄法律原则，因为法律原则不过就是法律规则的一种特殊类型。也就是说，此时的所谓法律原则实际上就是在内容上"抽象的、一般性的"法律规则。

30.5 毋宁说，法律原则是宣示法律理念、目的、利益或法律价值的规范，它并不确定人们如何具体行为的界限，而是表达一种

---

[1] 故此，本书的观点与罗伯特·阿列克西、罗纳德·德沃金等人有关法律原则的理解有别。比如，罗伯特·阿列克西认为：法律原则作为一种法律规范，与法律规则一样，也是关于"什么应该是这样"，也是用命令、许可和禁止等这样的基本的道义表达式来表达的，也可作为关于什么应该发生的具体判决的理由。法律原则作为一种规范的独特性质是它要求其所规定的内容在相关的法律和事实的可能范围内得到最大程度的实现，因此，它是最佳化之诫命（optimizing commands）。这就是说法律原则可以在不同的程度上被满足，它的实现程度不仅依赖于案件的事实，而且依赖于相关的法律规则，在本质上更依赖于与其相竞争的法律原则。法律原则与法律规则的不同点在于：法律规则设定了明确的、具体的假定条件、行为模式和法律后果，也就是说法律规则在事实和法律的可能范围之中具有固定的意义。在这个意义上，法律规则乃是"确定性的命令"（Robert Alexy, *Theorie der Grundrechte*, Nomos Verlagsgesellschaft, Baden-Baden 1985, SS. 72, 77, 105; Ders., *A Theory of Constitutional Rights*, trans. by Julian Rivers, Oxford University Press, 2002, pp. 45, 48, 70）。按照这种说法，法律原则和法律规则均属于行为规范，它们的差别仅在于内容的确定性程度不同。其实，笔者不赞同上述观点，而同意下面这种看法：如果仅从语句（命题）特性上看，法律规则具有"若……则"（if-then）的假言条件性（hypothetical conditional character，即显现假定/条件和后果），而法律原则在语句（命题）上没有这样的特性。在案件判决中，法律原则只能指点法官发现规则去适用于案件的根据（Humberto Ávila, *Theory of Legal Principles*, Springer, Dordrecht, 2007, p. 11）。

"实践的必然性"(practical neceesity)或者"ought to be"的理想状态。所以，在逻辑上，法律原则的规范内容是"事态"(state of affairs)，而非行为（行为是法律规则的规范内容）。

30.6 另一方面，我们也应看到，法律原则虽不能直接被看作是"ought to do"的规范，但它并非与"ought to do"的问题毫无关联。当然，法律原则所处理的是规定"应当所是"（ought to be）的理想事态，不直接规定行为命令。但法律原则可以表达人类行为"应当所是"（ought to be）的理想事态，说明什么样的行为和行为结果是理想的、可欲的，或者是应当达到的。也就是说，法律原则所表达的规范与人类行为之实际的或潜在的目标或目的有关，与我们意图、要求或者希望达到的行为和行为结果之理想事态有关。而这种目标、目的或意图总是与一定的法律理念、价值或者一定的政治和道德目标（比如人类的自由、平等，法治理念，理性立法者的预设，私有财产的观念，家庭、性关系的道德考量，未成年子女的关抚，等等）具有深层的密切关系。

30.7 事实上，我们完全可以把法律原则表达的"应当所是"的理想事态看作是人类行为之目标、目的以及人类之法律理念、法律价值的规范重述。在这个意义上，法律原则可以被看作是一种评价—确认规范或者证成规范（justifying norm）。它所针对的是法律规则，是为法律规则提供某种基础或本源的综合性的、指导性的价值准则[1]或"证成性理由",是法律规则创设、适用的评价—确认规范或者证成规范。比如,"法律面前人人平等"原则,并不直接命令行为人如何行为,而是针对法律规则的制定和适用的,"法无明文不为罪"的刑法原则也是针对裁判规则的,本身不是行为人的行为规范。其他法律原则也均可作此理解。

30.8 故此,如果说法律规则是有关人们如何行为或如何裁判行为后果的规范,法律原则就是有关法律规则的规范,对法律规则的制定、解释、适用提供理念基础、价值指导,是评价、限制或者确认法律规则的规范。所有的法律规则的背后均有相应的法律原则作为其评价—确认规范或者证成规范。

30.9 可不可以将法律原则也称为法律规范,或者将法律原则作为法律规范的一种?对于这个问题不可一概而论。如果将法律规范仅仅理解为行为规范,规则穷尽了行为规范的内涵和外延,法律规范(legal norm)实际上就是法律规则(legal rule),两个概念通用,而且常常不过是同一用语的不同表达而已。如果把法律规范作广义的理解,即不仅把法律规范看作是行为规范,而且看作是证成规范,即"有关行为规范的规范"或法律规则的评价—确认规范,法律规范当然包含法律原则。[2]但这个时候,一定不要把法律原则

---

[1] 参见舒国滢主编:《法理学导论》(第三版),北京大学出版社2019年版,第108—109页。
[2] 舒国滢主编:《法理学导论》(第三版),第100—101页。这里再提供罗伯特·阿列克西有关广义"规范"(Norm)一词的用法。他在1985年出版的《基本权(转下页)

和法律规则看作是同一性质（行为规范）的两种不同的法律规范，而是看作逻辑性质、规范性质不同的两类法律规范。如果一定要说明它们之间的逻辑联系，我们可以这样说：法律规则是"一阶法律规范"，法律原则是"二阶法律规范"。一阶法律规范直接评价和指引人类的行为，二阶法律规范直接评价和确认或者证成一阶法律规范（即法律规则）。本书在不涉及法律原则的情形时，往往把法律规范用作一阶法律规范（法律规则），只有在谈到法律原则时，才把法律规范用作是广义的，即包括二阶法律规范。

30.10 在一阶法律规范（法律规则）评价和指引的领域内，法律规则与法律原则是不可以同时作为行为人的行为理由来同等对待的。来自一阶法律规范（法律规则）的行为理由就是刚性的独断理由，如果二阶法律规范（法律原则）是这样的行为理由，那它一定不再是法律原则，而是一阶法律规范（法律规则）了。也就是说，在一阶法律规范（法律规则）评价和指引的领域内，不存在一阶法律规范（法律规则）和二阶的法律规范（法律原则）之间的行为理由比较、衡量问题，因为二阶法律规范（法律原则）根本就不直接评价、衡量人的行为和行为结果的性质，这是一阶法律规范（法律规则）

---

（接上页）利论》（德文版）第132页指出：规范分为"道义论规范"（deontologische Norm）和"价值论规范"（axiologische Norm）；"道义论规范"分为"规则"（Regel）和"原则"（Prinzip），"价值论规范"分为"评价规则"（Bewertungsregel）和"评价标准"（Bewertungskriterium，即"价值"［Wert］）（Robert Alexy, *Theorie der Grundrechte*, Nomos Verlagsgesellschaft, Baden-Baden 1985, S.132）。

的使命和职能。此时,行为人若选择法律规范作为自己行为的理由,那一定是直接基于一阶法律规范(法律规则)所规定的行为命令。因此,一阶法律规范(法律规则)所规定的行为命令就是行为人必须遵从的行为理由、优先性理由、"凌驾性"理由或独断理由。这种理由与二阶法律规范(法律原则)之间没有直接的关系。

30.11 从行为的法律规制角度看,一阶法律规范(法律规则)构成了法律规范的核心和基质,没有一阶法律规范(法律规则)的法就不是真正的法。而且,正是因为有一阶法律规范(法律规则)的存在,法律规范才与其他社会规范(道德、宗教、习惯等)区别开来。[1]

30.12 二阶法律规范(法律原则)作为证成规范,处在一阶法律规范(法律规则)和其他社会规范之间,是阻隔它们相互直接评价的因素,也是它们建立联系的中介。也就是说,法律规则不直接评价其他社会规范,也不接受其他社会规范的直接评价,道德、宗教、习惯等规范若要对法律规则进行评价,那么它们必须同既有的法律原则进行比较、衡量和相互评价,在这个过程中,获得优胜地位的道德、宗教、习惯有可能被当作(非实定的)法律原则,或者"上升为"成文的法律原则(实定的法律原则),进而再通过"转

---

[1] 黑格尔指出:"法首先以实定法的形式而达到定在,然后作为适用而在内容方面也成为定在……。道德的方面和道德戒律涉及意志所最特有主观性和特殊性,因之,不可能成为实定立法的对象。"([德]黑格尔:《法哲学原理》,范扬、张企泰译,重印本,商务印书馆1982年版,第222页)

化"成为直接针对人们行为的法律规则。

30.13 这样,在行为、一阶法律规范(法律规则)、二阶的法律规范(法律原则)和其他社会规范之间存在着一种开放的紧张关系:其他社会规范不能直接被当作是调整人类行为的一阶法律规范(法律规则),但可以通过二阶法律规范(法律原则)同一阶法律规范(法律规则)建立联系。

30.14 二阶法律规范(法律原则)不能看作是行为规范的核心和基质,仅由法律原则构成的"法"就丧失了规则的性质,这样的所谓"法"与其他社会规范相互交织,难以分辨它们之间的界限,而且还可能存在同样的法律原则在不同的情境下有完全不同的适用。

30.15 在规则和原则不加区分的时代,实际上也是法、道德、宗教、习惯不加区分的时代。不区分法、道德、宗教和习惯,也就不区分它们之中到底哪一种是人们行为的权威性理由或刚性的独断理由。

30.16 在不区分法、道德、宗教和习惯的社会,人的行为理由和裁判者的裁判理由必定是情境化的、多变的、不稳定的,必然随着情境的改变而发生变化。

## 命题 31 | 法律原则可以用作裁判规则，但必须具备条件

31.1 "法律原则是怎样表达的""谁表述了法律原则"，这些不纯粹是一个学术（理论）问题，同时也是一个在实践层面认真对待的问题。应该说，在历史上，法律原则的表达形式是多种多样的。

31.2 假如我们站在黑格尔哲学的角度，把法律原则看作是客观精神与主观精神的统一，那么这种统一并非是纯粹逻辑的、直接的过程，其中包含着诸多差异的实现过程或现实性环节。[1] 从本体论讲，法律原则首先是一种客观精神，人类的整体或个体如何分有这些客观精神，并转化为主观精神，有形式上和时间上的差别。

---

[1] 黑格尔说："法的基地一般说来是精神的东西，……法的体系是实现了的自由的王国，是从精神自身产生出来的、作为第二天性的精神的世界。"（[德] 黑格尔：《法哲学原理》，范扬、张企泰译，重印本，商务印书馆1982年版，第10页）按照贺麟先生的理解，黑格尔的《法哲学》包含三大部门或环节，即（1）抽象的法，（2）道德，（3）伦理。这三个环节中每一个都是特种的法或权利，都在不同形式上和阶段上是自由的体现，较高的阶段比前一个阶段更具体、更真实、更丰富。具体而言，在抽象法阶段，只有抽象的形式的自由；在道德阶段就有了主观的自由；伦理阶段是前两个环节的真理和统一，也就是说，意志自由得到充分具体的实现（参见贺麟：《黑格尔著〈法哲学原理〉一书评述》，载上揭书，第7页）。在这里，笔者尝试运用黑格尔的"客观精神"与"主观精神"的概念，从历史性因素和哲学性（体系性）因素相统一的观察角度来阐释法律原则。

31.3 换言之，人类并非在某个瞬间同时完全认识了所有的法律原则并立刻转换成自己的理性认识和实践行动。一般而言，总先有某些学者提出对法律原则的观点、理论或学说，这些观点、理论或学说在历史上被普遍接受而变成法律原理，进而成为法律惯例。在实行成文法的国家，将这些被普遍接受的原理、惯例规定为法律条文，形成成文的法律原则，最后人们又将这些原则再运用于法律的实践过程。这个过程是往返互动的、复杂的。

31.4 在认识上述过程时，需要明确以下几点：（1）法律原则是客观存在着的，总是需要人们去不断地认识和把握。（2）由于法律原则有一定的认识依赖性（从实践论上看，法律原则需要通过认识作为实现的中介），那么它们又总是与认识主体的价值观点扭结在一起。所以，在不同的人类群体和人类历史的不同时代，人们对什么是真正的法律原则会存在理论争议，也就是说法律原则至少是可以论辩的。（3）即使那些被人类普遍接受的法律原则，在遭遇每个具体时代的实践时也会呈现出实现程度的不同，有些时代的法律实践在无限接近这些原则，有些时代则克减其实现的责任，有些时代的实践甚至在完全背离这些法律原则。在此意义上，法律原则也同样具有实践依赖性。人类不断通过实践来充实每个作为概念框架的法律原则之意义（其中包括不断揭示各原则的内涵，修正以往法律原则的意义和根据现下实践情境提出补充新的意义）。（4）法律原则的表达和存在形式不同，有的原则潜在于人们的意识之中，尚未形成系统的理论认识；[1]有些已形成观念、学说或思想，[2]尚未被实在法上升为正式的法定原则；有些原则被习惯法、判例法所承认，[3]尚未得到成文法或制定法的明文规定；有些原则被成文法或制定法所规定，尚未体现为人们的普遍实践。如此等等，不一而足。

31.5 这里如果我们省略其他的形式分类，则大体上可以把法律原则分为"非实定的法律原则"和"实定的法律原则"。[4]所谓"非实定的原则"，[5]是指不是通过现行的实在法明文规定的法律

---

[1] 原则潜在于人们的意识之中，这个时候，不能称之为"原则"，它们可能以"法感"（Rechtsgefühl）的形式存在。有人把法感视为一种"自然的是非（正义）感"（the natural sense of jusitice, 即，a feeling of what is right or wrong）（Max Rümelin, "Developments in Legal Theory and Teaching during my Lifetime" [1930], in: M. Magdalena Schoch [ed.], The *Jurisprudence of Interests*, Harvard University Press, Cambridge, Mass., 1948, p. 15）。也有人把它当作"真正的法的渊源"（Siegmund Schlossmann, *Der Vertrag*, Druck und Verlag von Breitkopf & Härtel, Leipzig 1876, S. 193）。

[2] 这个时候，原则以"原理"（element）、"法学范式"、"学说"（doctrine）、"教义"（dogma）、"舆论"、"通说"、"常识"、"理论化协议"等方式存在（参见本书命题10.17、命题10.19及其注释、命题10.21及其注释、命题10.23及其注释）。

[3] 此时的原则表现为"法律格言""法律谚语"。比如，"任何人不得从自己的错误中获利"，如此等等。

[4] 这里较为笼统地使用了"法律原则"一词，按照德国人的习惯，这里的法律原则应称为"法原则"，其包括"非实定的法律原则"和"实定的法律原则"。但法律原则容易使人们误以为它们都是实在法所规定的原则。笔者认为，这里已经加上了"非实定的"和"实定的"这样的限定词，足以说明我们要论述的问题。本着英国哲学家奥康的威廉之"思维经济原则"（"奥卡姆的剃刀"："如无必要，勿增实体"），就不再使用诸如"法原则"之类的概念，以免旁生枝蔓。

[5] 德国法学家约瑟夫·埃塞尔（Josef Esser, 1910—1999）曾提出"前实证的原则"（vorpositive Prinzipien）的概念，与这里的"非实定的法律原则"所讲的内容大体相同（Josef Esser, *Grundsatz und Norm in der richterlichen Fortbildung des Privatrechts:*（转下页）

原则，由于其处在自我存在的状态，也可以称为"自存的法律原则"，例如那些没有被法律明确规定的"自然法原则"。与此相对应，那些通过现行法律明文规定下来的法律原则就被称为"实定的法律原则"。[1]

31.6 从本质上看，非实定的法律原则和实定的法律原则在内容上或许没有根本的不同，实定原则就是非实定原则的法律化，是上升为法律规定的法律原则（法定原则）。但由于它们的表现方式不同，其效力也就有了一定的差异。也可以这样说，实定的法律原则属于实在法（法律规范）本身的一部分内容，非实定的法律原则属于"超法律（超实在法[2]）的"原则或"实在法之外的"原则。两者的效力孰高孰低，不能简单言之。

31.7 通常情况下，实定的法律原则和非实定的法律原则两者本身不存在矛盾，实定的法律原则是由非实定的法律原则转化而来

---

（接上页） *Rechtsvergleichende Beiträge zur Rechtsquellen- und Interpretationslehre*, J. C. B. Mohr［Paul Siebeck］, Tübingen 1956, S. 52. 对于埃塞尔的概念，也见［德］卡尔·拉伦茨：《法学方法论》，陈爱娥译，商务印书馆2003年版，第19页）。

[1] 黑格尔认为："法律是**自在地**是法的东西而被设定在它的客观定在中，这就是说，为了提供于意识，思想把它明确规定，并作为法的东西和有效的东西予以公布。通过这种规定，法就成为一般的**实定法**。"（［德］黑格尔：《法哲学原理》，范扬、张企泰译，商务印书馆1982年版，第218页）"只有**自在的**存在和**设定的**存在（Gesetztsein）的这种同一中，**法律**的东西才能作为**法**而具有拘束力。"（上揭书，第221页）"法就这样初次达到了它的真实规定性，并获得了它的尊严。"（上揭书，第220页）

[2] 古斯塔夫·拉德布鲁赫最早提出"超法律的法"概念，而没有使用"自然法"（见［德］古斯塔夫·拉德布鲁赫："法律的不法与超法律的法"，载氏著：《法律智慧警句集》，舒国滢译，中国法制出版社2016年版，第187—202页）。

的。有问题的是，当实定的法律原则并未完全在实在法规定中达到意义饱和的要求，或者实在法律规范需要接受实质的价值评价来确立其"法性"（Rechtscharakter）时，人们应当怎么办？是通过法律之内的解释或论证来寻求实在法之正当性、正确性（Richtigkeit）的根据，还是把非实定的法律原则作为"高级法"（higher law）来检验法律之正当性、正确性？应当说，过去的法律实践在处理这个问题上都有不尽如人意的地方。[1]固守实在法之安定性优先的实践，很可能把实在法的效力绝对化，排拒来自法律外的价值评价，其结果将法律变成了法律家专权的工具，甚或成为政治家行使专制暴政的"合法律性"基础。而持正义原则（自然法原则）优先的实践，可能解决了某些"疑难案件"（hard cases）中实质不正确、不公正问题，但同样可能导致负面的后果：法的安定性受到破坏。[2]

31.8 如何使实在法受到非实定法律原则的评价、检验而又保持法的安定性呢？要回答这个问题，就必须先从方法论的角度考察"非实定的法律原则"和"实定的法律原则"效力的优先性，以及"非实定的法律原则"能否通过法律解释或论证纳入现行法律秩序的框架之内。假如我们通过法律解释或论证把"非实定的法律原

---

[1] 关于这一点，参见罗伯特·阿列克西有关法律的"最外边界"（Outermost Border）和"拉德布鲁赫公式"的讨论（Robert Alexy, "A Defence of Radbruch's Formula", in: David Dyzenhaus ［ed.］, *Recrafting the Rule of Law: The Limits of Legal Order*, Hart Publishing, Oxford 1999, p. 17）。亦见本书命题43.16及其注释。
[2] 有关"合法律性"难题，参见本书命题45的展开。

则"作为根据来评价实在法而又保持现行法律秩序结构无实质的改变，那么其安定性就得到维护，法律的正义性和法的安定性冲突就能够得到缓解。

31.9 在对待这个问题上，人们工作的平台到底在哪里？是将非实定的法律原则作为评价的基地，还是把实定的法律原则和法律规则当做分析论证的出发点？专业的法律家和非法律专业的专家（道德学家或哲学家）可能有截然相反的选择。不论人们的选择有何不同，下面一点是必须要看到的：从法源的角度看，各种各样的法源（法律渊源）具有不同的效力等级和效力范围。在理论上，学者们通常区分所谓"正式的法源"（formal sources of law）与"非正式的法源"（non-formal sources of law）。前者是指那些可以从体现为权威性法律文件的明确文本形式中得到的渊源，如制定法、判例法、国际条约和惯例；后者是指那些尚未在正式法律文件中得到明文阐述但具有法律意义的渊源（资料或材料），如习惯、法理、公共政策或国家政策、道德信念、社会倾向等。[1] 这种区分的意义在于"发

---

[1] Edgar Bodenheimer, *Jurisprudence: The Philosophy and Method of the Law*, Harvard 1974, Chap. XV and XVI. 有别于埃德加·博登海默（Edgar Bodenheimer, 1908—1991）的学说，亚历山大·佩策尼克在1983年出版的著作《法律论证基础》中提出了一套独特的"法律渊源"学说。在他看来，所有的法律根据都是最广义的法律渊源，制度化的法律权威理据是狭义的法律渊源，而"强制性渊源"（Aufforderungsquellen/mandatory sources）才是最狭义的法律渊源。法律渊源可以分为第一性法律渊源（die primäre Rechtsquellen）和第二性法律渊源（die sekundäre Rechtsquellen）：前者可以通过不涉及其他法律渊源的论证过程来加以识别，后者应当通过考量其他法律渊源的论证过程来加以识别。经此分析，他试图建立一个可以用来描述法源体系（Rechtsquellensystem）、（转下页）

现"或"获取"法律适用之前提条件及其优先顺序。

31.10 一般而言，当发生法源选择的难题时，现代国家的法律明文规定处理的原则，即先正式法源，后非正式法源。这不仅符合人类的认识论规律，且可以简化法源选择的复杂性，避免法律适用无谓的论证之累。例如，1907年通过的《瑞士民法典》和1929年中华民国政府制定公布的《民法》均规定，民事事件适用法规之顺序为：有法律依法律；法律未规定者，依习惯；无习惯者，依法理。[1]这就是职业法律家进行法律思维和法律推理的准则。

31.11 若简化上面的论述，"先正式法源，后非正式法源"实际上是说，不管法律的内容实质上正确与否，法律家均须优先适用实在法上的规则；而不是首先在实在法之外寻求法律适用的根据

---

（接上页）适用于所有现代法律秩序、并且清晰地表明在法律问题之法院裁判部分"必须""应当"或者"可以"引证哪些资料的"法源层级模型"（Das hierarchische Modell der Rechtsquellen）。该模式预设一种构成法律论证之出发点的初显性（表见性）法源层级存在——即："必须—法源"（must-sources，德文："强令性法源"［die befohlene Quellen］），"应当—法源"（should-sources，德文："建议性法源"［die empfohlene Quellen］）和"可以—法源"（may-sources，德文："许可性法源"［die erlaubte Quellen］），其中，"必须—法源"优先于"应当—法源"，"应当—法源"优先于"可以—法源"（Aleksander Peczenik, *Grundlagen der juristischen Argumentation*, Springer-Verlag, Berlin/New York 1983, S. 59.; Ders., *The basis of legal justification*, Infotryck AB Malmö, Lund 1983, p. 35）。

1 《瑞士民法典》第1条规定："任何法律问题，凡依本法文字或其解释有相应规定者，一律适用本法。法律未规定者，法院得依习惯法，无习惯法时，得依其作为立法者所提出的规则，为裁判。在前款情形，法院应遵从公认的学理和惯例。"（《瑞士民法典》，戴永盛译，中国政法大学出版社2016年版，第1页）1929年，《中华民国民法》第1条规定："民事法律所未规定者依习惯，无习惯者依法理。"（《六法全书》［袖珍］，吴经熊勘校，上海会文堂新记书局1941年版，第7页）

（法理、公共政策或国家政策、道德信念、社会倾向）。[1]假若实在法规则在内容上尚无明显的不正确性，那我们只能假设其"大体看来是合理的"、符合正义标准的。法律家在没有遇到实在法之法性判断的难题时，其基本使命是最大限度地实现实在法规范（一阶法律规范），不作添加或删减，以维护法律之安定性。

31.12 在特定时期，需要对实在法规范之实质正确性进行评价，此时人们必须借助超法律的法或非实定的法律原则来作为评价的标准。依据此标准，那些"违背正义达到不能容忍的程度"的法律，就完全丧失了"法性"，不仅不能视为"非正确法"，它们本身甚至堕落成了"恶法"，成了"非法之法"。[2]但需要切记：对实在法作此评价并非检验法律是否正确的常态，宣布法律为非法也是非常极端的事例。不能将非实定的法律原则作为处理法律适用之复杂问题的"法宝"经常使用，毕竟其自身在功能上是有缺陷的，而且使用非实定的法律原则可能导致法律安定性的丧失，这也是不得不加以考量的。有时，保持法的安定性这一要求本身就是排拒非实定

---

[1] 黑格尔指出："因此，在实定法中，**符合法律**的东西才是认识的渊源，据以认识什么是法，或者更确切些说，据以认识什么是**合法**的东西。"（黑格尔：《法哲学原理》，第221页）
[2] 法律由于违背正义达到不能容忍的程度，则应被视为"非正确法""恶法""非法之法"。这个观点是古斯塔夫·拉德布鲁赫提出的，其被后世称为"拉德布鲁赫公式"（Radbruchsche Formel）（见［德］古斯塔夫·拉德布鲁赫："法律的不法与超法律的法"，载氏著：《法律智慧警句集》，舒国滢译，中国法制出版社2016年版，第195—196页）。

的法律原则之体系外评价的重要理由。

31.13 通过上述分析,我们看到:区分"非实定的法律原则"和"实定的法律原则"是必要的。两者均可以作为法律规则的评价标准,但"实定的法律原则"的评价是实在法之内的评价(或"体系内的评价"),"非实定的法律原则"的评价是实在法之外的评价(或"体系外的评价")。即使如此,假若不是彻底否定实在法的法性,"非实定的法律原则"的评价仍然可以在现行法律秩序的框架之内展开。它们可能构成法官"续造法律"的法源,经法官的发现、鉴别和论证的技术而进入现行的法律秩序体系。

31.14 此外,根据以上的阐释,我们还必须看到:法律原则的主要功能在于规范证成(Normenbegründung),而不在于规范适用(Normanwendung)。

31.15 也就是说,法律原则明显具有这样的功能:(1)指导功能;(2)评价功能(或证成功能)。所谓法律原则的指导功能,是指法律原则在法律规则适用中为其提供"一般的法律思想"(allgemeiner Rechtsgedanken),指出规则的规制(Regelung,规整)方式,明确法律规则意义的波段宽度,确定规则应用的界限以及优先选择法律规则的方式等。在这里,法律原则不直接作为大前提用于法律推理、论证或事实的规范涵摄,它只是解释法律规则的资料或素材。法律原则辅助法律规则的适用,[1] 共同发挥法律规范的调整作用。所谓法律原则的评价功能(或证成功能),是指对法律规则乃至整个实在法之法性和效力进行实质的评判,说明实在法及其规则是否有效、是否正确、是否公正的理由,揭示法律规则缺乏正当的根据,指出法律规则的例外情形,等等。

31.16 法律原则是否具有规范适用功能或裁判功能?它是否具有可诉性(justiciability)?[2] 或者说,法律原则是否可以直接作为规范标准用于案件的裁判过程,对案件事实进行涵摄?这是法律原则

---

[1] 即,在个案裁判中,法律原则作为法律规则的"证成规范",也可以被用作发现适用于个案裁判之法律规则的根据。

[2] "可诉性"(justiciability)是现代国家法律的一个重要特征。德国法学家赫尔曼·康托洛维奇(Hermann Kantorowicz,一译"康托洛维茨",1877—1940)于1958年在英国剑桥出版的英文著作《法律的定义》中认为,法律必须是"被视为可诉的"(considered justiciable),它是规制人们的外部行为并可以被法院适用于具体程序的社会规则的总和(Hermann Kantorowicz, *The Definition of Law*, A. H. Campbell [ed.], Cambridge University Press 1958, p. 76ss)。按照这种理解,判断法律是"书本上的法律"还是"行动中的法律",关键在于考察这些法律是否具有"被任何人(特别是公民和法人)在法律规定的机构中(特别是法院和仲裁机构中)通过争议解决程序(特别是诉讼程序)加以运用的可能性"(参见王晨光:《法律的可诉性:现代法治国家中法律的特征之一》,载《法学》1998年第8期,第19—23页)。如果我们可以对"可诉性"这个概念再做适当的延伸,那么它事实上包括两个方面:(1)可争讼性。即:任何人均可以将法律作为起诉和辩护的根据。法律必须是明确的、确定的规范,才能担当作为人们争讼标准的角色。(2)可裁判性(可适用性)。法律能否用于裁判作为法院适用的标准是判断法律有无生命力、有无存续价值的标志。依此,缺乏可裁判性(可适用性)的法律仅仅是一些具有象征意义、宣示意义或叙述意义的法律,其即使不是完全无用的法律或"死的法律"(dead law),至少也是不符合法律之形式完整性和功能健全性之要求的法律。我们径直可以把这样的法律称为"有缺损的、有瑕疵的法律"。它们减损甚至歪曲了法律的本性(参见舒国滢主编:《法理学导论》[第三版],北京大学出版社2019年版,第36—37页)。

可诉性问题的根本点,但也是法律原则适用的难点,是法律实践中真正的难题。

31.17 应当看到,裁判功能或规范适用功能是一阶法律规范,也就是法律规则(尤其是裁判规则)所具有的功能,二阶法律规范(法律原则)作为"ought to be"的规范,本身不是行为规则,也不是裁判规则,因而不具有直接的可诉性,即:法律原则不具有直接的裁判功能或规范适用功能,不能直接作为规范标准用于案件的裁判过程,对案件事实进行涵摄。二阶法律规范(法律原则)的主要功能就是对一阶法律规范(法律规则)的指导、评价或证成。

31.18 有没有一个临界点,使二阶法律规范(法律原则)不仅担当对一阶法律规范(法律规则)的指导、评价或证成功能,而且在其作为"ought to be"的规范的性质没有改变的情况下,同时承担只有一阶法律规范(法律规则)才具有的裁判功能或规范适用功能?

31.19 根据命题 31.9、31.10 和 31.11,我们看到,只有在实在法规则(一阶法律规范)出现所谓的"漏洞",或者为了实现个案正义,法律家才可以在现行法律(实在法)规则之外寻求适用的依据,这些依据当然包括实定法律原则和非实定的法律原则(二阶法律规范)。这个时候,二阶法律规范(法律原则)作为一种规范存在的性质本身没有发生改变,它仅在个案中具有一定的地位功能,即"法律原则在实在法规则出现漏洞时或者为了实现个案正义而被用作'裁判规则'。"[1]

31.20 为了进一步阐述上述观点,这里提出三个条件和三个规则。

31.21 第一个条件:"穷尽规则"。[2] 在通常情况下,法律适用的基本要求是:有规则依规则。"法律发现"的主要任务是法官尽可能全面彻底地寻找个案裁判所应适用的规则。当出现无法律规则可以适用的情况下,法律原则才可以作为弥补"规则漏洞"的手段发生作用。所以,从技术的层面看,若不穷尽规则的适用就不应适用法律原则。这可以表述为法律原则适用的一个条件规则:"穷尽法律规则,方得适用法律原则。"[3]

31.22 第二个条件:"实现个案正义"。[4] 在通常情况下,适用

---

[1] 这一点是说:即使法律原则被用作"裁判规则",但在性质上它仍属于证成性规范,只是在特定条件下,被用来作为证成个案裁判的理由。
[2] 舒国滢:《法律原则适用中的难题何在》,载《苏州大学学报》(哲学社会科学版)2004年第6期,第19页。
[3] 这个条件规则也可以称为"禁止向一般条款逃逸"。在德国法上,法原则学说最初根源于一般条款之功能的讨论:1933年,时任柏林大学民法、经济法和私法史教授的尤斯图斯·威廉·赫德曼(Justus Wilhelm Hedemann, 1878—1963)出版《向一般条款逃逸:对法和国家的一种危险》(Justus Wilhelm Hedemann, *Die Flucht in die Generalklauseln: Eine Gefahr für Recht und Staat*, Mohr, Tübingen 1933),在德国法学界引起争议,随后其他学者发表一系列的论著,试图将一般条款与具体的规范或规范集分开,以防止错误评价的危险。在司法适用上,"禁止向一般条款逃逸"基本成为一种共识(Wolfgang Fikentscher, *Methoden des Rechts in vergleichender Darstellung*, Bd. 3, J. C. B. Mohr[Paul Siebeck], Tübingen 1976, SS. 346-347, 358)。
[4] 舒国滢:《法律原则适用中的难题何在》,载《苏州大学学报》(哲学社会科学版)2004年第6期,第19页。

法律规则不至于要进行本身的正确性审查。但假若适用法律规则可能导致个案的极端不公正的后果，此时就需要对法律规则的正确性进行实质审查，首先通过立法手段，其次通过法官之"法律续造"的技术和方法选择法律原则作为适用的标准。这样，我们就可以把这个条件用反面推论的方式确立为如下规则："法律原则不得径行适用，除非旨在实现个案正义。"当然，这个条件预设的情形也可以看作是法律规则漏洞的特例（即：例外规则或限定规则之漏洞）存在。也就是说，如果存在适用法律规则可能导致个案的极端不公正后果的情形，本来可以通过法律规则的例外规则或限定规则来加以解决的，然而，根据实在法规则无法确定或寻找到这样的例外规则或限定规则，于是，只得在个案中适用相关的法律原则作为弥补手段。

31.23 第三个条件："须有更强理由"。[1] 在判断何种规则在何时及何种情况下极端违背正义，其实难度很大，而且，即使能够判断法律规则的适用极端违背正义，由于法律规则本身所具有的"排他性"和作为行为理由、裁判理由的独断性，这使它有足够充分的理由阻断或排除法律原则的适用。此时，法律原则必须为适用第二个条件规则提出比适用原法律规则更强的理由，否则上面第二个条件规则就难以成立。也就是说，法律原则在此情形下需要至少完成

---

[1] 舒国滢：《法律原则适用中的难题何在》，载《苏州大学学报》（哲学社会科学版）2004年第6期，第19页。

两个使命：（1）作为评价—确认规范或证成规范对法律规则进行审查、检验，证明适用法律规则是极端违背正义的；（2）根据法律原则提出新的法律规则或引申出法律规则的例外规则或者限定规则。[1]德国当代法学家、基尔大学法哲学与公法学教授罗伯特·阿列克西（Robert Alexy）对此曾做过比较细致的分析。他指出：当法官可能基于某一原则P而欲对某一规则R创设一个例外规则R'时，对R'的论证就不仅是P与在内容上支持R的原则R.p之间的衡量而已。P也必须在形式层面与支持R的原则R.pf作衡量。而所谓在形式层面支持R之原则，最重要的就是"由权威机关所设立之规则的确定性"。要为R创设例外规则R'，不仅P要有强过R.p的强度，P还必须强过R.pf。或者说，基于某一原则所提供的理由，其强度必须达到足以排除支持此规则的形式原则，尤其是确定性和权威性。而且，主张适用法律原则的一方（即主张例外规则的一方）负有举证（论证）的责任。[2]显然，在已存有相应规则的前提下，

---

[1] 有关"原则转型"，见本书命题31.28。
[2] Robert Alexy, "Zum Begriff des Rechtsprinzips", in: *Rechtstheorie*, Beiheft 1 (1979), S.79.另见自颜厥安："法与道德——由一个法哲学的核心问题检讨德国战后法思想的发展"，载《政大法学评论》（台湾地区）第47期。或者说，按照罗伯特·阿列克西的想法，当法官可能基于某一原则P而欲对某一规则R创设一个例外规则R'时，他就不仅要在支持该法律规则的原则与支持例外的原则之间进行衡量，而且要在支持例外的原则与支持该法律规则有效的形式原则（例如，由正当权威在其权力范围内制定的规则必须被遵守的原则）之间进行衡量（Robert Alexy, *Theorie der Grundrechte*, Nomos Verlagsgesellschaft, Baden-Baden 1985, S. 91; Ders., *A Theory of Constitutional Rights*, trans. Julian Rivers, Oxford University Press, 2002, p. 58）。具体来说,法律人首先要确定有哪些法律原则可以适用于一个具体案件。其次，要确定原则与原则之间的优先关系，譬如有两个法律原则（转下页）

若通过法律原则改变既存之法律规则或者否定规则的有效性，却提出比适用该规则分量相当甚至更弱的理由，适用法律原则就没有逻辑证明力和说服力。据此，我们可以得出如下的条件规则："若无更强理由，不适用法律原则。"

31.24 纯粹的法律原则由于是"ought to be"的规范，未明示人们的行为标准和法院的裁判标准（行为之法律后果），是很难直接适用于个案作为案件事实的涵摄规范的。所以，在怎样适用法律原则上应当首先设定一个技术意义上的规则："若无中介，不得在个案中直接适用法律原则。"

31.25 只有通过这个中介，二阶法律规范（法律原则）在其作为一种规范存在的性质本身没有发生改变的情况下，在个案中担当法律规则的裁判功能或规范适用功能，被用作裁判规则。

31.26 那么，什么是法律原则适用的中介呢？这就是法律解释：按照德国法学家拉伦茨（Karl Larenz）的说法，解释乃是一种媒介行为，借此，解释者将他认为有疑义文本的意义，变得可以理解。[1] 若要适用法律原则，当然需要对此进行解释。

---

（接上页）$p_1$和$p_2$，那么就有两种优先关系：$p_1$优先$p_2$（记为：$p_1Pp_2$），$p_2$优先$p_1$（记为：$p_2Pp_1$）。再次，要确定原则之间的优先关系的条件，我们用C指称优先关系的条件，这样我们就得到：$(p_1Pp_2)$和$(p_2Pp_1)$C'。又次，要确定具体案件符合哪一种优先性的条件。最后，将优先性条件得到满足的法律后果适用于该案件（Robert Alexy, *Theorie der Grundrechte*, SS. 80-83; Ders, *A Theory of Constitutional Rights*, pp. 52-54）。

[1] 见［德］卡尔·拉伦茨：《法学方法论》，陈爱娥译，商务印书馆2003年版，第193页。

31.27 但是,解释并不能改变法律原则本身作为二阶法律规范存在的性质,法律原则的存在是一回事,法律原则的解释是另一回事。法律原则的解释只是将解释者所理解的意义或功能指向预设投射于法律原则,至多能够在限定的条件下延展或引申法律原则的意义。

31.28 尽管如此,只有通过解释,法律原则的抽象意义才变得相对具体,只有通过解释,才有可能在作为"ought to be"的规范的法律原则与人们的行为以及裁判者的裁判之间建立起论证的联系,促使法律原则的功能从规范证成转向规范适用,进而借助于在限定的条件下延展或引申手段来完成这个功能转化,最后被用作弥补法律规则漏洞的裁判规则。德国学者将这个过程称为"法律原则的具体化"(Konkretisierung des Prinzips)。[1] 我本人更愿意称之为"原则转型",[2] 即在个案中,二阶法律规范(法律原则)转型为

---

[1] 见卡尔·拉伦茨:《法学方法论》,第348页。
[2] 亚历山大·佩策尼克在《法律论证基础》中提出"法律转化"理论(Transformationen des Rechts)。他发现了这样一种现象:人类的认识和被证成的评价(gerechtfertigte Wertungen)经常依赖于从一个(认识)层面到另一个(认识)层面的"跳跃"(Sprüngen/jumps)或者"转化"(Transformationen),这些层面有"感知"(比如,亲眼看到一块有色彩和形状的场地)、"命题"(涉及个别事实及其价值)和"一般理论"(建构一般理论、自然法则、规范体系、价值体系)等。最简单的"转化"图式可以刻画为"pTq"——当且仅当下列条件得到满足,就可以从p 转化为q:(1)p的真值性(或有效性等)被陈述为确认q的真值性的一个充足理由;(2)p并非演绎地蕴涵q;(3)添加一个平常的、众所周知的("隐含的"[suppressed])前提并不会使从p到q的过渡成为一个演绎过程。然而,无论p还是q都可能包含不止一个命题,而且,它们也可能指代完全不同的事情或命题(感知,描述/认知性命题、评价性命题,等等),故此人们有可能使用更为复杂的(转化)图式:($p_1$,……,$p_m$,$Tq_1$……,$q_n$)(转下页)

一阶法律规范（法律规则，尤其是裁判规则）以及个案规范。这个转型过程可以分为不同的阶段：（1）确定哪些法律原则是个案应予适用的规范；（2）寻找这些有待适用之法律原则的"下位原则"（Unterprinzipien）；[1]（3）依据法律原则，提出更强理由宣告在个案中某个通行的法律规则不得适用，同时建构一个新的法律规则或引申出某个原有法律规则的例外规则或者限定规则；（4）法官考量受裁判之个案的具体情况，对建构的新法律规则或例外规则或者限定规则再作进一步的解释，形成"个案规范"（Fallnormen）或"技术意义的法条"（der Rechtssatz im technischen Sinne）。[2]

---

（接上页）（Aleksander Peczenik, *Grundlagen der juristischen Argumentation*, SS. 5-6; Ders., *The basis of legal justification*, pp. 3-4）。"转化"一词本身也可能包含许多完全不同的事情：有些转化是基础性的，每个人都把它们当作天生的秉性和文化传统的结果；另一些转化则是由特定的人群（比如法律人）来行使的；一些转化与一般化（比如，理论建构）有关联，另一些转化则与模糊概念的竞争解释之间的选择相关联，它们可能受到批评也可能得到辩护，可能被发现正确也可能被发现错误。它们不仅是有规律地重复的行为，而且也包含作为特殊种类之推论规则的"转化规则"（Transformationsregeln）：假如一个命题（或命题集）q从另一个命题（或命题集）p推导出来，一个推论规则可能证成这个推导，那么，由此，"若p，则q"之命题就可以得到证成（Aleksander Peczenik, *Grundlagen der juristischen Argumentation*, SS.7-8; Ders., The basis of legal justification, pp. 4-5）。基于上述分析，佩策尼克先后论述"规范转化""与权利相关联的转化""法律外部转化和法律内部转化"概念及问题（Aleksander Peczenik, *Grundlagen der juristischen Argumentation*, SS. 10ff, 15ff, 21ff; Ders., *The basis of legal justification*, pp. 6ss, 8ss, 12ss）。

1 以"法治国原则"为例，其包含一系列下位原则，诸如"依法行政原则""分权原则""法官独立原则""法律听证的权利原则""禁止溯及既往原则"等（见卡尔·拉伦茨：《法学方法论》，第349页）。

2 当代德国法学名家、慕尼黑大学法学教授沃尔夫冈·菲肯切尔（Wolfgang Fikentscher, 1928—2015）指出："个案规范"（Fallnormen）是对需要解决的案件事实附加一个对其予以规制的法律后果之客观法规则，即对个案的裁决适用的规范。个案规范是技术意义的法条（der Rechtssatz im technischen Sinne），作为法源，也可以称为（转下页）

31.29 原则转型仅具有个案的意义，它不改变原有二阶法律规范（法律原则）的性质，而是通过解释，在个案中逐步从二阶法律规范（法律原则）推导出现行实在法中尚未包含的法律规则或引申出某个原有法律规则的例外规则或者限定规则，逐步得出个案规范或"技术意义的法条"。所以，原则转型的情境条件有二：一是限于个案；二是以解释为中介。舍此二者，就不是这里所谈的原则转型。

31.30 最理想的原则转型过程，自然是从最上位的法律原则一步一步顺利地推导出个案规范或"技术意义的法条"。然而，这种理想通常难以实现。原则转型阶段的每一步骤在逻辑上都是跨度很大的，推导和论证的负担很重，也很复杂。其中，最困难的一步，是依据法律原则建构一个新的法律规则或引申出例外规则或者限定规则。因为根据原则提出新的规则或引申出例外规则或者限定规则，实际上是在个案中通过解释将法律原则转化为法律规则，将"ought to be"的规范转化为"ought to do"的规范。这两种法律规范之间能否转换、如何转换，需要更为精致的论证技术来加以证成，而且最好通过立法程序来完成这个转化，比如，在不改变法律原则的情况下，增设该法律原则所支持、确认的新法律规则或增设

---

（接上页）"法官法"（Richterrecht）或判例法，即由法官续造出来的法的内容。个案规范的总和是（客观）法，法条是法的原子（Wolfgang Fikentscher, *Methoden des Rechts in vergleichender Darstellung*, Bd. 4, J. C.B. Mohr [Paul Siebeck], Tübingen 1977, SS. 202, 218, 221-224）。

某法律规则的例外规则或者限定规则。

31.31 法律原则的适用并非法的适用的常态情形，而且在实行法治的国家，也不能把法律原则的适用当作法的适用的常态情形；法的适用的常态情形只能是法律规则的适用。在实行法治的国家，强调法律原则和法律规则的功能分殊，降低、减少法律原则适用的频率，是法治本身之应有之义。

## 命题 32 | 法律原则的适用不是"非此即彼"的

32.1 法律原则的转型过程并不简单是一个"直线式的"、单一方向的逻辑推演过程,而是一个由众多谈话主体参与对话的逻辑论辩过程,一个对流的(相向流动,gegenläufig)过程。[1] 在此过程中,一个法律原则只有通过主体之间的论辩和阐释,通过原则与原则间、原则与规则间之意义的"相互澄清"(wechselseitige Erhellung)才逐渐绽露出自己的规范意义,相对明确、具体的判断标准以及自身适用的范围和界限。

32.2 实际上,之所以要对原则与原则间、原则与规则间之意义进行"相互澄清",是因为在法律适用中,在法律原则转型的每个阶段,都有一个难题需要解决,即:当它们之间发生矛盾和冲突时如何确立优先选择的标准?在此意义上,法律原则的转型过程也是

---

[1] 简单地说,法律原则的转型过程不是论述者个人的独白,而是一种多主体的对话的逻辑论辩。有关对话逻辑,参见[加]道格拉斯·N. 沃尔顿:《对话逻辑的新方向》,冷述美、孙爱军节译,载《中华女子学院学报》,1994年第1期,第71页;刘方荣、张蕴:《法律事实证明的论辩对话逻辑结构模型论》,载《理论与改革》2016年第1期,第126页;李永成:《论辩术当代复兴综述》,载《重庆工学院学报》(社会科学版),2009年第4期,第18页。

不断排除它们的矛盾，确定优先规则的过程。只有经历此排除矛盾过程的法律原则才有可能最终成为法官在个案中适用的裁判规则。

32.3 诚如命题30所言，法律原则作为"ought to be"的规范，它并不是直接针对人们的行为的，不直接构成人们的行为理由。在法律规范规制行为的领域，法律规则不仅取代其他规范规制行为的领域作为比较、衡量行为理由强弱的领域，阻断了其他规范所规定的行为规则在个案中的直接适用，而且也阻断了法律原则在个案中的直接适用。

32.4 法律规则本身所提供的行为理由和裁判理由均采取"不矛盾律"和"排中律"[1]来确定的，也就是说，法律规则不会同时为人们提供两个或两个以上完全矛盾的行为理由，也不会同时为裁判者提供两个或两个以上完全矛盾的裁判理由。比如，说某个人的行为从法律的角度看既是合法的，同时又是违法的，这不符合法律规则的判断标准。法律规则必须在这个矛盾的判断中采取"排中律"，确认人的行为要么合法，要么违法。与此相对应，在适用方式上，法律规则是以"全有或全无的方式"（all-or-nothing fashion）应用于个案当中的：如果一条规则所规定的事实是既定的，或者这条规则是有效的，在这种情况下，必须接受该规则所提供的解决办法。或者该规则是无效的，在这种情况下，该规则对裁

---

[1] 有关"不矛盾律"和"排中律"的逻辑说明，参见本书命题5.9及其注释。

决不起任何作用。[1] 简单地说，当规则有效时，就必须按照规则的内容去做，不多也不少。

32.5 我们可以把法律规则的适用方式称为"排他性适用"，其完整意义可以概括为："在同样的适用条件下，不可能同时存在两个绝然相反的规则：矛盾的规则中一个有效，另一个必然无效，反之亦然。"

32.6 法律规则之间不可能存在规范上的矛盾，但可能存在事实上的矛盾。所谓事实上的矛盾，是指由于实在法制定的主体不同，实在法形成的前后时间不同，而存在实在法规则内容规定的不一致。在法律适用实践中，人类社会逐渐形成了一些解决实在法规则之间存在的事实上的矛盾之规定，比如，"上位法先于下位法""后法先于前法""特别法先于一般法"，等等。[2] 这里的"先于"实际上具有"排他性适用"的意思。也就是说，在个案中，假如上位法已经有了规定，那么与此矛盾的下位法规定不得适用；假如后法的规定是有效的，那么与此相矛盾的前法不得适用；如果某个法

---

[1] 罗纳德·德沃金在说明这一点时，曾举棒球规则的例子：在棒球比赛中，击球手若对投球手所投的球三次都未击中则必须出局。裁判员不能一方面承认三击不中者出局的规则有效，另一方面又不判三击不中者出局。这种矛盾在规则的情况下是不允许的（Ronald Dworkin, *Taking Rights Seriously*, Harvard University Press, 1977, p. 24. 汉译，见 [美] 罗纳德·德沃金：《认真对待权利》，信春鹰、吴玉章译，中国大百科全书出版社1998年版，第43页）。

[2] Robert Alexy, *Theorie der Grundrechte*, Nomos Verlagsgesellschaft, Baden-Baden 1985, S. 78; Ders., *A Theory of Constitutional Rights*, trans. Julian Rivers, Oxford University Press, 2002, p. 49.

律有特别的规定,那么在个案中特别的规定有效,一般的规定还不得适用。进一步说,"特别法先于一般法"还可以理解为:在个案中,假若认为存在着某个法律规则的例外规则或限定规则,例外规则或限定规则就一定是在个案中排除该法律规则之适用的规则;在这个语境中,例外规则或限定规则具有适用上的排他性。

32.7 所有的法律规则就其完整性和逻辑性而言都同时包含着一般规则和例外规则或限定规则,例外规则或限定规则越明确、详备,法律规则越确定。从法律规则的适用角度看,任何案件事实大体上可被规范所涵摄,案件裁判不是适用一般规则,就是适用例外规则。假若一个案件存在,既不能根据一般规则裁判,也找不到该规则的例外规则作为裁判根据,这个时候,实际上就显现出"法律规则的漏洞"。[1] 法律规则的漏洞是可以通过立法技术或者法律适

---

[1] "法律规则的漏洞",即"制定法的漏洞",有时也被称为"法的漏洞"(Rechtslücken)或"制定法上的缝隙(窟窿)"(Loch im Gesetz,英语译为gaps in the law/ gaps in the statutes)。按照德国法学家菲利普·赫克的理解,该词表达的意思是:人们所希望或期待存在的东西欠缺(Philipp Heck, "Gesetzesauslegung und Interessenjurisprudenz" [1914], in: Roland Dubischar [Red.], Philipp Heck, *Das Problem der Rechtsgewinnung. Gesetzesauslegung und Interessenjurisprudenz. Begriffsbildung und Interessenjurisprudenz*, Bad Homburg, Berlin/Zürich 1968, S. 104)。不过,另一些德国法学家(比如,卡尔·拉伦茨)更多地用"不圆满性"(Unvollständigkeit)来界定"漏洞"。在法律上是否存在"漏洞",需要从"法外空间"(rechtsfreier Raum)、制定法本身的观点、以制定法为根据的调整意图、由制定法追求的目的以及立法者的"计划"等角度来综合判断。从这些角度看,只有在非属"法外空间"的问题上欠缺规则且违反立法者的"计划",才有"漏洞"可言。纯粹内心的过程、行止、思想、感觉、意见、确信、好恶、打招呼、告别、称呼以及聚会的方式,所有涉及仪节、品味、礼俗领域的事项,法律都不宜积极调整,均属于"法外空间",法律对这些事项不调整,(转下页)

用方法论技术加以解决的。[1]

32.8 相对于法律规则的"排他性适用",法律原则即使可以在个案中适用,也不是直接具有排他性的。也就是说,它的适用不是"非此即彼"的。

32.9 由于法律原则不直接针对人们的行为或对行为的裁判,它对于行为或裁判而言不是决定性理由或确定性理由,而至多可以被看作是一种"表见性理由"(prima facie reason)。按照字面意义,所谓"表见性理由",就是指表面看起来理所当然的理由,或者我们日常生活中能够看到的普遍的常识性的理由,比如"忠诚""赔偿""感恩""公正""仁慈""自我实现""勿作恶",等等。然而,如果不区分条件,这些理由很可能成为"人不凭借论证自认为有理"的纯主观理由,而在没有比较衡量的情形下,人的纯主观理由既无绝对性,也无实际的对抗性。事实上,一旦加入特定条

---

(接上页)并不构成法秩序的漏洞(Karl Larenz, *Methodenlehre der Rechtswissenschaft*, 6. Aufl., Springer-Verlag, Berlin/Heidelberg 1991, SS. 371-373. 汉译,见[德]卡尔·拉伦茨:《法学方法论》,陈爱娥译,商务印书馆2003年版,第250—251页)。反之,所谓"制定法的漏洞"(Eine Gesetzeslücke)其实就是制定法"违反计划的不圆满性"(planwidrige Unvollständigkeit)。"违反计划的不圆满性"这个说法,最早见诸:Hans Elze, *Lücken im Gesetz. Begriff und Ausfüllung: ein Beitrag zur Methodologie des Rechts* (Dissertion, Halle, 1913), Verlag von Duncker & Humblot, München/Leipzig 1916, SS. 3-4. 与此相关的论述,参见Claus-Wilhelm Canaris, *Die Feststellung von Lücken im Gesetz: Eine methodologische Studie über Voraussetzungen und Grenzen der richterlichen Rechtsfortbildung praeter legem*, 2. Aufl., Verlag von Duncker & Humblot, Berlin 1983, SS. 16-17;"法外空间"概念的讨论,参见Wolfgang Fikentscher, *Methoden des Rechts in vergleichender Darstellung*, Bd. 4, J. C. B. Mohr (Paul Siebeck), Tübingen 1977, S. 160ff。

1 参见黄茂荣:《法学方法与现代民法》,中国政法大学出版社,2001年版。

件,"表见性理由"并非绝对的理由,而是相对的理由或"有条件的理由",是有可能被其他理由所取代的理由。

32.10 如此看来,"表见性理由"实际上是适用条件不明的理由,适用条件不明的理由当然不得直接作为行为理由或裁判理由,否则人们无论怎样根据适用条件不明的理由来行为或者裁判者据以进行裁决都是有道理的,如此反而容易使法律规范失去作为行为理由的根据。

32.11 与此相对照,对于行为或裁判而言,法律规则是决定性理由或确定性理由,原因在于法律规则本身是限定(行为和裁判)条件的规范,在其所规定的行为条件或裁判条件下,法律规则就是独断性理由或决定性理由,它的适用就是排他性的。

32.12 如果我们进一步考察法律规则的漏洞,那么就会看到,法律规则的漏洞当然也包括法律规则行为条件和裁判条件规定不详、不明确而形成的漏洞,确定法律规则的例外规则或限定规则,也就是在确定法律规则适用的例外条件或限定条件。[1]

---

[1] 早在20世纪初期,菲利普·赫克在自己的著作中就详细地讨论了"有意的漏洞"(gewollte/bewußte Lücke)或"广义的漏洞"(Lücke im weiteren Sinn,指所有"评价式的诫命形成"的情形)、"真正漏洞"(echte Lücken)、"狭义的漏洞"(Lücken im engeren Sinn)或"无意的漏洞"(ungewollte Lücken)、"(立法者)观照的漏洞"(Anschauungslücken)、"完全漏洞"(Totallücken,即诫命根本不存在的漏洞)和"相对漏洞"(relative Lücken,诫命的内容相对不确定的漏洞)、"构成要件漏洞"(Tatbestandslücken,即诫命中构成要件缺乏的漏洞)和"法律后果漏洞"、(Rechtsfolgelücken,即诫命中法律后果缺乏的漏洞)、涵摄大前提不适当的"漏洞"、"碰撞漏洞"(Kollisionslücken)或"替代性漏洞"(Alternativlücken)、(转下页)

32.13 法律原则本身并未规定行为的条件或裁判的条件，所以它们不能直接担当法律规则的功能，它们只有透过对法律规则的评价—确认而与行为、裁判建立起联系，通过转型才被用作裁判规则。在原则转型过程中，原则的适用条件逐步得到限定，它被用作裁判规则的可能性才渐次得以满足。

32.14 法律原则的转型在很大程度上取决于能否找到适用的具体条件，能否从法律原则之"人在通盘考虑（或深思熟虑）下应该去做什么"的理由中获取或引申出"人在一定条件有义务做什么"的理由。此时，所谓"人在一定条件有义务做什么"的理由，实际上是指：根据一个规范 N 为任一行为人 X 规定以条件 C 的方式做某种行为 A 的义务，行为人 X 被规范 N 要求以条件 C 的方式做某种行为 A，不必再通过"通盘考虑"（all things considered，深思熟虑）来权衡选择自己行为的理由。[1]

32.15 "区分条件"和"细分条件"是法律原则适用的技术性要求。[2] 在"区分条件"和"细分条件"时，我们必须看到这样两种情形：（1）某一法律原则适用于多个条件或不特定的条件；

---

（接上页）"原初漏洞"（die primäre Lücken，第一性漏洞）、"次生漏洞"（die sekundäre Lücken，第二性漏洞），等等（Roland Dubischar ［Red.］, Philipp Heck, *Das Problem der Rechtsgewinnung.Gesetzesauslegung und Interessenjurisprudenz. Begriffsbildung und Interessenjurisprudenz*, SS. 103-105, 175-176）。

1　参见本书命题51.21和命题52.15。
2　关于"区分条件"和"细分条件"，参见本书命题35.7。

（2）不同的法律原则适用于某一特定的条件。第一种情形是法律原则自身的特性之表现，或者说，由于法律原则不规定行为的条件或裁判的条件，它们有可能适用于场合完全不同、种类完全有别的条件，这个时候，法律原则的适用条件实际上是不明的、待定的；第二种情形是法律原则适用中实际存在的情形，也是法律原则真正发生冲突的情形。

32.16 由于不同的法律原则在同样的适用条件下，可能会指向不同的方向和结果，所以有必要衡量在该条件下到底哪一个原则具有更占优势的强度或更重的分量，由此确定某一个原则是优胜的原则或优先适用的原则。一旦某个法律原则成为优胜的原则或优先适用的原则，该原则实际上就可以用作个案的裁判规则，在衡量中落败的相反原则就在个案中被排除适用。然而，这种排除不是像法律规则那样"非此即彼"地排除，一个在个案中优胜的原则或优先适用的原则并不排除与它相左的法律原则的存在。如果条件发生改变，在某个个案衡量中落败的原则或许会重新胜过曾经优胜的或优先适用的原则，被用作个案的裁判规则。

32.17 从上述的分析可见，法律原则本身的所谓强度和分量不是固定不变的，而是随着适用条件的增加或减少，随着适用条件本身的变化而变化。故此，我们也可以说，法律原则的强度和分量是

"条件依赖"的。[1]

32.18 在个案中，衡量法律原则的强度和分量，首先必须"区分条件"和"细分条件"。其次，要考察和论证法律原则与所区分的适用条件或细分的适用条件之间的相干性和适切度。在这里，我们可以找到一些比较明显的判断标准，比如：在相互冲突的法律原则中，只有与所区分的适用条件或细分的适用条件最相密切或最相适切的原则是最有强度和分量的原则，也是优胜的原则或优先适用的原则；反之，与所区分的适用条件或细分的适用条件毫无关联或最不适切的原则就是落败的原则，即在个案中被排除适用的原则。在这两种截然分明的情形之间，尚可区分出法律原则与所区分的适用条件或细分的适用条件之间的相干性和适切度的中间状态：比如，"较多或较少的相干性和适切度""程度很高或程度很低的相干性和适切度"。当然，我们还可以细分判断的维度和标准，比如"本质或非本质的相干性和适切度""主要方面或次要方面的相干性和适切度"，等等，这些判断标准并非在逻辑上是不相容的，它们可以被用来综合衡量冲突的法律原则之强度和分量。

32.19 法律原则与法律规则之间是否发生冲突？其实，这个问题并不是一个真问题。如上所述，法律规则和法律原则是两类性质不同的法律规范，一个是行为规范（法律规则），一个是证成规范

---

[1] 参见舒国滢主编：《法理学导论》（第三版），北京大学出版社2019年版，第116—117页。

（法律原则），它们各司其职，并无冲突可言。只是在法律规则出现漏洞时（例外规则或限定规则的缺失也可以算作法律规则的漏洞），法律原则才被当作弥补法律规则漏洞的形式，通过转型而被用作裁判规则。即使在为"实现个案正义"而适用法律原则的情形下，法律原则也不能直接与法律规则进行比较、衡量，而是同支持法律规则的实质法律原则和形式法律原则进行比较、衡量，若在强度上胜过后者，才可以创设为该法律规则创设例外规则或限定规则。[1] 在实质法律原则和形式法律原则保护之下，法律规则作为行为理由和裁判理由是免于衡量的，故此，也可以说，法律规则也可以被称为"免于衡量的规范"（abwagungsfreie Normen）。

32.20 根据命题 30.5，法律原则作为宣示法律理念、目的、利益或法律价值的规范，它们与法律理念、目的、价值、利益之间具有一种深层的亲缘关系。

32.21 应当看到：各个法律原则所反映的利益和价值不完全相同，例如有的原则强调安全和秩序，有的原则体现自由和个人自治，有的原则突出社会利益，有的原则保护个人价值，不一而足。所以，在适用的过程中法律原则间的冲突不可避免，例如，要保证社会正义原则的实现，在很大程度上就必须以牺牲效率原则作为代价；同样，在平等原则与自由原则之间、正义原则与自由原则之间

---

[1] 相关的论述，参见本书命题31.22。

也都会出现矛盾，甚至某些情况下还会导致"舍一择一"局面的出现。能否找到一种清晰、便捷、科学并且一劳永逸的方案来处理这种矛盾，就成为法学家们追求的梦想。

32.22 很自然，人们首先想到了通过排序的方式来确定法律原则的位阶，建构法律原则体系的理想方案。假如能够寻求一种方式把诸法律原则及其代表的利益和价值进行数量分析和纲目归类，甚至建立法律原则及其所代表的利益和价值[1]的"门捷列夫式化学元素表"，那么似乎就能够彻底解决法律原则之间适用的冲突问题。因为有了这张"化学元素表"，法官按图索骥，就能够确定每个法律原则的位序、构成元素、分量以及它们的计量方法。法律原则的适用变得像数学计算一样精确和简单。[2]其实，尽管法学家不断地

---

[1] 罗伯特·阿列克西在1985年出版的《基本权利论》中，从逻辑的角度对原则和价值之间的区别进行了分析，见Robert Alexy, *Theorie der Grundrechte*, Nomos Verlagsgesellschaft, Baden-Baden 1985, S.133f.

[2] 历史上，在格奥尔格·弗里德里希·普赫塔之后，"法律公理体系之梦"风行一时，众多一流的法学家曾经为之倾心。实际上，根据"理性建筑学"（Architektonik der Vernuenftigkeit）标准来建构概念清晰、位序适当、逻辑一致的法律公理体系，对于所有的法学家都有难以抵御的魅力。道理很简单：假如法学家能够将法律体系的各个原则、规则和概念厘定清晰，像"门捷列夫化学元素表"一样精确、直观，那么他就从根本上解决了千百年来一直困扰专业法律家的诸多法律难题。有了这张"化学元素表"，法官按图索骥，就能够确定每个法律原则、规则、概念的位序、构成元素、分量以及它们计量的方法，只要运用形式逻辑的三段论推理来操作适用规则、概念，就可以得出解决一切法律问题的答案。法律的适用变得像数学计算一样精确和简单，所有的案件均能够依照纯粹逻辑的方式加以涵摄。依照后世学者（比如，温德沙伊德）的话说，"判决就是将法律概念作为（数学）因数进行计算的结果；自然，因数值愈确定，计算所得出的结论则必定愈可靠。……只有通过全面把握法律概念，真正的法律体系，即法条的内在相互依存性才可能产生。"（Bernhard Windscheid, *Lehrbuch des Pandektenrechts*, Bd. I, 3. Aufl.,（转下页）

在此方向上殚思竭虑，至今尚未见到有人绘制出这张图表。原因在于法学家很难像数学家那样进行纯粹的公式推演，法律原则不能不在事实与规范之关联维度上加以考察，并在其中考量它们之间的位序关系。假如我们仅在事实维度来思考原则的位序，通过规范剪裁的事实本身就不能作为判断法律原则先后高低的基准，或者说事实反过来求助于法律原则作为评价的标准。如果我们仅在规范维度来为法律原则排序，那么无论我们怎样精确地确定原则计算的数值，都会成为一种"不及物"的空洞运算，难以成为真正有价值的原则之冲突解决方案。而且，人为地为法律原则确定自始先后高低的位序，强调一些价值自始优先于另一些价值，还可能导致德国法学家卡尔·施米特（Carl Schmitt, 1888—1985）所言的"价值专制"（die Tyrannei der Werte）。[1]

32.23 在此方面，我本人还是坚持认为，如果一定采取排序方案，那我们只能实现有限的目标，确立解决较为明显的法律原则冲突的优先规则：如"宪法的原则优先于普通法律的原则""上

---

（接上页）Verlagshandlung von Julius Buddeus, Düsseldorf 1870, §24, S. 59）这种信念可以简括地称为"法学实证主义教义（信条）"。按照这种教义（信条），只要遵循法律公理体系构建的原则，法的产生就如同收割庄稼一样自然，司法就像自动售货机操作一样简单（相关的评论，参见Horst Heinrich Jakobs, *Wissenschaft und Gesetzgebung im bürgerlichen Recht: nach der Rechtsquellenlehre des 19. Jahrhunderts*, Ferdinand Schöningh, München 1983, SS. 16-17）。有关"法律公理体系之梦"，亦见本书10.2及其注释。

1 Carl Schmitt, "Die Tyrannei der Werte"（1959）, in: *Säkularisation und Utopie. Ebracher Studien: Ernst Forsthoff zum 65. Geburtstag*, W. Kohlhammer Verlag, Stuttgart/Berlin/Köln/Mainz 1967, SS. 37-62.

位法律的原则优于下位法律的原则""新法的原则优于旧法的原则""后法的原则优于前法的原则"。但这些都是非常笼统的,如果细究起来还需要分析所谓"新法""后法"的哪些原则与"旧法""前法"的哪些原则是可以比较、衡量的,不可比较、衡量的原则之间很难排序。

32.24 总之,一个国家到底选择什么样的法律制度模式,是一个值得认真对待的大问题。假如说法律规则构成了法律制度之刚性部分,那么法律原则就构成了这种制度的柔性部分。当然,理想的法律制度是保持其法律制度之主体的刚性和硬度,同时也具有一定的柔性和开放度。[1] 在实现这个理想的过程中,法律原则适用的学理研究将会为法律制度的设计和司法裁判提供理论上的支持。

---

[1] 有关法律制度的柔性和开放度,参见[德]克里斯蒂安·斯塔克:《法制度的弹性》,陈爱娥译,载《中兴法学》(台湾地区),总第42期。

# 五 | 体系、结构与效力

· 命题33—40

- 33. 凡法律规范均构成体系，并在法律体系结构中有效
- 34. 离开法律原则，无从认识法律体系的结构
- 35. 法律体系结构诸关系通过法条加以展开
- 36. 法律体系的运行功能在于规范内部统一和因应外部变化
- 37. 法律体系是动态的
- 38. 法律体系的效力不能由法律体系本身证明，它的效力基础在体系外部
- 39. 法律体系是经赋予并确认有效的
- 40. 法律体系是制度化的，依靠制度化运作

## 命题 33 | 凡法律规范均构成体系，并在法律体系结构中有效

33.1 任何一部法律，哪怕最简单的法律，都不可能只有一个法律规范构成。

33.2 同样，在任何一部法律中，任何一个法律规范都不是孤立地存在着的，它们总是与其他法律规范一同存在。

33.3 任何在一部法律中一同存在的诸法律规范之间并非随便杂乱地堆积在一起，它们相互联接，形成一个结构整体，我们可以把这个结构整体称为"法律体系"。[1]

33.4 当且仅当一个规范属于法律体系时，它才"在法律上存

---

1 黑格尔说："法必须通过思维而被知道，它必须自身是一个体系，也只有这样它才能在文明民族中发生效力。"（[德]黑格尔：《法哲学原理》，范扬、张企泰译，重印本，商务印书馆1982年版，第220页）约瑟夫·拉兹在《法律体系的概念》"导言"中指出：从分析的角度出发，一种完整的法律体系理论应该包括对如下四个问题的回答：（1）存在问题："一种法律体系存在的标准是什么？……"（2）特征问题（以及与之相关的成员资格问题）："决定一种法律归属与某一体系的标准又是什么？……"（3）内容问题："有没有一些法律，它会以这样或那样的形式出现在所有的法律体系中或者某类体系中？……"（4）结构问题："所有的法律体系是否都有一个共同的结构？……"（[英]约瑟夫·拉兹：《法律体系的概念》，吴玉章译，中国法制出版社2003年版，"导言"，第2—3页）

在",才被称为"法律规范"。在此意义上,法律规范的存在取决于法律体系的存在,法律体系不存在,单个法律规范即使存在,也难以确定其存在的意义和目的。[1]

33.5 这毋宁是说,任何法律规范都必然在体系中存在,必然作为整个法律体系的构成因素。

33.6 一个规范是否属于法律体系,需要满足四个条件:(1)它以正当的程序被接受并加以颁布;(2)它没有被废止;(3)它在同一个体系中与其他规范之间没有矛盾;(4)如果它们之间存在矛盾,一定存在解决这种矛盾的冲突规则。[2]

33.7 法律规范在体系中存在,实际上也是在体系结构中存在。[3]因为法律体系是各个法律规范作为组成部分(或要素)之间相互联系、有序搭配所形成的统一体或者整体结构,所以法律规范在体系结构中的存在也是一种关系的存在。这种关系的存在在结构中表现为:(1)法律规范之间的相互关系,即:一个法律规范与其他法律规范之间是如何联接的?(2)法律规范与法律体系之间的关系,

---

[1] 该命题所讨论的就是约瑟夫·拉兹所讲的存在与特征问题,也称"法律的个别化"(individuation of laws)问题(参见约瑟夫·拉兹:《法律体系的概念》,第4章):在何种意义上,我们才可以说存在一个法律规范?或者说,需要满足哪些条件,才可以说某个规范是一个法律规范?法律个体化理论的主要目的就是要分隔出基本的法律单元。这样做可以为具体法律规范的讨论和适用提供便利,也可以促进对于法律的分析(参见徐显明主编:《法理学原理》,中国政法大学出版社2009年版,第112—113页)。
[2] 相关的说法,亦见约瑟夫·拉兹:《法律体系的概念》,第20页。
[3] 约瑟夫·拉兹:"如果单个法律存在,那么,法律体系也存在。"(约瑟夫·拉兹:《法律体系的概念》,第20页)

即：法律规范与整个体系是如何联接的？

33.8 应当说，法律体系像任何其他结构一样具有整体性（totality）、关联性（interlocking）和自调性（autoregulation）。法律体系的整体性指诸法律规范构成一个统一的整体，它们从整体中获得作为构成部分的性质；法律体系的关联性是指体系内的每个法律规范都与其他法律规范相依存，并且只能在与其他法律规范的关系中存在；法律体系的自调性是指各种法律规范在该体系范围内部有序运作，自成一体，协调发生作用。[1]

33.9 在法律体系内，法律规范作为体系的构成因素是相对独立、相对自治的，每个法律规范的存在及功能均不可完全由其他法律规范所取代或取消；另一方面，每个法律规范又是在结构关系中存在的，它们之间又不可能不相互发生影响，它们不得脱离法律体系之结构框限。

---

[1] 亚历山大·佩策尼克在《法律论证基础》中提出与"法律的识别与证成"（die Identifizierung und Rechtfertigung des Rechts）相关的两个步骤：第一步是确定某个既定规范的内在法律特性（即，一个规范是不是法律规范，通常由规范体系决定，需要通过某个规范体系来"识别"：比如，某个刑法规范是不是法律规范，这要看它是否属于瑞典法）；第二步是确定这个（作为单个规范识别基础的）规范体系之外在法律特性（即，识别一个规范体系整体［比如，瑞典法作为整体］是不是一个法律体系）。这两个步骤涉及两种转化：第一步涉及"法律内部转化"（die Transformation innerhalb des Rechts），第二步涉及"法律外部转化"（die Transformation in das Recht）。它们又有关"法""法律体系""有效法"等概念的理解及一系列相关的"范畴—转化"（die Kategorie-Transformation）和"标准-转化"（die Kriterien-Transformation）（Aleksander Peczenik, *Grundlagen der juristischen Argumentation*, Springer-Verlag, Berlin/New York 1983, SS. 20ff, 22ff, 24ff, 31ff; Ders., *The basis of legal justification*, Infotryck AB Malmö, Lund 1983, pp. 11ss, 12ss, 13ss, 17ss.）。

33.10 在法律体系之结构框限，法律规范之间内在的联接关系和形式是多种多样的。

33.11 若一个规范（$N_1$）或一些规范与另一个规范（$N_2$）或另一些规范互不隶属，但它们之间又存在意义上的联系，具有互释性（相互诠释的性质），我们就可以把它们的关系看作是"意义联接关系"。比如，规定人们之权利的规范（规则）与规定有关该种权利之义务的规范之间的关系就是如此，这些规范（规则）的意义可以相互诠释。许多规范性术语可以作为两个或两个以上内在相关规范建立联系的桥梁。像"买卖""赠与""遗嘱""合同""所有权""抵押"这些规范性术语出现在不同规范的规定当中，有些规范将权力授予给所有权人，有些规范要求所有权人从事一定的行为或者给予他们排他性的许可权，还有一些规范要求他人针对所有权人从事一定的行为，等等。显然，这些规范之间存在着可以相互诠释的意义联接关系。

33.12 若有一组规范（$N_1$，$N_2$，$N_3$，……$N_n$），它们处在法律体系之不同层级（或等级）结构中，相互之间具有层级（或等级）上的依赖性，其中，一个（比如$N_1$）或一些规范（比如$N_2$，$N_3$，$N_4$）处在上位的结构之中，另一个规范（比如$N_5$）或一些规范（比如$N_6$，$N_7$，$N_8$）处在下位的结构之中，那么这些规范之间（至少$N_1$与$N_5$，$N_6$，$N_7$，$N_8$或者$N_2$，$N_3$，$N_4$与$N_5$，$N_6$，$N_7$，$N_8$）的关系就属于一种"层级（或等级）联接关系"。不同规范之间的层级

（或等级）联接关系又可以分为这样几种情形：（1）创生和派生关系。下位结构中的规范是由上位结构中的规范或者是根据上位结构中的规范创生的；在此意义上，没有上位结构中的规范，就没有下位结构中的规范；上位结构中的规范是创生规范，下位结构中的规范是派生规范。（2）废止关系。上位结构中的规范在一定事实或条件产生时废止或终止下位结构中的规范之存在。（3）不矛盾或不抵触关系。下位结构中的规范在内容上不与上位结构中的规范相矛盾或相抵触。

33.13 若有一组规范，其中一个或一些规范构成另一个规范或一些规范的条件，那么这些规范之间的关系就属于一种"条件联接关系"。规范的条件联接关系可以分为这样几种：（1）存在之条件关系。一个或一些规范的存在是另一个规范或另一些规范存在的条件，它们之间就具有存在之条件联接关系。比如，行使创制规范权力所产生的规范以授予该权力的规范之存在作为前提条件。（2）适用条件关系。一个或一些规范的遵守或违反是另一个规范或另一些规范适用的条件，它们之间就存在着适用条件联接关系。比如，违反行为规则构成适用裁判规则的条件，违反实体法规范构成适用程序法规范的条件，等等。（3）限定关系。一个或一些规范的规定是另一个规范或另一些规范内容的限定条件，它们之间就存在着限定关系。比如，《民法典》第六编"继承"中有关"特留份"的规定，是有关立"遗嘱"之规定的限制性条款，这些规定形成限制关系。（4）例外关系。

一个或一些规范的规定是另一个规范或另一些规范的例外规定，那么这些规范之间就存在着例外关系。在法律上，表达这种例外关系的规定通常采取这样的语句："……，除非……"。比如，"禁止任何人在办公大楼前停车，除非另有规定。"假如另有规定允许在夜间或者紧急情势下临时停车，那么这些规定就与"禁止任何人在办公大楼前停车"的规定形成例外关系。[1]

33.14 考察法律规范之间内在的联接关系和形式实际上也是在考察法律规范的效力问题。[2] 我们说，当且仅当下列条件得到满足时，一个法律规范在法律上就是有效的：（1）该规范（$N_1$）属于法律体系（S），系该法律体系的构成因素；（2）该规范（$N_1$）与另一个规范（$N_2$）或另一些规范（$N_3$, $N_4$, $N_5$, ……$N_n$）存在着可以相互诠释的意义联接关系；或者（3）该规范（$N_1$）与另一个规范（$N_2$）或另一些规范（$N_3$, $N_4$, $N_5$, ……$N_n$）存在着层级（或等级）上的依赖性；或者（4）该规范（$N_1$）与另一个规范（$N_2$）或另一些规范（$N_3$, $N_4$, $N_5$, ……$N_n$）具有存在、适用、限定和例外的条件关系。

33.15 我们把法律体系内部各规范的效力称为"法律体系的内部效力"，而把法律体系本身的效力称为"法律体系的外部效

---

[1] 有关这些规范之表达（法条）关系的进一步说明，参见本书命题35的展开。
[2] 有关这一问题的论述，参见［奥］凯尔森：《纯粹法理论》，张书友译，中国法制出版社2008年版，第81—82页。

力"。[1] 法律体系的内部效力可以看作是法的应然效力或形式效力（formal validity），它不涉及法的事实效力（factual validity）或实然效力，也与价值效力（axiological validity）或道德效力没有直接的关涉。[2] 或者说，只要一个法律规范满足命题33.14所列条件，不管它事实上是否得到人们的遵守（事实有效），也不管它是否得到法律之外之价值—道德认可（价值有效或道德有效），它就是"在法律上有效的"。

33.16 这也可以理解为：在形式上，在法律体系内部，"效力"是先于"遵守"事实的，也是先于规范承受者之价值—道德评价的。至于法的应然效力或形式效力（formal validity）是否在一般意义上先于法的价值效力或道德效力，这个问题涉及"法律体系的外部效力"，容后再论。

---

[1] 有关"法律体系的内部效力"和"法律体系的外部效力"，详见本书命题38的展开。
[2] 有关法律效力（应然效力）、现实效力（实然效力）和道德效力（认可效力或确信效力）的分别论述，参见［德］魏德士：《法理学》，丁晓春、吴越译，法律出版社2005年版，第148—150页。相关的研究，另见［德］罗伯特·阿列克西：《法概念与法效力》，王鹏翔译，台北五南图书出版有限公司2013年版，第132—139页。

## 命题 34 | 离开法律原则，无从认识法律体系的结构

34.1 任何法律体系都可以划分出不同层次的子体系（$S_1$, $S_2$, $S_3$, ……$S_n$ 或者 $S_1'$, $S_2'$, $S_3'$, ……$S_n'$），这些子体系是同类法律规范构成的单位。比如，宪法体系是由若干宪法规范（$N_{b1}$, $N_{b2}$, $N_{b3}$, ……）形成的子体系；民法体系是由若干民法规范（$N_{C1}$, $N_{C2}$, $N_{C3}$, ……）形成的子体系；刑法体系是由若干刑法规范（$N_{p1}$, $N_{p2}$, $N_{p3}$, ……）形成的子体系；其他子体系以此类推。

34.2 法律体系的子体系在法学上通常也被称为"法律部门"。考察法律体系实际上首先就是要考察法律部门，因为所谓法律规范在体系中的存在其实就是法律规范在法律部门中的存在。法律规范不可能杂乱地堆垒在一起形成体系，所谓体系，一定是同类的事物按照一定的秩序和联系组合而成的整体，同类法律规范形成的结构就是法律部门。

34.3 关于"什么是同类法律规范"，学者间并无统一的标准。法学上大体持"调整对象"说。[1] 调整对象说又可分为"调整行为"

---

1 见舒国滢主编：《法理学导论》（第三版），北京大学出版社2019年版，第124—125页。

说和"调整关系"说两种："调整行为"说，是指判断法律规范是否同类，根据其调整行为的性质和类型作为标准，即：调整民事行为的法律规范属于民法部门，调整行政行为的法律规范属于行政法部门，调整犯罪行为的法律规范属于刑法部门，调整诉讼行为的法律规范属于诉讼法部门，其他以此类推。"调整关系"说，是指根据法律规范调整关系的性质和类型作为标准判断它们是否同类，从而确定它们各自所属的法律部门。照此标准，调整作为平等主体的公民之间、法人之间、公民和法人之间等的财产关系和人身关系的法律规范属于民法，调整国家行政管理活动中各种社会关系的法律规范属于行政法，调整平等主体之间的商事关系的法律规范属于商法，调整各诉讼参与人之间诉讼关系的法律规范属于诉讼法，其他以此类推。

34.4 传统法学把法律体系分为六个法律部门，即：宪法、民法、刑法、民事诉讼法、刑事诉讼法、行政法，俗称"六法"。[1]其后，

---

[1] 据认为，"六法"之说是从法国"五法典"发展而来的。1804年后，法国先后颁布《民法典》《商法典》《民事诉讼法典》《刑事诉讼法典》和《刑法典》，故称"五法典"。日本明治初年，箕作麟祥（1846—1897）把法国法典译成日文，总其名曰《法兰西法律书》，并把法国宪法列于首位，遂成为"六法"。后来，日本将国内法律汇编成册，冠名《六法全书》。中华民国政府立法沿用日本分类汇编，初期也分宪法、民法、刑法、商法、民事诉讼法、刑事诉讼法六门。1929年之后，民国政府立法采用"民商合一"原则，六法始有宪法、民法、刑法、民事诉讼法、刑事诉讼法、行政法之说，后者为学界主流观点，以此分类编《六法全书》（参见《六法全书》［袖珍］，吴经熊勘校，上海会文堂新记书局1941年版）不过，随着中华人民共和国即将建立，中国共产党中央委员会于1949年2月发布《关于废除国民党的六法全书与确定解放区的司法原则的指示》，其第5条明确规定："在无产阶级领导的工农联盟为主体的人民民主专（转下页）

在"六法"中又发展出经济法、劳动法与社会保障法等部门。[1]

34.5 法律部门之内尚可分出下一层次或下一些层次的子体系（$S_1'$, $S_2'$, $S_3'$, ……$S_n'$ 或 $S_1''$, $S_2''$, $S_3''$, ……$S_n''$），比如民法可以分为人法、物权法、债法、继承法、婚姻法等，行政法分为行政主体法、行政行为法、行政组织法等，商法分为公司法、证券法、票据法、保险法、企业破产法、海商法等。[2]

34.6 说到底，法律规范之间相互诠释的意义联接、层级（或等级）上的依赖性、存在、适用、限定和例外的条件关系等首先表现在最低层次的子体系当中，只要确定了最低层次的子体系，法律规范在法律部门乃至整个法律体系中的脉络关联就容易确定。反之，如果不知道法律规范在最低层次的子体系中的联接关系和联接方式，实际上也不能径直对法律规范在法律部门以及整个法律体系中的脉络关联做出判断。

34.7 相应的，法律体系内的子体系层次越清晰，就越容易寻找

---

（接上页）政政权下，国民党的六法全书应该废除。"自此，中华民国政府的《六法全书》在中国大陆被废除，"六法"仅作为一个法律分类而存在。相关的资料，参见《中国大百科全书·法学》，中国大百科全书出版社1984年版，第393页。

[1] 2011年3月10日，中国宣布"中国特色社会主义法律体系已经形成"。按照构想，中国的法律体系大体由在宪法统领下的宪法及宪法相关法、民法商法、行政法、经济法、社会法、刑法、诉讼与非诉讼程序法等七个部分（部门）构成，包括法律、行政法规、地方性法规三个层次（参见吴邦国："全国人大常委会工作报告"［2011年3月10日］；国务院新闻办公室："《中国特色社会主义法律体系》白皮书"［2011年10月27日］）。

[2] 见舒国滢主编：《法理学导论》（第三版），北京大学出版社2019年版，第127—128页。

到各法律规范之间的联接关系和联接方式。所以，在法教义学上，科学地划分法律部门，并且合乎逻辑地确定法律部门之不同层次的子体系，这对于清晰地揭示各法律体系、法律部门以及法律部门子体系结构中的脉络关联是至关重要的。在这里，法律体系与法学理论体系之间具有共生关系：法律体系是法学理论体系的述说对象，法学理论体系可以为法律体系的建构及与子体系、法律规范之间的脉络关联提供概念分析、解释和推理的原理及技术方法。[1]

34.8 在科学地划分法律部门及其子体系、确定法律规范的脉络关联过程中，应当看到法律原则所具有的功能及意义。[2]

34.9 任何一阶法律规范（法律规则）的创制或规定都受特定的指导性法律思想、原则或一般价值标准的支配。正是在这个意义上，我们才把法律原则称作是二阶法律规范，即：一阶法律规范（或法律规则）的证成规范或评价—确认规范。

34.10 一阶法律规范（法律规则）直接针对人们的行为，它们对人们的行为进行规制。然而，规范创制者或规定者并非毫无目的、毫无逻辑地任意规制人的行为。他们必须对所要规制的行为和行为结果预先进行"事实可能性"和"法律可能性"的评价。"事实可能性"主要是考量和评价"人的行为 A 在某种条件 C（包括时

---

[1] 参见本书命题10.5、10.7、10.8以及相关注释。
[2] 见［德］卡尔·拉伦茨：《法学方法论》，陈爱娥译，商务印书馆2003年版，第348页及以下页。

间和空间条件）下能否实际地完成某事"，换言之，若人在条件C下不能实际地完成某事，法律不应强其所难，因为凡人所无法做到的，也不能为法律所要求；"法律可能性"是指行为的规制能够在法律上得以证成，所谓在法律上得以证成，实际上就是通过法律原则加以证成。比如，我国《民法典》第143条规定："具备下列条件的民事法律行为有效：（一）行为人具有相应的民事行为能力；（二）意思表示真实；（三）不违反法律、行政法规的强制性规定，不违背公序良俗。"这个规定对于民事法律行为有效的实质要件一并考虑了"事实可能性"[1]（行为人具有相应的民事行为能力）和"法律可能性"（意思表示真实；不违反法律、行政法规的强制性规定，不违背公序良俗）。同样，《民法典》第144条有关"民事行为无效"和第151条有关"可撤销的民事行为"的规定也考虑到"事实可能性"（"无民事行为能力人实施的民事法律行为"）和"法律可能性"（"显示公平"）。由于"事实可能性"考量也可以通过法律原则表述（比如上述《民法典》有关行为能力的规定可以表述为"无行为能力者行为无效"原则），故此，无论"事实

---

[1] 在法律上有一句格言："法律不强人所难。"（拉丁语：Lex neminem cogit ad vana seu impossibilia. 英语：The law compels no one to do vain or impossible.）其意思直译为：法律不强求不可能的事项或法律不强求任何人履行不可能履行的事项，即：法律不能命令人们实施不可能实施的行为，也不能禁止人们实施不可避免的行为。从规范角度看，这句格言强调人们的行为的"事实可能性"，并以此作为判断行为对错、正当与否的标准。相关的论述，参见张明楷：《刑法格言的展开》，北京大学出版社2013年版，第396页及以下页；另见张明楷：《法律不强人所难》，载《法律与生活》2016年第21期。

可能性"的评价,还是"法律可能性"的评价都可以转化为法律原则的评价。在法律规范规制人们行为的过程中,一些法伦理性的原则隐含其间,只有借助这些原则才能掌握并且表达出规制与法理念之间的意义关联。

34.11 一阶法律规范(法律规则)在法律原则(通过评价或证成)的指导下联接成为法律部门和法律部门的子体系。

34.12 不同法律部门实行不同的法律原则,这些原则是确认和区隔不同法律部门的标准,也是辨识不同法律部门的根据之一。比如,民法实行"私权自治""平等""公平""诚实信用""公序良俗"等原则,行政法实行"法律保留""行政公开""程序正当""保护公民信赖利益"等原则,刑法实行"罪刑法定""罪刑相适应""法不溯及既往"等原则。上述原则把民法、行政法和刑法等部门区隔开来,它们本身组成法律部门的防护体系,阻止一个法律部门(比如行政法部门或刑法部门)对另一个法律部门(比如民法部门)的侵入、僭越或者干预。

34.13 而且,对于法律部门而言,法律原则还具有甄别、筛选之功能,它们甄别不同的一阶法律规范(法律规则)的属性,筛选有待规制之行为或事项的类别,从而指引法律规范创制者或规定者确定规范、行为或事项之间的联接关系,确定他们的规制计划,并以此而将法律规范联接成不同的结构体。

34.14 法律部门之间如何联接?它们如何构成一个完整的法律

体系？这不能以普通法律部门的原则本身作为评价、确认或证成的标准，而必须以一国宪法的基本原则作为联接的根据。宪法原则既是整个法律体系内部各规范之效力的最终来源，也是整个法律体系之统一性及解释统一性的最终根据。

34.15 宪法的基本原则，比如，"法律面前人人平等"原则，"人权"原则，"法治"原则，具有部门间的效力，为一切法律部门所通行的原则。由于宪法原则的存在，那些原本相互分隔的法律部门能够按照一定的秩序联接起来，形成一个结构有序的整体，即法律体系。

34.16 表达这个法律体系的，可以被称为"法条体系"。[1]

---

[1] 按照德国19世纪法学家格奥尔格·弗里德里希·普赫塔的理解，要形成法的体系性知识，最为重要的工作在于建构法条体系（Das System der Rechtssätze）以及作为法条（规则）"思考"因素之关联理解的法概念体系。这是因为，在结构上，所谓法的体系是法条体系，从知识论上看，它又是由作为法条思考因素之关联理解的法学概念构成的"科学"体系：根据知识论上构建的法学概念体系，人们就可以推演出新的法条（Okko Behrends, "Jherings Evolutionstheorie des Rechts zwischen Historischer Rechtsschule und Moderne", in: Rudolf von Jhering, *Ist die Jurisprudenz eine Wissenschaft*? Okko Behrends [Hrsg], Wallstein Verlag, Göttingen 1998, SS. 97-99. 汉译，见［德］奥科·贝伦茨：《耶林的法律演化论：在历史法学派与现代之间》，载［德］鲁道夫·冯·耶林：《法学是一门科学吗？》，奥科·贝伦茨编注，李君韬译，法律出版社2010年版，第91—92页。另见［德］N. 霍恩：《法律科学与法哲学导论》，罗莉译，法律出版社2005年版，第107页）。

## 命题 35 | 法律体系结构诸关系通过法条加以展开

35.1 按照命题 24.1 的说法，一切法律规范，特别是其中的行为规则和裁判规则，都必须采取"法条"（Rechtssätze，法律语句）的语言形式。[1]

35.2 法条是实在法的存在方式。法律体系内的诸法律规范之关系正是通过法条之间的关系表现出来，并以此方式展开的。[2]

---

[1] 根据普赫塔的著作，法条是法本身的构成因素，它是素材，是思想的质料（Gedankenmasse），即，它是通过法概念来思考或理解的（耶林在《罗马法的精神》中持这种看法，参见 Rudolf von Jhering, *Der Geist des römischen Rechts auf den verschiedenen Stufen seiner Entwicklung*, II. 2,5. Aufl., Druck und Verlag von Breitkopf & Härtel, Leipzig 1898, § 41, S. 387f），法条只有通过概念的科学演绎（概念的谱系追溯）才会清晰地产生出来（比如，从"法人"这一概念中推导出以下结论：因为法人是"人"，所以，它是有伤害能力的，并且是可接受刑罚的；在这里，概念起着认识的渊源作用，法条可以从纯概念中演绎出来）。由此可以推断出下面这一观点：离开了法概念，我们并不知道什么是法条，当然也并不知道什么是法。

[2] 普赫塔说，法可以通过意志表达为一种规定，一种法条；构成一个民族之法的法条可以按照其规定的关系而整合于一定的集合之中，这些按照其规定的关系而整理成序的法条的集合就被称为"法制度"，例如，我们可以将"所有权"的法条的集合称为一个法制度（G. F. Puchta, *Cursus der Institutionen*, Erster Band, Siebente neu vermehrte Auflage, Nach dem Tode des Verfassers besorgt von Adolf Friedrich Rudorff, Verlag von Breitkopf & Härtel, Leipzig 1871, § 6, S.11）。普赫塔的老师弗里德里希·卡尔·冯·萨维尼在《当代罗马法体系》第1卷第2章第5节有关"法制度"的论述中进一步指出：所有的法制度连接成一个体系，它们只有在这个体系的整体关联中才能被完全理解，而法规则（法条）也只有在法制度的直观（die Anschaung des Rechtsinstituts）中才具有更深的（转下页）

35.3 法条并非"法律条文"（articles of law）的简称。[1] 我们是否可以这样说，法律条文（严格地讲，应该是"立法条文"）是特殊种类的"法条"，即立法者在规范性法律文件中以序号联接的表达法律规范的"法条"。

35.4 法律条文是规范性法律文件的构成单位。[2] 所谓"法律有条文，条文有款项"，讲的是规范性法律文件的立法技术结构安排。任何一部规范性法律文件都是由若干法律条文组成的，这些条文可以根据立法技术的安排以"篇""章""节"组合在一起，以序号加以表示和联接，每条之下根据需要可以设"款"、"项"和"目"。

35.5 从语言表达的角度看，法条可以分为完全法条和不完全法

---

（接上页）基础。简单地说，萨维尼所讲的"法制度"乃是支配某个"法律关系"之法律上的"原型"（die rechtliche Typus），它具有"有机性"（这种有机性既表现在组成部分之活的关联中，也表现在它的持续发展之中），在法制度中，一系列法条或法规则才统一起来。故此，在萨维尼看来，法体系不是制定法体系或法律体系，而是法律关系和法制度的关联体，乃纯粹的内在秩序，而不是法学的任意作品（Friedrich Carl von Savigny, *System des heutigen Römischen Rechts*, Erster Band, Veit und Comp., Berlin 1840, SS. 9-10）。按照萨维尼的这种理解，法学的任务并不是直接分析单个规则（法条），而是认识法制度，"建构"单个规则（法条）。这是因为，追溯体系，单个规则（法条）的理解与适用才有可能（Jan Schröder, *Recht als Wissenschaft: Geschichte der juristischen Methode vom Humanismus bis zur historischen Schule [1500-1850]*, C. H. Beck'sche Verlagsbuchhandlung, München 2001, S. 261.; Helmut Coing, *Juristische Methodenlehre*, Walter de Gruyter & Co., Berlin/New York 1972, S. 17）。

1 在当代的汉语法学中，"法条"这个词大体上都是对德语Rechtssätze（法律语句）一词的翻译。
2 吕特斯（魏德士）说："法是由法律规范组成……因此，没有法律条文，就没有法。"（［德］魏德士：《法理学》，丁晓春、吴越译，法律出版社2005年版，第46页）

条。完整表述构成要件与法律后果的规范条件句就是完全法条，不是完整表述构成要件与法律后果，而是说明应用在其他法条的概念或限定其他法条的使用范围或就构成要件、法律后果而参照指示其他法条的法条就是不完全法条。按照卡尔·拉伦茨在《法学方法论》中的观点，不完全法条包括说明性法条、限制性法条和指示参照性法条等。[1]

35.6 像法律规范一样，表述法律规范内容的法条之间也不是彼此孤立存在的，恰恰相反，无论不完全法条，还是完全法条都是相互关联、相互指涉的，它们在立法者或法律规范规定者之规制意图引导下，构成一个意义关联的结构整体，拉伦茨称之为"规整"（德语：Regelung，规制）。[2]

35.7 考察和确定由法条所构成的规整，应采取下列步骤：（1）确定法条的部门归属。判断法条是属于哪个法律部门的？更确切地说，法条是属于法律部门中的哪个子体系的？（2）确定法条的类别。它是完全法条，还是不完全法条？若属不完全法条，则应判断其属于说明性法条、限制性法条、还是指示参照性法条？（3）"区分条件"和"细分条件"。若法条是完全法条，则必须区分和细分该法条的适用条件。所谓区分和细分法条的适用

---

[1] 见［德］卡尔·拉伦茨：《法学方法论》，陈爱娥译，商务印书馆2003年版，第132页及以下页，第137—142页。
[2] 拉伦茨：《法学方法论》，第144页。

条件，就是区分和细分法条中所要处理的案型及其"构成要件"。（4）比较与推理。对所区分和细分的案型进行比较，运用演绎推理和类比推理，列出法条所要处理案型的上位案型和下位案型，确定它们之间的涵摄关系，并且区分和细分一般案型和特殊案型（例外案型）；通过类比推理找到法条所要处理案型的相似案型和不相似案型。（5）确定规制意图。探寻立法者或规范规定者的规制目的、意图和原则，以此为根据确定法条所要处理案型的宽度或者范围。（6）关联分析。分析所区分和细分的案型的"构成要件"与法条中所规定的法律后果之间的关联关系。（7）寻找关联性法条。基于以上的步骤，尽可能在法律或法典中寻找当下法条的说明性法条、限制性法条和指示参照性法条。（8）联接法条。以某个完全法条为基础，将所寻找的与该法条有关的其他法条联接起来，组合成为一个能够完整描述、说明法条所要处理案型的构成要件及其法律后果的规整。[1]

---

[1] 这里，为了说明法条所构成的规整，我们以民法上的"请求权基础"（Anspruchsgrundlagen）理论与方法作为例子。该理论与方法的要点在于按照案件当事人的请求，基于案件事实的审察，先从法律后果部分入手，来一步一步寻找到适用于当下案件的法条，其中包含着各种民事规范构成要件与法律后果的检视顺序。当今流行最广的案例分析方法，就是根据请求权进行操作的。这一方法在德国民法学家、慕尼黑大学私法与古代法史教授迪特尔·梅迪库斯（Dieter Medicus，1929—2015）所著的《德国民法》教科书中得到详细的说明和应用（Dieter Medicus, *Bürgerliches Recht. Eine nach Anspruchsgrundlagen geordnete Darstellung zur Examensvorbereitung*, Carl Heymanns Verlag, Köln 1968, 29th edition［with Jens Petersen］, Verlag Franz Vahlen, München 2014），并刊登在1974年德国《民法实务档案》（Archiv für die civilistische Praxis，简称AcP)1974年第174卷第313页及以下页（参见［德］迪特尔·梅迪库斯：《德国民法总论》，邵建东译，法律出版社2000年版，第（转下页）

35.8 从结构上看,如果一个规整恰好是由一个完全法条加上一个说明性法条、一个限制性法条和一个指示参照性法条组合而成的结构体,我们以 R 代表"规整"(Regelung),$Rs_1$ 代表"一个完

---

(接上页)71—72页;另见吴香香:"法律适用中的请求权基础探寻方法——以'福克斯被撞至其猎物灭失案'为分析对象",载《法律方法》2008年第1期第223—234页)。此处再补充一点:在历史上,"请求权"(Anspruch)学说是伯恩哈德·温德沙伊德发展的。他在《学说汇纂法教科书》第2编第1章专门讨论了权利的概念和种类(物权、对人权、亲属权、财产权等),尤其是在第43—46节重点讨论了"请求权"问题(不仅如此,温德沙伊德早在1856年就曾出版过一本小册子《从当代法的角度看罗马民法的诉权》[Bernhard Windscheid, *Die Actio des römischen Civilrechts vom Standpunkte des heutigen Rechts*, Verlagshandlung von Julius Buddeus, Düsseldorf 1856],指出:在罗马,实际上每个诉权都是以实体法上的请求权[ein materiellrechtlicher Anspruch]作为基础的)。在第44节,他明确地把罗马人作为追诉程序制度的"诉权"(actiones)的含义解释为"请求权"(即,一个人向另一个人要求某种东西的权利),并在第45—46节进一步指出:请求权是一种实体权利(materielle Rechte),而非程序性的概念,它可以分为"物上请求权"(Ansprüche im dingliche)和"债之请求权"(Forderungsansprüche),这些请求权可以帮助其背后存在的其他权利得以实现,比如,所有权人对占有人的返还请求权可以看作是所有权的实现(Bernhard Windscheid, *Lehrbuch des Pandektenrechts*, Bd. I, 3. Aufl., Verlagshandlung von Julius Buddeus, Düsseldorf 1870, §§ 44-46, SS. 98-108)。这样,温德沙伊德就为现代私法学说(民法教义学)的一个重要概念的支柱奠定了基础(Reinhard Zimmermann, "Heutiges Recht, Römisches Recht und heutiges Römisches Recht", in: Reinhard Zimmermann, Rolf Knütel und Peter Meincke [Hrsg.], *Rechtsgeschichte und Privatrechtsdogmatik*, Verlag C. F. Müller, Heidelberg 1999, S. 9 [汉译,参见[德]莱因哈德·齐默尔曼:《罗马法、当代法与欧洲法:现今的民法传统》,常鹏翱译,北京大学出版社2009年版第15页)。在他之后,请求权概念成为当代民法教义学的一个核心概念,并且影响了刑法("刑事请求权学说"[Lehre vom Strafanspruch])和诉讼法("权利保护请求权学说"[Lehre vom Rechtsschutzanspruch])(Gerd Kleinheyer, Jan Schröder [Hrsg.], *Deutsche Juristen aus fünf Jahrhunderten: eine biographische Einführung in die Geschichte der Rechtswissenschaft*, 3, neubearbeitete und erw. Aufl., C. F. Müller Verlag, Heidelberg 1996, S. 444 汉译,见[德]格尔德·克莱因海尔、扬·施罗德主编:《九百年来德意志及欧洲法学家》,许兰译,法律出版社2005年版,第452—453页);有关请求权的历史发展、请求权体系与民法(尤其是物权、债权以及侵权)之关系以及请求权假说结构的讨论,参见Jan Schapp, "Das Zivilrecht als Anspruchssystem", in: Ders., *Methodenlehre und System des Rechts - Aufsätze 1992-2007*, J. C. B. Mohr (Paul Siebeck), Tübingen 2009, SS. 3-24, 54-56, 59ff。

全法条",$Rs_2$代表"一个说明性法条",$Rs_3$代表"一个限制性法条",$Rs_4$代表"一个指示参照性法条",该规整的基本结构就可以表述为:$R(Rs_1 \wedge Rs_2 \wedge Rs_3 \wedge Rs_4)$。实际上,每个规整到底由多少法条构成,应根据所处理的案型在构成要件上的复杂程度及相应法律后果而定,不可一概而论。例如,《民法典》第556条规定:"合同的权利和义务一并转让的,适用债权转让、债务转移的有关规定。"权利和义务一并转让属于合同权利义务的概括转让,既有权利的转让,也有义务的转让,其中会涉及许多具体权利转让和义务转让的构成要件及限制性情形:具体而言,《民法典》第545条是有关"债权的转让"及"不得转让"的限制条件,第547条是有关"从权利的转移"及其例外情形,第548条是关于"债务人的抗辩权"的规定,第549条所规定的是关于"债务人的抵销权",第553条的规定有关"承担人的抗辩",第554条是有关"从债的转移"及其例外情形。以上所列条文规定就构成了有关"合同权利义务的概括转让"的一个较为完整的规整。

35.9 由于法条之间相互关联,一个规整(比如 $R_1$)和另一个规整($R_2$)或另一些规整($R_3$,或 $R_4$,或 $R_5$,或……$R_n$)之间也具有一定的联接关系,我们把规整和规整之间形成的关系结构称为"规整群"。比如,在有关继承的法律规定中,有关"法定继承"的规整和有关"遗嘱继承"的规整构成一个相互关联的规整群,其中包括"继承人范围和顺位""代位继承""继承人以外的人之继承""特留份规定""遗嘱"之有效和无效、遗产继承与债务清偿等等法条，它们形成了相互诠释、限制和指示参照等等复杂的关系。这个有关"继承"的规整群与有关"婚姻""收养"等等的规整群相互关联，形成范围更为广泛的"规整群"，它们甚至与《民法典》总则中有关民法基本原则的法条、有关民事权利能力、行为能力、监护、失踪和死亡、民事法律行为、民事权利、民事责任的法条之间构成结构更为复杂的超大"规整群"。

35.10 正是通过这样的方式，法条之间逐渐形成一个又一个横向联接和纵向依存的复杂结构体（规整或规整群），最后构成庞大的"法条体系"。从中可以看出，法条体系绝不是某个规范性法律文件的法律条文的简单组合，也不是某个法律部门的全部规范性法律文件的法律条文的简单综合，而是将具有意义关联（特别是具有说明性、限制性和指示参照性意义关联）的法条联接起来所形成的不同层次的结构体。

35.11 在这个意义上，我们可以说，适用一个法条，实际上在适用整部法律或者法典。[1]

---

[1] 德国法学家卡尔·恩吉施（Karl Engisch, 1899—1990）在所著《法律思维导论》中写道："法哲学家施塔姆勒（Statmmler）引证了一句话：'一旦有人适用一部法典的一个条文，他就是在适用整个法典。'人们可以将这一观点视为不小的夸张，但它表达了法律秩序统一的原则，这个原则在我们的语境中影响到了应该从整部制定法，另外，的确也应该借助其他制定法来构建大前提。在此，这样的前提为，在一个法律秩序中，法律条文具有相同的、和谐的、关联着的思想整体。"（[德] 卡尔·恩吉施：《法律思维导论》，郑永流译，法律出版社2004年版，第73—74页）

## 命题 36 | 法律体系的运行功能在于规范内部统一和因应外部变化

36.1 任何法律体系都是实际运行着的。从法社会学的角度看，只有在社会生活中，实际运行的法才是真正的法，"行动中的法"或者"活法"（lebendiges Recht）。[1]

36.2 法律体系的实际运行是说明法律体系实际存在的根据，换言之，正因为法律体系是运行着的，所以，它才是实际存在的。

36.3 这意思是说，法律体系是在一定的社会体系中运行的，社会是存在的，故此，法律体系也必然是存在的。

36.4 其实，没有任何法律体系是可以脱离社会体系而独立存在，我们说法律体系是有效的，实际上是说："法律体系 S 在一定

---

[1] 奥地利著名法学家欧根·埃利希（Eugen Ehrlich，1862—1922）于1913年出版的《法社会学原理》中较为系统地论述了独具特色（与国家制定法［国法，staatliches Recht］相对称）的"活法"（lebendes Recht）思想（见［奥］欧根·埃利希：《法社会学原理》，舒国滢译，中国大百科全书出版社2009年版，第8章，第12章，第19章，第537页及以下页）。他的这个学说不仅推进了当时的"自由法运动"（Freirechtsbewegung），而且也力图使（实用）法学转向"社会学法学"（die soziologische Rechtswissenschaft）或"法社会学"。他奠定了"自由法运动"的思想基础，因而成为这个法学运动名副其实的思想之父（Sebastian Silberg, *Hermann Kantorowicz und die Freirechtsbewegung*, Logos Verlag, Berlin 2005, SS. 5, 8）。

社会C中是有效的。"这里，所谓法律体系在社会中有效，主要是指一种社会事实，一种可以通过法律体系在社会中运行这个事实来描述的效力，我们可以称之为"法的事实效力"或者"法的实效"（efficacy of law）。[1]

36.5 "法律体系S在一定社会C中是有效的"，也说明：法律体系不是完全自我指涉的，它也是对外部指涉的，即：对社会指涉的。

36.6 法律体系的运行将它的自我指涉和它对外部的指涉联接起来。

36.7 法律体系的自我指涉是指法律体系内部诸要素（法律规范）的自我统一、自我关联、自我调整和协调，它与外部（社会）没有直接的关系。在这个意义上，法律体系是自治的、相对封闭的：法律规范的效力，法律规范（规则）作为人们的刚性独断的行为理由，裁判规则作为人们行为评价及施予法律后果的标准，等等，都无须借助法律体系外的因素来加以证明，而仅仅依靠法律体系内部诸要素的反复传递即可证成。故此，法律体系是一个自我参照的体系，其运行功能在很大程度上也是在自我指涉、自我参照的基础上实现规范内部的统一。"法的实效"可以用来描述和说明法

---

[1] 有关"法的事实效力"，参见［德］魏德士：《法理学》，丁晓春、吴越译，法律出版社2005年版，第150页。有关法律秩序之"实效"、法律规范的认知以及法社会学等问题，参见［奥］凯尔森：《纯粹法理论》，张书友译，中国法制出版社2008年版，第42—44页、第58页。

律体系内部效力的存在，但它不是证明法律体系内部效力的必要条件：法律体系的内部效力与法的实效无涉；或者说，即使不存在法的实效，在法律体系内部，法律规范仍然是有效的。[1]

36.8 另一方面，从运行的角度看，法律体系又必然是对外指涉的。这是因为，法所调整的对象世界主要不是它自身，而是行为世界，行为世界本身不是法律规范的构成部分，而是社会的构成部分。社会是人的行为、关系、组织所构成的复杂体系，法通过规制指涉人的行为，也就必然指涉社会。所谓法律体系对外部的指涉，就是法律体系通过对人的行为的调整来影响、干预实际的社会生活或社会关系。或者如德国法社会学家尼克拉斯·卢曼（Niklas Luhmann，1927—1998）所言，法律体系的对外作用在于"化约

---

[1] 说到底，法律体系内部效力的说明是一种法教义学或规范科学的考察，而法的实效是一种法社会学或事实科学（Wirklichkeitswissenschaft）的考察。在笔者看来，法学在本质上是法教义学或规范科学，而不是事实科学。不过，在历史上，确实有一个时期，比如，19世纪中后期，欧洲法学表现出一种"社会科学化"、"客观主义"（Objektivismus）、"经验主义传统"以及"法学自然主义"（juristicher Naturalismus）趋势。这种趋势把法学视为"事实科学"，把法当作一种社会事实或事实现象，试图运用因果关系（因果性）的方法来解释这种事实现象，即考察和探究法这种事实现象的"原因""目的""动机"，从它们与社会（利益）关系的角度予以阐释。我们可以看到，"心理学法学""自由法学""利益法学"以及大部分法学的辅助学科（法社会学、法律史学、比较法学、犯罪学、法医学等）的发展均从这种新的法学思潮及其方法论中寻找到思想和方法资源。但是，如学者们所言，这种思潮后来并未成为主流（Franz Wieacker, *Privatrechtsgeschichte der Neuzeit unter besonderer Berücksichtigung der deutschen Entwicklung*, Vandenhoeck & Ruprecht, Göttingen 1996, SS. 562-586. 汉译，见［德］弗朗茨·维亚克尔：《近代私法史》［下］，陈爱娥、黄建辉译，上海三联书店2006年版，第540—558页；另见［葡］叶士朋：《欧洲法学史导论》，吕平义、苏健译，中国政法大学出版社1998年版，第206—207页）。

复杂性",也就是"借由排除可能性来简化(行为)世界的复杂性"。[1]

36.9 法律体系的对外指涉同时可能反过来影响其自我指涉,因为法律体系在对外指涉时会遭遇到外部(社会)结构的变化,这些结构的变化会向自我指涉的法律体系提出应对的诉求,要求法律体系结构自身不断做出自我调整、修补或者完善,一旦法律体系不能做出这种应对,比如因为遭遇疑难案件,法律规范(规则)的漏洞或者规范的裂缝不能通过自我指涉的体系来自动修复,法律体系内部就会陷入某种"结构性危机",法律规范之间的恒常联接和均衡统一关系将会被打破。若此,法律体系的内部效力也必然遭遇危机。

36.10 或许,法律体系正因为是自我指涉的,它才有能力对外指涉,才能够因应外部(社会)的变化。这可能是法律体系在运行中联接它的自我指涉和它对外部的指涉时所显现出来的独特性质。

---

[1] 在尼克拉斯·卢曼看来,"法律成了一个自我参照的交流系统;一种应付社会复杂性并为之提供便利的必不可少的特定工具。"(Roger Cotterrell, *Law's Community*, Oxford University Press, New York 1995, pp. 289-290)。由此,卢曼借鉴胡塞尔现象学理论,直面世界的"偶联性"与"复杂性"问题,重新反思了社会学研究对象的问题,不再将世界想象为一个"有待于去发现的给定实体",而是将世界理解成一个"偶联的",包含着无限复杂性的有待于去化约的复杂整体。在此基础上,卢曼将"意义"设定为社会学的基本范畴和基本概念,提供了一种全新的观察与描述社会世界的理论可能性(Niklas Luhmann, "Sinn als Grundbegriff der Soziologie", in: Jürgen Habermas/Niklas Lhumann, *Theorie der Gesellschaft oder Sozialtechnologie — Was Leistet die System forschung?* 1. Aufl., Suhrkamp Verlag, Frankfurt am Main 1971, SS. 25-26)。

如果法律体系是完全对外部指涉的，完全是开放的，那么它也就完全丧失了作为独特体系的基础，也就成了与其他社会体系（比如政治体系或经济体系）不可区隔的附属物；而如果它完全是自我指涉的，完全是封闭自治的，它实际上在一定社会 C 中既不是运行着的体系，也不是有实效的体系。这样的所谓法律体系没有存在的意义。所以，法律体系既是封闭的，也是开放的，它的开放是建立在封闭基础上的：法律体系总是以其封闭自治的稳定统一结构因应外部的变化。

36.11 对于法律体系而言，外部变化既是自我保持修复能力的刺激因素，也是促成内部体系危机的影响力量：社会中的各种利益诉求，各种领域的纠纷，个人的思想与行动的不确定性等因素都会时时侵击法律体系的内部结构。这个时候，法律体系内部各规范必须始终保持其稳定的关联关系，以其融贯的、协调的诠释力和逻辑推理力去"过滤"来自外部晦暗不明的、相互冲突甚至是混乱的变化因素，厘清这些事实因素的因果关系、规范意义以及规范规制的可能范围和方向，才能在此基础上实现其运行的功能。只有如此，法律体系才能保持其自我指涉、自我维护的稳定性和连续性，也才能够保持其对外部指涉的规范性与正当性（Legitimität/legitimacy）。

## 命题 37 | 法律体系是动态的

37.1 在自我指涉的范围内，法律体系的诸法律规范关系中不存在时间、空间和社会情境因素，这个时候我们并不区分它是动态的，还是静态的，因为法律体系的内部关系与运动没有关系，谈不上是静态的还是动态的。因此，自我指涉的法律体系之内部关系是一种规范之逻辑关系。命题33—35所讨论的领域实际上也就是这样一种规范之逻辑关系。我们不能简单地把规范之逻辑关系看作是一种静态的关系，当然更不可能将它视作一种动态的关系。[1]

37.2 法律体系之内部规范可能会处理与规制行为或裁判有关的时间、空间和社会情境因素，因为所处理的案型之构成要件中就包含着这些因素的考量。显然，这个时候，时间、空间和社会情境因素是法律规范规制人类行为或裁判时考量的对象，规范的考量仍然停留在逻辑分析的层面和范围之内。

37.3 所以，应当区分时间、空间和社会情境因素作为法律规范

---

[1] 这个论点是建立规范主义立场之上的，从该立场出发，规范之逻辑关系谈不上是静态的还是动态的。或者说，这个观察角度与体系之静态或动态无关。就此点，比较本书下文命题37.7及其注释。

之考量对象与它们作为法律体系外部指涉时的外部因素之间的不同：前者是一种逻辑意义上的存在，后者是实然的存在，一种可以通过经验观察和经验描述的对象。前者要考察的是与行为规制有关的对象领域，后者要考察的是外部影响法律体系的对象领域。进一步说，后者与实在的社会、历史、运动有关，即：凡实在的社会、历史和运动，一定是有时间、空间和情境作为其实在或实际的构成因素的。

37.4 当法律体系在一定社会中运行时，或者说，当法律体系对外部指涉时，它就不可避免地从自我指涉的纯粹逻辑领域逸出，而与对外指涉的领域建立起实际的、开放的联接关系。此时，我们就不仅仅关注其自我指涉的内部关系，而且要把法律体系本身看作是一种社会存在，一种与其他社会存在具有多重复杂的外部联系的构成体。说到底，在运行领域，法律体系不再仅仅是自我解释、自我说明的逻辑体系，而是运动着的、有时间、空间及社会情境界限的现实实体，它的存在本身是一种社会事实。

37.5 当法律体系运行时，法律体系的自我指涉联接在其对外部指涉的过程之中，法律体系内部的法律规范被用来调整人们的行为、社会关系，处理社会中的各种利益诉求或不同领域的纠纷。在此过程中，法律体系对外部的指涉会对它的自我指涉提出必须应对的挑战：（1）法律体系对外部的指涉证明既有的法律体系并非是完美无缺的，不足以满足其对外部指涉的使命；[1]（2）如命题36.9所示，法律规范的漏洞可能遭致"结构性危机"；（3）外部世界变化本身的力量强大，足以压倒法律体系自我指涉之"抵御变革"的力量。

37.6 在上述情形存在时，进入外部指涉过程中的法律体系不可能不发生变化：（1）面对来自对外指涉中遭遇的危机，法律体系内部必须自我调整、完善，协调一致，通过增强其自我指涉的自治力来提升其对外部的应对力；（2）通过修复法律规范（规则）的漏洞避免来自外部的挑战；[2]（3）法律体系在对外指涉过程中提炼经验素材，形成新的法律概念和原则，在接受既有法律体系检验、过滤的前提下并入法律体系的内部结构之中。[3] 所有这一切都必然

---

[1] 黑格尔在分析法的体系面临的"二律背反"时指出："对公开的法典一方面要求**简单**的普遍规定；另一方面，**有限**的素材的本性却导致无止境的详细规定。法律的范围一方面应该是一个**完备**而系统的整体，另一方面它又**继续**不断地需要新的法律规定。……要求一部完备的法典，即看来绝对完整而毋须作进一步规定的法典——这种要求主要是**德国人**犯的毛病，——以及借法典不可能修订得那么完整为理由，就主张不该让所谓不完整的东西产生，即不该让它走向现实，以上两种情况都是基因于对象私法那样的、有限对象的本性的一种误解，其实，所谓私法的完整性只是**永久不断地**对完整性的**接近**而已。"（［德］黑格尔：《法哲学原理》，范扬、张企泰译，商务印书馆1982年版，第225页）

[2] 这种挑战主要表现为法律由于强调安定性和稳定性而不能适应社会的变动不居而所产生的法律的滞后性，在法教义学上称之为"次生漏洞"（die sekundäre Lücken，第二性漏洞），或者制定法"因时间的更替而形成"的漏洞（嗣后漏洞）/nachträliche Lücken）（Claus-Wilhelm Canaris, *Die Feststellung von Lücken im Gesetz: Eine methodologische Studie über Voraussetzungen und Grenzen der richterlichen Rechtsfortbildung praeter legem*, 2. Aufl., Verlag von Duncker & Humblot, Berlin 1983, SS. 135-136）。

[3] 在法学方法论层面，菲利普·赫克针对次生漏洞（制定法"因时间的更替（转下页）

使运行中的法律体系内部结构处在动态之中。换言之，任何实在的法律体系一方面要应对外部世界的变化，另一方面也必然经历内部结构的变化。否则，法律体系就不可能是一个实际存在的稳定的法律规范集合体。

37.7 正是从其运行的角度，从其对外部指涉和作为一种社会事实的角度，我们说，法律体系是动态的。[1]

37.8 动态的法律体系也必然是具有历史性的：实在的法律体系并非是先验地存在着的，它的内部体系的形成与它对外部的指涉并非是可以完全分隔出时间先后的过程，事实上，法在规制人类行为、调整人类生活或社会关系的过程中也生成了其内部规范的结构体系。或者说，任何实在的法律体系都是在一定的时间结构中生成

---

（接上页）而形成"的漏洞），提出制定法之"时间调适"（zeitliche Anpassung）方案：法官应处理好制定法与未曾预见的生活关系之间可能存在的矛盾，不能像"客观说"那样仅仅强调根据现代用语（依其字面意义结合现实关系）来对法律或法律诫命做时间上的移调，使之自动地适应新的生活关系，而是要综合考虑"外部现象世界的过程""技术和社会组织""社会的观照"以及"包括立法者在内的共同体之价值理念"等因素的变化，由此可以"唤醒"（wachrufen）对法规范之"时间调适"的需要（Philipp Heck, "Was ist diejenige Begriffsjurisprudenz, die wir bekämfen?"［1909］, in: Günter Ellscheid und Winfried Hassemer [Hrsg.], *Interessenjurisprudenz*, Wissenschaftliche BuchGesellschaft, Darmstadt 1974, S. 42）。

1 由这一点可以看出，这里所理解的法律体系的动态性，在考察角度上更接近克拉斯·卢曼之社会理论，而不是更接近汉斯·凯尔森的看法（凯尔森有关法律体系之静态和动态的理解，参见［奥］凯尔森：《纯粹法理论》，张书友译，中国法制出版社2008年版，第82—83页；［奥］凯尔森：《法与国家的一般理论》，沈宗灵译，中国大百科全书出版社1996年版，第135—136页）。进一步的阐释，参见本书下文命题38的展开。

和演化的。没有超越历史、超越时间的法律体系。[1]

37.9 总而言之，时间、空间和社会情境因素不仅为法律体系进入对外部指涉过程提供了实在的条件，也为之限定了可能的指涉时点、空间范围和情境框架。离开这些条件和界限，法律体系就不可能在其自我指涉和对外部指涉之间建立联接的起点和链条。

37.10 正因为法律体系是历史性的，它的内部体系也才是实在的，因而也是实际运行的。[2]

37.11 在实际运行中，我们才可以更清楚地观察到法律体系内部各法律规范在结构上的动态变化。

37.12 当然，当我们说法律体系内部各法律规范在结构上的动态变化时，已经不是在法律体系自我指涉意义上分析法律体系的结构，而是从法律体系对外部指涉的视角返观法律体系的内部关系。这是一种由外入内的观察，一种试图从外在描述的立场联通规范内部分析立场的观察。

37.13 尽管在方法论上，外观的立场有时是"禁止入内"的，但有一点还是大体可以相信的：诠释的（规范分析的）对象并非不可以作为观察和描述的对象，尤其是当一个对象作用于另一个对象

---

[1] 相关的论述，参见本书命题57的展开。
[2] 这一点也许借助黑格尔的辩证法逻辑是不难理解的，即：凡是合乎理性的（构成体系的），也必然都是现实的。黑格尔在《法哲学原理》"序言"中的原话是："**凡是合乎理性的东西都是现实的；凡是现实的东西都是合乎理性的。**"（黑格尔：《法哲学原理》，"序言"，第11页）

（即体系外部指涉）时，我们完全可以采用"描述—诠释融通"或"先描述、后诠释"的方法来揭示它们本身及其关系的深度意义。[3]

37.14 方法的结合，尽管是困难的，但仍然值得努力尝试。

---

[3] 在此方面，许多法学家做出了率先的理论努力：比如，菲利普·赫克的"利益法学"，约瑟夫·埃塞尔"寻求正当的个案裁决"方法，等等（参见舒国滢：《战后德国评价法学的理论面貌》，载《比较法研究》2018年第4期，第128—156页）。

## 命题 38 | 法律体系的效力不能由法律体系本身证明，它的效力基础在体系外部

38.1 我们的上述分析表明：任何法律规范在法律体系内是有效的，单个法律规范的效力基础在于法律体系的存在。我们说这是法律体系的内部效力。

38.2 显然，在论证法律体系的内部效力之后，法律体系作为一个结构整体的效力来源的证明就变得十分紧要，因为道理很简单：法律体系的内部效力取决于法律体系本身的效力证明；如果法律体系本身的效力不存在或者无以证明，"任何法律规范在法律体系内有效"就是一个伪命题。

38.3 法律体系本身的效力是"法律体系的外部效力"，所以，法律体系本身的效力证明是"法律体系的外部效力"证明。这意思是说，法律体系本身的效力不能反求诸内部，不能说所有的法律规范都是有效的，故此法律体系是有效的。因为这样做，实际上就陷入"乞题"或"无穷回溯"的逻辑困境。[1]

---

[1] 参见"明希豪森三重困境"（Muenchhausen-Trilemma）（Hans Albert, *Traktat über kritische Vernunft*, 3. Aufl., J. C. B. Mohr [Paul Siebeck], Tübingen 1975, S. 13）。

38.4 为了避免陷入"乞题"或"无穷回溯"的困境,必须在法律体系之外寻找法律体系效力的逻辑根据。

38.5 以往的法学家曾经在"法律体系的外部效力"证明上做出过各自的努力,譬如,纯粹法学的创立者汉斯·凯尔森(Hans Kelsen,1881—1973)认为,法律体系是由不同级规范构成的等级体系,在这个以授权关系为效力原则的动态位阶体系中,有一个规范不能从一个更高规范中得到自己的效力,这就是所谓的"基本规范"(Grundnorm)。[1] 基础规范的预设,是构建理论体系的逻辑起点,也是实在法律体系的效力终点。而英国的分析法学代表人物赫伯特·哈特(Herbert Hart)则指出,一个成熟的法律体系必然包括两种不同层次的法律规则:初级规则(primary rules)和次级规则(secondary rules)。[2] 次级规则(尤其是承认规则)主要目的在规

---

[1] 根据汉斯·凯尔森的"法律秩序及其等级结构"论,"若问监禁某人而剥夺其自由之强制行为何以合法并属某法律秩序,答案便是此行为乃出自司法裁判中个别规范之规定。若追问此个别规范何以有效、何以构成某法律秩序之一员,答案则为此规范符合刑法典。若再追问刑法典之效力根据,则须诉诸宪法:此刑法典乃由宪法规定之有权机关依合宪之程序制定……然而,我辈若打破砂锅问到底,进而探寻宪法——其乃一切法律与合法行为之依据——之效力根据,则唯有追溯先前宪法,并最终溯及某僭主或无论何种机构制定之历史上首部宪法。制宪者意志之表达即为有效规范,若欲认知最终基于此宪法之法律秩序,便须为此基础性预设。那么,无论最初制宪者抑或其所委任之机关,依此宪法所定之要件与程序所立之强制秩序皆为法律秩序。此即该法律秩序之基础规范(此处仅以一国法律秩序为限)"([奥]凯尔森:《纯粹法理论》,张书友译,中国法制出版社2008年版,第82—83页)。
[2] [英]H. L. A. 哈特:《法律的概念》(第二版),许家馨、李冠宜译,法律出版社2011年版,第5章、第6章第1节。

范谁有权力以及如何制定、确认、修正或废止原初义务规则。[1]

38.6 凯尔森和哈特理论的共同特征在于：他们均区分了两个层面（次）的规范（或规则），第二个层面（次）的规范（或规则）是第一个层面（次）的规范（或规则）之效力的鉴别标准。两者所不同的是：凯尔森所找到的第二个层面（次）的规范是基本规范，哈特所寻找的第二个层面（次）的规范（或次级规则）是承认规则、变更规则和审判规则；基本规范是凯尔森所作的逻辑预设，次级规则中的"承认规则"是哈特证明法律规范在体系内有效的社会事实判准。[2]

38.7 进一步说，凯尔森仍然试图在"规范内部"寻找法律体系的效力根据，而哈特则是在"规范外部"（社会事实）来证明法律体系效力的来源。前者可以称为效力的"规范论"，后者可以称为效力的"社会论"。除此之外，还有历来的自然法学所强调的效力的"道德论"。[3]

38.8 比较而言，效力的"社会论"是揭示和描述法律体系外部效力的一种值得尝试的理论路径，尽管它并非是完全透彻的。然而，一切认识均应当从观察和描述开始，效力的社会论强调描述、慎言评价，这在方法论上是有道理的。凯尔森的效力规范论在理论

---

[1] [美]朱尔斯·L.科尔曼：《原则的实践》，丁海俊译，法律出版社2001年版，第165页。
[2] 徐显明主编：《法理学原理》，中国政法大学出版社2009年版，第120—127页。
[3] 徐显明主编：《法理学原理》，中国政法大学出版社2009年版，第22—47页。

上是清晰的，但它仍然没有超脱古典时期的"形而上学"的窠臼，因为他所论证的这个法律规范体系的实在效力最后还是不得不求助于"基本规范"这个先验的逻辑假设。[1] 至于自然法学的效力"道德论"，大多同样不可避免地带有浓厚的形而上学的趣味，在认识论和方法论上乏善可陈。

38.9 强调法律体系效力的基础在体系外部，这一点是十分重要的。这样做在方法论上可以避免像凯尔森内部（规范）论证所遭遇的"两段论"（一段为实在法律规范体系的论证，一段为"基本规范"的论证）的形而上学困境和论证负担（比如用大量篇幅论证"实然"和"应然"问题）。[2]

38.10 将法律体系内部效力论证（"内部论证"）和它的外部

---

[1] 丹麦阿尔胡思大学法学教授施蒂希·约根森在1988年出版的《法认知片论》（*Fragments of Legal Cognition*, 1988）中指出：凯尔森的"基础规范"是其法律体系的一个逻辑条件（Stig Jørgensen, *Fragments of Legal Cognition*, Aarhus University Press, Aarhus 1988, p. 30）。亚历山大·佩策尼克在所著《法律论证基础》中不同意汉斯·凯尔森有关一国法律体系之最高法律规范（宪法）的效力来源于（虚构的）先验的"基础规范"的说法，他把凯尔森的"基础规范"称为"基础规范1"（Die Grundnorm 1，不过，在佩策尼克看来，凯尔森所运用的这一概念实际上并非基础规范，而是比宪法更高的"顶层规范"［apex norm］），进而提出了一种新的基础规范概念——"基础规范2"（Die Grundnorm 2），即："当一定数量的社会事实（$F_1$-$F_n$）存在和一定的规范性/评价性要求得以实现，那么，从法律的角度看，宪法即应得以遵守。"按照佩策尼克的想法，这个"基础规范2"不仅可以是一个被设定为前提的基础规范（"基础规范$2^A$"），而且也可以被用作证成法律的基础规范（"基础规范$2^J$"）（Aleksander Peczenik, *Grundlagen der juristischen Argumentation*, Springer-Verlag, Berlin/New York 1983, SS. 44-45; Ders., *The basis of legal justification*, Infotryck AB Malmö, Lund 1983, pp. 25-26）。
[2] 凯尔森：《纯粹法理论》，张书友译，中国法制出版社2008年版，第58—64页。

效力分开论证("外部论证")分开,更能够突显法律体系效力问题及其论证的清晰性。

38.11 这种由效力的"内部论证"和"外部论证"所构成的"两段论"在方法论上是可欲的。

## 命题 39 | 法律体系是经赋予并确认有效的

39.1 法律体系效力的"外部论证"的关键是如何理解"（体系）外部"领域以及这些领域与法律体系效力问题之间的关联性。

39.2 如果不加以限定，"体系外部"是一个没有边界的领域。在这个意义上，我们至多可以说，体系外部不是体系内部，或者说，法律体系的外部领域不是法律体系内部各法律规范之间的联接关系和结构，而是一个有待辨识的关系领域，也就是与法律体系有着外部联系的关系领域。

39.3 "与法律体系有着外部联系的关系领域"仍是一个笼统的说法，我们可以把这个未经辨识的关系领域分解出四个维度：（1）法律体系的来源关系或外部生成关系。[1] 法律体系不是来源于其内部各规范的逻辑关系，换言之，任何实在的法律体系都不可能从其内部逻辑演变出来，它的生成力量必然来自这个体系的外部，来自体系外的现实力量。对于什么是法律体系外的现实力量这个问题的认识，或许是见仁见智的，但有一点是清楚的：体系外的

---

[1] 徐显明主编：《法理学原理》，中国政法大学出版社2009年版，第12页，第131页。

现实力量就是社会力量,确切些说,是社会组织化的力量,比如社会团体的力量或者国家的力量。(2)法律体系的运行关系或其功能运作关系。诚如命题36的论述所显示的,法律体系在运行时,必然是对外部指涉的,法律体系S必然是在一定社会C中受到时间、空间和社会情境限定的,此点上已论及,兹不赘述。(3)法律体系的实施(遵守和适用)关系。法律体系的运行关系当然可以通过其实施关系来描述和说明,因为法律体系的运行必然是通过行为人遵守法律规范和适用机关适用法律规范作为中介的。之所以将法律体系的实施关系从其运行关系中分离出来,是考虑到法律规范实施者作为主体,在说明法律体系外部效力上的特殊性。(4)法律体系的评价关系。法律体系与其他规范体系(比如道德体系、宗教体系等)之间存在着体系外的评价关系:法律体系从体系外评价其他规范体系,其他规范体系也从体系外评价法律体系。

39.4 可以说,上述维度的外部联系的关系领域是复杂的,区分的角度和标准是各不相同的。到底如何辨识这些维度的关系领域是与法律体系的外部效力有关联关系,以及有什么样的关联关系呢?

39.5 为了回答上述问题,我们需要对命题39.3所分解出来的四个维度的关系领域展开分析:首先来看法律关系的运行关系和评价关系。我们曾经在命题36.2和36.4中指出,法律体系的实际运行是说明法律体系实际存在的证据,同样也是"法律体系S在一定社会C中有效的"证明。但法律体系的运行关系实际上有一个前提：法律体系业已存在，此所谓运行者必有其物。但运行关系本身不是法律体系的生成关系或来源关系，也不能说明法律体系是如何生成或起源的。换言之，运行关系能够用来描述法律体系的实然效力或实效，但它本身不是法律体系外部效力的基础。法律体系与其他规范体系之间的相互评价关系关涉法律体系的外部效力问题。根据命题31.12的说法，在特定时期，需要对实在法规范之实质正确性进行评价，此时人们必须借助"超法律的法"或"非实定的法律原则"来作为评价的标准。[1]依据此标准，那些"违背正义达到不能容忍的程度"的法律，就完全丧失了"法性"，同样也失去了"道德效力"。[2]然而，实质正确性标准、价值体系或道德体系是法律体系外部效力的深层基础，并不能自动且直接作为法律体系效力的来源。实质正确性标准、价值体系或道德体系若要真正成为法律体系效力的基础，必须经过"程序过滤"机制，[3]这个机制一定与特定的人的组织体、共同体或者机关的活动有关。离开了组织体、共

---

[1] 关于评价标准问题，参见本书命题52、53的展开。

[2] 所以，在黑格尔看来，"在市民社会中，正义是一件大事。好的法律可以使国家昌盛，而自由所有制是国家繁荣的基本条件。"（［德］黑格尔：《法哲学原理》，范扬、张企泰译，商务印书馆1982年版，第237页）有关"道德效力"，参见［德］魏德士：《法理学》，丁晓春、吴越译，法律出版社2005年版，第150页。另见［德］罗伯特·阿列克西：《法概念与法效力》，王鹏翔译，台北五南图书出版有限公司2013年版，第135页以及以下页。

[3] Niklas Luhmann, *Legitimation durch Verfahren*, Luchterhand, Neuwied/Berlin 1969.

同体或者机关的活动,任何道德、价值或实质正确性标准根本不会自动成为法律体系的效力来源。

39.6 从"程序过滤"机制的角度观察,法律体系的外部效力与法律体系的生成关系和实施关系相关联。然而,这仍然是一个不清楚的说法。应当看到,不是法律体系的生成关系和实施关系本身是法律体系的外部效力的来源和基础,而是这些关系中一定的组织体、机构或者共同体通过授权的程序行使"效力赋予"和"效力确认"权力这一事实才是其效力的来源和基础。[1]

39.7 法律体系的生成关系和实施关系的情形是复杂而多样的:就生成关系而言,既有制定法(成文法)的生成关系,又有习惯法的生成关系和判例法(法官法)的生成关系;就实施关系而言,既有普通人的遵守法律的关系,也有执法机关执行法律的关系和司法机关适用法律的关系。在所有这些关系中,到底哪一个或哪一些组织体、机构或者共同体通过授权的程序行使"效力赋予"和"效力确认"权力,才是法律体系效力的来源和基础呢?

39.8 在回答这个问题之前,我们首先对规范(规则)与命令之间的关系做一辨析。需要讨论的问题是:(1)法律规范是不是命令?因为命令具有效力特征,至少对于服从者而言,命令是有效的。关于法律规范是不是命令的问题,命题17-24业已详论,我

---

[1] 这个问题至少说明一点:国家(法律)机关在法律效力识别中具有重要作用(徐显明主编:《法理学原理》,第135页)。

们说，法律规范（规则）作为行为规范，规定人们"可以做什么、应当做什么或不得做什么"的行为命令。正是在这个意义上，法律规范也取代了行为人基于个人确信的行为理由，而成为行为和裁判的刚性的独断理由。（2）法律规范是强命令，还是弱命令？命令是分强弱的，所谓强命令，是指不问服从者是否接受的态度而要求服从者无条件服从的命令，比如军事命令，士兵绝对服从上级的军令；所谓弱命令，是考虑服从者接受态度、信念的命令，最弱意义的命令是完全依赖服从者自愿服从的命令。从法律规范是刚性的独断行为理由角度看，法律规范无疑是强命令，但法律规范毕竟不是军令，它没有军令那样"莫问理由"（不容分说）的绝对性，法律规范作为一般的命令，它的有效性不能仅仅建立在命令性这一点之上，它必须兼具一切规范或规则所具有的说服性，这种说服性以法律规范的正当性以及可接受性（acceptability）作为条件。法律规范区别于绑匪对被劫者下达的命令（比如，"把钱交出来"的命令），不仅在于它是针对不特定的主体的，而且在于它必须考虑规范承受者本人的承认或接受其效力。[1]

39.9 这样，我们就有了观察法律体系外部效力来源的两个角度：一个是命令；另一个就是承认。我们由此可以尝试引出两个命题：（1）法律体系是有效的，当且仅当构成法律体系的所有法律

---

[1] 见［英］H. L. A. 哈特：《法律的概念》（第二版），许家馨、李冠宜译，法律出版社2011年版，第6页、第8页及以下页。

规范是一般的行为命令；（2）法律体系是有效的，当且仅当法律规范作为一般的行为命令被规范承受者个人或集体承认有效。

39.10 然而，上述两个命题（至少第一个命题）还并未明确告知法律体系外部效力的真正来源，它们只是我们辨识和判断其效力来源的表见性标准。

39.11 我们先来考察"效力赋予"问题：严格地说，唯有规范发布和规范适用行为及程序才具有"效力赋予"的功能。

39.12 规范发布是法律体系有效的"效力赋予"行为及程序。"法律经发布始有效"乃文明法律制度通行的原则，该原则也预设了一个前提：法律规范之公布不仅具有创设功能（即：公布属于法律规范创设的诸环节之一），而且同时具有"效力赋予"功能，也就是说，经过"发布"行为及程序，法律规范及其构成的体系从此具有了"行为命令"的性质和效力。

39.13 延展开来看，通过规范发布的"效力赋予"还有这样几层含义：（1）通过规范发布的"效力"实际上是一种"批准的效力"，即：通过"发布"而准许法律规范及其构成的体系从此有效；（2）"规范发布"开启了法律规范及其构成的体系之生效的时点，这一事实证明了"规范发布"这一"效力赋予"行为及程序作为"法律体系生效之初始条件"所具有的意义。换言之，"规范发布"，而非别的什么条件（比如"效力接受"）才是"法律体系生效之初始条件"；有了"规范发布"，整个法律体系始得有效，即使这个体系并未得到规范承受者个人或集体的事实承认或接受，它仍然是有效的；否则，不通过"规范发布"这一"效力赋予"行为及程序，法律体系哪怕是在实际运行着的，也很难说它就是正当、有效的；（3）"规范发布"作为"效力赋予"的行为及程序还必定假设有一个"适格的规范发布者"这样一种主体的存在：不是什么主体都可以发布法律规范，也不是什么主体发布的命令都可以视为人人服从的法律命令。[1]

39.14 关于"适格的规范发布者"，这一问题，可能是一个更宏大的讨论主题，它涉及政权、主权、主权者、权力授予、国家、社会、人民以及政治制度、法律制度等相互关联之复杂问题的讨论，为简化主题的思考，此处暂时不拟广泛展开论述。

39.15 对于上一问题，17世纪英国政治哲学家托马斯·霍布斯（Thomas Hobbes，1588—1679）和19世纪英国分析法学派的代表人物约翰·奥斯丁的观点比较有代表性。霍布斯在《利维坦》（Leviathan，1651）中指出，法律对于每一个臣民说来就是国家以语言、文字或其他充分的意志表示命令他用来区别是非的规范。[2] 与此相应，奥斯丁在《法理学的范围》（The Province of Jurisprudence Determined，1832）一书中把法律（作为法理学的真

---

[1] 这个论证可以称为"主权者模式"（徐显明主编：《法理学原理》，第137页）。
[2] 见［英］霍布斯：《利维坦》，黎思复、黎廷弼译，杨昌裕校，商务印书馆1996年版，第206页。

正对象、实际存在的由人制定的法）界定为"主权者对其臣民所发布的一般命令"。[1]

39.16 霍布斯和奥斯丁的观点实际上引出一个很重要的问题：国家与法律的关系。在独立的政治社会——国家产生之后，所谓法律一定是指"国法"，即由国家制定或认可并由国家强制力保证实施的行为规范。由此似乎可以笼统地说，国家是"适格的规范发布者"，国家的立法行为具有"效力赋予"的性质和意义。但若仔细辨析，这一说法也存在问题。事实上存在的情形是：国家保持不变，但其法律体系却在不断发生变化，原因是"赋予体系效力"的行为和程序发生改变，国家政权和"国家政权掌握者"发生更替。

39.17 应当看到：在历史上，国家政权和"国家政权掌握者"是不断更迭的，这些更迭有的通过程序方式（比如政权禅让），有的不通过程序方式（比如革命），有的可能保持政权体制的延续性（比如政权世袭），有的则造成政权体制延续性的中断（体制改革或者革命）。这些政权和"国家政权掌握者"的更迭方式都会影响

---

[1] 在奥斯丁《法理学的范围》的原著里没有"主权者对其臣民所发布的一般命令"这句话。其中最接近此表述的，参见［英］约翰·奥斯丁：《法理学的范围》，刘星译，中国法制出版社2002年版，第217-219页。该命题的简单概括是赫伯特·L.A.哈特在《法律的概念》中提出的，其原话是："奥斯丁在《法理学的范围》（*Jurisprudence Determined*）这本书中，以'命令'及'习惯'两个简单的要件，对法律的概念做了最为清晰而彻底的分析。……如果我们按照奥斯丁的用法，称此至高且独立的个人或群体为'主权者'，则所谓法律，就是主权者或其下的从属者所发出的，以威胁为后盾的一般命令。"（［英］H. L. A. 哈特：《法律的概念》［第二版］，许家馨、李冠宜译，法律出版社2011年版，第18页，第25页）

法律体系外部效力的存废。

39.18 上述事实表明：唯有"国家政权掌握者"（奥斯丁所称的"主权者"）才是"适格的规范发布者"；换言之，谁掌握国家政权，谁就可以创制法律规范，因而赋予法律规范构成的体系具有效力。当然，"国家政权掌握者"也是适格的规范效力废止者，他或他们可以为法律体系赋予效力，也可以废止自己所创建的法律体系的效力。

39.19 法律体系外部效力的赋予和废止可能会涉及法律体系外部效力的统一性和连续性问题。这可以从两个方面看：（1）"国家政权掌握者"无论是单数的还是复数的，但在"规范发布"这一时点上则是一个特定的主体，为何他或他们所发布的法律可以在其死后的若干世代里仍然生效？（2）法律体系的效力是某一"适格的规范发布者"赋予的，但其效力后来又被另一"适格的规范发布者"（比如前者的合法继承者）所废止，如此，前后不一的效力赋予者和废止者如何保证法律体系效力的统一性和连续性？[1]

39.20 对上述问题可以这样作答：（1）最终决定"国家政权掌

---

[1] 赫伯特·L. A. 哈特批判法律乃"主权者命令"主张，说它的主要问题是不能解释法律体系的持续性与连续性的特征：主权者雷克斯一世去世了，雷克斯二世继位成为新的主权者，根据主权者模式，雷克斯一世的法律就失去了效力，但事实上这种法律能够继续存在。此外，哈特还认为，主权者模式也不能很好地解释国际法的性质：国际法不是主权者的命令，缺乏类似国家机关的立法机构（H. L. A. 哈特：《法律的概念》[第二版]，第4页。另见徐显明主编：《法理学原理》，第137页）。

握者"是"适格的规范发布者"的，是一个国家通过宪法所确立的政治体制。只要国家宪法所确立的一定的政治体制不变，"国家政权掌握者"通过规范发布而对法律体系赋予效力的性质就不变，对于规范承受者个人或集体而言，就是"应予承认或接受的"，对于后来继承其权力的"国家政权掌握者"而言也是如此，除非后来的"国家政权掌握者"通过宪法体制授予的权力废止了其前的法律体系的效力；（2）"国家政权掌握者"是一个抽象的宪法—政治人格体，我们可以把一定时期不变的政治体制中的"国家政权掌握者"视为一体，尽管他或他们是不同世代的主体，但他或他们的行为性质和效力是前后一贯的、连续的，而且是统一的。

39.21 此外，这里还有一个紧要的政治理论问题，即：有关国家政权之"正当性"鉴别问题。那些持政治道德论立场的人会强调说：国家政权的取得必须具有正当性，否则所建立的政权就是"僭主"政权。照此理论，"僭主"不是"适格的规范发布者"。[1]

---

[1] 国家必须正当，这意思是说：国法具有国家强制性，但这种强制性又不能理解为纯粹赤裸裸暴力强迫的属性，它必须具有道德上的正当性。也就是说，国家运用强制力来强迫人们遵守法律，必须具有正当与合理的基础。要说明这个基础，除了法律（包括宪法）的授权这个理由外，还应当从国家理性（国家理由）、国家存在的根据这些层面上加以论证。例如，从道理上讲，国家（依其本质）不得为非，国家必须真正代表和行使主权及其他公权力，保护公民的合法权利及利益，保障公民的生命财产安全，等等。否则，法的国家强制性则会削弱，甚至完全消解（舒国滢主编：《法理学导论》[第三版]，北京大学出版社2019年版，第33页）。故此，罗马基督教教父哲学之代表人物奥古斯丁（Aurelius Augustinus, 345—430）说："国家一旦没有了正义，就沦落为一个巨大的匪邦。"（引自[德]古斯塔夫·拉德布鲁赫：《法律智慧警句集》，舒国滢译，中国法制出版社2016年版，第59页）

39.22 国家政权"正当性"涉及国家政权掌握者与其臣属之间的关系：国家政权掌握者借助某种力量使其臣属信服其统治，人们就说这样的政权是具有正当性的，比如像马克斯·韦伯（Max Weber）所讲的三种纯粹的正当性统治，即传统型统治、卡理斯玛式统治和法理型统治。[1] 但实际上，在很多情况下，人们难以判断国家政权取得的正当性，所以，有关"僭主"与否的辨识成为"公说公有理，婆说婆有理"的无解争论，或者虽然人们能够辨识国家政权取得的正当性，但事后证明通过正当性手段取得政权的掌握者是专制暴君（比如希特勒），是不适格的统治者。这个时候，国家政权掌握者还是不是"适格的规范发布者"？其发布法律的行为及程序是否具有"效力赋予"的性质和意义？

39.23 其实，从法学的立场看，如果说法律就是国法的话，那么所谓赋予法律体系外部效力者就是作为国家主权实际代表者（哪怕是暂时的代表者）的政权掌握者，该政权掌握者至少在形式上就是其所制定的法律规范的适格发布者，并且能够赋予其所建立的法律体系具有外部效力。

39.24 至于说，一个国家的政权掌握者是不是具有正当性的掌权者？他所建立的法律体系到底有没有事实效力和道德效力？这些

---

[1] 见 Max Weber, *Die drei reinen Typen der legitimen Herrschaft*（1922），也见 Max Weber, *Staatssoziologie*, Hg. von Johannes Winckelmann, 2.Aufl., Berlin l966, S.99 ff，汉译，见［德］马克斯·韦伯：《经济与社会》（上卷），林荣远译，商务印书馆1997年版，第241页及以下页。

问题当然不纯粹属于法学问题,而更可能是政治理论和社会理论问题。如果一定要在法学框架内来讨论这些问题,那我宁愿把这些问题看作是"效力承认(接受)"和"效力确认"问题,而不是规范发布和"效力赋予"问题。[1]

39.25 "效力承认(接受)"和"效力确认"是考察法律体系效力来源的另一个角度:我们可以通过"效力承认(接受)"和"效力确认"行为及程序来鉴别什么是"适格的规范发布者"以及他们通过"发布"行为及程序所"赋予外部效力"的法律体系是怎样被规范承受者个人或集体承认、确认有效,并自愿服从的。

39.26 我们现在来看"效力承认(接受)"问题。根据命题39.9,法律体系有效,不仅在于"适格的规范发布者"的发布,而且在于被规范承受者个人或集体承认(接受)有效,原因在于:法律规范不仅仅是"莫问理由"(不容分说)的强命令,而必须具有以正当性和可接受性作为条件的说服性,必须得到规范承受者个人或集体基于内在确信的遵行和服从。这样,规范承受者个人或集体的承认或接受就具有"双重检验"的功能:一是对"适格的规范发布者"的发布行为及程序的检验;二是对法律规范及其体系的检验。规范承受者个人或集体的承认或接受不仅证明规范发布者是"适格的",而且证明规范发布者的"发布"行为和程序是正当

---

[1] 有关法律体系效力"起源模式"的进一步批判,参见徐显明主编:《法理学原理》,第138—139页。

的、可接受的，证明"发布"具有"效力赋予"的性质和意义，最后还证明法律规范及其体系在事实上有效，甚至由于规范承受者个人或集体的自愿遵行而具有道德效力。

39.27 从效力承认（接受）的角度看，任何实在的法律体系都必须具有最低限度的实效性[1]和道德效力。法律体系的内部效力或形式效力的证明或许与效力承认（接受）无关，但法律体系外部效力的证明则离不开效力承认（接受）的考察。

39.28 由于有了"效力承认（接受）"，纯粹属于"实然世界"的实效和纯粹属于"应然世界"的道德效力均在"一定情形下"构成法律体系外部效力的"检验条件"。

39.29 论证到这一步，似乎法律体系外部效力的证明任务就完成了。其实不然。

39.30 其实，我们不能过高估计"效力承认（接受）"对于法律体系外部效力之赋予和确认的意义：效力承认或接受不具有创设效力或效力赋予的意义，不是说法律体系是由于效力承认或接受而被"赋予"了效力，而是说，效力承认或接受只是对"适格的规范发

---

[1] 其实，如学者所指出的，汉斯·凯尔森之法律体系的效力根据论，不仅坚持特定的"起源模式"（基础规范），而且也引入"实效原则"来说明法律体系的存在。在他看来，基础规范是法律规范的效力的理由，实效原则是法律体系的效力的条件。法律的效力不是因为它有实效，而是因为它是在合宪方式下创造的。但每一个法律的效力依赖于整体的法律体系的实效。只有当某个法律体系整体上有实效时，一个具体的法律才是有效力的。法律体系的实效首先表现为执行制裁的机关服从法律，其次才是国民的服从（徐显明主编：《法理学原理》，第137—138页）。

布者"通过发布行为及程序所赋予法律体系外部效力的"检验"。[1]

39.31 从正当性和实效性的角度看,"全体人民"或者"所有的规范承受者个人"一律自愿遵行法律规范可能是检验"适格的规范发布者"通过发布行为及程序赋予"法律体系外部效力"的最强有力的证明,然而,这不过是一个虚妄的假设,因为任何实在的法律体系都不能保证所有的行为人事实上一律遵行,更不可能保证其自愿遵行。

39.32 更为重要的是:我们必须将法律体系的"效力承认(或接受)"和"效力确认"加以区别。尽管"全体人民"或者"所有的规范承受者个人"的效力承认或接受或许可以用来证成法律体系的道德效力,但并不适合直接用来作为法律体系外部效力赋予的确认标准,因为即使我们认识到法律体系的道德效力,也必须通过一定的程序来转化为对法律体系外部效力赋予的确认,在这个过程中,法律体系的道德效力可能更多地作为实在法律体系有否效力的评价标准,这个标准对于法律体系的外部效力赋予来说,既可能是支持性标准,也可能是否定性标准:如果规范发布者所赋予的实在法律体系的外部效力与其道德效力一致,道德效力就是支持性的,否则就是否定性的。

39.33 "全体人民"或者"所有的规范承受者个人"的效力承认或接受之所以不适合直接作为法律体系外部效力赋予的确认标准,

---

[1] 徐显明主编:《法理学原理》,第139—140页。

关键还在于：法律体系效力赋予的确认是一种"程序性确认"。换言之，"全体人民"或者"所有的规范承受者个人"的效力承认或接受即使在事实上是可能的，也无法通过程序实现对规范发布者所赋予的实在法律体系外部效力给予确认。我们总不至于幼稚地认为，任何人都可以不经过任何程序随时宣称其对法律体系的效力赋予已经确认或者未予确认，进而宣称法律体系是有效的或者是无效的；更何况，"全体人民"或者"所有的规范承受者个人"的效力承认或接受之事实证明本身，永远是一个问题。

39.34 法律体系效力赋予的"程序性确认"必须要由适格的主体根据授权，通过一定的程序来进行。在这一点上，英国当代法哲学家约瑟夫·拉兹（Joseph Raz, 1939—　）的看法或许是有道理的，即：法律体系效力赋予的"程序性确认"的适格主体是司法机关（法律适用机关），更确切地说，就是国家的法院。[1]

39.35 正是在这个意义上，应当将规范的"效力赋予"和"效力确认"结合起来看法律体系的外部效力问题：法律体系是经赋予并确认有效的。

39.36 为说明上述结论，我们必须论证下面这个命题：法律体系是一种制度化规范体系。

---

[1] 法律适用机关在确认法律体系效力上是重要的：法院根本不承认任何不属于法律规范的规范。如果法律适用机关拒绝适用某一个法律体系的大部分法律，该法律体系就不可能存在（Joseph Raz, *Practical Reason and Norms*, Princeton University Press, 1975, Princeton 1990, pp. 130-131, 135）。

## 命题 40 | 法律体系是制度化的，依靠制度化运作

40.1 说法律体系是制度化规范体系，主要是因为法律体系的创制、执行和适用都是通过一定的制度化机关（立法机关、执法机关和司法机关）进行的。离开了制度化机关及其活动和程序，至少国法意义上的法律体系无法生成，也无法运行或运作。[1]

40.2 许多规范体系都包含规范创制、执行的组织，比如体育协会、社交俱乐部、工会、教育机构和其他机构均有行业内的规范制定组织和执行组织。然而，法律体系是当今制度化规范体系中最重要、最典型的类型，它是国家创制并通过国家强制力来保证实施的，对所有其所规制的对象（包括公民、法人、其他社会团体机构和国家组织本身）均发生效力，得以适用。所以，相对于其他规范体系，法律体系作为制度化的规范体系具有两个特点：（1）它的广泛性，

---

[1] 是否存在非国法（non-state law）意义上的法律体系，此为当代法学理论争论的问题之一。比如，欧根·埃利希在《法社会学原理》中存在着与国家制定法或国法（staatliches Recht）相对称的"活法"（lebendes Recht），或者"非国家法"（见[奥]欧根·埃利希：《法社会学原理》，舒国滢译，中国大百科全书出版社2009年版，第8章，第12章，第19章，第537页及以下页）。笔者持"法律即国法"的立场，上文多处论及，参见本书命题22.5、22.6、29.33和39.15，兹不赘述。

法律体系的适用范围超越任何一个特定的社会团体组织的规范体系，它可以在"团体间"发生效力；（2）它的权威的至上性，从权威性的角度看，不是其他规范体系的效力凌驾于法律体系的效力之上，而是相反，法律体系的效力凌驾于其他规范体系的效力之上。[1]

40.3 作为制度化的规范体系，法律体系是依靠国家的制度化机关利用它们各自的授权在程序范围内运作的规范体系。所以，法律体系的制度化运作（insititutionalized operation）具有这样的特点：（1）组织性。法律体系是由一定的组织体或机构来运作的；（2）授权性。法律体系的运作是一定的组织体或机构根据授权来进行的。（3）程序性。法律体系的运作是根据法定的程序来进行的。

40.4 法律体系本身具有一套制度化的"程序过滤"机制。任何机构、团体和公民个人的意见和行为若对法律体系的运作产生实际的影响，那么就必须通过特定的制度程序（比如"公民公决"制度程序，在此制度程序下，尽管公民整体并非一个专设的国家组织体，但可被视为一个"表决的机关"）进行。[2] 当然，普通公民也可以通

---

[1] 徐显明主编：《法理学原理》，中国政法大学出版社2009年版，第140—141页。
[2] 对于上述主题，德国当代哲学家尤尔根·哈贝马斯于1992年出版法哲学名作《在事实与规范之间——关于法律和民主法治国的商谈理论》（*Faktizität und Geltung: Beiträge zur Diskurstheorie des Rechts und des demokratischen Rechtsstaats*, 1992），试图从商谈理论和交往行为理论的角度引入法律范畴、尤其是现代法的范畴，在主观—私人的自由（私人自治）和公民自治（公共自治）、私权和公权、人权和人民主权、实在法与自然法/道德法框架下分析权利体系和法治国原则，讨论民主法治秩序的规范性主张和它们的社会背景的事实性（一个特定的法律观的规范性考察和经验性考察）之间的外在张力，以便对公民身份概念（一方面作为政治公共领域的承担者[Staatsbürger，（转下页）

过正常的意见表达（行使公民的监督权）或非正常的意见表达（游行、示威、罢工、静坐、上访等）来影响法律体系的运作，然而，这种影响若真正"嵌入"法律体系的运作之中，则必须透过"程序过滤"机制。不经过程序过滤，公民个人的意见和行为表达不可能直接渗透于法律体系的运作之中。也正是因为法律体系本身具有一套制度化的"程序过滤"机制，我们才在命题39.31中说，通常情况下，"全体人民"或者"所有的规范承受者个人"的效力承认或接受，不适合直接作为法律体系外部效力赋予的确认标准。

40.5 制度化机构借助法律体系的制度化运作来影响法律体系的外部效力的赋予和确认：立法机关担当"适格的规范发布者"的角色，通过立法活动而"在形式上"为法律体系赋予效力；执法机关

---

（接上页）国民］，一方面作为。社会成员［Gesellschaftsbürger，社民］，同时具有两个身份）的规范性内容进行重构。而且，他基于法律形式和商谈原则，抽象地引入权利人（Rechtspersonen）因地位而产生的法律代码（Rechtskode）本身的基本权利（这些基本权利乃是一个现代法律共同体成员作为出发点的前提），以此破解人民主权和人权的同属性以及政治自治和私人自治的同源性，进而借现代法律与政治之间（实在法形式的政治统治发展为法理型统治）的构成性联系之分析，揭示出理性的（考虑有限资源、时间压力、接受的抵制以及其他限制）政治意志形成的过程模式（实用商谈伦理—政治商谈道德商谈法律商谈）及其交往条件，论述法治国诸原则［人民主权原则，个人权利的全面保护原则，行政合法性原则（法律保留原则，禁止内务任意行事原则），行政部门接受司法与议会监督的原则，司法受现行法律约束的原则，国家与社会分离原则，政治多元主义原则，党派竞争原则，议会原则，多数裁决原则］和权力分立之逻辑（Jürgen Habermas, *Faktizität und Geltung:Beiträge zur Diskurstheorie des Rechtes und des demokratischen Rechtsstaats*, 2. Aufl., Suhrkamp Verlag, Frankfurt am Main 1992. 汉译，见［德］哈贝马斯：《在事实与规范之间——关于法律和民主法治国的商谈理论》，童世骏译，生活·读书·新知三联书店2003年版）。

（行政机关和授权执法的组织）和司法机关通过执法活动和司法活动确认立法机关或适格的规范发布者对法律体系的效力赋予。

40.6 这样说来，执法机关和司法机关通过各自的活动对适格的规范发布者之法律体系外部效力赋予的承认，似乎都是效力赋予的"程序性确认"的制度化安排，或者如人所言，假若一个法律体系得到了所有的国家官员（包括法官、政府官员和其他国家官员）遵行，它就是有效的。[1]

40.7 但若仔细分析，上述说法不能说毫无道理，但却没有说到问题的实质上。如果从一个外在观察者的角度看，"一个国家的法律体系只有被所有的国家官员（包括法官、政府官员和其他国家官员）遵行，它就是有效的"这个说法或许是可以成立的，因为这个说法所描述的是法律体系效力赋予之确认的一个外在的形式鉴别标准；但若从"内在观点"看，[2]通过（行政）执法机关的活动来确认法律体系的效力赋予（即法律体系效力赋予的"执法性确认"）并非法律体系效力赋予之"程序性确认"的充分条件，也不是这种确认的典型情形。原因在于：执法机关所行使的执法权并非同时是判断—裁判权，执法机关通过执法而遵行法律的活动不是"反思性的"。说到底，执法机关没有权力审查立法，故而其执法活动是无

---

[1] 对于这一点，赫伯特·L. A. 哈特所提出的"承认规则"说乃是值得重视的（参见H. L. A. 哈特：《法律的概念》［第二版］，第6章第1节。另见徐显明主编：《法理学原理》，第145—147页）。
[2] 有关"内在观点"的论述，参见H. L. A. 哈特：《法律的概念》（第二版），第5章。

反思性的，其对立法机关或适格的规范发布者所发布的法律之执行是"莫问理由的"（不容分说的），其对法律体系的效力赋予的确认是不典型、不充分且不具有代表性的。基于这个理由，我们说，执法机关不是法律体系效力赋予之"程序性确认"的适格主体。

40.8 司法机关（或法院）因其授权的性质、活动的特点以及适用法律的特殊程序而成为法律体系效力赋予之"程序性确认"的适格主体。

40.9 法院是适用法律裁决案件以形成判决的机关，法院在个案中做出的判决本身对于案件当事人而言就是一种具有约束力的规范，即"个案规范"。[1] 个案规范是法院运用司法三段论推理，根据一般法律规范（即适格的规范发布者所发布的规范）推导而来的。[2]

40.10 然而，法官判决并非是"法律的一丝不苟的复写"，法官也并非是机械地操作法律的"机器"。[3] 在解释法律的过程中，

---

[1] 有关"个案规范"，参见Wolfgang Fikentscher, *Methoden des Rechts in vergleichender Darstellung*, Bd. 4., J. C. B. Mohr (Paul Siebeck), Tübingen 1977, SS. 202, 218, 221-224。

[2] 借用罗伯特·阿列克西的表述，司法三段论推理（内部证成）最简单的推论形式为：大前提（1）(x)（Tx ORx）；小前提（2）Ta；结论（3）ORa。（Robert Alexy, *Theorie der juristischen Argumentation: Die Theorie des rationalen Diskurses als Theorie der juristischen Begruendung*, 2.Aufl., Suhrkamp Verlag, Frankfurt am Main 1991, S. 274. 汉译，见［德］罗伯特·阿列克西：《法律论证理论》，舒国滢译，商务印书馆2019年版，第271页）

[3] 黑格尔指出："只有培养了对法的理解之后，法才有能力获得普遍性。在适用法律时会发生冲突，而这里法官的理智有它的地位，这一点是完全必然的，否则执行法律就会完全成为机械式的。如果人们要想把许多东西听由法官随意决定，……而单由法官来裁决，就难免恣意专横之弊。"（［德］黑格尔：《法哲学原理》，范扬、张企泰译，商务印书馆1982年版，第220页）

特别是在法律存在"违反计划之完满性"的情形下，法院实际上可以进行创造性的"法的发现"（Rechtsfindung）活动。此时，法官不仅可以将所谓"正式的法的渊源"（即适格的规范发布者所发布的规范）作为案件裁判的根据，也可能根据其所自由发现的"非正式的法的渊源"（习惯、法理、政策等）作为司法推理的大前提。

40.11 这表明：法官在适用法律的同时也在识别和鉴别法律，识别和鉴别规范发布者的适格性，其"发布"行为及程序的正当性以及其对法律体系赋予效力的可接受性。不经过法官的程序性识别和鉴别，法律规范即使是经过适格的规范发布者发布的，它在适用时也可能会被"悬置"，被弃而不用，因而不具有事实效力或实效。

40.12 不仅如此，在某些国家（如美国）的制度实践中，法官拥有审查国会立法是否违宪的"司法审查权"，通过行使这种权力，法官可以"合法地"搁置某个法条、甚至废弃整部法律在个案中的适用。很明显，在此情形中，法官的程序性确认是决定法律体系真正有效的条件，尽管这种确认并不担当"法律体系外部效力赋予"的功能。

40.13 基于上述一点，我们可以得出结论：一个法律体系，只有被法院所适用时，才是真正有效的。[1] 法律体系之有效或无效，不仅取决于适格的规范发布者通过发布行为及程序的"效力赋予"，而

---

1　Joseph Raz, *Practical Reason and Norms*, pp. 130-131.

且取决于法院通过适用而对这种"效力赋予"的程序性确认。

40.14 在某些特定的法律制度（譬如英国的普通法制度）中，法官甚至实际地拥有创制规则的权力，他们所创制的规则可能形成一套独特的法律体系（普通法体系或判例法体系）。至少对于这个独特的法律体系而言，法官的创制行为已经不是"效力确认"，而属于"效力赋予"。所以，在特定的情境中，法官实际上与立法机关或适格的规范发布者分享了"效力赋予"的权力，与后者共同形塑了一个国家的法律体系。

40.15 制度化法律体系的特点正是体现在国家法院体系的存在和它们的活动性质及其程序之中。一方面，与普通公民个人通过其对法律规范的遵行与否来承认法律体系的效力相比，法院通过适用法律对法律体系效力赋予的确认是权威性的、程序性的；所以，从制度化运作的角度看，普通公民个人的效力承认无法直接融入实在法律体系的运作之中，在此情形下，法院的"程序性确认"实际取代了（同时也代表了）个人的效力承认，而成为一个国家法律体系外部效力赋予之正式确认的制度性标志。另一方面，相对于执法机关通过执行法律对法律体系效力赋予的"执法性确认"，法院通过适用法律对法律体系效力赋予的确认（也可称之为"司法性确认"）是典型性的、具有代表性的确认，因而这种确认也是法律体系效力赋予得到正式确认之充分的条件。

40.16 说到底，法律适用不同于法律执行，法官的司法不同于其他国家机关的执法。美国当代政治哲学家约翰·罗尔斯（John Rawls，1921—2002）在其著作《政治自由主义》（*Political Liberalism*）中指出，法院的作用不仅是辩护性的，而且通过发挥其作为制度范例的作用，还应对公共理性发挥恰当而持续的影响。这意味着，公共理性是法院履行的惟一理性。法院是惟一可在其面上体现理性创造的政府分支，而且是理性惟一的创造表现物。[1]

40.17 从比较的角度看，司法是判断和裁决的活动，因而也是反思性活动，法官对法律的适用并非是"莫问理由的"（不容分说的），而恰恰是根据裁决理由的判断、衡量来综合判断规范发布者的适格性，其"发布"行为及程序的正当性以及其对法律体系赋予效力的可接受性，进而确认法律规范及其体系之有效或无效。

40.18 这也并不是说，法官的"效力确认"是完全专断和无条件的。实际上，法官的"程序性确认"与其他主体（其他国家机关、社会组织和公民个人）对法律体系效力的承认（接受）之间是互动的，其中包含的更为开放、广泛，也更为复杂、深刻的理论问题（比如法律的服从与反抗，国家权力与公民权利、法治、正当性与合法律性，法的可接受性问题）需要在法哲学—政治哲学层面加以讨论。[2]

---

[1] 参见［美］约翰·罗尔斯：《政治自由主义》（增订版），万俊人译，译林出版社2011年版，第6讲"公共理性的理念"。
[2] 有关法律体系的自治与开放，参见徐显明主编：《法理学原理》，第148—149页。

# 六 | 服从、抵抗与宪法权威

· 命题 41—48

- 41. 法律体系在形式上要求规范承受者个人或集体遵行和服从
- 42. 规范承受者个人或集体自愿遵行和服从法律，必然来自自我的内心认同
- 43. 基于自我的内心信念，规范承受者个人或集体，也可能抵抗法或法律体系的效力
- 44. 规范承受者个人或集体抵抗法律体系的效力必然首先表现为对制度化力量的抵抗
- 45. 对制度化力量的抵抗将会造成法律体系的"合法律性危机"
- 46. 尊重宪法权威是避免"合法律性危机"的必要条件
- 47. 宪法权威的失落，意味着整个法律体系的解体或崩溃
- 48. 重建宪法权威，有赖于整合规范承受者个人或集体的法律确信，形成普遍的社会共识

## 命题 41 | 法律体系在形式上要求规范承受者个人或集体遵行和服从

41.1 根据命题 40，我们看到：法律体系是制度化的，因而也是特殊的规范体系。

41.2 这种规范体系的特殊性不仅在于它与其他规范体系比较所具有的广泛性和其权威的至上性，[1] 而且更重要的一点在于：法律体系的权威性由于制度化而具有形式上的自我解释性。

41.3 这里，所谓"形式上的自我解释性"是指：从形式上看，法律体系具有权威性，这来自制度化本身所提供的解释理由，而不依赖于制度化机构以外的规范承受者个人或集体对它的解释、承认或接受。

41.4 来自制度化本身所提供的解释理由还说明了一个事实：法律体系具有形式上的正当性，即：一种根据法律形式的统治所形成的正当性，我们可以把这种形式上的正当性称之为"合法律性"

---

[1] 相关的内容，见本书命题40.2。

（legality/Legalität）。[1]

41.5 学者间对于何为法律体系的"合法律性"这一问题存有争议。尽管如此，我个人认为，以下几点尚可成为此一问题的讨论框架：（1）法律体系的存在有其形式上的特性，例如，命题33所讨论过的法律体系的结构性，规范之逻辑关联性；（2）根据这种形式上的特性，法律体系可以仅依其来源（或"谱系"）而非依其内容或实质加以识别；（3）法律体系的来源或谱系主要是指它的创制、创制方式、创制主体以及创制程序，等等；（4）有一套形式的原则（比如，"正当制定""公开发布""合法授权"等）作为法律体系之来源或谱系的解释根据；（5）凡具有形式原则作为其来源或谱系的解释根据的法律体系就是具有合法律性的；（6）法律体系的合法律性，不以规范承受者个人或集体的行为及在行为中所持的价值观、法律确信和法律态度作为条件；（7）法律体系的

---

[1] 在德语中，Legitimität（英文：legitimacy）与Legalität（英文：legality）二词，很难准确地找到合适的汉语对等词。在现今汉译文献中，人们笼统地将两者均译为"合法性"，似有不妥。为区别起见，本书将前者姑且对译"正当性"，将后者译成"合法律性"。与此相关的两个动名词Legitimierung与Legalierung分别译为"正当化"与"合法律化"。理论上，正当性与合法律性是两个概念含义不同而又相互联系的问题。正当性，立足于对社会特定的、规范标准的、社会整体性的维护之上，它要说明现存的制度和政权怎样以根本的价值来维护社会的认同。因此，"正当性意味着对一种政治制度的公认"。或者说，它是政治制度存在的内在基础。另一方面，合法律性，在最广义上则是指法律的存在及行为者对法律的服从和遵守。法只有在合法律性体系（制度）中才得以实现。在此意义上，"合法律性是一种形式，通过这种形式法得以显现，并向法律人指呈"。合法律性，就其本质而言，是与正当性问题紧密相关的：正当性通过合法律性表现，合法律性应以正当性作为实质内容（参见舒国滢：《战后德国法哲学的发展路向》，载《比较法研究》1995年第4期，第345—346页）。

合法律性本身可以作为辩驳其他理由的"正当性理由"（legitimate reason）。这一点的意思是：当规范承受者个人或集体基于自己的法律确信、（实质）道德理由作为承认法律体系的外部效力赋予的"根据"时，法律体系的合法律性本身可以作为反驳理由，至少在形式上证成自己的正当性。

41.6 进一步说，在"合法律性"的维度里，法律体系的证成仅满足法律内的"自给自足的"（self-contained）形式理由阐释（规范推理、概念分析和意义的逻辑解释等），而不用求诸法律以外的所谓"实质理由"或政治、伦理或宗教上的价值。

41.7 在这里，"形式"（form）本身在辨识法律体系的存在及存在理由，法律体系的功能和意义等方面具有了独特的认识论价值。[1] 至少在现代法上，"形式"成为我们认识和判断法律体系存在、效力及正当性的外在标识，也是进一步探讨法律体系之深层问题（包括实质问题）的出发点。

41.8 按照古典哲学的解释，所谓"形式"，是指"物质"的外部形态或轮廓。不过，当我们在讨论比如"感觉形式""思想形

---

[1] 黑格尔如此理解法律的"形式"意义："法律就是法，即原来是自在的法，现在被制定为法律。……但是形式的本质意义，在于自在的法就得作为法而制定。我的意志是一种合理的意志，它是有效的，而这种效力应得到别人的承认。这里，我和别人的主观性现在都必须消灭，意志必须达到确实性、固定性和客观性，但只有通过形式它才能获得这些东西。"（［德］黑格尔：《法哲学原理》，范扬、张企泰译，商务印书馆1982年版，第227—228页）

式""意图形式""意志形式"或者"法律形式"时,我们实际上所指的是它们呈现于或显现于现实世界中的方式。在这个意义上,形式以内容为前提,内容也以形式为条件:没有无内容的形式,也没有无形式的内容。[1]

41.9 "形式"具有表见识别与判断的功能。根据法律体系在形式上的外观特征(比如,制度化、程序性、结构性,规范发布和效力承认等),人们可对法律体系的存在和效力做出表见性判断和识别,而无须借助法律以外的标准。在这里,"形式"本身承担着"X在语境C下算作Y"的"地位功能",也就是说:当一个规范体系是制度化的,具有相互联系的结构性,由适格的规范发布者发布并由适格的司法机关(法院)予以程序性确认,那么它就是一个法律体系,因而在法律上是有效的。借助于这种地位功能,在认识法律体系时就可以暂时采取"悬搁"[2](实质争议)的方法,跳过

---

[1] 参见舒国滢主编:《法理学导论》(第三版),北京大学出版社2019年版,第45—48页。
[2] "悬搁"(Epoché)是胡塞尔现象学的重要术语。该现象学以"面向事情本身"(Zu den Sachen selbst)或者"回到事情本身"(auf die Sachen selbst zurückgehen)为口号或精神,要求按照事情所是的方式展现和描述事情本身,在胡塞尔那里事情本身指的是超越论的纯粹意识。而这就要求首先排除那些对事情的各种预先的理解、解说以及理论,无论这些说法看起来多么自明和可信。这些就是现象学还原(Reduktion)的工作。现象学还原是胡塞尔现象学方法论的核心概念之一,它包括了对一系列超越者(Transzendenz)的排除,比如,对世界、上帝还有各种实质和形式上的本质学说(比如,逻辑学和数学)的排除。通过这些排除工作,就使得现象学获得了自己的研究领域,即纯粹意识,或者说超越论的意识,实现了回到事情本身的要求。对存在设定的排除(Ausschaltung)在胡塞尔现象学中也被称为悬搁,这是现象学还原工作中最基础的一步(参见刘万瑚:《胡塞尔在〈观念(Ⅰ)〉中对存在设定的悬搁》,载《清华西方哲学研究》2016年第2期,第230—247页)。

"实质性检验"或道德判断,直接按照"形式"标准来观照法律体系,这样可以避免在此领域一开始就进入杂糅其他因素之衡量和评价的"复杂性还原"(reduction of complexity)。比如,我们判断一枚硬币的货币交换价值,只看其是否合法铸造以及其被印制的面值("1分钱""5分钱"或者"5角钱")等形式方面即可,而无须衡量和评价硬币的重量、硬度、金属成分,以及人们对硬币的可能滥用和价值偏好。对于法律体系的形式判断也同样如此。

41.10 "形式"本身具有效力功能。形式与法律体系的运行密不可分:在法律体系实际运行时,一定的活动形式或程式(比如民主选举、立法程序、行政程序或司法程序)构成了运行结构的基本要素,而且,行为人遵循某种法定的形式(遗嘱的形式,不动产交易的形式,财产的登记等)甚至是其行为发生效力的必要条件,在这个意义上,形式是法律行为和意图宣示的特定证明,也是法律效力的特定证明。在一定情形下,如果不满足特定的形式要求,机构、组织或个人所从事的行为在法律上就可能是有瑕疵的,不能发生效力,不能产生当事人所期望的法律后果。在诉讼证明过程中,形式本身(比如合同的书面形式)可直接用作证据,具有法定的证明力。[1]

---

[1] 在逻辑学上,学者们甚至创造了一种所谓"形式"论辩规则。相应的,应用"形式"规则的论辩术也可以称为"形式论辩术"(E. M. Barth, E. C. W. Krabbe, *From Axiom to Dialogue: A philosophical study of logics and argumentation*, Walter de Gruyter, Berlin/ New York 1982, pp. 14-22, 75ss, 91, 115)。

41.11 "形式"具有外观性，因而也可能产生法律体系所要求的明确性和公开性，[1]这在一定程度上可以保证实现法律体系的"控制"和"预期"功能，我们可以分别称之为"通过形式的控制"和"通过形式的预期"。所谓"通过形式的控制"是指：借助于形式，法律体系在自我指涉和外部指涉时可以做到控制其结构的动态变化，而且能够在一定程度上抑制来自外部关系的快速变化及其影响，使内外关系达到均衡、适宜、一致。更为重要的是，法律体系的不变形式可以控制做出决定的行为人随时随地随情境而变的意志和欲望，而使行为人的行动尽可能因为形式而符合规则。所谓"通过形式的预期"是指：借助于形式，法律体系可以为人们的行为提供固定的、稳定的预期结构，从而有可能产生尼克拉斯·卢曼所讲到的"一致地一般化的规范行为预期"（congruently generalized normative behavioural expectations）。[2]

41.12 "形式"担负着法律体系的表达、记录和流传的功能。所有的法律体系都是通过一定形式表达的：无论是制定法（成文法）体系，还是判例法体系，都具有自己的表达形式。法的质料（比

---

[1] 黑格尔说，法律应予公布是属于主观意识的权利。他在论述"审判公开"时进一步指出："审判公开是正当的、正确的。反对这一点的重大理由无非在于，法官大人们的身份是高贵的；他们不愿意公开露面，并把自身看做法的宝藏，非局外人所得问津。但是，公民对于法的信任应属于法的一部分，正是这一方面才要求审判必须公开。"（黑格尔：《法哲学原理》，第232页）
[2] 参见［德］卢曼：《法社会学》，宾凯译，上海人民出版社2013年版，第100—134页。

如，金属物体、石材、泥块、纸质文件等[1]）和法律语言[2]记录和表达着法律体系内部各法律规范，将历史上的法律之知识、观念、思想和其他文化信息保存和积淀下来，并从以前的世代流传至后来的世代。

41.13 "形式"具有统一化及法律确信之形塑功能。法律体系必须采取固定、统一的形式，这种形式本身具有统一化功能，也就是说，法律体系的形式一旦确定下来，就是普遍一律被人遵循的，任何人不得随时根据个人的意志或价值偏好来废止或者变更法律体系之固定、统一的形式，因为个人恣意对统一形式的废止或变更不仅会无理破坏法或法律体系的形式本身，而且可能破坏借助于法或法律体系形式而得以维系的人类关系之外在秩序。与此同时，"形式"也是具有形塑力和形塑功能的，即：法律体系的形式本身可以塑造人的秩序感、仪式感和内心的法律确信，内化行为者之"遵循规则""按部就班"的精神和品质。伴随着法律体系之"形式"统一化功能的实现，法律体系之形式的型塑力和形塑功能也会到得发挥。[3]

---

[1] 相关的论述，参见本书命题17.4。
[2] 有关法律语言的论述，亦见本书命题24。
[3] 故此，西方这一句法律谚语是耐人寻味的："正义可能没被实现，但必须看到它被实现。"这句话的英语原文是："Justice may not be done, but it must be seen to be done."（Anne Richardson Oakes, Haydn Davies, "Justice must be seen to be done: A Contextual Reappraisal", in: *Adelaide Law Review*, Vol. 37, 2016, pp. 461-494）在汉语中，这句话常常被译为："正义不但要实现，而且要以看得见的方式实现。"

41.14 "形式"还具有"非人格化"功能。[1] 法或法律体系尽管是由适格规范发布者发布和适格的法律适用者适用的，但法或法律体系一旦存在，其形式就抽离了任何具体的、情境化的人格主体。形式本身产生这样的要求：真正"实行统治"的应当是法或法律体系，而非"根据一项法律"或者"以法律的名义"行事的个人或其他人格主体。在法或法律体系的形式面前，所有的人都是平等的：因为所有的人都是遵行和服从的主体，而非可以脱离形式的发号施令者；所有的人均必须在法或法律体系的形式所规定的范围之内按照程序或程序活动。

41.15 正因为"形式"具有如此功能和特性，它与法律体系之间有着"隐秘的亲缘关系"，或者说，法律体系整体上渗透着形式的精神，这一点使它与道德体系有别，而可能与宗教体系更为接近。

41.16 法律在其起源之初即伴随着一定的形式：在初民社会中，解决纷争的神谕以及获得神谕所应遵守的程序同时具有法律的效力。"初民的法律"的有效性之于执法者或立法者的神圣性，所依凭的是魔法（magic），无法以智能（intellect）加以掌握，具有超自然的特性。[2] 然而，神谕之获得则要求诉讼当事人或其代理人严

---

[1] 就此，参见本书命题63.8。
[2] 比如，人类历史上最早的司法活动（如神明裁判、仪式宣誓裁判、决斗裁判等）大体上都是在露天广场上进行的。这一原始的司法过程混杂着"宗教的、民事的以及仅仅是道德的各种命令"，将当事人的诉求、辩解、裁判、惩罚与类似巫祝祭祀的神秘仪式相（转下页）

守详密的程序规则,未遵守任何程序规则,将导致整个程序无效。当初民社会的法律程序已为固定的规则加以规范时,任何一方当事人在仪式信仰告白的陈述上有任何轻微错误,都将失去任何补偿或遭致败诉。法官因需严格遵守诉讼程序之要求与传统的证据方法,因而其活动本身就具有了"形式性"。[1]

41.17 初民社会之后的成熟法律体系,无论是成文法体系(如罗马法),还是判例法体系(如英国法),均强调严格的形式和形式化要求。古罗马人甚至认为,形式不是来自外部的东西,而是不证自明的、自然的东西。故此,古罗马人具有理解形式与实质之隐秘关联的自然方式,他们天生具有"形式感"(sense of form),[2]

---

(接上页)互勾连。在这里,诗性的或神话式思维、朦胧的正当(正义)观念、直观形象的认识、某种"集体无意识"、隐喻式的象征意义以及观众的集体性行动(如盎格鲁撒克逊法中被称为"尖叫"的司法性呐喊,即clamor),均反映在法律活动的过程之中。它们模糊了"人的经历中客观和主观之间的界限",模糊了神性和世俗、诗歌与法律、庄严的裁判和戏剧化的表演之间的界限。也正是通过这样的活动过程,法律才"从潜意识的创造之井"中缓缓地流出,成为亦歌亦法的、生动的、朗朗上口的规则,便于人们遵行、记忆和流传(见舒国滢:《从"司法的广场化"到"司法的剧场化"》,载《政法论坛》1999年第3期,第13—14页)。所以,英国法律史学家梅特兰(F.W.Maitland,1850—1906)曾深刻地指出:"只要法律是不成文的,它就必定被戏剧化和表演。正义必须呈现出生动形象的外表,否则人们就看不见它。"(引自[美]伯尔曼:《法律与革命》,贺卫方等译,中国大百科全书出版社1993年版,第69页)

1 黑格尔指出:"在法院中,法所获得的性格就是它必须是**可以证明的。法律程序使**当事人有机会主张他们的证据方法和法律理由,并使法官得以洞悉案情。**这些步骤本身就是权利**,因此其进程必须由法律来规定,同时它们也就构成理论法学的一个本质的部分。"(黑格尔:《法哲学原理》,第231页)

2 比如,古罗马法上的"程式诉讼"(Processo per formulas)包含"请求原因""原告请求""分配裁判""判决程式""估定限额""抗辩"等程式,非常严格复杂(参见黄风编著:《罗马法词典》,法律出版社2002年版,第115页,第207页)。

这种形式感使他们能够创造出形式严谨的发达的罗马法体系。诚如耶林（Rudolf von Jhering, 1818—1892）在《罗马法的精神》一书开篇中所指出的，罗马帝国曾三次征服世界，第一次以武力，第二次以宗教，第三次以法律。武力因罗马帝国的灭亡而消失，宗教随着人民思想觉悟的提高、科学的发展而缩小了影响，唯有法律征服世界是最为持久的征服。[1] 我们也可以接着说，罗马法之所以能够"征服"世界，其得益于古罗马人所赋予它的形式精神。[2]

41.18 "形式精神"同样为近代和现代法治所强调。在世界各国的法律现代化的过程中，人们在主张所谓"实质法治"（substantial rule of law）理念的同时，也无不重视"形式法治"（formal rule of law）的原则，该项原则的核心是防止"行政专权"，因而强调"三权分立""法律的确定性""司法判决的形式结构"（司法三段论），强调"形式正义"（formal justice）以及"专门法律职业的存在"等。[3]

41.19 总之，"形式"是法的必要成分，法本身有形式的一面，

---

[1] Rudolf von Jhering, *Der Geist des römischen Rechts auf den verschiedenen Stufen seiner Entwicklung*, I., 5. Aufl., Druck und Verlag von Breitkopf & Härtel, Leipzig 1891, S. 1ff.

[2] 就此，鲁道夫·冯·耶林继续评论道："他们［罗马法学家们］的骄傲不纯粹是智识上的，而且也是道德性质的"。（Rudolf von Jhering, *Geist des römischen Rechts*, Bd. I., S. 303.）

[3] 参见朗·富勒所讲的构成法律的"内在道德"的八大要素（［美］富勒：《法律的道德性》，郑戈译，商务印书馆2005年版，第55页及以下页）。相关的论述，另见本书命题23.12。

它以形式呈现，而且本身又产生形式。

41.20 法哲学上的形式观点不仅有助于我们认识法或法律体系的强制性、权威性、合法律性，而且也有助于我们认识和说明规范承受者个人或集体对法律遵行和服从的理由。

41.21 当然，形式观点也是片面的观点，这里的"片面"并非是贬义的，而指的是一种方法：形式的观点可能会暂时撇开所谓"普遍联系"的观点，搁置辩证的思维、"原始思维"[1]以及实质价值的判断，而仅仅从形式的角度看问题。

41.22 如果纯从形式的角度看问题，我们就会注意到：法或法律体系的形式具有独立的价值和自我解释性。制度化、体系化、统一化均构成了法或法律体系的形式的一面，这种形式无须借助任何道德、宗教的理由、规范承受者个人或集体的心理态度或者任何其他别的理由就足以解释，为何法或法律体系是有强制性、权威性的。或者说，法或法律体系的形式一旦确立，它对于规范承受者个

---

[1] 法国社会学家路先·列维-布留尔（Lucien Levy-Bruhl，1857—1939）在《原始思维》之"作者给俄文版的序"中指出："'原始思维'一语是某个时期以来十分常用的术语。……证明了原始思维在极大多数场合中不同于我们的思维。原始思维的趋向是根本不同的。它的过程是以截然不同的方式进行着。凡是在我们寻找第二性原因的地方，凡是在我们力图找到稳固的前行因素（前件）的地方，原始思维却专门注意神秘原因，它无处不感到神秘原因的作用。它可以毫不踌躇地认为：同一实体可以在同一时间存在于两个或几个地方。原始思维服从于互渗律，在上述场合下，它对矛盾采取了完全不关心的态度，这是我们的理性所不能容忍的。这就是为什么在与我们的思维比较之下可以把它叫做原逻辑的思维。"（参见［法］列维-布留尔：《原始思维》，丁由译，商务印书馆1997年版，第1—2页）

人或集体来说就是具有强制性、权威性的，这个时候，尊重形式就是尊重法律，质疑形式也是质疑法律。人们可以通过一种形式（程序、程式）来改变另一种形式，但在意图改变的形式没有改变之前，它就是有强制性、权威性的。[1]假如法或法律体系不是因为经过形式上的正当性改变而丧失权威性、强制性，那么任何个人不得以来自其自身的理由拒绝遵行和服从之。

41.23 我们把上面一点所谈到的规范承受者个人或集体遵行和服从法律的理由称为"来自形式的单向性理由"：法或法律体系由于其形式而外在地施加于规范承受者个人或集体一种服从的理由，这种理由应暂时与来自规范承受者自身的理由剥离开来。换言之，从形式的观点看，规范承受者个人或集体是否自愿遵行和服从法律这一点并不重要，法或法律体系并不关心规范承受者个人或集体遵行和服从的动机、态度，而仅仅满足于规范承受者个人或集体的行为对于规则的遵行和服从的形式正当性，不管这种遵行和服从是如何发生的。

41.24 显然，"来自形式的单向性理由"与法律体系的效力有关：只要法律体系是经赋予并确认有效的，[2]它就构成规范承受者个人或集体遵行和服从法律的"单向性理由"。这个时候，法律规范（法律规则）排除任何个人对自己行为的合法律性判断，并由此

---

[1] 见本书命题40.2。

[2] 见本书命题39.35。

成为刚性的独断理由来源。[1]

41.25 法哲学上的这种形式观点有可能被强调实质法哲学的学者们斥之为"法律形式主义",并且会受到后者严厉挞伐和批判。其实,我本人所理解的形式观点是认识论和方法论意义的,而"法律形式主义"可能是带有某种价值立场和意识形态立场(比如唯形式主义)的理论主张。[2] 形式观点强调法或法律体系之"形式上的自我解释性",强调"来自形式的单向性理由"对于说明规范承受者个人或集体遵行和服从法律的正当性和必要性,但这种强调完全是出于认识论和方法论上的考量,而并非出于目的论和价值论的选择。在某种意义上,法哲学上的形式观点实际上是根据法或法律体系自身的特性,而对此所作的认识和观察角度的方法限定,它不能取代其他认识和观察法或法律体系的方法选择,也没有宣称自己是唯一的方法选择。

---

[1] 相关的论述,见本书命题29.22。
[2] 历史上的"法律形式主义"理论林林总总:比如,1869年,美国法学家克里斯托弗·哥伦布·朗代尔(Christopher Columbus Langdell, 1826—1906)任哈佛大学法学院院长期间(1869—1895年在任)倡导一种被称为"法律形式主义"的法学教育方式。1881年,美国联邦法院大法官奥利弗·温德尔·霍姆斯(Oliver Wendell Holmes, Jr., 1841—1935)在《普通法》(*The Common Law*, 1881)一书的开篇就采取了与朗代尔"形式主义法学"截然不同的法律观(为了区别于朗代尔的"理想主义",霍姆斯所代表的新的法律观被称为"现实主义法学"[The realist jurisprudence]或"法律现实主义"[Legal Realism]),他说:"法律的生命不在于逻辑,而在于经验。对时代需要的感知,流行的道德和政治理论,对公共政策的直觉,不管你承认与否,甚至法官和他的同胞所共有的偏见对人们决定是否遵守规则所起的作用都远远大于三段论。法律包含了一个民族许多世纪的发展历史。它不能被当作由公理和推论组成的数学书。"(Oliver Wendell Holmes, *The Common Law*, Little, Brown and Company, Boston 1881, p. 1)

41.26 在基本立场上，法哲学上的形式观点也不会幼稚地把"来自形式的单向性理由"解释为规范承受者个人或集体遵行和服从法律的唯一理由。形式从来不会取消内容和实质，也从来不可能脱离内容和实质而无条件地强制约束具有意志自由和行动自由的规范承受者个人或集体。在历史上，那些完全僵化的法或法律体系的形式与人的意志自由和行动自由，经常处于冲突和矛盾状态，[1] 规范承受者个人或集体往往以法律形式僵化作为抵抗法律的理由。

41.27 "来自形式的单向性理由"只是解释和说明规范承受者个人或集体遵行和服从法律的一种特殊的外在的客观理由，虽然这种理由作为解释和说明的根据是必要的，但却未必就是充分的。

41.28 若要充分地解释和说明规范承受者个人或集体遵行和服从法律的理由，可能需要探讨这样两个问题：一是法或法律体系的"可接受性"；二是法或法律体系的"实质正当性"。这两个问题均与规范承受者个人或集体的认知、信服和自愿服从有关。

---

[1] 黑格尔在论意志、自由和法的概念时指出："法是一般**神圣**的东西，这单单因为它是绝对概念的定在，自我意识着的自由的定在之故。但是法（此外还有义务）的**形式主义**产生于自由的概念在发展上发生的差别。同更形式的，**即更抽象**的，因而也是更受限制的法对比，有一种更高级的法，它是属于那样一个精神的领域和阶段，即在其中精神已把它的理念所包含的各个详细环节在它自身中予以规定和实现了；这个精神的领域和阶段是**更具体**，其内容更丰富、而且更是真正普遍的，因而也具有更高级的法。"（［德］黑格尔：《法哲学原理》，范扬、张企泰译，商务印书馆1982年版，第37页）

## 命题 42 | 规范承受者个人或集体自愿遵行和服从法律，必然来自自我的内心认同

42.1 如命题 41.23 所言，"来自形式的单向性理由"是与"来自规范承受者自身的理由"剥离开来的理由。然而，若要说明遵行和服从法律的理由，特别是要说明规范承受者自愿遵行和服从法律的理由，则又不能仅仅满足于"来自形式的单向性理由"的论证，而必须转向考察"来自规范承受者自身的理由"。

42.2 道理很简单：自愿遵行和服从法律的问题更多地不是一个从形式的观点来观察和寻找证成理由的问题，而应当是从规范承受者自身的角度观察和寻找证成理由的问题。

42.3 "来自形式的单向性理由"不可能用来说明规范承受者自愿遵行和服从法律的理由，恰恰相反，诚如命题 41.23 所言，"来自形式的单向性理由"在说明遵行和服从法律的理由时是不过问规范承受者个人或集体自愿与否的认同态度的。正是在这个意义上，我们说它是片面的。[1]

---

[1] 另见本书命题41.21。

42.4 但一旦我们搁置"来自形式的单向性理由",而转向观察和寻找"来自规范承受者自身的理由",则问题立即变得复杂起来。

42.5 相对于"来自形式的单向性理由"之相对确定、明确的外在客观理由,"来自规范承受者自身的理由"则是一个至少表面看起来需要求解规范承受者个人或集体之主体性,以及他或他们的情感行动、价值判断以及价值认同的理由。这种理由与诸多复杂的问题相扭结,最为关键的在于:"来自规范承受者自身的理由"引出"法与道德"、实质正当性以及法的道德效力等不可回避的难题。[1]

42.6 当代法哲学和政治哲学一般认为,任何统治(包括政治统治和法律统治)均建立在被统治者(政治统治之服从者或法律规范承受者)之内心认同、承认基础之上,这就是我们所熟知的"统治的(实质)正当性"命题。[2]

42.7 "统治的(实质)正当性"命题建立在两个基本假定的基础上:(1)人生而平等,造物主赋予他们一些不可剥夺的权利,其中包括生命、自由和追求幸福。按照自由主义的理论,为了保障人的权利,人类才创立政府或法制,政府或法制的正当权力源于被

---

[1] 我们也可以把这个主题看作是"规范与实践推理"难题(参见徐显明主编:《法理学原理》,中国政法大学出版社2009年版,第6章)。
[2] 该主题涉及法律效力、反抗权与公民不服从的理论(Arthur Kaufmann, *Rechtsphilosophie*, 2.Aufl., C. H. Beck'sche Verlagsbuchhandlung, München 1997, Kapitel 13. 汉译,[德]考夫曼:《法律哲学》,刘幸义等译,台北五南图书出版公司2001年版,第13章)。

统治者的同意。任何形式的政府或法制只要变得有损于这些目标，人们就有权改变或废除它，并创立新的政府或法制。[1]（2）人具有自我规定性，人是存在者的中心和尺度。进一步说，人作为理性的主体，是自我决定、自我发展的，或者如康德所言，人不仅为自然立法，为道德立法，而且自我为自我立法。[2] 根据这两个基本假定，任何政治统治或法律统治均必须接受"（实质）正当性检验"，否则它们就缺乏应被遵行和服从的道德基础。

42.8 如果我们把"统治的（实质）正当性"命题看作是法或法律体系是否具有效力的检验标准，那么，"来自规范承受者自身的理由"则可能成为与"来自形式的单向性理由"相对的另一个"单向性理由"。从这个单向性理由角度看，法或法律体系不能仅仅因为其形式而具有强制性、权威性和有效性，其本身还必须具有"可接受性"（acceptability）。这个所谓的可接受性，除了来自形式本

---

[1] 有关自由和自由主义，参见［英］以赛亚·伯林：《自由论》，胡传胜译，译林出版社2011年版；［英］霍布豪斯《自由主义》，朱曾汶译，商务印书馆1996年版；顾肃：《自由主义基本理念》，中央编译出版社2005年版。有关"自由之判准"（das Postulat der Freiheit），参见［德］考夫曼：《法律哲学》，刘幸义等译，台北五南图书出版公司2001年版，第16章。

[2] 康德认为：在道德上，成年人多数能拥有自决能力，以达到"自律"。它的内涵包括：任何的外部的权威都不足以形成人类的道德必然性，任何人都可以决定自己的实践，根本不用其他人来命令或引导，道德性体现在人类自身对自身约束；同时，当人类在做出决定时，人类对自身是自由掌握的，而对自身的义务也不去关心任何外在的情况，但人类总有着源源不断的力量去完成本身应完成的实践。这样来看，人类不需要其他动力为自身立法，从而可以掌握自己的行为实践（参见［德］康德：《实践理性批判》，邓晓芒译，杨祖陶校，人民出版社2003年版，第43—44页）。

身的理由证成外，还必须得到通过规范承受者间达成共识（"主体间性"）的理由之证成。

42.9 也就是说，法或法律体系的可接受性论证涉及两个方面：（1）法或法律体系本身所表现出来的可接受性特征之证明；（2）规范承受者对法或法律体系可接受性之认识和认同。

42.10 可接受性并不是一个纯粹的主观判断标准，任何事物之可接受或不可接受，必然与其本身所表现出来的特性有关。有些事物所表现出来的特性自始是不可接受、但又不得不接受的：比如自然灾害。有些事物所表现出来的特性在特定条件下才是可以接受的：由于科学技术本身的局限，某些科学试验结果尽管是失败的，但却是可以接受的。

42.11 法或法律体系作为人类创造的社会—制度性实体，[1] 就其本质而言不应当是不可接受的，而应在客观上表现出可接受性特征。对于这样一种特性，人们在历史上曾经提出过不同的学说。比如，中国古代法律思想中强调："国法"必须符合"天理""人情"，否则就是不可接受的。[2] 在西方，延续千年的自然法学说则主张：任何实在法必须符合一种"永恒不变的正义观念"，违背正

---

[1] 相关的内容，见本书命题17.6。
[2] 清末著名法学家沈家本在总结中国古代刑法之理时曾说："事变愈多，法理愈密，然大要总不外'情理'二字。"（沈家本："法学名著序"，载氏著：《历代刑法考》，中华书局1985年版，第2240页）

义观念的实在法就是恶法。照此说法，恶法当然是不可接受的。[1]

42.12 我们可以将上述"天理""人情""自然法"或者"正义观念"看作是一种有关法或法律体系之可接受性的实质—价值判断标准。然而，这些实质—价值判断标准由于其本身的抽象性、理想性、多义性以及解释者主体之依赖性，反而在认识论上可能导致"公说公有理、婆说婆有理"的无解争论。[2] 所以，在认识法或法律体系之可接受性问题上，首先应当寻找可以接受的证明标准。[3]

---

[1] 参见舒国滢主编：《法理学导论》（第三版），北京大学出版社2019年版，第25—27页。

[2] 认识论上的"公说公有理、婆说婆有理"的无解争论属于德国哲学家汉斯·阿尔伯特（Hans Albert，1921— ）所称的"明希豪森三重困境"之一。他在1975年出版的《实践理性论集》中说明在论证中所遇到的"三重困境"：第一，无穷地递归（progress ad infinitum/infinite regression，无限倒退），以至无法确立任何论证的根基；第二，在相互支持的论点（论据）之间进行循环论证（circular argument）；第三，在某个主观选择的点上断然终止论证过程（或者：根据定义，某些命题被假定是证成的），例如通过宗教信条、政治意识形态或其他方式的"教义"来结束论证的链条（Hans Albert, *Traktat über kritische Vernunft*, 3. Aufl., J. C. B. Mohr［Paul Siebeck］, Tübingen 1975, S. 13）。这里，我们可以举例说明"明希豪森-三重困境"：第一重困境（无穷地递归）："（1）我是国王；（2）因为国王的长子将成为国王；（3）因为宪法这样规定；（4）因为议会大多希望如此；（5）因为……；（n）因为……"第二重困境（循环论证）："（1）我是国王；（2）因为我佩戴了王冠；（3）因为我是国王。"第三重困境（断然终止论证）："（1）我是国王；（2）因为国王的长子将成为国王；（3）因为宪法这样规定。"（Arno R. Lodder, *DiaLaw: On Legal Jusitification and Dialogical Models of Argumentation*, Springer Science+Business Media, Dordrecht 1999, pp. 21-22. 汉译，见［荷兰］阿尔诺·R. 洛德：《对话法律：法律证成和论证的对话模型》，魏斌译，中国政法大学出版社2016年版，第26—27页）

[3] 有关可接受性经常需要讨论的问题（Acceptability Questions，接受性问题）有：比如，"我为什么应该相信那个前提？""你怎么知道那理由是真的？""为什么那个理由与主张相关？""你怎么做到这一点的？""你可以给我另一个理由吗？""你的理由有多大把握使你做出主张？""如果按照你的理由，我应该有多大的信（转下页）

42.13 如果避免争议,最好的办法是寻找那些"明显的"证明标准。我个人认为,这些证明标准主要分为两个方面:(1)否定性证明标准;(2)比较性证明标准。

42.14 否定性证明标准也可以称为"排除性证明标准",即:当不能从正面肯定什么是法或法律体系的可接受性特征时,我们可以从否定的角度看什么样的特征不属于它们的可接受性特征。依照这种证明标准,当法或法律体系存在下列特征时,它们就是"明显的"不可接受的:(1)法或法律体系在逻辑上是荒谬的,即法或法律体系中的法律规范表达荒谬的观念(比如,用人类的法律规范来管理或调整其他动物的行为)或以荒谬的形式表达(比如,混淆概念、原则和规则)。(2)法或法律体系在内容和结构上是完全相互矛盾的,即:在法律体系中包含着完全相互冲突的法律规范(比如,一种行为在法律上既是禁止的、又是许可的),但又未设定排除冲突规范的规则;或者,在法律规定中将因果关系颠倒,所谓"倒因为果""倒果为因";或者,将法律规范(规则)中的构成要件与法律后果颠倒,把构成要件作为自身的法律后果,把法律后果作为自身的构成要件。(3)法或法律体系在内容上是明显"颠

---

(接上页)心相信你的主张?""你做到这一点有多大把握?""为什么你的前提使你如此有把握?""为什么你的理由使你足够有把握接受你的主张?""什么东西可能阻止你做到这一点?",等等(James B. Freeman, *Dialectics and the Macrostructure of Arguments: A Theory of Argument Structure*, Foris Publications, Berlin/New York 1991, pp. 38-39, 111ss)。

倒是非"的,即:法或法律体系在原则或理念上黑白颠倒、是非不分,把明显错误的行为规定为正确的、应予肯定的(比如把"无理的损害行为"规定为合法行为[1]),或者把明显正确的行为规定为错误的、应受惩罚的(比如,把"行善"或"诚信行为"规定为违法)。(4)法或法律体系明显违背正义达到不能容忍的程度,[2]比如,法律规定一切无产者均为奴隶,或者,宣布一切个人财产无论是否合法一律归公,等等;(5)法或法律体系在内容和形式上自始不具有可行性,形同虚设,无以实现。比如,无限的诉讼时效规定,无限的所有权制度,等等。

42.15 比较性证明标准也可以称为"参照性证明标准",是指:当难以判断什么样的法或法律体系具有最明显的"可接受性"时,可以将某一法律体系($S_1$)与另一法律体系($S_2$)进行比较,确定何者具有更强或更高程度的可接受性。如此说来,当存在下列情形时,法律体系1($S_1$)比法律体系2($S_2$)具有更强或更高程度的可

---

[1] 这种规定违反了法的正确性宣称,构成语用学上"施为性矛盾"(Robert Alexy, *The Argument from Injustice: A Reply to Legal Positivism* [first pub. 1992], trans. Stanley L. Paulson and Bonnie Litschewski Paulson, Clarendon Press, Oxford 2002, pp. 35-39. 汉译,见Robert Alexy:《法概念与法效力》,王鹏翔译,台北五南图书出版有限公司2013年版,第57—61页)。

[2] 参见"拉德布鲁赫公式"。([德]古斯塔夫·拉德布鲁赫:"法律的不法与超法律的法",载氏著:《法律智慧警句集》,舒国滢译,中国法制出版社2016年版,第187—202页;另见Robert Alexy, "A Defence of Radbruch's Formula", in: David Dyzenhaus [ed.], *Recrafting the Rule of Law: The Limits of Legal Order*, Hart Publishing, Oxford 1999, p. 17)

接受性：（1）$S_1$比$S_2$更符合逻辑；（2）$S_1$比$S_2$在内容和结构上更为合理；（3）$S_1$比$S_2$更清晰地区分是非，有更为明确的正确与错误的分界标准；（4）$S_1$比$S_2$更符合正义观念；（5）$S_1$比$S_2$更具有可行性。反之，若$S_2$在逻辑、内容、结构、是非区分、符合正义程度以及可行性上的程度更高，强度更大，它就比$S_1$有更强或更高程度的可接受性。[1]

42.16 显然，比较性证明标准是具有相对性的证明标准，它具有语境或条件的依赖性，其所证明的可接受性具有程度和强弱的差别，由此可以用不同的术语来描述其差别的"强度"：比如，通过比较可接受性，可以把$S_1$和$S_2$分别标为"根本不可接受""基本上可以接受""总体上或原则上可以接受""一定条件下或一定程度上可以接受""绝大程度上可以接受""可以无条件接受"等，这些标准尚需借助量化方法来加以细化。[2]

---

[1] Aulis Aarnio, *The Rational as Reasonable: A Treatise on Legal Justification*, D. Reidel Publishing Company, Dordrecht 1987, pp. 43-44.

[2] 比利时著名法哲学家沙伊姆·佩雷尔曼（Chaïm Perelman，1912—1984）在所著的《新修辞学：论辩论文集》中指出：当言说者试图证立价值或层级，或者试图重新强化这些价值或层级所获得的认同之强度时，他可以连接其他价值或层级来巩固之，但也可以诉诸一般性质（等级）的前提，这就是所谓的"论题"（lieux），即，论点的储存所，它就是亚里士多德《论题篇》中所讲的τόποι（Topoi）。论题可以分为"量的论题"（lieux de la quantité，即，基于数量的理由而认为一事物优越于另一事物的论题，比如，"更大、更小程度的论题"）、"质的论题"（即，基于独一无二的性质而认为一事物优越于另一事物的论题，比如，"有利时机论题"，"不可挽回论题"）和"其他论题"（比如，"位序论题"［ordre］，"存在论题"［existant］、"本质论题"［essence］，"人格论题"［personne］等）（Chaïm Perelman, Lucie Olbrechts-Tyteca, *Die neue Rhetorik: Eine Abhandlung über das Argumentieren*, Josef Kopperschmidt（转下页）

42.17 法或法律体系本身所表现出来的可接受性特征之证明是一回事，规范承受者对法或法律体系可接受性之认识和认同是另一回事。即使我们能够证明法或法律体系在性质上是可以接受的，但这既不能表明也不能确保规范承受者就自动认识和接受业已证明可以接受的法或法律体系。

42.18 法或法律体系的可接受性必须接受来自规范承受者个人或集体之理由的"主观过滤"或者"主观检验"。所以，来自规范承受者个人或集体之理由的证明首先是一种主观理由的证明。[1]

42.19 从主观上看，人的自由意志—行动与规范约束之间并非是自然呼应的。或者说，自由意志并非"自愿"受规范约束，而且也不是有了规范约束，就自动有了人的自愿服从。若要产生人的自由意志—行动与规范约束之间的呼应，使规范承受者个人或集体"自愿服从"法律规范，首先就必须将"法或法律体系本身所表现出来的可接受性特征之证明"转化为"规范承受者个人或集体对法或法律体系可接受性之认识和认同"。

42.20 然而，由于受主观信念、价值偏好、利益和特定情境的左右，规范承受者个人或集体对法或法律体系可接受性之认识和认同常常是不定形、不稳定的，我们可以看到如下五种情形：（1）规范

---

（接上页）[Hrsg] 2. Bd., Frommann-Holzboog, Stuttgart 2004, SS. 118ff, 123ff, 129ff）。
1 当然，这种主观理由的证明仍然不是心理学意义上的，或者心理学上的因果关系证明，而是基于"事理"或"法理"的规范论证（参见舒国滢：《"法理"：概念与词义辨正》，载《中国政法大学学报》2019年第6期，第5—18页）。

承受者个人或集体对法或法律体系之可接受性根本不予认识或根本不愿加以认识,当然他或他们也不自愿遵行和服从;(2)规范承受者个人或集体对法或法律体系之可接受性虽然予以认识,但却不予认同,同样也不自愿遵行和服从;(3)规范承受者个人或集体对法或法律体系之可接受性虽然予以认识,也予以认同,但他并不在实践上自愿遵守;(4)规范承受者个人或集体对法或法律体系之可接受性虽不加以反思,却能对法律规范自愿遵行和服从;(5)规范承受者个人或集体对法或法律体系之可接受性主动加以认识、反思,在此基础上认同或承认法或法律体系的效力,进而自愿遵行和服从。我们可以分别地将上述五种情形称之为"根本不予认识的不自愿遵行和服从""不予认同的不自愿遵行和服从""实践上的不自愿遵行和服从""不加反思的自愿遵行和服从"和"基于认识和反思的自愿遵行和服从"。

42.21 如果进行图式分析,来自规范承受者个人或集体之理由所涉及的关系模式可以用四个因素组合成不同的类型:不自愿服从+不合理理由(简称"理由 A");不自愿服从+合理理由(简称"理由 B");自愿服从+不合理理由(简称"理由 C");自愿服从+合理理由(简称"理由 D")。从逻辑上看,基于不合理理由的不自愿服从(来自"理由 A")不是"真正的不自愿服从",基于不合理理由的自愿服从(来自"理由 C")不是"真正的自愿服从",因为它们均不符合"不自愿服从"和"自愿服从"的逻辑概念。但另一方面，不符合逻辑概念的"不自愿服从"和"自愿服从"在现实生活中也可能实际地发生，比如，一个人基于公然违背道义的理由（"理由A"）而不遵守法律，或者基于"本身为奴婢，命当守王法"的理由（"理由C"）而自动一律遵守法律。

42.22 现实生活中实际发生的不符合逻辑概念的"不自愿服从"和"自愿服从"不能成为检验法或法律体系是否具有可接受性的标准，因为它们的存在自始就与法或法律体系是否具有可接受性这个问题无关。在这一点上，我们应当确信：现实中存在的东西，可能是有合理性的，也可能是没有合理性的；[1] 没有合理性的存在不能作为判断其他事物存在是否具有合理性或可接受性的标准。

42.23 然而，一旦我们加上"合理性"这个判断标准，基于这个判断标准的理由就不再是一个纯粹来自规范承受者个人或集体的"单向性主观理由"，而一定是建立在众多规范承受者参与论辩（或商谈）而达成共识上的"主体间性理由"。相应的，来自众多规范承受者的"主体间性理由"之检验可以简括地称为"主体间性检验"，它是法或法律体系之可接受性证成的来源。[2]

---

[1] 这个判断来自社会学（实证）的观察，而不是如黑格尔的哲学逻辑：他讲**"凡是现实的东西都是合乎理性的"**（［德］黑格尔：《法哲学原理》，范扬、张企泰译，商务印书馆1982年版，"序言"，第11页），意思是说，按照理念（精神）的逻辑，**"凡是现实的东西"**，经过实现的环节，注定**"都是合乎理性的"**。

[2] 按照尤尔根·哈贝马斯的说法，经过"主体间性检验"的真理概念，就从语义学层面转向语用学层面。在这里，命题的真理的有效性标准采取了"第二人称的视角"（即所有与"我"进行对话者的视角），作为第二人称的人能够要求知道满足（命题真理之）（转下页）

42.24 "主体间性检验"实际上承担着双重职能：（1）检验法或法律体系本身所表现出来的可接受性特征之证明是否具有合理性；（2）检验来自规范承受者个人或集体之理由的"主观过滤"或者"主观检验"（即"规范承受者个人或集体对法或法律体系可接受性之认识和认同"）是否具有合理性。

42.25 如此说来，"主体间性检验"是联接"法律体系本身所表现出来的可接受性特征之证明"和"规范承受者个人或集体对法或法律体系可接受性之认识和认同"的中介。这又可以分两方面来看：（1）"法律体系本身所表现出来的可接受性特征之证明"须接受"主体间性检验"；只有经过"主体间性检验"的"法律体系本身所表现出来的可接受性特征之证明"，对于任何规范承受者个人或集体才是有说服力的，甚至是有信服力的。（2）任何来自规范承受者个人或集体之理由的"主观过滤"或者"主观检验"

---

（接上页）可断定性条件的理由，也能从被接受的断言中得出其后果。参与交谈的人正是借助理由来理解命题表达式的，因为正是这些理由，在该命题表达式正确运用的条件和结果方面，使之成为可接受的。或者说，真理的确定体现了"在对话中得到肯定的有效性要求"（对话是人们赖以论证认知所表达的言词的活动，它是为检验意见［和规范］的有问题的有效性要求服务的，这些有效性要求只有通过对话才能兑现，真理的获得必须是在与他者的对话当之中，对话成了求真的必由之路），在这种要求中，所反映的是"主体间性的约束力"（对话中唯一允许的强制是"更好的论证"之强制；唯一允许的动机是"通力合作寻求真理"［kooperative Wahrheitssuche］），借助于这种约束力，经验对象中的某种东西，即"作为事实的事态"，才可以得到肯定（［德］J. 哈贝马斯：《从康德到黑格尔：罗伯特·布兰顿的语用学语言哲学》，韩东晖译，载《世界哲学》2005年第6期，第31页；［英］哈贝马斯：《认识与兴趣》，郭官义、李黎译，学林出版社1999年版，第315—316页，第318页，第339页）。

（即"规范承受者个人或集体对法或法律体系可接受性之认识和认同"）本身也必须接受"主体间性检验"；只有接受"主体间性检验"的来自规范承受者个人或集体之理由的"主观过滤"或者"主观检验"才可能是合理的，否则就是不合理的。只有经过上述双重检验的"法或法律体系本身所表现出来的可接受性特征之证明"与来自规范承受者个人或集体之理由的"主观过滤"或者"主观检验"才有可能产生对接，形成联通，甚至达到统一。

42.26 所以，不是任何来自规范承受者个人或集体内心认同的"单向性主观理由"均可作为检验和证成法或法律体系是否具有可接受性的理由；来自规范承受者个人或集体内心认同的"单向性主观理由"本身也需要进行来自主体间性理由的合理性检验；不合理的"主观过滤"或者"主观检验"不构成法或法律体系是否应予遵行和服从的正当性基础。

42.27 尽管如此，来自规范承受者个人或集体内心认同的"单向性主观理由"仍然可以构成其抵抗法或法律体系效力的动力来源。

**命题43** │ 基于自我的内心信念，规范承受者个人或集体，也可能抵抗法或法律体系的效力

43.1 任何"来自形式的单向性理由"都不能阻止规范承受者个人或集体基于自我的内心信念的认知理由和行为选择，甚至经过"主体间性检验"的"法或法律体系本身所表现出来的可接受性特征之证明"，也不能阻止规范承受者个人或集体基于自我的内心信念的认知理由和行为选择。从这个角度看，规范承受者个人或集体基于自我的内心信念的认知理由和行为选择是自我指涉、自我解释的。

43.2 承认上述命题的哲学前提是：所有的人至少是表见上的理性主体，在本质上是自由的。[1] 如命题42.7（2）所言，本质上自由的人是自我决定、自我立法的。人在任何时候都试图保持自我的主人身份，排斥外在的异己（阻碍自由）的力量（包括法律强制力）的宰制。

---

[1] 参见［德］康德：《实践理性批判》，邓晓芒译，杨祖陶校，人民出版社2003年版，第43—44页；［德］黑格尔：《法哲学原理》，范扬、张企泰译，商务印书馆1982年版，第10页及以下页；［德］考夫曼：《法律哲学》，刘幸义等译，台北五南图书出版公司2001年版，第199页及以下页。

43.3 与此相适应，人在实践行动中同样保持着独立的是非—良知判断，并独立地做出行为选择。[1]

43.4 该命题有四个基本的假定：（1）人类社会存在着一种是非感（Rechtsgefühl，法感）[2]或道德良知；（2）这种是非感或道德良知可以证明的；（3）任何理性的个人均可以拥有这种是非感或道德良知；[3]（4）人依照其是非感或道德良知进行判断或做出行为选择属于其不可剥夺的权利。

43.5 在实践行动中，规范承受者个人或集体基于自己独立的是非—良知判断，可能自愿遵行和服从法或法律体系，也可能拒绝服从法或法律体系。[4]

---

[1] ［德］考夫曼：《法律哲学》，刘幸义等译，台北五南图书出版公司2001年版，第200—205页。

[2] 这里应区分普通人的"是非感"（法感）和法官的"是非感"（法感）：每个人都有自己的"是非感"（法感），不过，在法官那里，"是非感"（法感）是其裁判案件的人格构成性要素，应该是法官的"人格特质"（考夫曼：《法律哲学》，第205页）。换句话说，法官的"是非感"（法感）并非法官纯粹主观好恶的感情，而是"在社会学上受到训练的法感"（sioziologisch geschultes Rechtsgefühl）。正是基于这个理由，自由法学的代表人物欧根·埃利希在其晚年的著作《法律逻辑》中，把他早年提出的"自由的法的发现"中的"自由"（Freiheit）不再理解为（法官）"理性权衡"的自由，而看作是受制于基于既定的法条进行形式逻辑演绎的自由（Eugen Ehrlich, *Die juristische Logik*, J. C. B. Mohr［Paul Siebeck］, Tübingen 1918, S. 339.; Bernhard Dombeck, "*Das Verhältnis der Tübinger Schule zur deutschen Rechtssoziologie*"［Dissertation］, vorgelegt der juristischen Fakultät der Freien Universität Berlin, 1968, S. 34）。

[3] 参见考夫曼：《法律哲学》，第200页及以下页；康德：《实践理性批判》，第36—39页，第220—221页。

[4] 考夫曼："用来保障对他人关系以及对物关系的法律，应受到**个人良知所承认**。此种法律具共识能力且系相互主观的。"（考夫曼：《法律哲学》，第205页）

43.6 规范承受者个人或集体自愿遵行和服从法或法律体系，可能基于如下的理由：（1）法或法律体系本身所表现出来的可接受性特征之证明是令人信服的；（2）尽管法或法律体系本身所表现出来的可接受性特征之证明并不特别令人信服，但来自规范承受者个人或集体的"单向性主观理由"也不足以构成对法或法律体系的拒绝服从的理由；[1]（3）规范承受者个人或集体对法或法律体系是否违背人类的是非感或普遍的道德良知这个问题，难以做出明确的判断；（4）法或法律体系与规范承受者个人或集体当下的是非感或道德良知没有明显的冲突；（5）即使法或法律体系与规范承受者个人或集体当下的是非感或道德良知有明显的冲突，但其不可接受性尚未达到绝对不能容忍的程度。[2]

43.7 但正如命题40.23所论，从形式的观点看，规范承受者个人或集体基于独立的是非—良知判断而自愿遵行和服从法或法律体系，并不是法律体系效力赋予得到正式确认之充分的条件。在制度化运行的框架内，规范承受者个人或集体的主观承认不是实质性的，也非决定性的，不能左右法或法律体系在形式上有效或者无效。[3]

43.8 真正需要讨论的是规范承受者个人或集体对法或法律体系

---

[1] ［德］考夫曼：《法律哲学》，刘幸义等译，台北五南图书出版公司2001年版，第197—198页。
[2] ［德］古斯塔夫·拉德布鲁赫：《法律智慧警句集》，舒国滢译，中国法制出版社2016年版，第195—196页。
[3] 考夫曼：《法律哲学》，第197—201页。

的拒绝服从。[1] 或者说,"规范承受者个人或集体拒绝服从法或法律体系,特别是规范承受者个人或集体基于独立的是非——良知判断而拒绝服从法或法律体系"这件事,对于"法或法律体系在形式上有效或者无效"并非是无关紧要的,因为一旦出现规范承受者普遍地拒绝服从法或法律体系的情形,哪怕法或法律体系在形式上有效,却可能在事实上无效,至少,这件事本身可以构成考察形式上有效的法或法律体系之正当性或道德效力的因由。[2]

43.9 实际上,规范承受者拒绝服从法或法律体系,是在以"违反现行法"的方式来对抗其认为不正当的法或法律体系。

43.10 规范承受者个人或集体拒绝服从法或法律体系,可能基于这样的理由:(1)规范承受者个人或集体认为法或法律体系"不可接受"在实质上达到不能容忍的程度;(2)这种不能容忍的程度可以用"明显而确凿的事实"予以证明;(3)规范承受者个人或集体穷尽了现行法或法律体系之内的所有"合法手段";(4)通过"合法手段"改变法或法律体系的"不可接受性"几无可能;(5)规范承受者个人或集体认为不遵行、不服从法或法律体系更符合人类普遍的是非感或道德良知,更符合"高级法"(higher law)或者"超法律的法"(übergesetzliches Recht)。[3]

---

[1] 相关的讨论,详见本书命题44.14。
[2] 考夫曼:《法律哲学》,第202页及以下页。
[3] 有关"高级法"(higher law)或者"超法律的法"(übergesetzliches Recht)的概念,见[德]古斯塔夫·拉德布鲁赫:"法律的不法与超法律的法",载氏著:《法律智慧警句集》,第187页。

43.11 这个时候，"来自形式的单向性理由"与"来自规范承受者自身的理由"（来自规范承受者个人或集体内心认同的"单向性主观理由"）之间发生了冲突："来自形式的单向性理由"要求规范承受者排除个人的目的价值考量或是非—良知判断而一律遵行和服从经过形式正当化程序而确立的法或法律体系，"来自规范承受者自身的理由"则相反，强调任何实在的法或法律体系都必须符合人类的实质正义，符合人类普遍的是非感和道德良知，否则它们就丧失了作为法的资格、法的性质，就不再是法，甚至构成了"非法"（Unrecht）。照此道理，任何人都没有义务遵行和服从"非法"。[4]

43.12 这里有两个关键问题：当什么样的条件或者情形出现时，"来自形式的单向性理由"不再是决定性的，必须让位于"来自规范承受者自身的理由"？或者相反，"来自规范承受者自身的理由"自始不能取代"来自形式的单向性理由"的理由何在？

43.13 问题很清楚：假如"来自形式的单向性理由"自始是不可取代的，而"来自规范承受者自身的理由"无论多么充分有力，都不能凌驾于前者之上，构成规范承受者拒绝遵行和服从法或法律体系的理由。如果相反，假如单方面强调"来自规范承受者自身的理由"的重要性和决定性，那么规范承受者的内心确信以及是非—

---

[4] ［德］古斯塔夫·拉德布鲁赫：《法律智慧警句集》，第197页。

良知判断不仅构成规范承受者个人或集体行为的绝对理由，而且成为鉴别法或法律体系是否有效的决定性标准。

43.14 显然，在鉴别和证成法或法律体系的效力方面，"来自形式的单向性理由"和"来自规范承受者自身的理由"一直存在着内在的紧张关系。[1]这种紧张关系的重要之点就在于：面对什么样的"来自规范承受者自身的理由"，"来自形式的单向性理由"不再是自我解释、自我证成的理由，便不再是法或法律体系在形式上有效的必要论证理由或最佳的辩护理由，而必须让位于"来自规范承受者自身的理由"的考量。

43.15 我们的分析表明：在鉴别和证成法或法律体系的效力时，"来自规范承受者自身的理由"并不具有优先性和凌驾性；尽管规范承受者个人或集体具有依照其是非感或道德良知进行判断或做出行为选择的"不可剥夺的权利"（命题43.4［4］），但其也不可能以此为理由绝对拒绝遵行和服从法或法律体系。在说明规范承受者为何遵行和服从法或法律体系方面，"来自形式的单向性理由"

---

[1] 我们也可以把上述内在的紧张关系看作是法的安定性与人的正义感、是非感（法感）、良知之间的紧张关系。拉德布鲁赫业已看出这种紧张关系："法这种东西只建立在一种价值上，此价值内含于法律之身。当然：任何一种实在法，若不考虑其内容，自身均拥有一种价值：有法总是还好于无法，因为它至少还产生了法的安定性。但法的安定性不是法必须实现的唯一的价值，也不是决定性的价值。除了法的安定性之外，还涉及另外两项价值：合目的性与正义。……在法的安定性与正义之间，……还存有冲突。"（古斯塔夫·拉德布鲁赫：《法律智慧警句集》，第195页）

具有优先性。[1]

43.16 如果在说明规范承受者为何遵行和服从法或法律体系上"来自形式的单向性理由"不再具有优先性,一定是来自形式的单向性理由自身的原因:也就是说,来自形式的单向性理由之逻辑自洽性的"最外边界"(Outermost Border)[2]被突破,单纯的形式观点完全不能证明法或法律体系自身的可接受性(命题42.14所列举的情形)。这个时候,"来自形式的单向性理由"必然让位于来自其他理由的考量,当然也包括"来自规范承受者自身的理由"的考量。

43.17 那么,"来自规范承受者自身的理由"本身,会不会构成以及在多大程度上会构成"来自形式的单向性理由"之逻辑自洽性的"最外边界"被突破的原因呢?

---

[1] 参见本书命题41.21和命题41.24。
[2] 罗伯特·阿列克西从实质方面讨论法律的"最外边界"。比如,根据"拉德布鲁赫公式",极端不法的东西不是法律(Robert Alexy, "A Defence of Radbruch's Formula", in: David Dyzenhaus [ed.], *Recrafting the Rule of Law: The Limits of Legal Order*, Hart Publishing, Oxford 1999, p. 17)。英国牛津大学的约翰·菲尼斯(John Finnis, 1940— )提出:专制的法律"在'法律'一词焦点意义上(focal sense)不是法律"(John Finnis, *Natural Law and Natural Rights*, Clarendon Press, Oxford 1980, p.364.)。这表明,从实质上看,极端不正义的法律乃突破了法概念的"最外边界",不能称为适当意义的法。否则,这样的法就构成语用学语句的"施为性矛盾"(performative contradiction)。例如,某个宪法宣称:"X是一个主权性的、联邦的、非正义的共和国。"毫无疑义,该条款的规定是荒谬的(Robert Alexy, *The Argument from Injustice: A Reply to Legal Positivism* [first pub. 1992], trans. Stanley L. Paulson and Bonnie Litschewski Paulson, Clarendon Press, Oxford 2002, pp. 35-39. 汉译,见 [德] 罗伯特·阿列克西:《法概念与法效力》,王鹏翔译,台北五南图书出版有限公司2013年版,第57—61页)。

43.18 这里，首先应考虑"来自规范承受者自身的理由"与"来自形式的单向性理由"是否具有相互衡量的联接点。从存在的领域看："来自规范承受者自身的理由"与"来自形式的单向性理由"是互不交集的，它们都是在各自的领域及维度上自我解释、自我指涉的单向性理由。两者"互不交集"，[1]意味着既不能简单地以"来自形式的单向性理由"衡量"来自规范承受者自身的理由"，也不能简单地以"来自规范承受者自身的理由"来衡量"来自形式的单向性理由"，除非：（1）它们被同时用来支持或者反对某一证成主题（比如，法或法律体系的效力）的理由，因而需要比较它们各自的论证分量和强度；（2）"来自规范承受者自身的理由"本身直接以"来自形式的单向性理由"作为支持或反对的理由，比如，规范承受者自认为来自形式的单向性理由之逻辑自洽性的"最外边界"被突破，据此而拒绝遵行和服从法或法律体系。

43.19 然而，直接诉诸人类普遍的是非感和道德良知（命题43.11"来自规范承受者自身的理由"）来排除"来自形式的单向

---

1 "来自规范承受者自身的理由"与"来自形式的单向性理由"在"互不交集"的情况下，其实是"平行性理由"。而"平行性理由"之间不可权衡。不过，在历史上也有奉行平行性理由学说的：比如，犹太圣哲（拉比坦拿）们在提出问题后不拘泥于某一个答案和评论，而总是提出另外不同的意见，且奉行"平行逻辑"：按照这种逻辑，结论A和-A同时可以成立。在《塔木德》中，不仅对于同一个问题有多种不同的答案，而且都可以为真，都具有律法的效力（参见傅有德等：《犹太哲学史》[上]，中国人民大学出版社2008年版，第117页）。

性理由",并非是轻而易举的,[1]原因在于:人类普遍的是非感和道德良知是属于实质的价值判断标准,它不能直接作为否定或排除"来自形式的单向性理由"的理由,不是说人们基于人类普遍的是非感和道德良知断言某个实在法丧失法的性质,不再是法,后者就自然不是法;即使"来自规范承受者自身的理由"认定它不是法,也必须经过程序性确认,通过正当的形式和程序宣布其不属于法或者废止其效力,它才真正不属于法。[2]

43.20 所以,即使在"来自形式的单向性理由"必须让位于"来自规范承受者自身的理由"的情形下,"来自规范承受者自身的理由"仍然只是支持其拒绝遵行和服从法或法律体系之行为选择的个人之正当性理由,而不是"通过程序来鉴别和确认"法或法律体系是否有效的决定性理由。

43.21 这里应区分的是:"来自形式的单向性理由"在一定条件下让位于"来自规范承受者自身的理由"是一回事,而"来自规范承受者自身的理由"取代"来自形式的单向性理由"作为鉴别和确认法或法律体系是否有效的决定性理由则是另一回事。即使有充分的根据证明在判断规范承受者的行为上,"来自形式的单向性理由"必须让位于"来自规范承受者自身的理由",也并不能由此得出结论:"来自规范承受者自身的理由"从此可以取代"来自形式

---

[1] 考夫曼:《法律哲学》,第205—206页。
[2] 有关"程序过滤"和程序性确认,参见本书命题39.5、39.6。

的单向性理由"作为鉴别和确认法或法律体系是否有效的决定性理由和标准。[3]

43.22 就此而言，建立在规范承受者之是非—良知判断基础上的拒绝遵行和服从法或法律体系的"单向性主观理由"至多构成推翻或改变"来自形式的单向性理由"作为鉴别和确认法或法律体系是否有效的决定性理由的推动因素：当规范承受者基于是非—良知判断而认为某个实在法丧失法的性质，不再是法时，这本身构成一个理由，从而寻找新的标准来启动对已然生效的法或法律体系是否继续有效的程序性鉴别和确认。

43.23 经过程序性鉴别，若认为法或法律体系虽不完全符合人们的是非—良知判断，但尚未构成可以完全否定或废止其继续生效的条件，在此情形下，"规范承受者自认为不完全符合是非-良知判断的"法或法律体系依然是有效的，而规范承受者对法或法律体系的抵抗就是无效的；[4]反之，当"来自规范承受者自身的理由"足以证明法或法律体系违反人类普遍的是非感和道德良知，达到不

---

[3] 见本书命题39.8。
[4] 古斯塔夫·拉德布鲁赫："在法律的不法与虽内容不正当但仍属有效的法律这两种情况之间划出一条截然分明的界限，是不可能的，但最大限度明晰地做出另外一种划界还是有可能的"，故此，"正义和法的安定性之间的冲突是可以得到解决的，只要实在的、通过命令和权力来保障的法也因而获得优先地位，即使其在内容上是不正义的、不合目的性的"（古斯塔夫·拉德布鲁赫：《法律智慧警句集》，第196页）。另见［德］古斯塔夫·拉德布鲁赫：《法哲学》，王朴译，法律出版社2013年版，第81—87页（第9章"法律理念的二律背反"）。

能容忍的程度，这就构成重启对法或法律体系是否继续有效进行程序性鉴别和确认的理由。

43.24 若"来自规范承受者自身的理由"足以证明法或法律体系丧失法的性质，但在现行体制内又不能完全通过程序性鉴别和确认来承认规范承受者的是非—良知判断的正确性并否认或废止其继续生效，那么此时的法或法律体系与规范承受者之间处在直接的战争状态：规范承受者"以暴力反抗法或法律体系"可能构成其正当行为的理由，其所反抗的法或法律体系也可能因此失去道德效力，或者不再具有正当性。[1]

43.25 这个时候，规范承受者甚至有可能采取某种极端的集体反抗法或法律体系的行动（比如通过革命运动，或者军事暴动）。[2] 在此情形下，必须建立新的政治体制以确立法或法律体系效力赋予之程序性确认的机制，否则一个国家将会处在完全无法度的混乱状态。[3]

---

[1] "实在法与正义之矛盾达到如此不能容忍的程度，以至于作为'非正确法'的法律必须向正义让步。……凡正义根本不被追求的地方，凡构成正义之核心的平等在实在法制定过程中有意地不被承认的地方，法律不仅仅是'非正确法'，它甚至根本上就缺乏法的性质。"（古斯塔夫·拉德布鲁赫：《法律智慧警句集》，第196页）

[2] 考夫曼：《法律哲学》，第206页以及以下页。

[3] 故此，古斯塔夫·拉德布鲁赫在《法律的不法与超法律的法》（1946年）一文中警告当时德国的法学界和司法界："我们更愿意坚持这种观点：在12年弃绝法的安定性之后，更应该强化'形式法学的'考量，来对抗这样一种诱惑：可以想见，这种诱惑在经历了12年危害和压迫的任何人身上都可能会轻易地产生。我们必须追求正义，但同时也必须重视法的安定性，因为它本身就是正义的一部分，而要重建法治国，就必须尽可能考量这两种思想。"（古斯塔夫·拉德布鲁赫：《法律智慧警句集》，第201页）

## 命题 44 | 规范承受者个人或集体抵抗法律体系的效力必然首先表现为对制度化力量的抵抗

44.1 如果出现了规范承受者"以暴力反抗法或法律体系"的情形,那一定是因为:从"来自规范承受者自身的理由"的角度看,现实中不存在严格遵行和服从法或法律体系的完全理想的条件。

44.2 任何现实中存在的法或法律体系均与所谓绝对完美的法的理念之间存在一定的落差。[1]

44.3 实在的法或法律体系与完美的法的理念之间的落差,首先是由特定的历史条件所决定的。任何在特定时间结构中存在的法或法律体系都必然受到其所生成和发展的历史条件的限制,带有特定时代的局限性,它们不可能是完美无缺的。[2]

---

1 [德]考夫曼:《法律哲学》,刘幸义等译,台北五南图书出版公司2001年版,第193—195页。
2 阿图尔·考夫曼指出:"法律理念不是定居在一个全然和谐的价值的天堂;而是处于人的世界,也因此是有限而暂时的。"(考夫曼:《法律哲学》,第195页)德国法学家基尔希曼(Julius Hermann von Kirchmann,1802—1884)在1848年的演讲中就看到:即使像罗马法这种形式化程度很高的法律体系,也"始终贯穿着矛盾和冲突,贯穿着僵化的形式与变动的现实之间、严苛的文字与不受之约束的公正理念之间的不可调和的对立"。他甚至断言:任何实在法的立法,哪怕准备一千年,也难逃导致漏洞、矛盾、晦涩、歧义的厄运([德]J. H. 冯·基尔希曼:"作为科学的法学的无价值性——在柏林法学(转下页)

44.4 实在的法或法律体系与完美的法的理念之间的落差，也是由经验中的个体或群体的理性能力之有限性所造定的。[1] 人不可能以实在法之立法技术来满足法律体系之"计划圆满性"要求，也不可能创制完全符合法的理念的法或法律体系。[2]

44.5 实在的法或法律体系与完美的法的理念之间的落差，还有可能是掌握政权的统治者恣意专横导致的。假若统治者完全丧失"统治的理性"，完全无视人类的正义或普遍的良知来对待所制定的法律体系，那么实在的法或法律体系就会彻底沦为统治者玩弄专横意志的工具。[3] 这个时候，法或法律体系不仅背离法的理念，甚至成为法的理念的对立物。

---

（接上页）会的演讲"，赵阳译，载《比较法研究》2004年第1期，第143页，第146页）。
[1] 相关的内容，见本书命题7.8。
[2] 实在法规则要求按照形式逻辑的规则来建构，然而其所要规制的社会生活或社会关系则不具有逻辑性。法律倾向于非此即彼的分离式思维，企望所有的法律事件和法律现象均应进行理性的计算和理性的把握，并在一个封闭的体系中可以阐释；而我们人类生活的现实世界中的事件和现象若从不同的角度来判断却并不是非此即彼的，毋宁是亦此亦彼的，不是条分缕析的，毋宁是充满矛盾、充满紧张关系、充满悖论的，其中存在着用理性的计算除不尽的余数。实在法就像个执拗的裁缝，只用三种尺码来应付所有的顾客，这种简化的武断方式可能具有降低社会复杂性之功效，但它更多的可能使生动丰富的社会生活被裁剪得支离破碎。生活事实与法律规则之间的不一致，使实在法企图跨越实然和应然的鸿沟以实现两者的相互吻合成为难题（见舒国滢：《寻访法学的问题立场——兼谈"论题学法学"的思考方式》，载《法学研究》2005年第3期，第4页）。故此，J. H. 冯·基尔希曼以讽刺的口吻说：立法者只要修正三个字眼，整个（法学的）藏书就变成废纸一堆（基尔希曼：《作为科学的法学的无价值性——在柏林法学会的演讲》，载《比较法研究》2004年第1期，第147页）。
[3] 一旦实在的法或法律体系彻底沦为统治者玩弄专横意志的工具，那么这样的国家就成了"不法国家"（Unrechtsstaat）（见考夫曼：《法律哲学》，第207页）。

44.6 我们可以把命题44.3和44.4所讲的"实在的法或法律体系与完美的法的理念之间的落差"称为"客观上不可避免的落差"或"合理的落差",尽管这种落差可能是个人或集体作为其"和平抵抗"和"良心不服从"的理由,但这种落差本身也是反击抵抗的理由。[1] 说到底,它们不属于来自形式的单向性理由之逻辑自洽性的"最外边界"被突破的情形,是"尚可容忍"的不完美的落差。[2]

44.7 真正构成个人或集体抵抗的是命题44.5所提及的"掌握政权的统治者恣意专横导致的"实在的法或法律体系与完美的法的理念之间的落差,这种落差并非是"客观上不可避免的",而是自始不正当、不合理的、极端违背法的理念的落差。它们构成了绝对抵抗甚至暴力抵抗的理由。[3]

44.8 这样,面对自始不正当、不合理的、极端违背法的理念的法或法律体系,规范承受者分为两个截然对立的阵营:维护统治的国家机构体系和抵抗统治的规范承受者个人或集体。

44.9 抵抗统治的规范承受者个人或集体直接向维护统治的国家机构体系或制度化力量本身表达其"拒绝遵行和服从法或法律体

---

[1] 当国家权力式微到不足以维护"合宪秩序"时,(广义的)"反抗权"系用来保护公权力;人们亦称之为"宪法救助"(Verfasungshilfe)(见考夫曼:《法律哲学》,第207页)。
[2] 参见古斯塔夫·拉德布鲁赫:《法律智慧警句集》,第196页。
[3] 考夫曼:《法律哲学》,第207—208页。

系"的行动，比如拒绝纳税、拒绝服兵役，和平示威、静坐等。[1]

44.10 抵抗统治的规范承受者"拒绝遵行和服从法或法律体系"的行动可以从两个角度加以区分：（1）从主体上可以分为个人的拒绝行动和集体的拒绝行动；（2）从目的上可以区分为个人利益的拒绝行动和为公共利益的拒绝行动。这两个标准可以交叉，形成"混合型的拒绝行动"，比如，个人为个人利益进行的拒绝行动（记为 Ai）；个人为公共利益而进行的拒绝行动（Ap）；集体为个人利益而进行的拒绝行动（AI）；集体为公共利益而进行的拒绝行为（AP）。Ai 和 AI 通常指向个案中的当事人（受害人）的正当理由未受到制度化力量的有效保护而引起的拒绝行动，旨在向有关的当局（执法机关或司法机关）施加压力，以求抵抗统治的规范承受者所期望的"个案裁决之公正后果"。[2] Ap 和 AP 则有更为一般的考量，旨在通过拒绝行动影响规范承受者所认为"自始不正当、不合理、极端违背法的理念的法或法律体系"发生效力，或者企图废止或改变某种现行的法或法律体系。

44.11 若进一步分析，我们还可以看到：Ai 在本质上纯属"私人行为"，它们在现实中甚至表现为"秘密的"或"意图逃避惩

---

[1] 考夫曼：《法律哲学》，第208页。
[2] 这种Ai和AI的适例常常是案件当事人对法院判决或某个执法部门的处罚决定的拒绝执行。这与我国民国时期以前的"京控"（案件当事人的程序性诉求）不同：当时，官民有冤屈，经地方最高级官署审判仍不能解决时，可赴京向都察院及步军统领衙门控诉，谓之"京控"（参见李典蓉：《清朝京控制度研究》，上海古籍出版社2011年版）。

罚"的"私人行为"（这种"私人行为"即使在道德上也具有苛责性）；AI虽然是集体公开进行的（比如集体请愿、上访），但却未必是产生某种政治效果的公共行为；惟有 Ap 和 AP 在本质上是政治行为事件，其目的在于产生"废止或改变某种现行的法或法律体系"的政治效果。[1]

44.12 命题44.10所列举的无论哪一种拒绝行动，都不再把"来自形式的单向性理由"作为行动的理由，采取拒绝行动的个人或集体甚至把"来自形式的单向性理由"作为对抗的对象，他们试图在"来自形式的单向性理由"之外表达自己对现行法或法律体系的立场、态度和价值，寻找自己行动的理由与正当性。这些行动或许符合来自命题43.10所列举的理由所证明的道德正当性，但却可能是明显违背某个现行法律规定的，因而是"违法的"行为。

44.13 然而，不同的拒绝行动或抵抗行动的"违法"性质和产生的效果及强度是不同的：无论是 Ai 和 AI，还是 Ap 和 AP，如果其拒绝者或抵抗者根本目的不在于彻底推翻或否定现行的法或法律体系，而只是在原则上遵行和服从法或法律体系的前提下，甚至在忠诚于基本的实在法或法律体系的前提下，对法或法律体系的

---

[1] 不过，这里要区分抵制某种"现行的"法或法律体系的Ap和AP与抵制某种尚未表决的法案（草案）的Ap和AP，两者在性质上有很大的不同：比如，2013年11月21日晚上，一万多名日本民众在东京国会前游行，反对安倍政权企图强行通过《特定秘密保护法案》（参见《人民日报》2013年11月22日）。后者属于宪法赋予公民言论自由（表达权）的行使方式。

某些"不合理"的部分采取拒绝或抵抗的行动,这种拒绝或抵抗的行动就是"小抵抗"或"小额抵抗"(Der Widerstand der kleinen Münze,德国法学家阿图尔·考夫曼[Arthur Kaufmann]用语)。[1] 在现行法上,"小抵抗"或"小额抵抗"是"违法的",尽管它们具有道德上的正当性或者"情有可原的"理由。[2] 与此相反,若拒绝或抵抗行动是命题43.25所称的极端的集体反抗法或法律体系的行动(比如通过革命的抵抗行为),则这种拒绝或抵抗行动则属于"大抵抗"(großer Widerstand,大反抗)。[3] "大抵抗"不仅在现行法上是"违法的",甚至直接以彻底推翻或否定现行的法或法律体系为其宗旨和目的。它们是极端"暴烈的行动",直接冲击来自形式的单向性理由之逻辑自洽性的"最外边界",试图通过这种行动本身建立一种崭新的法律秩序。

44.14 这里还应注意到不同的现实政治—法律体制与规范承受者之拒绝或抵抗行动之间的关系。如果我们舍弃有关现实政治—法律体制的复杂分类,而仅仅以是否实行"法治"作为标准,那么古今中外的政治—法律体制大体上可以分为"法治体制"(法治国家)和"非法治体制"(不法国家)。这两种体制对待规范承受者个人或集体的拒绝服从或抵抗行动的态度和制度待遇是不同的:

---

[1] 考夫曼:《法律哲学》,第207页及以下页。
[2] 但考夫曼认为,"小额抵抗"展现了某种"必要的人民勇气",将此类行为归为不法,是一种笑话(见考夫曼:《法律哲学》,第210页)。
[3] 考夫曼:《法律哲学》,第207页。

"法治体制"（法治国家）在一定程度上是容忍规范承受者个人或集体有表达其拒绝服从或抵抗行动之权利的，这些权利甚至被规定为公民的政治自由（言论、出版、集会、游行、示威的自由），而"非法治体制"（非法治国家）则从一开始就禁止规范承受者个人或集体的拒绝服从或抵抗行动，甚至将这种拒绝服从或抵抗行动的表达行为（政治自由）宣布为"非法"。正是在这个意义上，美国政治哲学家约翰·罗尔斯在其著作《正义论》（*A Theory of Justice*）中认为，"公民不服从"（civil disobedience）[1]实际上只能发生在"抗议者被视作公民"，"拥有公民权利"，其所"面对的是一种法治秩序的社会里"。[2]我们由此也可以推论，在"非法治体制"（非法治国家），"公民不服从"一开始就是不被允许的。在这种体制中，要么只有规范承受者个人或集体被迫的遵行和服从，要么只有"极端暴烈的反抗"或革命行动，其中间不存在"法治限度内"的"小抵抗"或"小额抵抗"，因为在这种体制下，任

---

[1] 据称，"公民不服从"思想来源于印度民族解放运动的领导人、印度国民大会党领袖、被尊称"圣雄甘地"（Mahatma Gandhi）的莫罕达斯·卡拉姆昌德·甘地（Mohandas Karamchand Gandhi, 1869—1948）。他把印度教的仁爱、素食、不杀生的主张，同《圣经》《古兰经》中的仁爱思想相结合，并吸收了梭伦、托尔斯泰等人的思想精髓，逐渐形成了非暴力不合作理论。这成为现代"公民不服从"思想的来源（参见考夫曼：《法律哲学》，第209页）。

[2] John Rawls, *A Theory of Justice*, revised edition, Harvard University Press, Cambridge, Mass., 1999, pp. 319-323, 326-331, 335-342. 汉译，见［美］约翰·罗尔斯：《正义论》，何怀宏等译，中国社会科学出版社1988年版。另见［德］约翰·罗尔斯：《公民不服从的定义、证明与作用》，载何怀宏编：《西方公民不服从的传统》，吉林人民出版社2001年版，第157—178页。

何的"小抵抗"或"小额抵抗"都可能被视为"大抵抗"或"极端的非法",国家掌权者会动用制度化力量或暴力手段加以镇压。[1]

44.15 在"非法治体制"(非法治国家)中,行使国家制度化力量或暴力手段镇压规范承受者个人或集体的拒绝或抵抗行动,也使代替国家镇压拒绝或抵抗行动的主体——执行机构的官员(军人、监狱看守、警察等)和适用机构的官员(法官)处于"危险的两难"境地:一方面,这些官员作为"执法者"或"司法者"有法定义务执行"维护统治和秩序"的职能,尽管他们本身也可能有与被镇压者相同的正义感、是非感和良知判断,但他们不能放弃自己的职责,否则其行为因为拒绝"执行公务"而受到法律的制裁;另一方面,这些官员因为严格地执行了"非法治体制"(非法治国

---

[1] 在西方,还有不少的思想家们讨论过公民不服从难题(公民反抗的"悲剧"),这个难题可以归结为:"最坏的政权和最好的政权是不是同样都应该为它们的人民所容忍呢?是不是在任何情况下,受到政治压迫的人都不应该拿起武器来反对压迫者呢?或者,如果应该的话,压迫一定要达到什么程度,反抗才算说得过去呢?"([英]威廉·葛德文:《政治正义论》,第1卷,何慕李译,关在汉校,商务印书馆1982年版,第168—169页)托马斯·阿奎那对此的回答是:"人不得不按照正义的正常状态所要求的程度服从世俗的君主。因此,如果这种君主没有行使权力的正当权利,而是曾经篡夺了这种权利,或者如果他们命令人们做出不法的行为,他们的臣民就没有必要服从他们;也许有一些特殊的情况是例外,即如果这牵涉到避免物议或某种危险的问题。"([意]托马斯·阿奎那:《阿奎那政治著作选》,马清槐译,商务印书馆1963年版,第148页)17世纪英国著名的哲学家约翰·洛克(John Locke,1632—1704)在《政府论》中如此发问:"那么,君主的命令是可以反抗的吗?……对于这一点,我的回答是:强力只能用来反对不义的和非法的强力。凡是在其他任何场合进行任何反抗的人,会使自己受到上帝和人类的正当的谴责,所以就不会引起有些人常说的那种危险或混乱。"([英]洛克:《政府论》[下篇],叶启芳、瞿菊农译,商务印书馆1983年版,第124页)

家）镇压拒绝或抵抗行动的命令而可能会遭到事后通过革命行动或社会改组而建立的新政权及其法律制度的否定，有可能遭到被镇压者个人或集体的事后控诉，并且因此而承担法律责任。[1]

44.16 在前述情形下，维护法或法律体系的行动与拒绝服从法或法律体系的行动形成对抗，社会被撕裂为相互敌对的阵营，生活在这种分裂社会中的人们，因为制度本身而制造仇恨并因此遭受不幸。

---

1 这里有一个德国案例（"柏林墙射手案"）：德国联邦法院（最高法院）1992年11月3日做出关于两名前东德（DDR）边防部队士兵上诉审判决书（一审于柏林法院，1992年2月5日宣判［BGHSt, 39］），案情涉及1984年12月1日一名20岁的东德年轻人在翻越柏林墙的过程中被这两名边防部队士兵射杀。法院根据1966年《公民权利和政治权利国际公约》以及前东德的刑法，认定两被告的士兵有罪。他们被分别判处1年6个月的青少年处罚和1年9个月的有期徒刑，两人皆获缓刑（"BVerfG", in: *Juristen-Zeitung*, 1997, S. 142ff）。有关"柏林墙射手案"中的理论难题（其中包括"拉德布鲁赫公式"）之讨论，参见Robert Alexy, *Maürschützen. Zum Verhältnis von Recht, Moral und Strafbarkeit*: Vorgeleg in der Sitzung vom 17. April 1993, Vandenhoeck & Ruprecht, Göttingen 1993. 另见考夫曼：《法律哲学》，第194页及相关注释。

## 命题 45 | 对制度化力量的抵抗将会造成法律体系的"合法律性危机"

45.1 对制度化力量的抵抗所形成的真正悲剧在于：无论是采取维护法或法律体系之行动的国家官员，还是采取拒绝服从法或法律体系之行动的规范承受者，似乎都有其行为的正当性理由，却又不能从其所维护或抵抗的现行法或法律体系中寻找到全部的行动根据。

45.2 法或法律体系真正的危机是其丧失了提供辩解的能力，不再成为社会中冲突对立的任何一方行为的辩解理由。

45.3 这种危机对于采取维护现行法或法律体系之行动的国家官员所造成的恐慌是致命性的：他们所必须执行之法有可能给其未来的命运带来不安定性的后果，成为"在劫难逃"的渊薮。[1]

45.4 也许，那些在"非法治体制"（非法治国家）下严格执行镇压拒绝或抵抗行动之命令的国家官员会将自己的一切行为过错归咎于其所执行或适用的法或法律体系本身，以"身不由己""执行

---

1 参见本书命题44.15及其注释。

行为之不可避免""行为发生时不可期待适法"(行为无适法期待可能性)为由开脱责任。[1]

45.5 然而,针对执行镇压拒绝或抵抗行动之命令的国家官员的上述辩解,人们很可能提出完全相反的抗辩理由:任何人(包括必须执行法律命令的国家官员)不得为非。若行为人明知所执行之法为"恶法",却不出于人类普遍的道德良知抵抗之,反而积极为"恶法"效命,此不属于"行为无适法期待可能性",而属于"行为有适法期待可能性"。当行为人"有能力且有条件依法选择合法行为的可能性",最终却选择"为非作歹"的行为时,其应为所选择的非法行为负责。[2]

45.6 上述抗辩理由从根本上解构了采取维护现行法或法律体系

---

[1] 比如,即使可能知晓法官判决错误,行刑官也不会拒绝执行,因为他们的口头禅是:"法官大人掌管着吉凶祸福,我执行他们的最终判决。"(参见[德]古斯塔夫·拉德布鲁赫:《法律的不法与超法律的法》,载氏著:《法律智慧警句集》,舒国滢译,中国法制出版社2016年版,第200页)

[2] "行为有适法期待可能性",简称"期待可能性",乃德国刑法教义学上的一个原理(教义),是指在行为人实施行为之时,如果能要求行为人选择实施合法行为,行为人背离此期待而实施了违法行为,行为人就应对自己的行为负故意或者过失罪的刑事责任。反之,如果不能期待行为人避免犯罪行为的实施,即没有这种期待可能性时,即使其能够认识犯罪事实或能够意识该事实的违法性,也不能追究其故意或过失罪的刑事责任。换句话说,就行为人当时的心理状态而言,行为人已经认识到自己的行为会发生一定的危害结果,但在当时的特殊情况下,行为人又难于做出遵从法律规定的意志抉择。据此,行为人缺乏刑法上的非难可能,故可免除(或减轻)其刑事责任。德国1945年后出现的一系列"告密者案"中是否涉及刑事被告人"行为有适法期待可能性",有关该问题引起学界的争论。就此,参见古斯塔夫·拉德布鲁赫:《法律智慧警句集》,第198—201页。

之行动的国家官员行为的合法基础。

45.7 一旦现行法或法律体系不能为维护它的行使制度化力量之主体（国家官员）行动提供合法辩解的理由，制度化力量与现行法或法律体系之间相互支撑的链条就会产生松动，乃至发生断裂。

45.8 这是现行法或法律体系之真正的"合法律性危机"。

45.9 应当说，前述"合法律性危机"并非直接来自规范承受者个人或集体的拒绝遵行和服从行动，而是来自法或法律体系丧失自我解释力，丧失为维护它的行使制度化力量之主体行动提供辩解的能力，使这种行使制度化力量之主体（国家官员）失去了对其所维护的法或法律体系之信任和依赖。

45.10 规范承受者个人或集体的拒绝遵行和服从行动至多是制度化力量与现行法或法律体系之间相互支撑的链条产生松动、发生断裂的外部推动因素，而现行法或法律体系之真正的"合法律性危机"则一定是其自身的原因，一定是因为法或法律体系丧失自我解释力，以及维护它的行使制度化力量之主体（国家官员）对它产生不信任、不依赖而导致的结果。

45.11 行使制度化力量之主体（国家官员）对现行法或法律体系的不信任、不依赖未必像规范承受者个人或集体那样对法或法律体系采取公开对抗的行动，但他们的不信任和不依赖会产生一种负面功能：实在的法或法律体系从此在实践层面上丧失了其"合法律性"的逻辑统一。

45.12 或者说,行使制度化力量之主体(国家官员)对现行法或法律体系的不信任、不依赖可能导致这样一种结果:行使制度化力量之主体(国家官员)的实际行为逻辑与实在的法或法律体系之"合法律性"逻辑发生分离,行使制度化力量之主体(国家官员)的实际行为逻辑不再是实在的法或法律体系之"合法律性"逻辑(实在法规范逻辑),而可能是脱离"来自形式的单向性理由"的其他行为逻辑,甚至是其国家官员自身任意选择的纯粹主观的行为逻辑。在这种情形下,实在的法或法律体系之"合法律性"即使依然存在,但已经成为无主体践行的纯粹"空洞的形式"。

45.13 显然,实在的法或法律体系之"合法律性"沦落为纯粹"空洞的形式",并不一定是来自形式的单向性理由之逻辑自洽性的"最外边界"被突破,而是实在的法或法律体系在实践层面上丧失了其"合法律性"的逻辑统一。

45.14 任何一种法或法律体系,一旦出现行使制度化力量之主体(国家官员)对它的不信任、不依赖,它就陷入深层的"合法律性危机"之中。

## 命题 46 | 尊重宪法权威是避免"合法律性危机"的必要条件

46.1 若避免实在的法或法律体系之"合法律性危机",首先必须尝试在实在的法或法律体系框架内寻找解决的方案。

46.2 若不能从已经陷入"合法律性危机"的某一法或法律体系（S）中寻找到解决的方案,只能求助于更高一级的另一法或法律体系（S'）作为寻找解决危机之方案的基础。

46.3 若穷尽一切普通法或普通法律体系仍不能寻找到解决"合法律性危机"方案,那么只有诉诸一国的基本法——宪法作为解决的根据。

46.4 这意味着：任何一个国家的宪法必须具有最低限度的自我解释能力,最低限度的正当性基础。

46.5 这里所谓宪法之"最低限度的正当性基础"是指：（1）国家的掌权者所制定的冠之以"宪法"名称（Verfassung/constitution）的基本法必须经过一定的程序；（2）宪法所反映的政治价值不仅仅来自统治者或掌权者,也在一定程度上来自被统治者或者臣民；（3）宪法不仅具体规定政府之一般结构和政治运行过程（立法、执法和司法）的原则,也应当规定公民平等的基本权利和自由；（4）宪法与个人（公民）之间并非是疏离的，它是"人人的法律"，[1]每个人都应当从宪法中找到其正当权利和利益得以救济的最终根据。[2]

46.6 既然宪法是每个人都应当从中"找到其正当权利和利益得以救济的最终根据"的法，而在实在法的维度内，宪法就是其他一切法律的"高级法"，是一切实在的法或法律体系之"合法律性"解释的最终源泉。[3]

46.7 任何一个在宪法体制内生活的人，都必然把宪法看作是其法律理想、信念、情感和利益的寄托之所：他们对宪法抱持出自本

---

[1] 比如，1949年5月23日获得通过的《德国基本法》（Grundgesetz für die Bundesrepublik Deutschland，缩写：GG）第2条有两款明确规定："一、人人有自由发展其人格之权利，但以不侵害他人之权利或不违犯宪政秩序或道德规范者为限。二、人人有生命与身体之不可侵犯权。个人之自由不可侵犯。此等权利唯根据法律始得干预之。"("Grundgesetz für die Bundesrepublik Deutschland vom 23. Mai 1949", §2, in: Bundesgesetzblatt, Vol. 1, 1949, S. 1）

[2] 罗伯特·阿列克西在《基本权利论》中认为，"基本法（权利）规范"（Grundrechtsnorm）具有双重性质，既是规则也是原则。它们作为原则乃针对国家的活动，比如，公民享有艺术自由，那么国家干预人的自由领域（比如艺术自由）的活动是应受到禁止的（Robert Alexy, *Theorie der Grundrechte*, Nomos Verlagsgesellschaft, Baden-Baden 1985, SS. 122-125）。

[3] 如上（命题38.5及其注释）所述，汉斯·凯尔森认为，在法律体系之内，不同的规范在效力等级上有高低之分，且两个规范之间存在授权创制或废止的关系。一个规范之所以是有效的规范，需要满足以下两个条件：第一，如果这个规范已在由它所属的法律秩序规定的方式下被创造；第二，如果这个规范并不曾在这一法律秩序所规定的方式下被废除，也不曾由于废弃或由于整个法律秩序已经丧失其实效而被废除。即，从规范的静态概念看，每一个具体规范可以直接从一个特定的更高的规范中获得其效力。而"一切法律与合法行为"效力依据，则"追溯先前宪法，并最终溯及……历史上首部宪法"（［奥］凯尔森：《纯粹法理论》，张书友译，中国法制出版社2008年版，第82—83页）。

能的幻想，这种幻想支持着他们依然选择"有法度的生活"，对实在的法或法律体系持有最低限度的信任和依赖，并由此对国家和国民身份保持适度的认同。[1]

46.8 或者说，不是所有的人都必然信任和依赖某一实在法或法律体系，也不是所有普通的法律都值得每个人信任和依赖，然而，在宪法体制内生活的每一个人都不得不信任和依赖宪法。[2]

46.9 当然，也不是所有的人对宪法所体现和保护的所有的政治价值和制度都是认同和信任的，但这并不妨碍其对宪法（哪怕是名义上的宪法）抱持"最后救济"的幻想：他们在穷尽其他一切法律救济手段之后必然将权利和利益保护的希望寄托于宪法。他们认为，宪法在本质上应当并且能够提供其权利和利益诉求的证成依据。

46.10 所以，宪法是实证的，但也必须具有一定程度的理想性和正确性。[3]

---

[1] 参见［德］黑格尔：《法哲学原理》，范扬、张企泰译，商务印书馆1982年版，第264-269页。

[2] 故此，古斯塔夫·拉德布鲁赫这样描述宪法的意义："宪法是历史流动之河的坚韧之体，是坚固的底床，它为民族历史之流铺呈航道，——经年累月缓缓地加深、展宽和变迁，宛若历史从前在其自身刻下印记。"（［德］古斯塔夫·拉德布鲁赫：《法律智慧警句集》，舒国滢译，中国法制出版社2016年版，第61页）

[3] 这里可以借用罗伯特·阿列克西有关法概念的看法来解释宪法的性质。阿列克西在《法概念与法效力》（英语译本：Robert Alexy, *The Argument from Injustice: A Reply to Legal Positivism*, 1992）中指出："问题是，哪一种法概念是正确或适当的？对于这个问题的回答，取决于三个要素——权威的**制定性**、社会的**实效性**、以及内容的**正确性**——彼此之间的关系。"（［德］罗伯特·阿列克西：《法概念与法效力》，王鹏翔译，台北五南图书出版有限公司2013年版，第27页）"法律体系的现实必然包含了某些法律的理想（rechtliche Ideale）。因此，'品质的关系'也可以称为'理想的关系'。"（转下页）

46.11 宪法不得公开维护明显的非正义。宪法就其概念的必然性而言应是符合正义的，但若宪法明确地将与人类普遍的正义明显相悖的非正义作为保护的对象，比如明确规定蓄奴、实行酷刑、人人不平等、种族屠杀为宪法原则，它就不再是宪法。因为在这里，隐含一定理想性和正确性的宪法（"宪法是正义的"）与实在宪法的明确宣称（"蓄奴、实行酷刑、人人不平等、种族屠杀为宪法原则"）之间发生矛盾，这个矛盾被称为"施行性矛盾"（英语：performative contradiction/ 德语：performativer Widerspruch，一译"以言行事的矛盾"）。存在"施行性矛盾"的宪法不符合宪法的概念。[1]

46.12 宪法不得自反承诺。人们尊重宪法的权威在于宪法是"人人的法律"，宪法承诺保障每个人的基本权利和自由。如果宪法一方面做出保障权利的承诺，另一方面却又违反自己的承诺，它同样会陷入自反性矛盾。[2]

---

（接上页）（［德］罗伯特·阿列克西：《法概念与法效力》，第44页）"关键点毋宁在于，在统治者体系的实践中确立并且向每个人提出了正确性宣称。正确性宣称是法概念的必然要素。"（［德］罗伯特·阿列克西：《法概念与法效力》，第55页）
[1] Robert Alexy, *The Argument from Injustice. A Reply to Legal Positivism* (first pub. 1992), trans. Stanley L. Paulson and Bonnie Litschewski Paulson, Clarendon Press, Oxford 2002, pp. 35-39.汉译，见［德］罗伯特·阿列克西：《法概念与法效力》，王鹏翔译，台北五南图书出版有限公司2013年版，第57—61页；另见本书命题43.16及其注释。
[2] 比如，宪法宣称"X是一个主权性的、联邦的、非正义的共和国"，实际上构成宪法概念上的缺陷，即，制宪行为的内容违反否定了制宪行为的正确性宣称，而此种宣称本应是制宪行为的构成性规则所要求的（Robert Alexy, *The Argument from Injustice: A Reply to Legal Positivism*, pp. 35-39. 汉译，见［德］罗伯特·阿列克西：《法概念与法效力》，第58页，第60—61页）。

46.13 正因为宪法不得自相矛盾，所以它才可能成为人们的一种幻想寄托：宪法不伤害它的人民。[1]

46.14 宪法的权威就建立在国民的这种"基于幻想的信任和依赖"之基础上：宪法是有效的，不仅在于"来自形式的单向性理由"，[2] 而且主要在于宪法体制内生活的人对它的（有时甚至是无反思的）信任和依赖。

46.15 只要一个国家的国民尚抱持对宪法的"基于幻想的信任和依赖"，只要国民依然尊重宪法的权威，只要采取维护现行法或法律体系之行动的国家官员和采取拒绝服从法或法律体系之行动的规范承受者，均能够把宪法作为其行为之最终的"合法律性"根据，那么就能够找到解决或避免"合法律性危机"的适当方式和方法。

---

[1] 反过来讲，这也可以理解为：宪法不与人民为敌，而更像是人民的"每日之食、渴饮之水和呼吸之气"。古斯塔夫·拉德布鲁赫用来赞美民主与法治国的言论也可以用在宪法身上："民主的确是一种值得赞赏之善，而法治国则更像是每日之食、渴饮之水和呼吸之气，最好是建立在民主之上：因为只有民主才适合保证法治国。"（古斯塔夫·拉德布鲁赫：《法律智慧警句集》，第201—202页）进而言之："宪法像一块盾牌，其佩戴者越是喜爱它，它由以往的战斗留下的擦痕和粒面越多。宪法像一面旗帜，其荣耀越多、越具有神圣性，它被穿破的刀痕和透射的弹孔越多。"（上揭书，第61页）
[2] 参见本书命题46.5（1）。

## 命题 47 | 宪法权威的失落，意味着整个法律体系的解体或崩溃

47.1 基于上述分析，我们似乎又可以得出这样一个结论：宪法是不得抵抗的。[1]

47.2 若抵抗宪法，将会导致抵抗行动的"施行性矛盾"：实行抵抗者一方面承认"抵抗权"是宪法所赋予的一项基本权利；另一方面又将行使抵抗权的行动直接指向赋予权利的宪法本身，这就使抵抗者陷入行动逻辑上的矛盾。

47.3 这反过来要求我们必须考察公民、公民社会及公民的能力与宪法的关系问题。我们说，宪法存在于公民社会之中，在这样的社会中，宪法把人人当作公民，规定每个人均"拥有公民权利"，并保障每个公民平等地行使其所赋予的基本权利和自由。另一方面，宪法保障每个公民平等地行使其所赋予的基本权利和自由，反过来又离不开适格的公民对它的遵行和服从。这就要求

---

[1] 在笔者看来，抵抗宪法实际上构成阿图尔·考夫曼所讲的"大抵抗"，其意图在于推翻现行体制的整个构成性结构（架构、要素和规则），最终可能演变为一种抵抗权行使的悲剧（考夫曼：《法律哲学》，第208页）。

公民将理性既作为个人行为的能力、美德，又作为介入社会公平合作的基础。也就是说，在公民社会中，公民必须具备审慎合作、避免无理抵抗（宪法）的理性能力，既懂得利用宪法来伸张自己与生俱来的"自然权利"（natural rights），也懂得履行自己所担负的"自然义务"（natural duties）。[1] 这种自然义务包括消极的方面，如不伤害他人，不损害无辜，也包括积极的方面，如相互尊重以及共同对"大体合理的制度"之尊重，这其中当然包括公民对宪法及其权威的尊重。

47.4 所以，在概念和逻辑上，宪法和公民之间是相互诠释的：宪法是公民自己的法律，公民是宪法平等关怀的主体。宪法和公民之间的这种相互诠释实际上也为辨识宪法的本质和公民的身份，提供了基本的判断标准。[2]

47.5 然而，一旦宪法与公民发生疏离，无论宪法，还是公民本身，都将陷入概念和逻辑上的矛盾：不承认个人为公民的宪法不是真正的宪法，不符合宪法的概念；同样，完全拒绝承认宪法

---

1 参见［德］塞缪尔·普芬道夫：《人和公民的自然法义务》，鞠成伟译，商务印书馆2010年版。
2 故此，这就需要在宪法体制和民主法治国中寻找"私人自治"和"公共自治"的同源性，重构公民身份概念的规范性内容（Jürgen Habermas, *Faktizität und Geltung:Beiträge zur Diskurstheorie des Rechtes und des demokratischen Rechtsstaats*, 2. Aufl., Suhrkamp Verlag, Frankfurt am Main 1992, SS. 106, 109, 442. 汉译，见［德］哈贝马斯：《在事实与规范之间——关于法律和民主法治国的商谈理论》，童世骏译，生活·读书·新知三联书店2003年版，第96页，第103页，第452页）。

的公民也不是完整意义上的公民，有可能蜕变为非公民社会的臣民或氓民。[1]

47.6 一个社会可能不是完全的民主社会，但只要这个社会有公民普遍承认的宪法，这个社会就是公民社会。[2]

47.7 同样，一个国家未必是一个完全实行法治的国家，只要它还不是极端的"非法治国家"，它就有可能以"宪法"的名义承认个人为其"公民"，规定每个人"拥有公民权利"，也规定其承担"公民义务"。[3]

47.8 凡是存在宪法的社会或国家，宪法就应当是有权威性的，

---

1 与传统的权利理解（比如，萨维尼、温德沙伊德等人把私法看作是"一个保障自由的消极的、程序性的权利体系"）不同，哈贝马斯认为，主观权利作为法秩序的成分，并不是根据其概念指向以占有者姿态彼此相对的原子主义的、疏离化的个人的，它是人们的共同的主张，涉及彼此合作的法律主体的相互承认，其中预设了这样一些主体之间的协作（或愿意遵守游戏规则），他们通过相互指涉的权利和义务彼此承认为自由和平等的法律同伴（Rechtsgenossen）。对于可用法律手段来捍卫的主观权利从中引申出来的法秩序而言，这种相互承认具有构成性的意义，成为人们彼此共在（共享的生活形式）的制度背景（Jürgen Habermas, *Faktizität und Geltung: Beiträge zur Diskurstheorie des Rechtes und des demokratischen Rechtsstaats*, SS. 117, 343. 汉译，见哈贝马斯：《在事实与规范之间——关于法律和民主法治国的商谈理论》，第111页，第346页）。
2 在这里，宪法以及其他法规构成了"特殊领域中的国家制度"，它们构成了"巩固的国家基础"，也是"个人对国家的信任和忠诚的基础"。说到底，它们是"公共自由的支柱"（参见［德］黑格尔：《法哲学原理》，范扬、张企泰译，商务印书馆1982年版，第265页）。
3 借用黑格尔的看法，这个时候，宪法对个人说来，可以从两个方面来规定："（甲）个人从国家那里可以得到什么，可以享受到什么；（乙）个人应该给国家些什么。"（黑格尔：《法哲学原理》，第316页）

是一切国家机关、社会团体和公民个人遵从的最高规范。[1]

47.9 因此，除非一国的宪法已经完全不再承认个人为公民，不再规定每个人"拥有公民权利"，否则宪法及其权威就是值得尊重和服从的。

47.10 在宪法尚且符合其概念、具有一定程度的理想性之时，无论国家机关还是公民个人，若拒绝遵行和服从宪法，就等于所有的人均打破了他们内心所具有的"宪法幻想"，自甘解除其制度生存的最终法律基础，他们宁愿选择一种"无法度的生活"或者选择一种与现行的宪法体制不同的宪法体制。

47.11 失去权威的宪法不再适合担当整个国家现行法或法律体系之"合法律性"解释的最终根据。[2]

47.12 在这个意义上，宪法权威的失落，等于整个国家现行法或法律体系的解体或崩溃。

---

[1] 在这个意义上，宪法其实就是一个国家的构成性规则。由于宪法具有这样一种规则性质，我们可以说，有了宪法，才有国家的组织—结构形态以及一切组织和公民个人活动的最终法律依据。所以，宪法是先于国家政权的。
[2] 因为这个时候，宪法实际上处在了其"理想性"与"实证化"的矛盾/夹缝之中：一个维系某种国家政权的宪法意图把体制外的控制（比如把人民的反抗权、甚至"革命"行动视为否定自己正当性的基础）设立为体制内的制度（参见考夫曼：《法律哲学》，第207页）。

## 命题 48 | 重建宪法权威，有赖于整合规范承受者个人或集体的法律确信，并形成普遍的社会共识

48.1 通过宪法来推翻宪法的权威在逻辑上是矛盾的。

48.2 推翻宪法权威的，一定是来自宪法体制之外的力量或行动。

48.3 一旦发生前述情形，既有的宪法就可能不再发生事实效力。[1]

48.4 若不是迫不得已而选择一种与现行的宪法体制完全不同的宪法体制，重建现行宪法的权威就是必要的。

48.5 重建宪法的权威，首先在于恢复一个国家的国民对宪法所抱持的出自本能的"幻想"，重新把既存的宪法看作是其法律理想、信念、情感和利益的寄托之所。[2]

---

[1] 有关法的"事实效力"，见［德］魏德士：《法理学》，丁晓春、吴越译，法律出版社2005年版，第148页。

[2] 尤尔根·哈贝马斯在《在事实与规范之间》一书中指出：消解民主法治秩序的规范性主张和它们的社会背景的事实性（一个特定的法律观的规范性考察和经验性考察）之间的外在张力，需要对公民身份概念（一方面作为政治公共领域的承担者［Staatsbürger，国民］，一方面作为社会成员［Gesellschaftsbürger，社民］，同时具有两个身份）的规范性内容进行重构。故此，私人自治和公共自治的同源性，只有在用商谈论来澄清自我立法这个意象之含义的时候才得到澄清，只有采取这样的视角，人们的自由才不是一种"遇到事实抵抗的天然自由"，而是一种"通过互相承认而构成的自由"。公民自我立法的观念不应该归结为单个个人的道德自我立法，它要求那些作为法律的承受者而从属于法律的人，同时也能够被理解为法律的创制者（Jürgen Habermas,（转下页）

48.6 这必然有一个事实前提：现行宪法大体上是值得尊重和服从的。[1]

48.7 也可以说，只要任何人仍然可以在"不完全符合正义理想"的宪法中找到其表达异见，甚至表达抵抗思想的自由权利，[2]这个宪法本身就是大体上值得尊重和服从的。而尊重和服从该宪法恰好是其行使表达权的先决条件。

48.8 上述命题意味着：大体上值得尊重和服从的宪法虽不一定完全符合正义理想，但它还不是完全非正义的，还没有完全失去宪法的性质。

48.9 不过，"不完全符合正义理想""不是完全非正义的"等所表述的都是对宪法存在事实的价值判断，这些价值判断并非是无可争辩、不容辩驳的。

48.10 恰恰相反，价值判断本身是争议性的，不同的人对于宪法存在事实的价值判断可能是完全相反或者对立的。比如，某人基于自己的价值判断说："宪法是值得尊重和服从的"，而另一个持完全不同价值立场的人说："宪法是不值得尊重和服从的"。从每

---

（接上页）*Faktizität und Geltung: Beiträge zur Diskurstheorie des Rechtes und des demokratischen Rechtsstaats*, 2. Aufl., SS. 153-154. 汉译，见哈贝马斯：《在事实与规范之间——关于法律和民主治国的商谈理论》，第147—148页）。

1 相关的论述，参见本书命题47.9。
2 这样的宪法至少名义上保持着"人人的法律"的形象，不明显地宣称不正确性，不存在表见性的"施为性矛盾"。

个人均有表达思想自由的角度看，他们的宣称都是同等（未经检验而暂时）有效的。

48.11 然而，公民社会的本质并非仅仅在于每个人各自有表达思想，表达异见或不同价值判断的自由，而且也在于通过论辩达成共识或意见一致。

48.12 公民社会必然是自由社会，但自由社会是建立在理性约定基础上的政治社会，一种基于约定的，基于"一致同意"的社会，在这种社会中，每个人是自由的，但也是遵守约定的。

48.13 如果公民不能在既有的宪法规范框架内达成共识，形成"一致同意"的结果，那么就必须建立商谈或论辩的规则，通过理性论辩来寻求价值多元社会中的公共意见的一致。[1]

48.14 由此，"通过理性论辩来寻求价值多元社会中的公共意见的一致"，就成为讨论的主题。

---

1 公民不能在既有的宪法规范框架内达成共识，意味着宪法教义学内部的共识已然消解，需要从法哲学、政治哲学层面讨论宪法权威问题。有关法教义学与法哲学的关系，参见本书命题11的展开。

# 七 | 价值多元、普遍共识与论证

· 命题 49—56

- 49. 在价值多元社会中，每个人对于法或法律体系，均持有各自不同的主观价值判断
- 50. 对于法或法律体系持各自不同的主观价值判断，必然造成价值判断上的争议和冲突
- 51. 即使有统一的法或法律体系，仍会存在个人或集体的实践差异
- 52. 解决价值判断上的争议和冲突，应首先寻求具有可公度性的评价法律的标准
- 53. 寻求具有可公度性的评价法律的标准，必须通过"公共领域"的理性论辩
- 54. 理性论辩需要建立一套合理的论证规则
- 55. 理性论辩的目的在于使听众信服并形成共识
- 56. 不通过理性论辩，无以证成对法或法律体系的反驳或质疑

**命题 49** | 在价值多元社会中，每个人对于法或法律体系，均持有各自不同的主观价值判断

49.1 社会在本质上是多元的。[1]

49.2 这里的所谓"多元"，不是从社会结构或社会建制上来理解，而主要从构成社会的主体多元的角度来认识。故此，说"社会是多元的"，实际上是说，构成社会的主体是多元的。

49.3 我们不能想象，有任何一种社会是完全单一的个体（或个人）构成的；同样，我们也不能想象，任何构成社会的主体是由数量不等，但在主体性质上完全等值的"单向度的人"（具有同样的身体构造、同样的精神结构、同样的利益追求的人）构成的；最为重要的，我们不可以想象，由各种主体构成的社会是无时间性和空间性的。[2]

49.4 从前述命题可以进一步推导出这样的结论：（1）社会是

---

[1] 对于"社会"的认识，可以大体上分为前现代的和现代性的两类：从现代性角度（特别是17、18世纪的"启蒙"观）认识社会，基本上持社会多元的立场和观点。这是考察社会历史变迁的一个逻辑起点。
[2] 见 [美] 赫伯特·马尔库塞：《单向度的人——发达工业社会意识形态研究》，张峰、吕世平译，重庆出版社1988年版。另见本书命题63.5。

由复数的个体构成的;(2)复数的个体是存在差异的;(3)存在差异的复数的个体在有差异的时间和空间中从事有差异的社会行为。由这三个推论,可以证明:构成社会的个体之间的差异是必然的。

49.5 说"个体之间的差异是必然的",实际上是说:构成社会的个体之间必然有差异的行为、行为条件或情境,必然促成选择差异行为之差异的需求、动机和目的。[1]

49.6 个体之差异的需求、动机和目的必然与个体之差异的价值判断相关联。

49.7 差异的价值判断之存在必然有这样的前提:在社会中,必然存在差异的价值和价值判断标准。换言之,在任何社会中,都不

---

[1] 研究行为需求、动机和目的,不仅构成社会学的主题,也可能引起法学(法教义学)范式的转变:比如:对"利益"和"目的"的关注促成鲁道夫·冯·耶林1858年之后遭遇到学术思想上的一次"大马士革经历"(Damaskuserlebnis)和痛苦的思想煎熬过程,从此开始反思普赫塔的学说、学说汇纂法教义学原理以及自己曾经构建的法学理论,完成了一次所谓"哥白尼式转折"(kopernikanische Wende),进入其学术思想的"目的方法阶段"(Die zweckmethodische Phase, 1858—1892)。后来,菲利普·赫克(Philipp Heck)在耶林的"目的论"法学思想影响下,从耶林的著作中发现"法的概念"和"利益"的对立,这促使他放弃数学和自然科学的学习,而选择"实践(实用的)法学"(die praktische Juristerei)作为自己的志业,希望从事"与耶林的思想一致的法的变革"(die Umgestaltung des Rechts entsprechend den Gedanken Jherings),并逐渐走向利益法学之路(Bernd Ruthers, *Rechtstheorie: Begriff, Geltung und Anwendung des Rechts*, 3. Aufl., C. H. Beck'sche Verlagsbuchhandlung, München 2007, S. 320. 汉译,参见[德]魏德士:《法理学》,丁晓春、吴越译,法律出版社2005年版,第233页;Franz Wieacker, *Privatrechtsgeschichte der Neuzeit unter besonderer Berücksichtigung der deutschen Entwicklung*, Vandenhoeck & Ruprecht, Göttingen 1996, S. 574. 汉译,见[德]弗朗茨·维亚克尔:《近代私法史》[下],陈爱娥、黄建辉译,上海三联书店2006年版,第549页)。

可能只存在一种价值和价值判断标准。由于构成社会的主体是多元的，价值和价值判断标准必然是多元的。在这个意义上，所谓"多元社会"，就是主体之价值多元和价值判断标准多元的社会。[1]

49.8 社会在事实上是价值多元和价值判断标准多元的，并不等于说所有的社会都在制度上允许人们有多元的评价标准。

49.9 价值判断标准与评价标准可能是一致的，也可能是不一致的：（1）价值判断标准可以是纯主观的，但评价标准则必然具有一定的客观性或者主体间的约定性；比如，某人可以根据自己的价值偏好（主观的价值判断标准）说某一件作品是"好的"，但这不能作为该作品是真正"好的"评判标准，除非他的判断标准得到普遍认可，被认为是"客观的"或者"可接受的"，才有可能成为评价标准。（2）价值判断标准是可任意选择的，每个人对相同的对象均可选择不同的价值判断标准，但评价标准一旦确定，则不可任意选择；比如，一旦规则成为行为的评价标准，来自行为人自身的价值判断标准就不能作为优先性标准或凌驾性理由；[2]（3）价值判断标准是行为指向的，评价标准不仅是行为指向，而且是裁决指向：当一个人寻找和利用价值判断标准进行判断时，他可能仅仅是

---

[1] 参见文兵、李勇：《价值多元与和谐社会》，中国政法大学出版社2007年版；顾豪：《论多元社会中公共理性的可能》，中国海洋大学2011年博士论文；吴霞：《论价值观念多样性与价值导向一元性之统一》，载《安顺学院学报》2001年第1期，第48—51页；邢福石：《论价值多元性与一元性的统一》，载《江汉论坛》2000年第1期，第40—43页。
[2] 相关的论述，见本书命题29。

在为自己的行为寻找证成的理由；然而，当我们说需要寻找和运用评价标准来进行评价时，那一定预设了一个前提：对于某一对象a，有两个或两个以上复数的个体同时根据各自不同的主观的价值判断标准做出了完全不同的评价，此时所寻找和运用的评价标准就是价值判断争议的裁决标准。[1]

49.10 然而，任何社会都不得通过制度或规范禁止人们拥有不同的价值判断标准，更不得禁止人们表达各自不同的价值判断的自由，除非：（1）主观的价值判断标准被滥用作评价标准，产生判断和裁决的争议；（2）行为人表达价值判断的自由妨害了他人同等表达价值判断的自由。

49.11 尽管如此，只有在制度或规范层面上承认或允许人们拥

---

[1] 比如，1956年，时任慕尼黑大学法学院讲师的海因里希·胡布曼（Heinrich Hubmann, 1915—1989）于《民法实务档案》（AcP）第155卷第2期发表长文《利益衡量的原则》（Grundsätze der Interessenabwägung, 1956），尝试在利益法学的基础上，试图提出"目的论—规范的利益衡量"，这种衡量不仅在立法上做出规定，而且对任何一个案件均普遍有效。按照这种观点，当事人之间的利益（欲望或需求）在具体的情形（案件）中具有不同的"强度"（Stärck）和"分量"（Gewicht），背后体现着不同的价值关系（Wertverhältnis）：在生活中，人们对这些不同的权益与价值进行比较，在其中进行选择，对它们持有不同的"尊重要求"（Achtunganspruch），而肯定的和否定的优先原则会强化或阻碍权益和价值的尊重要求。在此方面，法官应注意各种事实关系或"客观既存的利益关联"（Die SacHgegebene Interessenverknüpfung）情形，这其中包括"利益同一性"（Interessenidentität）、"利益堆积性"（Interessenhäufung）、"利益切近性"（Interesseninnähe）和"利益强度性"（Interessenintensität）等，基此，他提出了一系列利益冲突解决的原则：例如，"避让原则""平衡原则""最佳顾及手段原则""补偿原则"，等等（参见舒国滢：《战后德国评价法学的理论面貌》，载《比较法研究》2018年第4期，第133—138页）。

有不同的价值判断标准并且表达各自不同的价值判断的社会才是真正的多元社会。

49.12 不同的价值判断标准可以与多个对象相联接，比如，自然物、人本身、人的行为、人们之间的关系、所发生的事件、事实、事态等，都可以作为价值判断和评价的对象，都可以根据一定的价值判断标准来加以判断和评价。[1]

49.13 法或法律体系本身也可以构成价值判断和评价的对象。在多元社会，人们对法或法律体系可以拥有不同的价值判断标准，也可以对此表达各自不同的价值判断。[2]

49.14 在下列情形出现时，多元的价值判断标准以及不同的价值判断与实在的法或法律体系之间形成联接：（1）当一个人基于主观的价值判断来作为理由选择行为时，其所做出的价值判断就有可能与来自法或法律体系的理由（"来自形式的单向性理由"）处于竞争甚或冲突的关系状态；[3]（2）当一个人基于主观的价值判断直接将法或法律体系作为评价的对象时，他有可能以个人实际的行

---

[1] 拉德布鲁赫指出："当某个事件'与价值相关'时，我们就给事件赋予'涵义'，当价值由'意义'而产生时，我们就给价值赋予'意义'。"（［德］古斯塔夫·拉德布鲁赫：《法律智慧警句集》，舒国滢译，中国法制出版社2016年版，第36页）"在实然中实现应然，在现实中体现价值，这就是意义。"（上揭书，第39页）

[2] 比如："法要从两个不同的立场来看：依每个世俗的观点看可能是颇有价值的，但依宗教的观点看却可能是毫无意义的。"（古斯塔夫·拉德布鲁赫：《法律智慧警句集》，第9页）

[3] 相关的内容，见本书命题29的展开。

为（拒绝遵行和服从）挑战法或法律体系的权威，抵抗法或法律体系的形式效力。[1]

49.15 然而，价值判断标准及价值判断与实在的法或法律体系之间的联接又是情境化的：它要么是这一个人或那一个人在特定情境中"运用"多元的价值判断标准来形成与"来自形式的单向性理由"（来自法或法律体系的理由）相竞争或相冲突的行为理由，要么是这一个人或那一个人在特定情境中直接将实在的法或法律体系作为评价或判断的对象。[2]

49.16 这一个人或那一个人在特定情境中"运用"多元的价值判断标准评价或判断实在的法或法律体系，实际上也是这一个人或那一个人在特定情境中任意选择评价或判断实在的法或法律体系的标准，而这种选择总是与这一个人或那一个人的知识状况、社会角色、特定的利益、情感状态等因素相联系的。[3]

49.17 故此，每个人对于法或法律体系持有各自不同的主观价值判断，但由于这种判断与特定的情境相联系，它们又可能是变动的、不稳定的。

---

[1] 相关的论述，见本书命题43—45。
[2] 这里其实表述的是不同情形：一是基于不同评价标准的行为理由的竞争；二是作为竞争的权威理由本身直接被作为评价对象。
[3] 说到底，这一点与人的自由行为或者选择自由有关（参见［德］考夫曼：《法律哲学》，刘幸义等译，台北五南图书出版公司2001年版，第240—241页）。另见本书命题29.6和命题29.7及其注释。

## 命题 50 | 对于法或法律体系持各自不同的主观价值判断，必然造成价值判断上的争议和冲突

50.1 在没有明确的制度和规范禁止或限定的情况下，每个人都有同等选择价值判断标准的权利，也有同等表达价值判断的自由。这种选择和表达当然也可以直接针对实在的法或法律体系本身。

50.2 如果前述命题是成立的，下面这个推论同样是成立的：就选择价值判断标准和表达价值判断本身而言，没有哪一个人或哪一些人的选择和表达自始优越于或凌驾于另一个人或另一些人的选择和表达之上。[1]

50.3 但同等地选择价值判断标准和同等地表达价值判断的自由，也有可能产生这样一种结果：选择者和表达者各以自己的选择为标准，各以自己的判断和评价为圭臬。[2]

50.4 这实际上是说，所有的价值判断者均平等地表达某种价值

---

[1] 这一点与尤尔根·哈贝马斯提出的商谈之"理想的言谈情境"之初始条件要求是一致的（J. Habermas, " Wahrheitstheorien", in: H. Fahrenbach [Hrsg.], *Wirklichkeit und Reflexion: Festschrift für W. Schulz zum 60. Geburtstag*, Neske-Verlag, Pfullingen 1973, S. 220ff）。就此，另见本书命题54.5及其注释。

[2] 这一点讲的是判断和评价的主观性问题（比较本书命题50.16和命题50.17）。

判断，他们的判断可能是相互交集的，但也可能是平行的、不相交集的。

50.5 当不同的价值判断者按照不同的价值判断标准对不同的对象做出判断时，他们的判断就是平行的、不相交集的。平行的、不相交集的价值判断不发生争议，而没有争议的价值判断对于社会—公共生活也不会产生实质的影响，至少不会产生对判断的"再判断"（二度判断）问题。对没有争议的价值判断进行再判断（二度判断），实际上是没有任何意义的。

50.6 当不同的价值判断者按照相同的或者不同的价值判断标准对同一对象做出判断时，他们的判断就是相互交集的。

50.7 一旦价值判断者们的价值判断在判断领域相互交集，那么他们的判断就不再是无意义的，也不是无关紧要的，而必然关涉社会—公共生活，必然关涉人们之间的交往行为，关涉集体意见的形成，关涉决策和裁判。

50.8 不同的价值判断者按照相同的价值判断标准对同一对象做出判断，他们的判断不仅是可以达成"意见一致的"，而且是基于价值共识的，价值共识是他们进行价值判断的前提。

50.9 不同的价值判断者按照不同的价值判断标准对同一对象做出判断，他们的判断至多可以达成"意见一致"，但这种"意见一致"并不等于"价值共识"，而通常是价值判断分歧之下的意见的妥协。

50.10 然而，形成"价值共识"和"意见一致"并非是轻而易举的。相反，在有多元价值及多元的主观价值判断的情形下，人们之间可能根据变动的情境各持己见，很难达成统一的意见和共识。或者说，在通常的情况下，每个人坚持各自不同的主观价值判断，必然造成价值判断上的争议和冲突。

50.11 对于法或法律体系的主观价值判断也同样可能造成价值判断上的争议和冲突。比如同时有可能存在两个绝然相反的主观价值判断，一个说现行的法或法律体系是公正的，另一个说现行的法或法律体系是不公正的。

50.12 不过，这里会产生一个深刻的矛盾，即：法或法律体系的价值评价标准统一性与人的价值判断多样性的矛盾。[1]

---

[1] 1951年，美国经济学家肯尼斯·约瑟夫·阿罗（Kenneth J. Arrow, 1921—2017）在他的经济学经典著作《社会选择与个人价值》（*Social Choice and Individual Values*）一书中，采用数学的公理化方法对通行的投票选举方式能否保证产生出合乎大多数人意愿的领导者或者说"将每个个体表达的先后次序综合成整个群体的偏好次序"进行了研究。结果，他得出了一个惊人的结论：绝大多数情况下是——不可能的。其证明来源于法国著名数学家、哲学家孔多塞（Marie Jean Antoine Nicolas de Caritat, marquis de Condorcet, 1743—1794）在18世纪80年代发现的"投票悖论"（voting paradox）或"孔多塞悖论"（Condorcet's paradox）：设甲乙丙三人，面对ABC三个备选方案，有如下图的偏好排序：甲A＞B＞C；乙B＞C＞A；丙C＞A＞B。由于甲乙都认为B好于C，根据少数服从多数原则，社会也应认为B好于C；同样乙丙都认为C好于A，社会也应认为C好于A。所以社会认为B好于A。但是，甲丙都认为A好于B，于是就出现了矛盾。阿罗在上述著作中运用数学工具把孔多塞的观念严格化和一般化了，被称为"阿罗不可能定理"（Arrow's impossibility theorem）（参见陈向新、王则柯："阿罗不可能定理溯源"，载《自然杂志》1993年Z1期，第64—67页）。有关价值评价标准的统一性与人的价值判断的多样性的矛盾，另见本书命题49.5、49.6、49.7、49.9及其注释。

50.13 任何的实在法或法律体系本身必然体现和保护一定的实质（道德）价值和形式价值，前者包括正义、平等、自由、秩序、善良风俗等，后者包括明确、统一、简便、稳定、公开等。[1]

50.14 尽管不同历史时代的法或法律体系所体现和保护的实质价值和形式价值（我们可以将它们笼统地均称为"法律价值"）不尽相同，尽管同一部法律或法典中所体现和保护的法律价值是多元的（比如，近代和现代民法既体现和保护私权自治，也体现和保护诚实信用、交易安全和公序良俗），然而，一旦它们构成实在法的价值，它们就具有了制度化的特征。也可以说，实在的法或法律体系所体现和保护的价值是"制度化价值"。[2]

---

[1] 拉德布鲁赫说："每一个具体的人都生活在双重伦理秩序的统治之下，其一方面的概念序列可以称为：义务、和平、仁爱、谦恭；其另一方面的价值概念可以称为：权利、斗争、荣誉、自尊。第一类词语主要见诸我们的良心，第二类词语则主要见诸我们的正义观念之中。"（古斯塔夫·拉德布鲁赫：《法律智慧警句集》，第4页）"法的安定性不是法必须实现的唯一的价值，也不是决定性的价值。除了法的安定性之外，还涉及另外两项价值：合目的性与正义。在这一价值序列中，我们把为公共利益的法的合目的性放在最后的位置上。绝对不是所有'对人民有利的东西'都是法，而是说凡属法的东西，凡是产生法的安定性和追求正义的东西，最终都是对人民有利的。"（古斯塔夫·拉德布鲁赫：上揭书，第22页）

[2] 有学者提出：法的制度性价值，乃是指法作为制度化的构成物能够满足社会、国家、个人社会生活的安全、稳定等需要的价值。法的制度化最重要的特征是高度的理性化、形式化和程序化。其价值在于：（1）能有效地防止滥用权力，使整个社会生活呈现文明、健康的发展方向。在一个法律制度高度发达的社会，坏人，也无法任意横行；在一个没有法律或法律制度很不发达的社会，好人也无法充分做好事，甚至会走向反面。（2）国家机构的运行、领导人的更迭具有严格的规范性和程序，国家的政治生活不致因最高领导人的喜怒哀乐、职务更迭、死亡而导致社会动荡和混乱，从而有利于保持社会生活的稳定性。（3）在一个有发达法律制度的社会里，公民的权利、义务具有高度的明晰性；权利的取得和义务的履行具有严格的程序，减少了政府、他人对个人合法权益的（转下页）

50.15 制度化价值具有这样的性质：（1）制度化价值不是个人所确认的价值，而是集体所确认的价值；个人在进行价值判断时，可以将制度化价值作为判断标准，也可以不把制度化价值作为判断标准。（2）制度化价值不是一般的社会主体、而是制度化主体（立法者或者司法者）所确认的价值；在制度化层面上，什么样的法律价值可以反映或体现在法或法律体系之中，只有通过立法者或者司法者来加以"筛选"；在"筛选"过程中，其他的社会主体（比如公民个人、社会组织、社会团体）可以通过一定的形式影响立法者或司法者，但其不是制度化价值的直接确认者。（3）制度化价值必须经过一定的程序确认，即使立法者或司法者也不可任意确认制度化价值。（4）制度化价值一旦得到制度化主体的程序性确认，它们本身就构成价值判断和评价标准。（5）制度化价值是多元的，[1]但它们作为判断和评价标准是要求确定的，而且在所涉及的条件或案型相同的情形下，它们作为评价标准必须是统一的：在相

---

（接上页）非法干预，公民的权利和自由可获得明确的确认和有效的保障（参见孙国华主编：《中华法学大辞典·法理学卷》，中国检察出版社1997年版，第79页）。但是，当代美国克罗地亚教育家、社会批评家伊凡·伊里奇（Ivan Illich, 1926—2002）在1971年出版《去学校化社会》（Deschooling Society, 1971，一译"非学校化社会"）却提出：现代社会一切邪恶和痛苦的根源就是价值的制度化。所谓价值的制度化，指的是人与自己创造出来的制度之间存在着某种异化关系。也就是，人创造了制度，赋予制度以价值，结果制度成了价值的化身，而人却丧失了自身的价值，受到组织的控制（Ivan Illich, *Deschooling Society*, Harper & Row, New York 1971. 汉译，见［美］伊凡·伊里奇：《非学校化社会》，吴康宁译，台北桂冠图书公司1994年版，第1—161页）。

[1] 这里讲"制度化价值是多元的"，是指通过制度保护的价值是多元的（自由、人权、平等、自治、尊严、秩序、公正，等等），而不是只有一种（见命题50.13）。

同的情形下，同一制度化价值不可以作为相互矛盾、相互冲突的评价标准。

50.16 制度化价值也是一种固定化价值，是由立法者或者司法者通过制度化活动（立法或者司法）固定下来的法律价值，这种价值一旦在制度上确立，就具有外在性和客观性，独立于任何个人（包括立法者或者司法者个人）的心灵和主观性。

50.17 应当看到，并不是所有个人的主观价值与制度化价值都是一致的，恰恰相反，当一个人把实在的法或法律体系作为价值判断和评价对象时，他要反对的正是实在的法或法律体系所体现和保护的法律价值，这个时候，制度化价值和价值判断者个人的主观价值处在冲突或矛盾状态。[1]

50.18 一旦制度化价值与个人的主观价值发生矛盾或冲突，它们就是相互竞争的价值判断和评价标准。

---

[1] 伊凡·伊里奇正是在这一点上批判价值的制度化：价值的制度化有可能使社会处于"操纵性制度"（manipulative institutions）的控制之下，这种制度对人们生活具有操纵性、强迫性。比如，在"制度光谱"（Institutional Spectrum）上，法律、军队、监狱、医院、高速公路等构成光谱右翼的一些官僚政治的操纵性制度（Ivan Illich, *Deschooling Society*, chap. 4. 汉译，见伊凡·伊里奇：《非学校化社会》，第4章）。

## 命题 51 | 即使有统一的法或法律体系，仍会存在个人或集体的实践差异

51.1 价值判断可能仅具有认识指向，所谓"我判断，在于我认识"；这样的价值判断是"认识指向的价值判断"。[1] 但通常情形下，价值判断具有实践指向，即"判断在于实践"。后一种价值判断是"实践指向的价值判断"（或者实践行动指向的价值判断）。[2]

51.2 这里我们应当对于"实践"或"实践行动"与"认识"的关系进行分析。人们通常简化地说，实践是主体的行动，是认识的基础。但这种说法并未真正揭示实践或实践行动与认识之间关系的

---

[1] "认识指向的价值判断"其实是一个二阶的判断，其基础——一阶判断："这是什么？""有什么存在""什么（在世界中）发生？"。在此基础上才有二阶的判断——"认识指向的价值判断"：好/坏、善/恶、有利/有害，如此等等。

[2] 这个命题所涉及的是知与行之关系，而认识"知与行"始终构成一种理论上的诱惑，其一直是古今中外哲学的主题之一。比如：我国南宋朱熹（1130—1200）提出"知先行后"和"格物致知"学说：所谓《大学》之道，所以在致知、格物。格物，谓在于事物之理各极其至，穷到尽头"（黎靖德：《朱子语类》[二]卷第十八，王星贤点校，中华书局1986年版，第415页）。明代著名的思想家王阳明（王守仁）主张"以知为行"，"知决定行"的思想："知是行的主意，行是知的工夫；知是行之始，行是知之成。"（[明]王守仁：《王阳明全集》[上]，吴光、钱明、董平、姚延福编校，上海古籍出版社1992年版，第4页）

要点。[1]

51.3 实践是认识的动因,但并非在逻辑上优先于认识。但是,在逻辑上,所谓实践的,必然是以认识作为前提。[2] 实践是人类基于某种目的或意图在认识—理论指导下使一定的对象(客体)发生改变的行动。

51.4 因此,根本不存在没有认识前提的所谓"实践"或"实践行动"。在特殊的情境中,个别的主体(比如无认识能力或认识能力有缺损的人)可能会做出使一定的对象(客体)发生改变的行为(比如毁损财物),但这不能看作是实践或实践行动。实践或实践行动总是与认识相关联,与认识的正确与错误相关联。[3]

---

[1] 应当看到,在"认识理论规则实践"循环中涉及一系列复杂的"知与行"难题,比如,认识兴趣(旨趣)的选择(认知选择),理论路径的确定,行为决定的理由及其权衡,规则确立的基础,规则的运用及其推理,法律概念与案件事实(案型)的规范描述与涵摄,法律裁判的法理依据,等等,这些问题的每一步解答都离不开论证(参见舒国滢:"逻辑何以解决法律论证之困?",载《中国政法大学学报》,2018年第2期,第25-26页)。

[2] 实践作为一种审慎的、深思熟虑的行动,必须包含一个经过深思熟虑的、得到证成的事先"决定"/decision。"决定"既是人们实施行动的一阶理由,也是一个排他性理由:决定与单纯的行动意向的区别就在于它排除或限制其他理由的进一步竞争,乃属于"不再考虑赞成/反对做出某种行为之其他理由的理由"。在解决"如何行"之前先要对"如何行"的一些前提性问题[生活/法律关系、规制的条件、可能的冲突观点、评价标准等等]做"理论识别"[理论认识]或"理论描述",在此基础上发现和确定"如何行"的"决定"。故此,在笔者看来,实践这个概念内嵌理论上的"真理"或"正确性宣称"(claim to correctness)。也就是说,"实践内嵌理论",或者:"实践乃理论/思辨与行动的结合"(舒国滢:"逻辑何以解决法律论证之困?",载《中国政法大学学报》,2018年第2期,第26页)。

[3] 在意大利共产党领袖、西方马克思主义理论的代表人物安东尼奥·葛兰西(Antonio Gramsci, 1891—1937)看来,理论与实践是统一/同一的,理论依附于实践,(转下页)

51.5 同时，实践也是目的取向的，任何实践都是为了获得人类所欲望获得的"好的"或者"良善的"后果。追求"坏的"或"邪恶"后果的行为不是实践，这样的行为不符合实践的概念。[1]

51.6 从认识的正确与错误角度看，实践是可检验的：在正确认识—理论指导下所做出的意图使一定对象（客体）发生改

---

（接上页）这种统一/同一是一种批判的行动，通过这种行动，实践被证明是合理的，理论则被证明是现实主义的和合理的。托马斯·阿奎那说："理论通过简单的传播就变成实践"；莱布尼茨的看法是："在科学方面，越是思辨，越是实践"；18世纪意大利哲学家维柯的名言是："真理的就是所做的"（Verum et factum convertuntur），"在上帝那里，认识和行动是一回事"（语见维柯的《新科学》）；意大利哲学家、历史学家，新黑格尔主义的主要代表之一的克罗齐（Benedetto Croce，一译"柯罗齐"，1866—1952）认为，知是行的一种形式（参见葛兰西：《实践哲学》，徐崇温译，重庆出版社1990年版，第49—51页）。

[1] 不过，这也提出了一个问题：在我做某个行为时，我并不知道它是否正确，是否可能导致"坏的"或"邪恶"后果，那么它们还算不算是一种"实践"？进而言之，由于我不知道我所从事的行为是否属于"正确的"实践，那我还是否有权这样做？甚至我明知道做某件事不正确（错误），那我还有权这样去做吗？对此，美国纽约大学法学院教授杰里米·沃尔德伦（Jeremy Waldron, 1953— ）在1981年发表的文章（（Jeremy Waldron, "A Right to Do Wrong", in: *Ethics*, Vol. 92, No.1, 1981）中指出："如果我们认真对待道德权利，那么必须容忍这样一种可能性，即个人有道德权利去做一些事情，而从道德的角度看这些事情是错误的。这似乎不可避免。"（［美］J.沃尔德伦："做错事的权利"，朱万润译，载《世界哲学》2012年第4期，第45页）英国伦敦国王学院、以色列特拉维夫大学法学院法理学高级讲师奥利·J. 赫尔斯坦（Ori J. Herstein）甚至撰文主张人有"做法律上错误之事的法定权利"（Ori J. Herstein, "A Legal Right to Do Legal Wrong", *Oxford Journal of Legal Studies*, Vol. 34, Issue 1, 2014, pp. 21-45）。那么，是否有"做错事"的权利？因为"错"与"权利"（内含有"正确的""正当的"意思）有可能构成概念上的"自相矛盾"，出现某种"不融贯的批评"。但是，从表见上看，在这里，认识"何为权利"，可能与如何认识"选择的重要性"这个问题相关（参见范立波："权利的内在道德与做错事的权利"，载《华东政法大学学报》2016年第3期，第16—17页，第18页及以下页）

变的行动可以看作是正确的实践;[1]在错误的认识—理论指导下所做出的意图使一定对象(客体)发生改变的行动,可以视为错误的实践。[2]

51.7 然而,并非所有的实践都是人类真理的直接、自动的生活映现,故此即使被证明是正确的实践行动,也不必然产生正确的实践结果。正确的实践应当是在行动和结果上均为正确的。[3]

51.8 从目的角度看,正确的实践是"好的"或者"可欲的"。但"正确的"并不等值于"好的"或"可欲的":"正确的"是逻辑-规范评价标准,"好的"或"可欲的"是价值判断—评价标

---

[1] Richard Makadok, "Doing the right thing and knowing the right thing to do: why the whole is greater than the sum of the parts", in: *Strategic Management Journal*, Vol. 24, Issue 10, 2003. 也有学者从认知科学的角度论证"何时做错事是对的":David Kirsh, Richard Caballero, Shannon Cuykendall, "When doing the wrong thing is right", in: *Proceeding of the 34 th Annual Cognitive Science Society*, Lawrence Erlbaum 2012, pp. 1786-1791.

[2] 从概念上讲,"错误的实践"可能是一个不适当的表达:根据命题51.5,追求"坏的"或"邪恶"后果的行为不是实践,这样的行为不符合实践的概念。在此意义上,实践这个概念内嵌着理论上的"真理"或"正确性宣称"。在此意义上,我们也可以把与"正确"认识不相一致的行为看作是有瑕疵的、甚至是错误的,存在着"施为性矛盾",比如,人们在价值评价中断言"X比Y好",但在行动上却选择Y。这样的行为不符合"实践的概念"。故此,在哲学上,按照规定主义的命题,我们不可能径直地断言"X比Y好",然后却选择Y(Robert Alexy, *Theorie der juristischen Argumentation: Die Theorie des rationalen Diskurses als Theorie der juristischen Begründung*, 2. Aufl., Suhrkamp Verlag, Frankfurt am Main 1991, S. 90. 汉译,见[德]罗伯特·阿列克西:《法律论证理论》,舒国滢译,商务印书馆2019年版,第79页)。

[3] 当然,知行不一(认识与行动不一致)的实践的情形是复杂的,不可完全一概而论,就此参见[美]J. 沃尔德伦:《做错事的权利》,朱万润译,载《世界哲学》2012年第4期,第45—61页;范立波:《权利的内在道德与做错事的权利》,载《华东政法大学学报》2016年第3期,第16—25页;陈景辉:《存在做错事的权利吗?》,载《法律科学》2018年第2期,第3—14页。

准。价值判断—评价标准有可能是单一标准（即：将客体中的某一性状或功能作为判断—评价标准，比如将人的身材修长作为"人漂亮"的标准），也可能是一个复合标准（即：将客体中的若干性状或功能作为判断—评价标准，比如说"人漂亮"，不仅要"身材修长"，而且要"身材匀称""面容姣好"等）。

51.9 由此可见，在实践中，价值判断—评价标准往往是情境化的，与特定的实践行动情境（时间、空间、社会关系、利益分配等）相关联。

51.10 实践行动情境实际上构成了"实践指向的价值判断"之背景能力，这种能力赋予所有从事价值判断的主体（价值判断者）"自行决定"其个人实践行动的权利。也就是说，在一定的实践行动情境产生时，每个价值判断者可以基于其价值标准来判断"什么行动是正当的"，"什么是应当去做的"，以及"什么样的实践行动和结果是好的"。

51.11 当然，在这里，我们必须把所有从事"实践指向的价值判断"之主体均设定为"理性人"，这些理性人又是完全自主做出判断和决定的主体，他们的价值判断可以称之为"理性人的价值判断"。[4]

51.12 理性人的价值判断总是在为其实践行动寻找理由的："我

---

[4] 关于"理性人"的讨论，参见本书命题20.2和命题61.9及其注释。

这样行动，是因为我认为这样行为是对的或者是好的。"[1]

51.13 所以，每个理性人的价值判断都有其自己的逻辑基础和对错标准：他们总是在特定的实践行为情境中寻找建立在自己的逻辑基础和对错标准之上的主观价值判断标准。正是在这个意义上，行为与实践行动在概念上有别，并非所有的行为都可以称得上是实践行动：实践行动一定是建立在独立的判断基础之上的，哪怕是遵从法律，也一定是行为人认为守法是对的或者好的。[2] 盲从法律不

---

[1] 理性人"认为这样行为是对的或者是好的"这句话应从两方面看，一是内容依赖的行为之对错、善恶判断，二是独立于内容的行为选择判断，我把后者称为"纯行为判断"，即，一个人对行为内容是否（在实质上）对错、善恶采取"悬搁"的（认知）态度，而仅仅关注"（抽离于实质对错内容的）行为"本身是否被承认 "允许的"（权利），而这样做也被看作是"理性的"？对此，杰里米·沃尔德伦，立足于道德权利的一般性概念对做错事的权利给出了论证。他认为，道德对行为的评价大体上可分为三类：正确且可被允许的行为、错误且应受批评的行为以及与道德无关的行为。如果排除错误的行为，最终将会使道德权利变得贫乏，从而丧失保护个人选择这一重要功能。而且，做错事的权利也不涉及任何逻辑上的不一致（J.沃尔德伦：《做错事的权利》，《世界哲学》2012年第4期，第45页）。范立波指出：权利乃赋予人的一种选择的自由，这种自由本身包含选择错误之事的自由。故此，权利显然无法使错事变得正确，"做错事的权利"本质上是一种"不被干涉的权利"（范立波：《权利的内在道德与做错事的权利》，载《华东政法大学学报》2016年第3期，第16—18页）。
[2] 这就是H. L. A.哈特所讲的规则的内在参与人的"内在观点"（[英]H. L. A.哈特：《法律的概念》[第二版]，许家馨、李冠宜译，法律出版社2011年版，第81—83页）以及罗纳德·德沃金基于独立信念（independent conviction）的"批判反思性态度"（德沃金：《法律帝国》，李冠宜译，台北时英出版社2002年版，第1章，第4章）。就此，朱尔斯·L.科尔曼指出："**概念上**法律必须主张某些权威，我还是不能确信这最好被理解为：每一个法律体系都必须能够在我们该做什么的推理中发挥实际作用。当然一个法律体系整体上必须能够服务于人类有价值的利益。法律可以通过其规则很好地发挥这样的作用，法律的大部分规则都能够做到这样，并且通过提供理由指引我们的行为。在**概念上**是否所有的规则——为了取得法律的身份——都必须能够指引行为，此点还不清楚……"（[美]朱尔斯·L.科尔曼：《原则的实践》，丁海俊译，法律出版社2001年版，第172页）

是实践行动。

51.14 在此情形下，有可能出现两种现象：（1）人们可能采取相同或共同的实践行动，即：个人的实践行动有可能基于人类共同遵守的规则（比如法律）或者普遍的价值评价标准，而形成与他人的实践行动的一致或协同（聚合）[1]（我们可以把这个现象称为"实践叠合"或者"实践协同（聚合）"，也有学者称之为"实践的同一性"[2]）；（2）由于人们根据自己的价值判断标准来决定其实践行动，他们的实践行动之间可能存在不一致，因而形成"实践差异"。[3]

51.15 在命题51.14（2）的情形存在时，即使有统一的法或法

---

[1] 个人的实践行动为何可能形成与他人的实践行动的一致或协同（聚合）？对此可能有不同的解释：哈特提出社会规则理论来解释人们的规范要求的一致行为，即，人们在日常生活中能够保持某种实践上的一致行为，乃在于存在具有相应社会基础的规则。例如，"男士进教堂必须脱帽"的规则就是以每个男士进教堂都摘下帽子的事实为其存在的条件（H. L. A. 哈特：《法律的概念》[第二版]，第81—82页）。德沃金批评哈特仅仅注意到惯习性道德（conventional morality），而没有看到协同性道德（concurrent morality）：比如，人们对于"不得说谎"这一规则的遵守却会出现不同的情形，即使大多数人实际上经常说谎的情况，并不会摧毁这一规则（基于独立信念而）存在的基础，因为很难想象"多数人说谎"会成为某一说谎者证明自身行为正当的有效理由；所以，即使很多人支持"不得说谎"的规则，但是却以各自不同的理由作为正当化的基础，这乃是协同性道德（德沃金：《法律帝国》，第143页及以下页，第152页及以下页）。

[2] 参见王俊：《当前中国社会的实践同一性问题——从道德哲学的视角与应用伦理的视角》，载《长春市委党校学报》2010年第5期第29—33页；佟剑秋、张林学："黑格尔的理论与实践辩证同一性思想概述"，载《北华大学学报》（社会科学版）1996年第4期，第5—8页。

[3] 朱尔斯·L.科尔曼在《原则的实践》一书第10讲专门讨论"实践差异命题"：法律可以促进人类有价值的利益，可以为各种各样的正当目标服务。也就是说，法律规则能够为人类行为提供理由（其中许多乃是义务）从而指引人们的行为，与行为人的行为理由之间存在差异，这就是所谓的实践差异（practical difference）。法律的特性之一就在于通过指引人（特别是官员/法官）的行为，有能力产生实践差异（见朱尔斯·L.科尔曼：《原则的实践》，第173页及以下页，第180页及以下页）。

律体系，仍然会产生个人或集体的实践差异。[1]

51.16 我们应当注意到"法律作为引因的实践差异"[2]和"价值判断（信条）作为引因的实践差异"之不同。

51.17 促成实践差异的一种引因是法或法律体系本身。法作为行为规范（规则）可以引导人们的行为，这意思是说，法律规范（规则）具备一种能力，即引发行为人可能做出与其主观偏好或习惯相反行为的实践差异的能力（比如，杰克有吸烟的爱好，但若有规则规定"禁止吸烟"，而杰克遵守规则放弃吸烟，那么"禁止吸烟"规则对杰克产生了一种实践差异）。[3]由法或法律体系作为引因所造成的实践差异就是"法律作为引因的实践差异"。法或法律体系通过引发这种实践差异，恰好是为了排除任何个人对自己行为

---

[1] Scott J. Shapiro, "On Hart's Way Out", in: Jules Coleman（ed.），*Hart's postscript: Essays on the Postscript to the concept of law*, Oxford University Press, Oxford 2001, pp. 176-177.

[2] 美国耶鲁大学法学院查尔斯·F. 索斯迈德（Charles F. Southmayd）法律与哲学教授斯科特·J. 夏皮罗（Scott J. Shapiro）在认识论意义上的指引和动机促成意义上的指引相区别的角度分析规则引起实践差异的能力，指出："为明确一个规则是否有实践差异，我们必须考虑，如果行为人不诉诸于该规则，那么将会发生什么。只有在相反的情境下，行为人可能不会遵守该规则时，该规则对该人才有实践差异。另外一方面，如果该行为人注定要遵守该规则——即使他或她并不诉诸于该规则，那么，我们必定认定该规则没有实践差异。"（Scott J. Shapiro, "On Hart's Way Out", pp. 495-496）

[3] 我们假设与上例相反的情形：如果约翰一贯反对吸烟，无论在什么场合他都不会吸烟。约翰不吸烟的行为看似遵守了"禁止吸烟"的规则，但这个规则对于他而言其实是没有必要的。因为"禁止吸烟"的规则与其行为理由之间不存在差异。即使不存在"禁止吸烟"的规则，他也不会吸烟。因此，规则存在的一个必要条件，就在于它有能力产生实践差异（J. Shapiro, "The Difference That Rules Make", in: Brian Bix［ed.］，*Analyzing Law: New Essays in Legal Theory*, Clarendon Press, Oxford 1998, p. 33）。

的合法律性判断,[1]以此改变行为人的行为。

51.18 然而,统一的法或法律体系并不必然能够形成人们的统一实践或者实践的协同(聚合):人基于主观的价值判断同样可以对抗法律规范(规则)的规定,做出与法律规范(规则)要求不同的行为,从而造成"反于法律"的实践差异,这就是我所称的"价值判断(信条)作为引因的实践差异"。[2]

51.19 "价值判断(信条)作为引因的实践差异"实际上是相对于法或法律体系而言的,它的本质不在于描述行为人由于自治或自主在实践上可能做出各自不同的行为,而在于描述行为人基于某种价值判断或信条而生成一种能力,对抗实在法规范(规则)的行为指引,造成实践差异。[3]

51.20 在对抗实在法规范(规则)的行为指引时,行为人可能以其所认为的"高级法"(或者"天理""天条")作为价值判

---

[1] 相关的论述,见本书命题29。
[2] 笔者认为,"价值判断(信条)作为引因的实践差异"的立论根据可能来自罗纳德·德沃金所提出的对于实践行为的基于独立信念(信条)的"批判反思性态度"以及协同性道德理论:即,人们支持并遵守某一规则,但是却以各自不同(基于价值判断或某个信条)的理由作为正当化的基础。在这个过程中,若某人信奉一种独立的价值(或信条),即使有法律存在,他仍可能做出反于法律的实践行为,这就是"价值判断(信条)作为引因的实践差异"。
[3] 在这里,如果我们把"法律作为引因的实践差异"视为"一阶的实践差异",那么,"价值判断(信条)作为引因的实践差异"就可以看作是"二阶的实践差异",因为它产生的实践差异恰好是针对作为引起一阶实践差异之条件的法律规则本身的,即,"反于法律"的实践差异。这一点可以结合上文所论述的"大抵抗"(großer Widerstand,大反抗)来进行分析,参见本书命题44.13、44.14、44.15及其注释。

断的标准。这里可以将古希腊戏剧家索福克勒斯（Sophocles，约公元前496—前406）的著名悲剧作品《安提戈涅》（最早于公元前441年在希腊雅典上演）作为适例：底比斯的克瑞翁（Creon）在俄狄浦斯（Oedipus）垮台之后取得了王位，俄狄浦斯的其中一个儿子波吕尼刻斯（Polyneices）背叛城邦，勾结外邦进攻底比斯而战死。战后，克瑞翁将波吕尼刻斯暴尸田野。克瑞翁下令，谁埋葬波吕尼刻斯就处以死刑。波吕尼刻斯的妹妹安提戈涅（Antigone）毅然以遵循"诸神之法"（"天条"）为由埋葬了哥哥。安提戈涅对抗克瑞翁的理由是："我并不认为你的命令是如此强大有力，以至于你，一个凡人，竟敢僭越诸神不成文的且永恒不衰的法。不是今天，也非昨天，它们永远存在，没有人知道它们在时间上的起源。"[1]

51.21 我们可以把安提戈涅的价值判断及以此对抗实在法规范（规则）的推理过程展开如下：（1）波吕尼刻斯背叛城邦战死了；

---

[1] Sophocles, *The Plays and Fragments*, Vol. III, trans. Richard C. Jebb, Servio Publishers, Amsterdam 1962, pp. 13-17. 另见［德］斯威布（Schwab）：《希腊的神话和传说》，楚图南译，人民文学出版社1958年版，第242—264页；［古希腊］索福克勒斯：《悲剧二种》，罗念生译，人民文学出版社1979年版。从法学上讨论有关"安提戈涅"反抗的古老"悲剧"，参见Arthur Kaufmann, *Rechtsphilosophie*, 2. Aufl., C. H. Beck'sche Verlagsbuchhandlung, München 1997, S. 200. 汉译，［德］考夫曼：《法律哲学》，刘幸义等译，台北五南图书出版公司2001年版，第200页；强世功：《文学中的法律：安提戈涅、窦娥冤和鲍西娅——女权主义的法律视角及检讨》，载《比较法研究》1996年第3期；［美］波斯纳：《法理学问题》，苏力译，中国政法大学出版社1994年版，第493—520页。

（2）人应该（在法律上）遵循国王的法令；（3）国王克瑞翁下令任何人不得埋葬波吕尼刻斯，否则处以死刑；（4）因此，我（安提戈涅）在法律上不应埋葬波吕尼刻斯；（5）但另一方面，人（作为信神者）也应当遵循诸神（不成文的且永恒不衰）之法；（6）诸神之法告示：死者得由其亲人埋葬；（7）我（安提戈涅）乃波吕尼刻斯的亲人；（8）据此，我（安提戈涅）作为信神者应当埋葬波吕尼刻斯；（9）现在的问题是：诸神之法与国王的法令是冲突的；（10）但是，诸神之法总是凌驾于国王的法令，即：当一个人不能同时遵守神法和王法时，他或她应当最终（经通盘考虑）遵循诸神之法；（11）所以，我（安提戈涅）即使必须违抗克瑞翁的法令，也应最终（经通盘考虑或深思熟虑）埋葬波吕尼刻斯。[1]

51.22 "价值判断（信条）作为引因的实践差异"作为"反于法律"的实践差异，并不当然产生这样一种结果：行为人基于主观的价值判断，根据其自认为的"高级法"（或者天理）作为价值判断的标准，可以否定实在的法或法律体系的形式效力。[2]

51.23 说到底，行为人基于主观的价值判断（信条）对抗实在法规范（规则）的行为指引，造成实践差异，仅属于共同实践行动（惯性行为）的个例，不具有普遍的有效性。不是说，任何人一旦

---

[1] Hector-Neri Castañeda, *Thinking and Doing: The Philosophical Foundations of Institutions*, D. Reidel Publishing Company, Dordrecht/Boston/London 1975, pp. 27-28.
[2] 比较本书命题31.7、43.10、46.6及其注释。

基于主观的价值判断，造成"反于法律"的实践差异，就等于是对实在的法或法律体系的效力否定。[1]

51.24 一个人或一些人基于自己的主观价值判断对抗实在法规范（规则）的行为指引，另一个人或另一些人也基于自己的主观价值判断遵循前者所对抗的实在法规范（规则）的行为指引，他们的实践行动可能同样有理。比如，有人可能会认为，安提戈涅违抗克瑞翁的法令是错误的，在面临与安提戈涅同样的实践情境时，他或她会选择与安提戈涅相反的实践行动，即遵守"王法"（克瑞翁的法令）。[2]

51.25 在对法或法律体系进行价值判断时，实际上扭结着三层关系：（1）基于制度化价值的判断与基于个人主观价值的判断之关系；（2）个人主体之间对法或法律体系之相互冲突的价值判断关系；（3）个人主体之间对法或法律体系之相互一致的价值判断关系。

51.26 若形成一致的或协同的普遍实践行动，任何个人的主观判断标准必须转化为普遍的、客观的或主体间的评价标准。

51.27 若不能实现上述转化，个人的主观判断标准对于人的行为指引不是普遍有效的。

---

[1] 就此，参见命题43的展开。
[2] 这个时候，面对同样的事理，人们基于不同的价值判断（信条）造成各自不同的反于法律的实践差异，并最终不能形成协同性道德实践。

## 命题 52 | 解决价值判断上的争议和冲突，应首先寻求具有可公度性的评价法律的标准

52.1 凡是按照一定的价值标准所进行的具有实践指向（或实践行动指向）的价值判断都可以笼统地称之为"应然判断"（ought-judgments）。[1]

52.2 但并非所有的应然判断都是客观的、普遍有效的。每个价值判断者个人都会在特定情境下形成特定的应然判断；我们应当把一切人所形成的特定的应然判断都首先看作是主观的应然判断。

52.3 根据上述分析可知，主观的应然判断标准是多元的、任意选择的，还可能是相互冲突的：即使同一个主体对同一个事项进行价值判断时，也可能面临两个或两个以上的相互冲突的价值标准有

---

[1] 一项道德原则在语句上则有着应然判断（ought to）的"程式"。因为，道德规范实际上是在告诉人们："你要做 X，或不做 X"；或者告诉人们："你应该做 X，或不应该做 X"。又是，它们也可以带有否定的规范词（negative normative term）表达：诸如，这样做是"错的""禁止的""不能够的"或者"不合适的"。这些带有意向性意图或意志目标的判断在逻辑上也可以叫做"规范判断"（normative judgments）或"道义逻辑判断"（deontic judgments）（Hector-Neri Castañeda, *Thinking and Doing: The Philosophical Foundations of Institutions*, D. Reidel Publishing Company, Dordrecht/Boston/London 1975, pp. 45-50）。

待取舍，比如我们在命题51.21中看到，安提戈涅所面对的正是在作为价值判断标准的"诸神之法"与"王法"之间进行取舍。在决定埋葬其兄波吕尼刻斯一事上，安提戈涅除作了事实判断外（命题51.21，[1]，[3]，[6]，[7]，[9]乃属于事实判断），还进行了两次应然判断：（1）根据相互冲突的价值标准（命题51.21［2］，［5］）得出的两个相互冲突的应然判断（命题51.21［4］，［8］），可以分别记为"O-$J_1$""O-$J_2$"；（2）根据凌驾性标准（命题51.21［10］）所进行的解决两个相互冲突之判断的应然判断（命题51.21，［11］），记为"O-J'"。无论"O-$J_1$"，"O-$J_2$"，还是"O-J'"，都应当首先看作是安提戈涅的主观的应然判断。[1]

52.4 既然价值判断者个人的主观的应然判断具有实践指向，既然建立在各自的主观的应然判断基础上的行为有可能造成"反于法律"的实践差异，任何个人的主观的应然判断在实践指向上相互交集就是必然的：这种交集更多不是表现为判断的趋同，而表现为判断的差异、冲突或者矛盾。

52.5 解决这种判断上的差异、冲突或者矛盾，不能诉诸任何判断者个人之未经争辩、未经证成的主观价值判断标准，而应寻求凌驾于主观价值判断标准之上的普遍的、客观的或主体间的评价标

---

[1] Hector-Neri Castañeda, *Thinking and Doing: The Philosophical Foundations of Institutions*, pp. 27-31.

准。这一点对于实在的法或法律体系的评价尤为重要。因为若无普遍的、客观的或主体间的评价标准，每个人都按照自己的应然判断来从事"反于法律"的实践行动，这样一种实践行动相对于遵循法或法律体系所产生的（协同的）实践行动而言更不可期待。从社会合作的角度讲，任何实践行动都应当是符合规范逻辑的合作—协同行为，而不是无理的"各行其是"的差异行为，更不是毫无理由的自相矛盾行为或冲突行为。[1]

52.6 凌驾于主观价值判断标准之上的普遍的、客观的或主体间的评价标准之所以不同于纯粹主观的价值判断标准，在于：（1）评价标准具有外显性，它不仅仅表现为个人内心的判断标准，它的存在形式独立于人们的心灵；（2）评价标准不是仅对个体或一部分主体有效的，也不是仅在特定情形下有效，而对所有的个体（个人、团体、阶级等）都有效或者在所有可能的相关情形下有效。[2]

52.7 普遍的、客观的或主体间的评价标准主要有三个来源：

---

[1] 参见张静：《分析马克思：社会合作及其发展》，重庆大学出版社2014年版，第3章。

[2] 当代的法律论证理论研究告诉我们：唯有透过论辩（或商谈），透过人们相互之间理性交往，通过"主体间"的对话/商谈（论辩）的"自我理解以及其他个人和集团的相互他理解"（参见熊哲宏：《认知科学导论》，华中师范大学出版社2002年版，第405—407页），个人所提出的"意见"中包含有可能成为法学知识或法学真理（义理）的合理因素或"真知的片段"才可能逐渐显露出来，并得到言说（提出主张）者与受众（或论辩参与方）共同接受（Leo Strauss, *Natural Right and History*, University of Chicago Press, Chicago 1953, reprinted with new preface, 1971, p. 124）。没有辩证（对话）推理，没有理性证成，法学知识则难以确立。

（1）来源于规范（宗教规范、道德规范、习俗规范、法律规范等等）；来源于规范的评价标准，记为"N-V"；（2）来源于（集体）共同信念或共同情感（道德感、是非感、真理观、科学信念和思想学说，等等）；来源于共同信念或情感的评价标准，记为"B-V"；（3）来源于（集体）共同实践行动（惯习行为）；来源于共同实践行动的评价标准，记为"P-V"。

52.8 任何价值判断者个人的主观价值判断标准只有满足下列条件，才有可能外显为评价标准：（1）个人的主观判断标准作为个人实践行动的基础，这个时候，个人的判断标准不再停留于认识领域，而进入实践行动领域；（2）由于不同主体实践行动的相互交涉，作为实践行动之基础的个人主观判断标准相互之间也必然产生交集；（3）相互交集的个人主观判断标准之间产生竞争；（4）由于这种竞争，需要在不同的个人主观判断标准之间产生一种优胜的判断标准；（5）这种在竞争中优胜的判断标准被最初提出该判断标准或原先持有该判断标准的个人以外的人所认识、理解和接受。[1]

52.9 价值判断者个人的主观价值判断标准只有满足下列条件，才有可能被视为普遍的、客观的或主体间的评价标准：（1）价值判断者个人必须充分地证明其所提出或所持有的主观价值判断标准要么是"N-V"，要么是"B-V"，或者是"P-V"；（2）

---

[1] 参见本书命题54.5及其注释（尤其是，尤尔根·哈贝马斯所提出的语言游戏的四个有效性要求）。

当价值判断者个人证明其所提出或所持有的主观价值判断标准是"N–V""B–V"或者"P–V"时,被其证明为"N–V""B–V"或者"P–V"的主观价值判断标准也普遍地被持有该判断标准的个人以外的人所认识、理解和接受;(3)被其证明为"N–V""B–V"或者"P–V"的主观价值判断标准对所有的个体(个人、团体、阶级等)有效或者在所有可能的相关情形下有效。[1]

52.10 只有形成普遍的、客观的或主体间的评价标准,才有可能使人们对实在的法或法律体系的评价具有可公度性,避免个人之间因"各持无理己见"而产生的无意义的争辩。

52.11 普遍的、客观的或主体间的评价标准与具有可公度性的评价标准之间还不能完全画等号。我们说,普遍的、客观的或主体间的评价标准是独立于判断者主观心灵的,"有根据的",可被共同认识、理解和接受的评价标准,然而,当这种标准被用来评价对象(客体)时,尚需要寻找、确定它们的可公度性。

52.12 在数学上,可公度性是指:如果两个量是可合并计算,

---

[1] 按照罗伯特·阿列克西的法律论证理论,命题52.9(3)可以看作是普遍实践论辩的一条基本规则(理查德·梅尔文·黑尔的可普遍化原则),其可表述为:"**任何言谈者只许对这样的价值—义务判断做出主张,即当他处在所有相关点均与其做出主张时的情形完全相同的所有其他情形时,他也同样会做出完全相同的主张。**"(Robert Alexy, *Theorie der juristischen Argumentation: Die Theorie des rationalen Diskurses als Theorie der juristischen Begründung*, 2. Aufl., Suhrkamp Verlag, Frankfurt am Main 1991, S. 237. 汉译,见[德]罗伯特·阿列克西:《法律论证理论》,舒国滢译,商务印书馆2019年版,第234—235页)

它们就可以被用同一个单位来衡量。比如以时间度量衡计算单位来说，以分钟来度量的时间和以星期来度量的时间是可公度的，因为分钟和星期之间有固定的比值关系。在此论点下，我们就可论断，分钟与星期两者是具有可公度性。但另一方面，以公里来度量的距离和以升来度量的水是不可公度的，故此，公里与升之间不具有可公度性。

52.13 若以严格的数学标准衡量，价值似乎是不可公度的，其评价标准似乎也不具有可公度性。[1] 但这种说法是简化而不甚清晰的。

52.14 诚然，我们通常说，价值评价通常是好坏、善恶、美丑、公正与不公正等的评价。但这仅仅是一种具有二值的分类评价

---

[1] 在当代国际法哲学界，学者们曾就"价值的不可公度性（不可通约性）"进行过专门的讨论：比如，现任英国牛津大学法理学教授张美露（Ruth Chang）在其主编的《不可公度性、不可比较性与实践理性》（*Incommensurability, Incomparability, and Practical Reason*，1997）一书中指出："什么叫做'价值的不可公度性'，这个问题在道德哲学家、政治哲学家和法哲学家中间具有不断增长的兴趣。不过，一般而言，此种兴趣并不在价值本身，而在于作为备选的价值之承担者。我们应如何在不可公度的备选方案中做出选择？如果两个备选方案是不可公度的，那是否就得出结论：它们之间不可能有可以证成的选择？对于价值承担者而言，不管他们是谁，什么事情是不可公度的，不可公度性对于实践理性具有什么意义，这些就是本书的主题。"（Ruth Chang [ed.], *Incommensurability, Incomparability, and Practical Reason*, Harvard University Press, Cambridge, Massachusetts, London 1997, p. 1）她把学者文献中存在的不可比较论点分为七个类型：（1）价值"分歧"；（2）可比价值的"双向性"，即，某个选项在涵盖价值的某些促进性方面更好，在另一些方面更糟；（3）某些选择情境所要求的"不可计算的"实践考量；（4）一定利益或对它们的相应态度进行管制的规范之构成性特征；（5）选项之间冲突的理性解决不能；（6）抉择的正当排序之多重性；（7）在某些没有任何一个抉择比其他抉择更好、而迄今的改进版本也不能使它比其他选项更好的选择情境中的判断合理性（Ruth Chang [ed.], *Incommensurability, Incomparability, and Practical Reason*, pp. 13-14）。

（classificatory evaluation），这种评价从有待评价的客体（对象）中分离出截然对立的两类价值：一类是正面价值（比如好、善、美、公正）；另一类是负面价值（比如坏、恶、丑、不公正）。其实，在实际评价的过程中，除非有明确的规范标准（规则标准，比如"故意杀人"是恶行，故刑法规范予以禁止），分类评价往往确实难以用可量化的公度标准来确定其截然对立的二值。这个时候，分类评价只有通过情境化的"通盘评价"（overall evaluation）才能做出好坏、善恶、美丑、公正与不公正等的评价结论。[1]

52.15 所谓情境化的"通盘评价"，是指具备下列特征的评价：（1）评价处在一定的情境之中；（2）对于同一对象（客体）有多个评价标准，比如，对一辆轿车，可以根据其速度、安全性、舒适度、价格、经济性和美观度等进行评价；（3）这些评价标准是相互竞争的；（4）由于评价标准相互竞争，它们必须被置于一定的关系之中来通盘考虑（或深思熟虑）；（5）经过通盘考虑（或深思熟虑）而选取的评价标准是一组评价标准（$V_1$，$V_2$，$V_3$……$V_n$）：比如，如果不能确定什么样的轿车是好车，我们可以把一定条件下"速度快""具有最低安全度""比较舒适""价格便

---

[1] John Dewey, *Theory of Valuation*, University of Chicago Press, Chicago 1972; Ralph Barton Perry, *Realms of Value*, Greenwood Press, New York 1968, p. 441ss.; Milton Rokeach, *The Nature of Human Values*, The Free Press, New York 1973; Jonathan Baron, Mark Spranca, "Protected values", in: *Organizational Behavior and Human Decision Processes*, Vol. 70, Issue 1, 1997, pp. 1—16.

宜""省油""简洁美观"的轿车看作是"好车"。

52.16 我们可以采取更一般的表达式来描述对任何一个对象的评价:"任一对象 X,若其满足 $V_1, V_2, V_3 \cdots V_n$ 之标准,就是好的。"其逻辑表达式可以写作:$(x)(V_1x \wedge V_2x \wedge V_3x \wedge \cdots V_nx \rightarrow goodx)$。[1] 此外,或许还可以在这一组评价标准之上增加一个鉴别标准(Z):"最能够满足 $V_1, V_2, V_3 \cdots V_n$ 之标准的任一对象 X 是最好的";或者,"满足 $V_1, V_2, V_3 \cdots V_n$ 标准之程度越高的任一对象 X 是越好的。"反之,"任一对象 X',若其不能满足 $V_1, V_2, V_3 \cdots V_n$ 之标准,就是不好的。"而且,"最不能够满足 $V_1, V_2, V_3 \cdots V_n$ 之标准的任一对象 X' 是最不好的";或者,"满足 $V_1, V_2, V_3 \cdots V_n$ 标准之程度越低的任一对象 X' 是越不好的。"

52.17 显然,通盘评价包含有比较性评价(comparative evaluation)和量化评价(metric evaluation):比较性评价是运用

---

[1] 上述表达式借用了罗伯特·阿列克西的表述。他为了说明英国道德哲学家、牛津大学道德哲学教授理查德·梅尔文·黑尔(Richard Mervyn Hare,1919—2002)的"道德原则",运用一些普通的逻辑符号把有关"好"这个用法确定基础的规则赋予如下的形式:$(x)(F_1x \wedge F_2x \wedge \cdots F_nx \rightarrow gutx)$。其中,"$F_1$"-"$F_n$"代表着任何一个描述性谓词。"(x)"是全称量词(……对一切的x均适用),"x"是个体变项,"$\wedge$"是联结词符号(合取词),"$\rightarrow$"是条件语句联结词(**蕴涵词**)符号(如果……则……)。其推论形式为:大前提(1)$(x)(F_1x \wedge F_2x \wedge \cdots F_nx \rightarrow gutx)$;小前提(2)$F_1a \wedge F_2a \wedge \cdots F_na$;结论(3)gut a(Robert Alexy, *Theorie der juristischen Argumentation: Die Theorie des rationalen Diskurses als Theorie der juristischen Begruendung*, 2.Aufl., Suhrkamp Verlag, Frankfurt am Main 1991, SS. 93-94. 汉译,见[德]罗伯特·阿列克西:《法律论证理论》,舒国滢译,商务印书馆2019年版,第83—84页)。

相同的评价标准将待评价的对象 $X_1$ 与类似的对象 $X_2$，$X_3$，……$X_n$ 或进行比较，说"其他条件不变，对象 $X_1$ 比对象 $X_2$ 或对象 $X_3$ 或对象 $X_n$ 更好"或者"对象 $X_1$ 与对象 $X_2$ 或对象 $X_3$ 或对象 $X_4$ 同等好";[1] 量化评价是指运用可公度的数量单位（比如一定数量值的货币单位）作为评价标准来对某一对象 $X_1$，或 $X_2$，或 $X_3$，或 $X_n$ 做出评价，比如根据一部轿车销售的价格（金额）的高低对其做出"贵"或"贱"的评价，衡量财产的价值通常会采取量化的评价标准。

52.18 人们在对实在的法或法律体系进行评价时，一般采用分类评价的方式，把法或法律体系说成是"好的""公正的"或者是"恶的""不公正的"。然而，由于人们评价法律的标准不同（有可能是"N-V"，或者"B-V"，或者是"P-V"），对实在的法或法律体系所作的分类评价结论本身有可能存在高度争议。此时，通过情境化的"通盘评价"方式来补实法或法律体系的分类评价是一种适切的选择。在此之前，应当首先确定具有可公度性的评价法律的标准，这是评价法律善恶、进而采取"反于法律"的实践行动的前提和出发点。

52.19 具有可公度性的评价实在的法或法律体系的标准，应当

---

[1] 这也可以用于有关部分事实相似性（faktische Gleichheits）的判断：比如，根据特征 E（$E_1$, $E_2$, ……$E_n$）相似，而断定a是b（Robert Alexy, *Theorie der Grundrechte*, Nomos Verlagsgesellschaft, Baden-Baden 1985, SS. 138-154, besonders, S. 362）。故此，在法律上，下列三种情形都是禁止的：（1）相同者不同对待；（2）实质相同者不同对待；（3）实质相同者任意不同对待（Robert Alexy, *Theorie der Grundrechte*, SS. 138-154, besonders, S. 365）。

满足下列条件：（1）评价实在的法或法律体系的标准不是由待评价的实在的法或法律体系本身所提供的；实在的法或法律体系可以把自身所规定的"制度化价值"标准用来评价人们的行为，[1]但不

---

[1] 在这一点上，如何判定实在的法或法律体系的标准并做出妥当的裁决仍然需要进行复杂的价值衡量。罗伯特·阿列克西在《基本权利论》中以1973年联邦德国的Lebach案（"刑满出狱报道案"）说明当时德国联邦宪法法院在该案判决中就德国《基本法》第1条第（1）项下的"人格保护"（原则$P_1$）与《基本法》第5条（1）（2）项下的"媒体报道自由"（原则$P_2$）之间的紧张关系进行判断的难题。他认为不可能通过计算公式计算出《基本法》所保护的抽象的宪法价值孰高孰低，而只能通过"衡量"（balancing）来解决其中的价值冲突。在他看来，这两个原则任何一方均不能主张"原则性的优越"，相反，"必须就个案的性质和具体情形决定何者退让"；任何一方的原则既不是无效的，也不是具有绝对的优先，这里充分体现了原则在"分量的维度"上所显示的相对性特征和须依具体案件进行比较衡量来解决原则冲突的理念。在此条件下，法院分两步来进行分析：第一步，在"报道现行罪行"（$C_1$）的情况下，媒体的报道自由一般可具有优先性，即：$(P_2PP_1)\ C_1$；但这种优先关系只是一般性的或原则性的。这意味着并非所有的现行报道都被允许。该优先条件和因此产生的与"冲突法则"之下的优先陈述相应的法律规则，包含了允许例外的其他情形。第二步，法院认定，当"对一个严重犯罪行为的重复报道不再为会危及罪犯再社会化的现行信息中的利益所涵盖"（$C_2$）时，人格的保护则优先于媒体的报导自由，此即：$(P_1PP_2)\ C_2$。德国宪法法院最终形成并采用了这一个"有条件的优先关系"陈述，为此，判令禁止该案中的报道行为。具体而言，在法院所适用的这个优先陈述中，其中$C_2$是由四个条件（重复、没有现行利益、严重的刑事犯罪和危及再社会化）组成的。换言之，与该优先陈述相应的规则（R）为：$C_2 \to R$（Robert Alexy, *Theorie der Grundrechte*, SS. 138-154, besonders, SS. 143-145）。$C_2$的四个构成要件的结构如下：（1）$F\ (F_1 \Lambda F_2 \Lambda F_3 \Lambda F_4) = C_2$；（2）$F\ (F_1 \Lambda F_2 \Lambda F_3 \Lambda F_4) \to R$。如用文字表述，即为：不再被会危及罪犯再社会化的（$F_4$）涉及一项严重刑事犯罪的（$F_3$）现行信息中的利益（$F_2$）要求的重复媒体报道（$F_1$）为宪法所禁止。上述分析充分显示了法院通过法益衡量寻找优先条件，建立原则之间的优先关系，透过"冲突法则"得到了一个可资涵摄的规则，以解决原则冲突的过程。而其中所表现出的审慎，无疑突显了原则之"最佳化之诫命"的特征，在此之下，衡量不再是追求此价值而轻率牺牲彼价值的程序，而是以相互冲突的原则双方尽可能实现其自身内容为目标。这也表明了，"实践的和谐"正是联邦宪法法院解决原则冲突时所坚持的最高原则（参见林来梵、张卓明：《论法律原则的司法适用——从规范性法学方法论角度的一个分析》，载《中国法学》2006年第2期，第122—1321页）。

能以此作为评价自我的根据,因为同时将评价其他对象的标准用来评价自身是违反逻辑的。(2)评价实在的法或法律体系的标准是可以证实或者证成的:不能证实或证成的评价标准缺乏认识论上的根据,缺乏认识论根据的"评价标准"不仅不具有可公度性,甚至根本就不能被看作是真正的评价标准。(3)评价实在的法或法律体系的标准是相对确定、稳定不变,变动不居的评价标准不具有可公度性。(4)评价实在的法或法律体系的标准即使不可以用数量单位表示,但至少是可以通过逻辑来辨别其来源和归属:比如,评价者到底是运用道德标准、宗教标准("N-V"),还是共同情感标准("P-V")来评价实在的法或法律体系,这应当是清楚的,说不清来源的评价标准是不可公度的。(5)评价实在的法或法律体系的标准在方法论上是可判定的。实在的法或法律体系的评价可能涉及两个方面:一是法或法律体系之内容的评价;二是法或法律体系之功能的评价。前者是评价者对实在的法或法律体系所规定的规范本身的好坏所做出的评价,后者是评价者对实在的法或法律体系在社会生活中的运行及其效果的好坏所做出的评价。这两个方面的评价标准是有所不同的。评价者对这两个不同方面做出评价时应当可以在方法论上明示其所评价的具体方面及其评价标准,否则,将法或法律体系之内容的评价标准等同于法或法律体系之功能的评价标准,就会失去它们各自的可公度性。(6)评价实在的法或法律体系的标准若是一组标准($V_1$, $V_2$, $V_3$, ……$V_n$),这一组标准应当具有如此的性质:(1)这一组标准中的每一单个标准($V_1$,或$V_2$,或$V_3$)是可以清晰地分离开来的,不可分离开来的评价法律的标准是不可公度的;(2)这一组评价标准之上可以增加鉴别标准(Z);(3)其鉴别标准本身是可公度的:即,"满足(一组评价标准)程度高低"作为可公度的鉴别标准。

52.20 凡以不可公度的评价标准来评价实在的法或法律体系,这样做本身是盲目的,评价者以此采取"反于法律"的行为理由应当受到理性的质疑。

## 命题 53 ｜寻求具有可公度性的评价法律的标准，必须通过"公共领域"的理性论辩

53.1 即使我们在命题52.19提出了具有可公度性的评价实在的法或法律体系的标准应当满足六个方面的条件，但这些条件仍然会被指责为"人为设定的"、主观的、可推翻/可废止的。[1]

53.2 在人类实践领域，任何人都可以提出其本人所认为的正确性主张，但在这些自诩的正确性主张被普遍接受为可靠的实践性真理[2]之前，也允许他人对此提出反驳和质疑。

---

1 另见本书命题29.3、29.4及其注释。
2 依笔者之见，在认识论上实际存在两类性质有别的"道理"：一类是以陈述句（描述性命题）、单称谓词语句和理论语句表达的"真理"（严格意义的，比如"事实性真理"/"经验性真理"［empirical truth，与经验相关的信息正确性］）；另一类是有关本体论意义上的、以规范语句或评价语句表达的规范之理的正确言说（规范性真理/normative truth）（George Pavlakos, "Normative Knowledge and the Nature of Law", in: Sean Coyle/ George Pavlakos [ed.], *Jurisprudence or Legal Science? A Debate about the Nature of Legal Theory*, Hart Publishing, Oxford and Portland, Oregon 2005, pp. 111, 113）。笔者认为，法学上的所谓"真理"并非有关真假意义判断上的真理，而是有关人类事情、人类行为正确或错误判断上的真理。为了将法学的真理和自然科学的真理区别开来，最好把前者称为"义理"。在人类尚未完全通过理论科学获得第一性真理（primum verum），通过经验和实践来获取第二性真理（secunda vera），即，仅仅具有似真的、或然性的实践真理，就是必要的，而且是前定性的。诚如亚里士多德指出的，离开了实践智慧得以行使、实践性真理（义理）标准得以确立的共同体，一个人不可（转下页）

53.3 但反驳和质疑可能是理性的，也可能是非理性的。没有理性的反驳和质疑会导致这样两种结果：（1）无理的意见分歧；（2）无理的争论。（相关论述见本书命题5.3，5.4，5.5）

53.4 或者说，非理性的反驳和质疑，不仅使反驳者和质疑者可能无限地伸张其"怀疑一切"的立场和态度，而且也使受反驳者和受质疑者在陷入"无限递归（倒退）"的争辩困境时采取非理性的对抗立场和态度。在此情形下，反驳和质疑的双方就会形成无理的争论和无理的意见分歧。[1]

53.5 一旦形成无理的争论和无理的意见分歧，无论判断，还是评价，都将失去规准，人类的实践行动也将缺乏理据。果若如此，人类的合作将化为泡影，人类的战争从此永无休止，人类的和平永远无从实现。[2]

53.6 要破解无理的争论和无理的意见分歧之困局，必须使所有的争辩者退回到对这样一个基本前提的认同：任何试图通过

---

（接上页）能获得实践智慧，也不可能获取"如何正确行动的"实践性真理（义理）（徐向东：《道德哲学与实践理性》，商务印书馆2006年版，第211页）。故此，一切实践真理（包括法律真理/法学上的"真理"）只有通过论辩/商谈才能获得（参见［荷兰］雅普·哈赫：《法律逻辑研究》，谢耘译，中国政法大学出版社2015年版，第79页及以下页，第113页及以下页）。

1 参见"明希豪森三重困境"（Hans Albert, *Traktat über kritische Vernunft*, 3. Aufl., J. C. B. Mohr［Paul Siebeck］, Tübingen 1975, S. 13）。另见本书命题42.12及其注释。

2 有关人类的合作和实践行为的协同之意义，参见本书命题17.15、18.12、18.13、19.9、19.16、19.17、19.20、19.21、20.8、20.11、20.12、22.5、24.4、25.7、25.8、26.4、51.14、51.18、51.26、52.5及其注释。

论辩来达成意见一致的努力，必须在一个所谓的"公共领域"（Öffentlichkeit）中进行。

53.7 德国当代哲学家尤尔根·哈贝马斯在《公共领域的结构转型》（Strukturwandel der Öffenlichkeit）一书中，曾经以18世纪欧洲——主要是法国、英国和德国的历史为背景，得出一个马克斯·韦伯式的"公共领域"的理想类型，指出：18世纪资产阶级社会中出现的俱乐部、咖啡馆、沙龙、杂志和报纸，是一个公众讨论公共问题、自由交往的公共领域，它形成了政治权威重要的正当性基础。[1]

53.8 如果采用哈贝马斯有关"公共领域"的概念，[2] 所谓"公共领域"指的是一个国家和社会之间的公共空间，公民们假定可以在这个空间中自由言论，不受国家的干涉。或者说，公共领域就是指"政治权力之外，作为民主政治基本条件的公民自由讨论公共事务，参与政治的活动空间"。其最关键的含义，是独立于政治建构之外的公共交往和公众舆论，它们对于政治权力具有批判性，同时

---

1 参见［德］哈贝马斯：《公共领域的结构转型》，曹卫东、王晓珏、刘北城、宋伟杰译，学林出版社1999年版，"初版序言"，第1—2页，以及：第2章"公共领域的社会结构"。哈贝马斯强调：政治"公共领域"作为交往条件［在这些条件下，公民公众能够以话语（商谈）方式形成意见和意愿］的总体性，成为规范民主理论的基本概念（上揭书，"1990年版序言"，第23页）。有关"公共领域"的图式，亦见上揭书，第35页。
2 哈贝马斯在《公共领域的结构转型》第1章第1节开篇即指出："'公共'（Öffentlich/Öffentlichkeit）一词在使用过程中出现了许多不同的意思。"（哈贝马斯：《公共领域的结构转型》，第1页）"'公共'一词……这些场合发挥的是一种代表的力量，进入其'公共领域'中的是得到公共认可的东西。"（上揭书，第2页）

又是政治正当性的基础。[1]

53.9 在历史上,并非一切社会都存在着事实上的"公共领域"。比如,在政治专制的社会中,由于受高度的威权政治的挤压,"公共领域"得不到有效的释放,以至于隐而不显。或许,只有在自由民主社会中,"公共领域"借助一定的社会力量(中产阶级、新闻舆论、社会团体等)的增强而不断得以呈现,成为实际存在的社会事实。[2] 由此,"公共领域"才从概念和理想变为现实,两者达到相对统一。

53.10 故此,我们应当把"公共领域"与价值多元社会联系起来,将它看作是价值多元社会理应具有的结构领域:价值多元社会的结构中理应包含有"公共领域",或者理应释放出这样一个领域。

53.11 不过,任何的争议和争辩既可能发生在"公共领域",

---

[1] 有关"公众舆论"的起源、本质及其对政治生活的影响,参见〔美〕沃尔特·李普曼:《公众舆论》,阎步克、江红译,上海人民出版社2002年版,第16—20章;〔美〕约翰·R.扎勒:《公共舆论》,陈心想、方建锋、徐法寅译,中国人民大学出版社2013年版,第3章、第6章、第12章。另见陈心想:"公众、专家和舆论",载《书屋》2013年第8期。

[2] 哈贝马斯根据17、18世纪启蒙思想家的政治法律理论,指出:"资产阶级公共领域当中形成了一种政治意识,针对专制统治,它提出了普遍而抽象的法律概念和要求,最终还认识到应当将公众舆论当作这种法律的唯一合法源泉。在整个18世纪,公众舆论被当作是那些建立在争论—理性主义概念之上的规范的潜在立法资源。"(哈贝马斯:《公共领域的结构转型》,第57页)"这种叙述所能证明的是,公共领域在18世纪承担起了政治功能,但是只有从整个市民社会的历史发展这样一个特殊阶段才能理解这种功能。……因此,公共领域在政治领域占据了中心地位也就并非偶然。"(上揭书,第84页)

也可能发生在"私人领域"。[1] 但在逻辑上，凡属公共利益事项的争议和争辩归于"公共领域"，凡属私人利益事项的争议和争辩归于"私人领域"。[2]

53.12 法律可以调整"公共领域"内争议和争辩的事项，也可以调整"私人领域"内争议和争辩的事项。然而，一旦实在的法或法律体系本身成为争议和争辩的事项，则该事项显然不能看作是任何私人之间争议和争辩的对象，而属于"公共领域"争议和争辩的对象。

53.13 根据上一个命题，我们可以得出结论：凡是以"价值判断（信条）作为引因的实践差异"的行动，凡是以法律之外的评价标准（"N-V"，或者"B-V"，或者"P-V"）拒绝遵行法律的行动或抵抗行动（比如"公民不服从"行为），凡是直接将现行的法或法律体系作为批判对象的行动，因其关涉"众人之事"或公共事项，这些行动在本质上不再是纯属私人性的行动，而是由个人或群体启动的具有公共性的行为，这些行动的理由理应在"公共领

---

[1] 按照哈贝马斯的理解，"私人领域"主要是指自由市场领域，当然还包括作为私人领域核心的家庭领域（哈贝马斯：《公共领域的结构转型》，第59页）。"与此同时，私法体系——在原则上把私人之间的关系归结为私人契约——是以按照自由市场法则形成的交换关系为样板而建立起来的"（上揭书，第85页）。

[2] 但在历史现实中，随着国家采取新干预政策，私人领域和公共领域之间的关系日益遭到破坏，公共领域和私人领域均遭到瓦解（哈贝马斯：《公共领域的结构转型》，第171页，第185页及以下页，第200页及以下页）。

域"内予以论辩并加以证成。[1]

53.14 任何一个人如果已经启动了具有公共性的行为,却宣称自己启动的行为是纯私人性的,这种宣称是无效的;任何一个人如果做出了拒绝遵行法律的行动或抵抗行动,却不能为此行动提出任何论证,这种行动本身也是无效的,不能被视为有效的"反于法律"的实践行动;任何一个人如果选择了其自认为有目的的行为,但却拒绝为这种行为目的提出任何可以理解的、必要的论据,那么他就等于没有进行任何有目的的行为,或者说,他不想通过其行为实现任何目的。

53.15 然而,所有这一切,都取决于"公共领域"之内的论辩和证成。

53.16 "公共领域"能够重塑任何个人的角色,它使个人从纯粹的私人主体转变为参与公共论辩的公共主体,由专制社会的臣民转

---

[1] 在这个过程中,作为人类之交往实践/交往经验、指向话语之意义的"理解"(语言的交往"服务于"理解,故此,理解是一种规范概念)具有重要的认识论重建的意义:理解产生于实践生活的知识兴趣(在此意义上,人的认识即是人的交往,对语言的语法的社会性适应,也是个性化的过程),它具有"实践倾向",其目的不是把握"客观化的现实",而是维护"理解的主体间性",以"确保个人和集团的可能的、以行为为导向的自我理解以及其他个人和集团的相互的他理解(reziprokes Fremdverständnis)"。而理解的基础则是"人与人之间的相互交往",要相互交往就必须选择一种"具有沟通潜能和公共特性的语言"(纯粹的私人语言不可能促成人与人的交往),这构成交往理性的一个基本立足点或交往可能的条件(参见哈贝马斯:《认识与兴趣》,郭官义、李黎译,学林出版社1999年版,第166—168页;曹卫东:《交往理性与诗学话语》,天津社会科学院出版社2001年版,第20—21页,第35页)。

变为民主政治社会的公民。[1]

53.17 "公共领域"是开放性的，它允许人人可以平等地进入与他人共享的公共世界，就"众人之事"或公共事项展开自由的讨论和论辩。

53.18 "公共领域"是理性共识的可能条件或中介。虽然"公共领域"是开放的、自由论辩的空间，但在这个空间中所进行的论辩绝不是混乱无序的，"公共领域"的争辩必须是依照约定的规则进行的。在这个意义上，"公共领域"不仅是可能达成理性的"意见一致"的场所，而且甚至可能成为培养公民社会的理性精神，塑造公民理性的行为习惯之空间。[2]

53.19 因此，若没有一个真正的"公共领域"，无论实在的法或法律体系的强制之理由，还是规范承受者（像安提戈涅那样[3]）之基于自我主观判断的"拒绝遵行法律"行为之理由，都无从加以证成：因为任何人都不可能不通过"公共领域"的理性论辩来宣称自己有关公共利益的主张、判断或评价是理性的或者合理的。

---

[1] 哈贝马斯指出：在现代历史背景所构成的语境（保障自由的公共权力机关与依据私法组织起来的经济社会之间的关系）中，公共领域具有特殊的重要性。公共领域将"经济市民"（Wirtschaftsbürger）变为"国家公民"（Staatsbürger），均衡了他们的利益，使他们的利益获得普遍有效性，于是，国家消解成为社会自我组织（Selbstorganisation）的媒介。只有在这个时候，公共领域才获得了政治功能（哈贝马斯：《公共领域的结构转型》，第10—11页）。

[2] 参见哈贝马斯：《公共领域的结构转型》，第13—15页。

[3] 对此，参见本书命题51.20，51.21，51.24，52.3。

53.20 正是在这个意义上,如果可公度性的评价法律的标准是难以确定的,那么我们只能求助于人类集体的智慧,求助于"公共领域"的理性论辩,通过这种论辩来形成有关可公度性的评价法律的标准的"公共意见"或"一致意见"。

## 命题 54 | 理性论辩需要建立一套合理的论证规则

54.1 任何实际的论辩并非总是能够达成"意见一致",在"公共领域"中进行的实际论辩也是如此。论辩只是达成理性共识或理性的"公共意见"或"一致意见"的必要的程序性条件,[1]而非保证上述意见必然达成的充分实质条件:通过"公共领域"的论辩可能达成理性共识或理性的"公共意见"或"一致意见",也可能达不成任何统一的意见或结论。也就是说,论辩的主体通过"公共领域"的论辩仍然可能保持各自的意见分歧,但即使如此,这种意见分歧已不再是私人性的无理分歧,而是"合理的意见分歧"。

54.2 无论达成理性共识或理性的"公共意见"或"一致意见",还是出现"合理的意见分歧",都必须有一个基本的要求:

---

[1] 比如,罗伯特·阿列克西所著的《法律论证理论》尽管有很强的理论企图心,但他讨论的核心问题是通过程序性的技术(论证的规则和形式)来为正确性宣称提供某种理性的(可靠的、可普遍化的或可以普遍接受的)基础,试图通过程序规则的设计来寻求克服"明希豪森困境"的途径,并在其设定的限度内于普遍实践论辩和法律论证领域走出"明希豪森困境"。如其所言,他所提出的理论只不过是一种"实践正确性的程序理论"(Robert Alexy, *Theorie der juristischen Argumentation: Die Theorie des rationalen Diskurses als Theorie der juristischen Begruendung*, 2.Aufl., Suhrkamp Verlag, Frankfurt am Main 1991, SS. 221-233. 汉译,见[德]罗伯特·阿列克西:《法律论证理论》,舒国滢译,商务印书馆2019年版,第218—231页)。

论辩本身必须是理性地进行的。[1] 这里强调的是：论辩既然是在"公共领域"中进行的，它理应表现为"理性的公共运用"过程，而非表现为非理性的言语行为过程，也不是"理性的私人运用"过程。

54.3 然而，所有参与"公共领域"论辩的主体并非一开始就处在理性之公共运用的论辩情境之中，相反，实际的论辩本身却可能自始就表现为"理性的私人运用"过程，或者是非理性地进行的。主要有下列典型的情形：（1）论辩的双方地位不平等或者不对等。一方比另一方在社会地位、社会力量、智识、信息等方面具有明显的优势，前者很容易利用这种优势让后者在争辩中屈服而达成所谓的"意见一致"。（2）论辩没有程序。所有的论辩主体随意启动论辩而又随意终止论辩。（3）论辩中加入了"外界偶然因素的干扰"或受到暴力的介入，论辩双方不可能依靠论证或相互"说服"，而是因为这些因素的干扰或介入而被迫形成"暂时一致的意见"。（4）论辩的双方从各自的利益出发，极尽利用相互欺骗的手段迫使

---

[1] 这是因为，法律论辩所讨论的是实践问题，即什么应做、什么不应做或什么允许去做、什么不允许去做的问题；而且这些问题的讨论与正确性的要求/宣称相关联。所以它与普遍实践论辩在正确性要求/宣称上存在着局部一致性，在规则、形式方面存在着结构上的一致性。但法律论辩并不像普遍实践论辩那样要求所主张、建议或作为判断表达的规范性命题绝对地符合理性，而只是要求它们在有效法秩序的框架内能够被理性地加以证立（Robert Alexy, *Theorie der juristischen Argumentation: Die Theorie des rationalen Diskurses als Theorie der juristischen Begruendung*, 2.Aufl., SS. 349-351. 汉译，见罗伯特·阿列克西：《法律论证理论》，第350—352页）。

对方接受己方提出的意见或主张，形成"伪共识"。（5）论辩的双方缺乏普遍代表的资质，却各自以"普遍代表"的身份达成"一致意见"，旨在损害没有参加论辩的任何第三方乃至整个社会。[1]

54.4 如果我们假定所有参与论辩的主体有可能进入没有理性的论辩状态，或者所有的论辩主体在其开始论辩之前均处在一种"理性论辩情境不明"的状态，为了避免上述现象的发生，就必须实现命题54.2所提出的"论辩本身必须是理性地进行"的基本要求，这就要建立一套符合哈贝马斯所讲的"理想的言谈情境"（ideale Sprechsituation）的论证规则。[2]

54.5 按照哈贝马斯的观点，所谓"理想的言谈情境"是论辩

---

[1] 以上情形多属于尤尔根·哈贝马斯所讲的"策略性行动"，而非"商谈"，它们乃是违反"普遍语用学的单一原则"的"伪交往"或"病态交往"行为（比如，欺骗、说谎等等"通过言语活动来追求说话者在理解之外的某个目的或策略"）。正是在此意义上，"伪交往"或"病态交往"对人们的理解构成了一个"因果性障碍"，也造成一种"相互作用资质的缺失"，故此，这种现象需要通过交往理性理论加以医治（参见［日］中冈成文：《哈贝马斯：交往行为》，王屏译，河北教育出版社2001年版第5—6页，第23页，第28页，第118页；［英］威廉姆·奥斯威特：《哈贝马斯》，沈亚生译，黑龙江人民出版社1999年版，第46—47页）。

[2] 尤尔根·哈贝马斯于1981年出版《交往行为理论》（*Theorie des kommunikativen Handelns*, 1981），对其交往理论进行重构，试图通过对主体间交往的分析，以及关于如何克服相互理解的系统性障碍而达到自由的讨论，给出需要认真兑现的理论上的承诺，满足用对话来检验以及实现真理（包括正确性）要求的条件，他强调：只有命题的真实性、道德行为规范的正确性以及符号表达的可理解性（或全面性）才是普遍有效性要求，才能接受商谈的检验。只有理论商谈、实践商谈以及解释商谈当中，商谈参与者（Diskursteinehmer）才必须从这样一种前提出发，即：理想的言谈情境的条件得到充分满足（参见［德］哈贝马斯：《交往行为理论》第1卷，曹卫东译，世纪出版集团/上海人民出版社2004年版，第42页）。

(或言谈)应当符合的这样一些理想条件:(1)论辩(言谈)主体必须具有平等(言语)的权利,并且有同等的机会来应用交往的言语行为;(2)在论辩(言谈)中没有任何强力加以宰制;(3)论辩(言谈)主体在论辩中必须进行真实地、正当地、真诚地交流。在哈贝马斯看来,理想的言谈情境既不是经验的现象,也不是纯粹的抽象名词,而是在论辩中不可避免地由论辩者相互预设为前提的支撑结构(Unterstellung)。[1]

54.6 如果说命题54.5(1)、(2)所表达的理想言谈条件是最基本的条件,但它们同时也是最弱意义的理想论辩条件或者情境,因为任何一个允许所有主体平等进入并且毫无强力干预、宰制的公共领域论辩,并不一定就能够保证论辩理性地进行。即使无强力干预、宰制,所有平等的、有同等机会应用交往的言语行为的论辩主体,仍然可能使用非理性的手段和方式论辩。

54.7 所以,在论辩中如何保证所有的论辩(言谈)主体在论辩中进行"真实地""正当地""真诚地"交流,才是实现理性论辩的关键。为了达到这一点,建立论辩中的论述规则、证成规则、论

---

[1] 哈贝马斯指出:一个正常进行的语言的交往行为/活动(商谈语言游戏)须以下面四个有效性要求的相互承认为前提条件:"话语表达的可领会性要求,其命题构成要素的真实性要求,其施为(performatorisch)构成要素的正确性或合适性要求,以及讲话(言谈)主体的真诚性要求。"(J. Habermas, " Wahrheitstheorien", in: H. Fahrenbach [Hrsg.], *Wirklichkeit und Reflexion: Festschrift für W. Schulz zum 60. Geburtstag*, Neske-Verlag, Pfullingen 1973, S. 220ff.)

证负担规则就成为必要的前提。[1] 没有规则的论辩就不是真正的论辩，而很可能成为扭曲的、非理性的言语滥用过程（策略性行动）。

54.8 要使论辩成为理性的，必须首先保证参与论辩的任何一方的论述是理性的，即：论辩者的论述本身必须依照一定的规则进行。论述规则实际上包含一系列相互关联的规则：（1）真实性规则。即：任何论辩者在进行论述时只应就其本人所认为真实的东西表达观点、看法、意见或主张，论辩者本人不相信的东西不得作为论辩的对象，更不应当以此作为根据来反驳他人的主张。[2]（2）真诚性规则。即：任何论辩者在进行论述时应当持有真诚交流的态度提出主张，表达观点、看法、意见，不以相互欺骗作为论辩的目的。[3]（3）不矛盾规则（或一致性规则）。即：任何论辩者在进行论述时不得自相矛盾。如果同一个论述者在对同一主题或者同一对象进行论述时做出了前后不一或者完全相反的论述，他就违反了不

---

[1] Robert Alexy, *Theorie der juristischen Argumentation: Die Theorie des rationalen Diskurses als Theorie der juristischen Begruendung*, 2.Aufl., SS. 234-255. 汉译，见罗伯特·阿列克西：《法律论证理论》，第231—255页。

[2] Robert Alexy, *Theorie der juristischen Argumentation: Die Theorie des rationalen Diskurses als Theorie der juristischen Begruendung*, 2.Aufl., S. 234-235. 汉译，见罗伯特·阿列克西：《法律论证理论》，第232页。

[3] Robert Alexy, *Theorie der juristischen Argumentation: Die Theorie des rationalen Diskurses als Theorie der juristischen Begruendung*, 2.Aufl., SS. 235-236. 汉译，见罗伯特·阿列克西：《法律论证理论》，第233—234页。

矛盾规则。[1]（4）可普遍化规则。[2] 这表现为两个方面：①描述性论述的可普遍化规则：任何一个论辩者进行事实陈述，当他把某一性质（F）用来描述任一对象（$a_1$）时，也能够把这一性质用来描述所有相关点上与该对象相同的其他任一对象（$a_2$ 或 $a_3$，或者……$a_n$）。比如，当某个人说："这片树叶（树叶1）是绿的"，那他对与该片树叶颜色完全相同的其他任何一片树叶（树叶2或树叶3，或者……树叶n），必须说："它（树叶2或树叶3，或者……树叶n）也是绿的。"因为第二个陈述实际上蕴含着这样的意思："在所有相关方面与这片树叶相同的任何树叶都是绿的。"如果有谁赞同第一个陈述而不赞同第二个陈述，他就不正确地使用了"绿的"这个谓词，同时也就违反了描述性论述的可普遍化规则。②评价性论述的可普遍化规则：任何一个论辩者进行评价，当他把某一评价标准（$V_1$）或一组标准 V（$V_1x \wedge V_2x \wedge V_3x \wedge \cdots V_nx$）用来评价任一对象（$X_1$）时，也能够把这一标准或这一组标准用来评价所有相关点上与该对象相同的其他任一对象（$X_2$ 或 $X_3$，或者……$X_n$）上。比如，当某个人根据一组标准说："这辆宝马车（宝马车

---

[1] Robert Alexy, *Theorie der juristischen Argumentation: Die Theorie des rationalen Diskurses als Theorie der juristischen Begruendung*, 2.Aufl., S. 235. 汉译，见罗伯特·阿列克西：《法律论证理论》，第232—233页。另见本书命题5.9、14.25、14.28、32.4、33.12（c）。

[2] Robert Alexy, *Theorie der juristischen Argumentation: Die Theorie des rationalen Diskurses als Theorie der juristischen Begruendung*, 2.Aufl., SS. 237-238. 汉译，见罗伯特·阿列克西：《法律论证理论》，第235—236页。

1）是好的"，[1] 他根据这一组标准对与该辆宝马车型号与性能完全相同的其他任何一辆宝马车（宝马车2或宝马车3，或者……宝马车n）也必然评价说是好的。否则，评价性论述就违反了可普遍化规则。

54.9 任何论辩者的论述都是在一定的论辩过程中进行的，既然如此，论述就不是一个"独白"的言说，而必然与其他论辩者或言说者的论述进行交流。在这个过程中，任何论述的理由、基础或根基都可能受到质疑和批评。由此，论证就显得十分重要。

54.10 所谓论证，简单地讲，就是论辩者在论述时面对质疑、反驳或批判而举出理由（证立或证成）支持各自的主张。[2] 任何（包括法律上的）正确性标准的寻求都必须经过论证。这种论证表现为对规范性命题的证立或证成过程，这个过程就是"实践论辩"（praktischer Diskurs），相应的，有关法律决定的证立过程就是"法律论辩"（juristischer Diskurs）。[3]

54.11 不能简单地将"法律论辩"等同于普遍实践论辩："法律论辩"是关乎法律判决、决定的制度化论辩，普遍实践论辩是一

---

[1] 相关的论述，参见本书命题52.15和52.16。
[2] 参见颜厥安：《法、理性与论证——Robert Alexy的法论证理论》，载《政大法学评论》（台湾地区）总第25期，第35页。
[3] Robert Alexy, *Theorie der juristischen Argumentation: Die Theorie des rationalen Diskurses als Theorie der juristischen Begruendung*, 2.Aufl., SS. 221-257, 261ff. 汉译，见罗伯特·阿列克西：《法律论证理论》，第218—257页，第258页及以下页。

种关于实践问题的非制度化的论辩。[1]

54.12 无论何种论辩,最终都在于论辩者对自己所提出的主张的证成。为了实现这一点,就必须建立一系列证成规则:(1)相干性推理规则。[2]即:论辩者对其主张进行论证时必须能够证明其

---

[1] 按照罗伯特·阿列克西的看法,法律论证理论应当建立在普遍实践论证理论的基础之上,因为"法律论辩"与"普遍实践论辩"在正确性宣称上存在着局部一致性,在规则、形式方面存在着结构上的一致性。但法律论辩与普遍实践论辩之间又有区别:法律论辩不讨论所有的问题;它们是在受限的条件下进行的,最主要的一点,即法律论辩要其受现行有效法的约束。此外,尽管法律论辩的确也可以提出正确性宣称,但这个宣称又明显地有别于在普遍实践论辩中提出的正确性宣称。它并不要求所主张、建议或作为判断表达的规范性命题绝对地符合理性,而只是要求它们在有效法秩序的框架内能够被理性地加以证立。再者,普遍实践论辩的程序不能保证有某个决定,或者说:尽管有完善的理性程序,但由于参与论辩者的规范性确信有时是不相容的,因而不能最终达成一致;而法律争论必须要有一个最终清楚的结论。这表明:一方面,由于两者均有正确性的宣称,普遍实践论辩的规则和形式可以用于论证法律的规范性命题(尤其是那些"既非经验命题,亦非实在法规则的前提");但另一方面,法律论辩又不是普遍实践论辩的简单应用,确切地说,前者是后者的特殊情形(Sonderfall,特例/特案)。在法律论辩(例如诉讼)中,(法律)角色不是对等地分配的,参与被告的一方也不是自愿的,陈述实情的义务受到限定;论辩的程序有时效上的限制;各当事人允许以自己的利益为取向:他们经常,也许通常所关心的并不是达到某个正确的或公正的判决,而在于达到己有利的判决(Robert Alexy, *Theorie der juristischen Argumentation: Die Theorie des rationalen Diskurses als Theorie der juristischen Begruendung*, 2.Aufl., SS. 351-354, 261-272. 汉译,见罗伯特·阿列克西:《法律论证理论》,第351—355页,第258—269页)。

[2] 英国语言分析哲学家保罗·格莱斯(Paul Grice,1913—1988)于1948年所写的论述"意义"(meaning)的文章中提出"自然意义"(natural meaning)和"非自然意义"(non-natural meaning)的论述,1967年,他在牛津大学圣约翰学院有关"逻辑与会话"(Logic and Conversation)的系列讲座中进一步发展了"意义理论"(theory of meaning)——尤其是"会话含义"理论(conversational implicature),并且提出人们在会话/对话等言语交际行为中应遵循的一般原则,他称之为"合作原则与会话准则"(the Cooperative Principle and the Maxims of Conversation),其中,合作原则是指人们"应根据自己所参与的对话交流接受的目的或方向而符合需要地做出自己的贡献";与此相适应,人们在对话交流过程中需要进一步遵守更为细化的"会话准则",其中(转下页)

论证结论与论证前提之间的相干性，没有前提的论证结论或者虽有前提但前提不适切或毫无关联的论证结论都是无法证成的。比如，若有人根据"罪刑相适应"原则主张违约的一方当事人承担刑事责任，就违反了相干性推理规则。（2）融贯性规则。[1] 即：任何论辩

---

（接上页）包括："数量准则"（Maxim of Quantity，强调"信息"的适度性：对话者应有共同的交流目的或方向，对话应包含交谈目的所需要的信息，所说的话不应包含超出需要的信息），"质量准则"（Maxim of Quality，强调言语的真实性［Truth］：不要说自知虚假的言语，不要说缺乏足够证据的言语），"关系准则"（Maxim of Relation，强调言语的相干性［Relevance］：言语应当是相干的），"方式准则"（Maxim of Manner，强调说话的清晰性［Clarity］：说话要避免表达晦涩，要避免歧义，要简练［避免不必要的啰嗦］，要井井有条），等等（Paul Grice, "Logic and Conversation", in: Paul Grice, *Studies in the Way of Words*, Harvard University Press, Cambridge, Mass., 1989, pp. 26-27）。无疑，在一定程度上，"格莱斯（会话）准则"（Gricean Maxim）也适用于立法者与司法者（法律解释者）以及当事人之间的"法律会话"（legal conversation）（J. J. Moreso, Samuele Chilovi, "Interpretive Arguments and the Application of the Law", in: Giorgio Bongiovanni, Gerald Postema, Antonino Rotolo, Giovanni Sartor, Chiara Valentini, Douglas Walton [ed.], *Handbook of Legal Reasoning and Argumentation*, Springer Nature B. V. 2018, p. 507ss.）。

[1] 在法学理论上，不少法学者论述融贯论：比如，约瑟夫·拉兹在1994年发表的文章"融贯的相关性"（"The Relevance of Coherence", 1994）中区分出"认识融贯论"（epistemic coherentism）和"构成融贯论"（constitutive coherentism）（Joseph Raz, "The Relevance of Coherence", in: Joseph Raz, *Ethics in the Public Domain*, Clarendon Press, Oxford 1994, pp. 277-326.）。在认识融贯论中，融贯被当作是对某些东西能否有资格作为某对象域的知识（knowledge of some object domain）的一种检验。在构成融贯论中，融贯被当作是对象域的一个特征。用在法律上，这一区分可归结如下：根据认识融贯论，某种法律理论只有当它是（充分）融贯的，才可能被算作是法律知识。根据构成融贯论，融贯是法律自身的特征，而非仅是知识的特征。按照拉兹的看法，罗纳德·德沃金的整全法理论（theory of law as integrity）是构成融贯论适用于法律的一个典型例子（Ronald Dworkin, *Law's Empire*, The Belknap Press of Harvard University Press, Cambridge, Mass., 1986, p.330. 汉译，参见德沃金：《法律帝国》，李冠宜译，台北时英出版社2002年版，第337页）。亚历山大·佩策尼克在《法律论证基础》中也把融贯论当作支持理性（S-理性）的重要特征，甚至提出"一个好的融贯理论是一种关于一切事物的理论"（即，它可以适用于物理世界及其规律、社会世界以及包括道德在内的"应当领域"和法律世界），但他的法律（转下页）

者在对自己的主张进行论证时,必须获得其命题之间的相互支持,使之形成相互关联、相互支持的论证链条关系。其论证链条关系主要包括:①前提对结论的推出或支持关系;②前提本身受到更高程度的一系列前提体系的支持关系;③论据对主张的支持关系;④不同论证(经验论证、分析论证、规范论证)相互过渡之间的支持关系。为了避免在融贯性论证中可能出现"循环论证"或"乞题论证",应当在融贯性论证中附设一个限定性规则,即:任何论辩者在论辩中不得将其所推出作为结论的命题用来作为同一个推导之前提的命题,也不得将某个命题所支持的命题反过来支持其自身。[1]
(3)论证理由竞争规则。[2] 证成过程既然是论辩者之论证理由相互竞争的过程,建立论证理由相互竞争规则就必不可少,这其中包括:①论证理由提出规则。即:任何论辩者均可以提出反驳或质疑他人主张的理由;任何受到反驳或质疑的论辩者可以就他人的反驳或质疑提出维护其主张的理由。②论证理由衡量规则。[3] 即:衡量论证理由之轻重,基于这样的规则,一个符合或满足论述规则以及

---

(接上页)融贯论(a coherence theory of law)并没有能很好地解释法律知识的性质(Jaap C. Hage,"Preface to the second edition of Aleksander Peczenik: On Law and Reason", in: Aleksander Peczenik, *On Law and Reason*, Springer Science + Business Media B. V., 2008, p. vii. 汉译,见[瑞典]亚历山大·佩策尼克:《论法律与理性》,陈曦译,中国政法大学出版社2015年版,"第二版序言",第8页)。

[1] 相关的论证,见本书命题38.3、38.4及其注释。
[2] 有关行为理由的竞争,亦见本书命题29.29、29.30、29.32。
[3] 有关行为理由的衡量,见本书命题29.27、29.28、29.29、29.30、29.32、29.33、29.35、29.36、30.10、31.23、32.3、32.9、32.16、32.18、32.19、32.23、43.18及其注释。

相干性规则、融贯性规则的理由或者满足上述规则之程度较高的理由是"有分量的论证理由"或"分量较重的论证理由",反之,不符合或不能满足论述规则以及相干性规则、融贯性规则的理由或者满足上述规则之程度较低的理由是"没有分量的论证理由"或"分量较轻的论证理由";"有分量的论证理由"或"分量较重的论证理由"比"没有分量的论证理由"或"分量较轻的论证理由"有更强的论证力或者信服力。(4)接受规则。即当下列条件出现时,论辩者在论辩中所提出的主张就是应当被接受的:①该主张不存在任何反驳或质疑的理由;②任何反驳或质疑的理由均不能够推翻该主张;③该主张的辩护理由比任何反驳或质疑的理由有更强的论证力或者信服力。假如反驳或质疑的理由不成立或者这种理由比辩护理由的论证力更弱,而提出反驳或质疑理由的论辩者却不接受辩护理由成立的主张或者辩护理由更强的主张,他就违反了接受规则。

54.13 在论辩中,仅仅符合或满足命题 54.5(1)和 54.12(3)①之规则,有可能产生这样的结果:(1)提问者无穷地追问,甚至无理地追问,对既有的前提拒绝承认,却又不提出任何理由;(2)论证本身无限递归(倒退),无以确立任何论证的根基,使论证陷入困境。

为了保证论辩理性地进行,避免无理追问或者随意启动毫无意义的论题,建立一套论证负担规则就成为必要,这些规则包括:

（1）切题规则。[1] 即：任何论辩者在进行论辩时，必须就相同或相干的主题发表意见和观点，若某一对象（a）构成当下论辩主题，与此不同或无关的主题就不允许作为相同主题来加以论辩。比如，某个听证会在讨论油价是否上涨的问题，有人把自己的一项与此无关的合同纠纷提出来讨论，这就违反了切题规则。故此，若任何一方论辩者欲启动与当下论辩主题不同的主题，他就负有义务论证这样做的理由。（2）等同规则。即：任何论辩者在进行论辩时将不同性质的主题当作相同的主题或者将不同性质的对象（$a_1$，或 $a_2$，或 $a_3$，或……$a_n$）当作相同性质的对象，他必须说明这样做的理由。（3）区别规则。即：任何论辩者在进行论辩时将相同性质的主题当作不同的主题或者将相同性质的对象当作不同性质的对象，他就负有义务论证这样做的理由。[2]（4）不一致规则。即，如

---

[1] 在论辩中，若准许任何人对任何主张提出质疑，却没有资质要求，那么这就会让参与论辩的言谈者钻牛角尖，像孩子一样机械不停地追问"为什么"，提出与正在论辩的主题毫不相干的话题。而且还有一种可能：任何言谈者都会将别的商谈参与者已讲过的所有废话当作有价值的东西提出来。自己可以不必提出理由而只管提出问题或表示怀疑，这两点对于一个讲话者而言都再简单不过了。故此，在论辩中必须设定一些论证负担规则（德语：Argumentationslastregeln，英文：Rules for Allocating the Burden of Argument，译为"论证负担分配规则"），而"切题规则"就是其中的一种。罗伯特·阿列克西就此提出："**如果有谁想对不属于讨论对象的命题或规范进行抨击，那么他就必须说明这样做的理由。**"（Robert Alexy, *Theorie der juristischen Argumentation: Die Theorie des rationalen Diskurses als Theorie der juristischen Begrundung*, 2.Aufl., S. 244. 汉译，见罗伯特·阿列克西：《法律论证理论》，第243页）

[2] 罗伯特·阿列克西提出的论证负担规则（3.1）："**如果有谁想将某人A与某人B做不同对待，那么他就负有责任，对这样做的理由进行证立。**"（Robert Alexy, *Theorie der juristischen Argumentation: Die Theorie des rationalen Diskurses als Theorie der* （转下页）

果同一个论述者在对同一主题或者同一对象进行论述时做出了前后不一或者完全相反的论述，他必须说明这样做的理由。[1]（5）既证规则。即：论辩者一方对自己的主张已经提出论证，若另一方不同意其主张，则负有义务论证不同意的理由；相应的，受到对方理由反驳的论辩者必须对自己已经提出的主张作进一步的论证。[2]（6）惯性规则。这是比利时法哲学家沙伊姆·佩雷尔曼（Chaim Perelman）所提出的论证规则，即：过去一度被承认的观点，若没有足够的理由不得抛弃。相应的，若任何一方论辩者提出应排除或者抛弃曾经被承认的观点，则负有义务论证这样做的理由。[3]

---

（接上页）*juristischen Begruendung*, 2. Aufl., S. 243. 汉译，见罗伯特·阿列克西：《法律论证理论》，第242页）

[1] 罗伯特·阿列克西提出的论证负担规则（3.4）："如果有谁想在论辩中就其态度、愿望或需求提出与其先前的表达无关的主张或陈述，那么他就必须应他人的请求证明其为何要提出这样的主张或这样的陈述。"（Robert Alexy, *Theorie der juristischen Argumentation: Die Theorie des rationalen Diskurses als Theorie der juristischen Begruendung*, 2. Aufl., S. 245. 汉译，见罗伯特·阿列克西：《法律论证理论》，第244页）另见本书命题54.8（3）有关"不矛盾规则"的论述。

[2] 笔者认为，亚里士多德在《论题篇》中所提出的论题学技术，实际上主要是针对论辩双方的论证设定的既证规则技术（参见舒国滢：《亚里士多德论题学之考辨》，载《中国政法大学学报》2013年第2期，第5—40页）。当代法律论证中的对话逻辑技术在很大程度上也是对既证规则的细致论述（Paul Lorenzen/ Kuno Lorenz, *Dialogische Logik*, Wissenschaftliche BucHgesellschaft, Darmstadt 1978, SS. 1-238; Jürgen Mittelstraß, "Dialogische Logik: Eine Einführung", in: Jürgen Mittelstraß, Christopher von Bülow [Hrsg.], *Dialogische Logik*, mentis Verlag GmbH, Müster 2014, SS. 9-10）。

[3] 沙伊姆·佩雷尔曼在《新修辞学：论辩论文集》中指出：在论证中，过去一度被承认的观点，若没有足够的理由不可以加以抛弃（Chaïm Perelman, Lucie Olbrechts-Tyteca, *Die neue Rhetorik: Eine Abhandlung über das Argumentieren*, Josef Kopperschmidt [Hrsg], 1. Bd., Frommann-Holzboog, Stuttgart 2004, S. 142）。这个原理后来被称为论证的"惯性原理"（Prinzip der Trägheit）。故此，该原理具有论证负担规则（转下页）

54.14 无论论述规则,还是证成规则或者论证负担规则,均不能保证论辩结果百分之百正确;然而,不经过这些规则的争辩,即使其结果百分之百正确,仍然是不可接受的。[1]

54.15 不经过任何理性论辩的"意见一致",不是真正的"意见一致";不经过理性论辩的"公共意见",也不是真正的"公共意见"。

---

(接上页)(Argumentationslastregel)的特性:诉诸既存之实践者,无须证成,"只有改变者才需要证成"。在佩雷尔曼看来,这个原则构成了"我们(人类)智识生活与社会生活稳定性的基础"(Chaïm Perelman, "Betrachtungen über die praktische Vernunft", in: *Zeitschrift für philosophisce Forschung*, Vol. 20., 1966, S. 219)。

[1] 参见罗伯特·阿列克西提出的普遍实践论证的理性规则(Robert Alexy, *Theorie der juristischen Argumentation: Die Theorie des rationalen Diskurses als Theorie der juristischen Begruendung*, 2. Aufl., SS. 238-242. 汉译,见罗伯特·阿列克西:《法律论证理论》,第236—240页)。另见舒国滢:《法学实践知识之困与图尔敏论证模式》,载《国家检察官学院学报》2018年第5期,第72—89页。

## 命题 55 | 理性论辩的目的在于使听众信服并形成共识

55.1 因为有争议，所以有论辩。

55.2 然而，论辩并非目的，它本身是达到目的之手段。[1]

55.3 既然争议是促成论辩的原因，论辩本身也并非以这种原因作为自身的目的。不是说，论辩在本质上是为了维持那种促使其进行的原因；换言之，论辩不是为了维护争议，而恰好是要消除争议，形成共识或"一致意见"，寻求人类行为的合作以及人类关系中的公正与和谐。[2]

---

[1] 从概念上讲，论辩（argumentation）是有行为构成性要求的：它不是目的，而是为了促成人们之间合作与行为协同的手段；善于论辩的人思考某些论点是击败对方的一种方法，经过争论而让反对者必须同意否定他最初认为自己相信的东西（古希腊的论题学技术即如此）。这一点恰好与"厄里斯论证"（Eristic argument，争执）不同，后者的目的在于争论本身。在哲学和修辞学中，"厄里斯论证"指的是旨在成功质疑他人观点的观点，而不是寻求真相。"厄里斯论证"是为冲突而争论，而不是为解决冲突而争论。该种争论来自古希腊神话传说：争端女神艾丽丝（厄里斯，ἔρις [Eris]）在帕琉斯和忒提斯的婚礼时未被邀请，于愤怒中投下一个金苹果在宴席上，金苹果上面刻有"赠给最美丽的美人"，由此引发众女神之间的纷争，进而导致特洛伊战争。故此，"厄里斯论证"旨在争执，挑启间隙或制造争端，为特定的狭隘目的服务（参见舒国滢：《西方古代修辞学：辞源、主旨与技术》，载《中国政法大学学报》2011年第4期，第42页）。

[2] 实践论证（包括法律论证）/论辩本质上是一种多个实践行动者之"主体间的"反思判断（即，认识论上相关的）活动，一种"说服性论证/论辩"（persuasive argumentation），其最终在于商谈者一方通过论证/论辩、使听众/商谈对（转下页）

七 价值多元、普遍共识与论证　433

55.4 通过理性论辩形成的共识或"一致意见"并不一定是完全符合所谓"实质正确性"的共识或"一致意见",但一定是"具有证成根据的共识"(begründeter Konsens)或"具有证成根据的一致意见"。[1]

---

(接上页)方信服,从而达成"理性的共识"。这是因为:有关实践真理(义理)的获取[包括实践问题的认知、信念的证成、理论说明、"如何正确思考"以及实践真理(义理)标准的确立]本身就是一个实践问题,这个问题的解决要求实际经验和实践智慧。离开了实践智慧得以行使、实践真理(义理)标准得以确立的共同体,一个人不可能获得实践智慧,也不可能获取"如何正确行动的"实践真理(义理)。既然法学像道德知识一样是一种实践知识/实践学问,那么它就必须通过理性论辩者间的商谈/论辩,通过主体间的"反思判断",达成对"那些要求一致认同的理性原则"的服从,这种服从在人类的法律、道德等领域的实践活动中具有"根本的重要性"[不仅服从本身对于实践重要,其实,凡事一旦进入判断和论辩,它们对于实践而言就已经具有独特的重要性(简称"实践重要性"),不再属于实践行动者个人按照内在主义标准来进行的纯主观的认知、判断活动(或静态的个人的独白式论证),而属于多个实践行动者基于(一定程度的)上外在主义标准来共同进行的"主体间的"反思判断活动(动态的共同实践)/动态的论辩活动],否则这些实践活动变得不可理解,也无从进行(参见徐向东:《道德哲学与实践理性》,商务印书馆2006年版,第408页,第411页)。

[1] 尤尔根·哈贝马斯主张,真理的获得不应放在主体与客体之间,而应放在主体与主体之间,所依靠的不是"认知",而是"商谈"。对真理主张(论断)的兑现不能靠把表达与实在进行直接对比来实现,真理与实在不是一种可对比的关系。真理的主张与实在之间的联系只能在命题(语句)中表现出来(不过,命题不像图画,图画与它所表达的东西多少有些相像),真理是一个"我们将其与记述性言语行为结合在一起的有效性要求。只有当言语行为(我们由此通过语句的应用而对该命题做出断言)之有效性要求是有证成根据的时候,一个命题才是真的。"(J. Habermas, "Wahrheitstheorien", in: H. Fahrenbach [Hrsg.], *Wirklichkeit und Reflexion: Festschrift für W. Schulz zum 60. Geburtstag*, Neske-Verlag, Pfullingen 1973, S. 218)由此,他提出了一种"真理共识论"(the consensus theory of truth/die Konsensustheorie der Wahrheit)。根据共识论的真理标准,"只有当**能够**加入同我谈话的任何其他一个人**可以**就同一个对象做出相同的谓述时,我才可以对该对象做出某种谓述。为了把真命题与假命题加以区别,我引证别人的判断,甚至引证我能够接纳与之谈话的一切人的判断(假如我的生命史与人类世界的历史是有同等长度的话,那么在这一点上我反事实地包括我所能遭(转下页)

55.5 在"公共领域"的论辩中,问题的关键还不是达成结果上百分之百正确的共识。[1]尽管"结果上百分之百正确"是真理共识论追求的终极目标,但这一目标显然不是通过任何一次的"公共领域"的论辩所能实现的。或者说,"结果上百分之百正确"目标的实现有时需要人类整体通过超越时代的"代际论辩"(假如这样的论辩可以成立的话)方可达到。

55.6 故此,"公共领域"的论辩,其关键在于通过理性的论证规则为人们的"共识"或"一致意见"赋予论证力或信服力。也可以说,所谓"具有证成根据的共识"就是建立在"公共领域"论辩基础之上,遵循一定的论证规则、具有"更好的论证力"(Kraft des besseren Arguments)的共识;[2]而"具有证成根据的一致意见"也是建立在"公共领域"论辩基础之上,遵循一定的论证规则,具有"更好的论证力"的一致意见。

55.7 如果我们运用佩雷尔曼的理论和概念,论辩其实就是说者或言说者与听者或者听众(auditore)之间的言谈过程。[3]当我们使

---

(接上页)遇的一切谈话伙伴)。命题的真理(真值)条件是其他所有人之潜在的同意。"(J. Habermas, "Vorbereitende Bemerkungen zu einer Theorie der kommunikativen Kompetenz", in: J. Habermas/N. Luhmann, *Theorie der Gesellschaft oder Sozialtechnologie – Was leistet die Systemforschung?* Suhrkamp Verlag, Frankfurt am Main 1971, S. 124)。

1 相关的论述,参见本书命题54.14。
2 Robert Alexy, *Theorie der juristischen Argumentation: Die Theorie des rationalen Diskurses als Theorie der juristischen Begruendung*, 2. Aufl., SS. 146-147. 汉译,见罗伯特·阿列克西:《法律论证理论》,第140—141页。
3 在佩雷尔曼的"新修辞学"理论中,"听众"(auditoire/Hörerschaft)(转下页)

用"说者"(或"言说者")和"听者"(或"听众")这样的概念来描述论辩过程时,实际上已经开始运用论证规则来限定论辩的活动及过程。论证规则本身设定了论辩主体的角色分配:任何论辩必然区分"说者"(或"言说者")和"听者"(或"听众")。[1]

55.8 任何不区分论辩主体角色或者无法区分论辩主体角色的论辩就不是论辩,因为我们不可以想象存在所有的人都是听者的论辩,也不可以想象存在所有的人都是说者的论辩。[2]

55.9 或许正是因为有听者或听众,所以言说才必须是要论证

---

(接上页)是一个核心的概念。听众的角色(地位)把论证与演证区别开来:论证以听众为前提,而演证则不以说服听众为目标,这样一个证明的正确与否,不取决于任何一个听众的认同。按照佩雷尔曼的理解,在修辞学领域,听众是一个集合名词,即言说者想通过其论证来影响的人之总称(Chaïm Perelman, Lucie Olbrechts-Tyteca, *Die neue Rhetorik. Eine Abhandlung über das Argumentieren*, Josef Kopperschmidt [Hrsg.], 2. Bd., Frommann-Holzboog, Stuttgart 2004, S. 25.)。

[1] Chaïm Perelman, Lucie Olbrechts-Tyteca, *Die neue Rhetorik. Eine Abhandlung über das Argumentieren*, SS. 18ff, 24ff, 59ff.

[2] 在西方古代修辞学(术)与辩证法(术)上,参与言谈的主体的角色定位不同:修辞学(术)采取连续的叙述方式,辩证法(术)采用问答方式(提问式互动);修辞学(术)面向由各种各样的人组成的听众,辩证法(术)面向少数有知识的受过训练的听众[言说者其实不把言谈伙伴(反驳者)当作修辞术意义上的听众:比如,亚里士多德在辩证法(术)/论题学上一般不讲"听众",而讲受过严格辩证法(术)训练的"回答者"或者"提问者",强调"听众"和"论辩者"的资质不同,乃修辞学与辩证法(术)/论题学的一个很重要的区别]。辩证法(术)是"提问和回答的技艺"(art of question and answer),而修辞学(术)乃基于"前提是断言式的"(premises are assertive)情形之技艺。修辞学限于讨论与公共事务相关的特定话题,辩证法(术)可用于讨论任何一般性话题;通过修辞过程得出的通常都是关于具体事物的结论,而通过辩证过程取得的则往往是超越具体语境的一般性结论(舒国滢:《西方古代修辞学:辞源、主旨与技术》,载《中国政法大学学报》2011年第4期,第40页及以下页)。有关言说者和听众的角色,亦见本书命题18.12。

的。在此意义上，论证是听众的一项职能。[1]

55.10 听众是沉默的、等待表态的。一旦听众开始表态，他就成为说者或言说者。实际的论辩开始于听众的表态。[2]

55.11 听众沉默时，难以分辨听众的身份；但当他们表态时，他们立刻自我确定身份：对同一个主张，有表示支持的听众，也有表示反对的听众。

55.12 提出主张的言说者无论面对表示反对的听众，还是面对表示支持的听众，都必须通过理性论证来使听众信服，以此形成共识或一致意见。在听众沉默时，言说者应当把所有的听众假定为对自己的主张表示反对的主体，即论辩的对手。

55.13 传统的修辞学认为，言说者对听众的论辩是一种"说服"过程，这种说服主要依靠某种修辞学技巧来控制听众的情感或心理，使后者在前者言说之诱导下产生认同。故此，传统修辞学论证

---

[1] 在佩雷尔曼看来，在论证中要适用如下规则：言说者必须使自己的言说适应听众，而不管他们可能是什么样的人。任何论证都必须依赖于听众方可进行，在论证中，重要的不是要知道言说者本人认为什么是真的或者什么是关键的，而是要知道其言说所针对的听众的观点。换言之，"论证就是听众的一项职能"（l'argumentation est fonction de l'auditoire）（Chaïm Perelman, Lucie Olbrechts-Tyteca, *Die neue Rhetorik. Eine Abhandlung über das Argumentieren*, SS. 7, 24, 31, 60）。

[2] 上述一点似乎可以通过下面的论证图式来表达：（1）"我（言说者）是一个普通人，也就是说，我与听众群体（G）分享一个共同的背景"；（2）"你（应答者）是听众群体（G）的一个成员"；（3）"因此，你应当承认我言说的内容"。这大概就是佩雷尔曼所谓"论证就是听众的一项职能"的意义所在（Douglas Walton, Chris Reed, Fabrizio Macagno, *Argumentation Schemes*, Cambridge University Press, New York 2010, p. 129）。

是侧重 pathos 式（情感式）论证，设计影响听众情感或心理的说服技术（谋篇布局、激发听众激情和情感之技艺和方法等）成为此种论证的重点。

55.14 然而，pathos 式（情感式）修辞学论证很容易蜕变为情境多变的，只求（心理）说服效果，不求理性证成的实用的策略性行动。在这种论证条件下所形成的共识或一致意见有可能是一种伪共识或虚假的一致意见。情感认同并非确证符合"实质正确性"的共识或"一致意见"的标准，也不是"具有证成根据的共识"或"具有证成根据的一致意见"的判准。[1]

55.15 理性论证在本质上是一种"情感无涉"的论证，一种 logos 式（逻辑式）论证，即规范性论证（强调证成之规范性理由的论证）。[2] 经过 logos 式（逻辑式）论证的听众未必在情感或心理

---

[1] 按照亚里士多德的修辞学，尽管诉诸πάθος（pathos，听者的情感）的说服论证是必不可少的修辞学说服手段，但它并不是核心的、根本的论证手段。智者派的修辞学把主要的技术手段放在诉诸πάθος方面，反而显得是"过分炫技"的表面说服。诉诸πάθος的说服论证须与其他两种修辞学说服论证相结合，才会真正达到说服的目的（舒国滢："西方古代修辞学：辞源、主旨与技术"，载《中国政法大学学报》2011年第4期，第40—47页）。

[2] 在西方古代，亚里士多德第一次在自己的《修辞学》中应用其在《论题篇》中的论题学推理技术，将"恩梯墨玛"（ἐνθύμημα）界定为"修辞式三段论"（rhetorical syllogism/rhetorical syllogistic reasoning），它以或然性命题（普遍接受的意见）为基础，目的在于（通过理性论证的）说服（persuasion，这是一种logos式的说服）。亚里士多德的修辞学说构成修辞学说服论证理论的三种范式（智者派主要运用πάθος [pathos] 式修辞术，而他与以前的修辞学家不同之处在于重点发展了λόγος [logos] 式修辞技艺，尤其是ἐνθύμημα [Enthumēma] 论证技术）（参见舒国滢："亚里士多德论题学之考辨"，载《中国政法大学学报》2013年第2期，第5—40页）。

上与言说者完全取得一致，但基于言说者之论证理由的不可辩驳性，他或他们也必须承认自己信服论辩的结果，从而接受言说者经过理性论辩且理由不可辩驳的主张。

55.16 当然，论辩中的 logos 式（逻辑式）论证也不是所谓的"推证"（demonstration）。按照佩雷尔曼的观点，推证是逻辑推演证明，它不以"听众"为指向，而是按照确定的推论规则从既定的公理推导出某个公式，其推证的正确与否不取决于任何一个听众的认同或同意。与此不同，任何论证都是以听众为指向的。论证的每一步推进都以听众的接受与认同为前提，所有论证的目的都在于获得或强化听众的认同或同意。在论证者看来，连那些引以为推论的条件和前提本身也必须通过论证获得，只有这些条件和前提通过论证得到证成并获得普遍的接受或承认，前提和结论之间的联接才是合理的，其他的论题才可能由此而得以展开。[1]

55.17 任何实际的论辩都是情境依赖或者场域依赖的（field-dependent），[2] 即言说者所面对的是有限情境或场域中的特定听众。

---

[1] Chaïm Perelman, Lucie Olbrechts-Tyteca, *Die neue Rhetorik. Eine Abhandlung über das Argumentieren*, SS. 7, 18-22, 25-31, 49, 60.
[2] 英国当代哲学家斯蒂芬·图尔敏（Stephen Toulmin，1922—2009）在《论证的使用》一书中指出：（数理逻辑以及20世纪认识论中的）抽象的形式有效性的逻辑标准不适于日常语言中的论证/实践推理，日常语言中的（实践）论证/实践推理可能涉及实质性的评价标准，而实质性的评价标准则是（论证之）"场域依赖的"（field-dependent），反之，欧几里得几何学中的证明则是（论证之）"场域不变的"（field-invariant）。论证的场域是多种多样的，论证的形势（phases of an Argument）也就多种多样。所以，当我们在进行和反对不同场域的论证时，我们就需要搞清楚：我们所采纳的程序和使用（转下页）

如何说服有限情境或场域中的特定听众,可能构成pathos式(情感式)修辞学论证的重点。然而,logos式(逻辑式)论证并不以"如何说服有限情境或场域中的特定听众"为根本目标,尽管在情境依赖或者场域依赖的论证中,言说者可能会运用logos式(逻辑式)论证的技术来加强论证力或者信服力,但这并不是logos式(逻辑式)论证之目的本身。

55.18 作为一种规范性论证,logos式(逻辑式)论证的结果必然得到"普泛听众"(auditoire universel,佩雷尔曼用语)的普遍认同、承认或者同意。"普泛听众"不是任何有限情境或者有限场域中的实际听众,而是一种反事实假定的理想听众。[1]

---

(接上页)的概念之特性是场域不变的、还是场域依赖的。这就要求对传统的逻辑理论进行重整。为了达到这重整的目的,图尔敏研究了各不相同的场域(如物理学、法学和伦理学)中所使用的论证。他得出的结论是:这些论证在本质上具有相同的结构,论证的可接受性既取决于普遍的场域不变的可靠性标准,也取决于特定的场域依赖的标准,前者侧重形式方面(强调论证必须坚守一种带有固定因素的固定程序),后者侧重内容方面(强调论证必须根据适用于特定场域的可靠性标准是可接受的)。在后一种意义上,决定一个论证的好坏涉及实质的判断,而不仅仅是形式的判断(Stephen Toulmin, *The Uses of Argument*, updated edition, Cambridge University Press, Cambridge 2003, pp. 14-15, 21, 33ss. 汉译,参见[英]斯蒂芬·图尔敏:《论证的使用》,谢小庆、王丽译,北京语言大学出版社2016年版,第17—18页,第23页,第34页及以下页)。有关"图尔敏论证模式",详见舒国滢:《法学实践知识之困与图尔敏论证模式》,载《国家检察官学院学报》2018年第5期,第72—89页。

[1] 佩雷尔曼的理论作为规范性论证理论,其中心点在于刻画只能通过理性论证来加以说服的听众。他根据言说所及受众的数量和性质,将听众分为三种:第一种是"普泛听众"(auditoire universel/Die universelle Hörerschaft),即,"全人类,或者,至少所有正常的成年人";与其相对的是特定情境、特定场合中的"特定听众"(partikuläre Hörerschaft);第二种是"单一听众"(interlocuteur/einziger Gesprächspartner),即,言说者在言说中的谈话伙伴(在这种言说中,言说者与听众是相互的,(转下页)

55.19 这里把"普泛听众"说成"理想听众",其要点不在于说"普泛听众"是"人类全体",或者"社会中的大多数人",或者"社会中的贤良者",或者"智者",而在于强调"普泛听众"是理性论证所要求的"遵守论证规则并理性地认同论证结果的不特定听众"。在此意义上,普泛听众的认同就是论证之合理性与客观性的判准,也是论证之有效性的标准。[1]

55.20 故此,任何针对"特定听众"的实际论辩若要达到使听众信服的论证结果,就必须假定:该论辩中的论证结果已经说服

---

(接上页)听者有机会面对言说者提出质疑和反对意见);第三种是言说者本人(le sujet lui-même)在为自己的行动给予理由时将自己当作听众,在这种场合,言说者自己与自己对话,其实就是个人(内心)的自我思辨(délibère/Die Beratung mit sich selbst)(Chaïm Perelman, Lucie Olbrechts-Tyteca, *Die neue Rhetorik. Eine Abhandlung über das Argumentieren*, SS. 40-41, 48ff, 55)。佩雷尔曼认为,论证所强调的是对听众的说服(convaincre/Überzeugen),而不是仅仅对听众的劝说(persuader/Überreden):他认为,如果有谁只想得到某个特定听众的认同,那他就是在试图进行劝说,如果有谁想努力得到普泛听众的认同,则是在进行说服(使人信服)。与此相适应,得到普泛听众认同的论述是有效性的(valable/gütig),而仅仅得到某个特定听众认同的论述则只是实效性的(efficace/wirksam)。普泛听众的认同就是论证之合理性与客观性的标准,或者说,所有的人,假如了解并理解自己的论点的话,那他们也应当认同自己的主张。不仅如此,谁要是诉诸普泛听众,他也是在诉诸其自身(言说者本人作为自我思辨的听众),因为其自身也是这种听众的一员。所以,那些连言说者自己都不相信的主张和那些连言说者本人都不接受的建议,均排除在面对普泛听众的论证过程之外。"因此,普泛听众的认同不是一个事实问题,而是一个法律问题。"(L'accord d'un auditoire universel n'est donc pas une question de fait, mais de droit.)(Chaïm Perelman, Lucie Olbrechts-Tyteca, *Die neue Rhetorik: Eine Abhandlung über das Argumentieren*, SS. 36, 42, 661ff.)

1 Robert Alexy, *Theorie der juristischen Argumentation: Die Theorie des rationalen Diskurses als Theorie der juristischen Begruendung*, 2. Aufl., SS. 206-208. 汉译,见罗伯特·阿列克西:《法律论证理论》,第204—206页。

"普泛听众",并使之接受或者认同。[1]

---

[1] 当代芬兰法学家奥利斯·阿尔尼奥在佩雷尔曼的"听众"概念基础上发展出一套新的听众理论。他指出:解释是指向某种特定的接受人的。对于可接受性来说,我们假定,接受人是一种叫做"法律共同体"的群体。在论证理论中,这个接受的群体一般被称为受众或者听众。在某种意义上,这是生活形式的"人类"面向("human" side of the form of life)。听众是由那些共享着相同生活形式的个体构成的。而且,准确来说,正是在这个意义上,听众的概念处于一个关键的位置。根据佩雷尔曼的说法,理性论证指向的是所谓的"普泛听众"。这是这样一种听众,其成员是在他们已经为这个立场的证成所信服之后,才以理性论证为基础接受这个立场的。虽然这一听众概念提供了一个很好的讨论延续的基础(佩雷尔曼所使用的普泛受众的概念,其中的重要之处在于,价值判断获得了客观的本质),但它在细节上尚有模糊之处:比如,"普泛听众"尽管是理想性的,但却在社会和文化上受到限制。这样,在一定程度上,普泛听众这个概念取决于偶然的事情。阿尔尼奥认为,为了使普泛听众概念更为明确,就必须把听众的观念分为两个层次:一方面是"具体听众"(concret audience)和"理想听众"(ideal audience);另一方面是"普泛听众"(universal audience)和"特定听众"(particular audience)。具体听众可以分为由一人组成的听众和由多人组成的听众,也还可以分为"普泛的具体听众"(universal concret audience,即,某一时刻生存在世的所有人类个体)和"特定的、且同时具体的听众"(particular and at the same time concret audience,即,由实际存在的、履行听众职能之特征的人组成的听众)。相应地,理想听众也可以分为两类:"普泛的理想听众"(比如,佩雷尔曼所说的"所有的理性人"组成的听众)和"特定的理想听众"。后者主要通过使用两个标准来加以界定:首先,特定听众的成员受理性的商谈规则的约束;其次,特定听众的成员接受了共同的价值,用路德维希·维特根斯坦的话说,听众受制于"一定的生活形式"(Aulis Aarnio, *The Rational as Reasonable: A Treatise on Legal Justification*, D. Reidel Publishing Company, Dordrecht/Boston/Lancaster/Tokyo 1987, pp. 220-221, 222-227)。

## 命题 56 │ 不通过理性论辩，无以证成对法或法律体系的反驳或质疑

56.1 根据论证规则，在"公共领域"的论辩中，任何人均有权对于实在的法或法律体系的有效性提出质疑，有权对实在的法或法律体系之确立理由以及根据实在的法或法律体系所做出的个案裁决理由提出反驳。

56.2 一旦有人对于实在的法或法律体系的有效性提出质疑，或者对实在的法或法律体系之确立理由以及根据实在的法或法律体系所做出的个案裁决理由提出反驳，那么提出质疑和提出反驳者负有义务论证自己质疑和反驳的理由。[1]

56.3 对于实在的法或法律体系的有效性提出质疑，或者对实在的法或法律体系之确立理由，以及根据实在的法或法律体系所做出的个案裁决理由提出反驳，必须遵守相干性规则和切题规则；若提出质疑者或者提出反驳者所提出的质疑理由、反驳理由与所其所质

---

1 参见罗伯特·阿列克西提出的"论证负担规则"（Robert Alexy, *Theorie der juristischen Argumentation: Die Theorie des rationalen Diskurses als Theorie der juristischen Begruendung*, 2. Aufl., SS. 242-245. 汉译，见罗伯特·阿列克西：《法律论证理论》，第240—244页）。

疑的实在的法或法律体系及据此做出的裁决毫不相干，或者提出质疑者或者提出反驳者所提出的质疑理由、反驳理由与其所进行的推理毫无关联，他或他们必须就此进行论证。[1]

56.4 任何对于实在的法或法律体系的有效性提出质疑者，或者对实在的法或法律体系之确立理由以及根据实在的法或法律体系所做出的个案裁决理由提出反驳者，在下列任一情形出现时，有义务对自己的主张进行论证：（1）质疑或反驳本身遭到他人质疑或反驳；（2）质疑者或反驳者在论述时自相矛盾；（3）质疑者或反驳者将某个实在法（$P_1$）或法律体系（$S_1$）说成是"恶法"，而把另一个与该法或法律体系相同的另一实在法（$P_2$）或法律体系（$S_2$）说成是"良法"；（4）质疑者或反驳者以情境或条件完全不同的某个实在法或法律体系，作为根据来质疑或反驳另一个实在法或法律体系的有效性和正当性。[2]

56.5 任何对于实在的法或法律体系的有效性提出质疑者，或者对实在的法或法律体系之确立理由，以及根据实在的法或法律体系所做出的个案裁决理由提出反驳者，在下列任一情形出现时，必须对自己的主张进行论证：（1）质疑或反驳"来自形式的单向性理由"作为实在的法或法律体系之有效性的理由；[3]（2）对于法或法

---

[1] 参见本书命题32.18、54.12（1）、54.13（1）及其注释。
[2] 参见本书命题54.8、54.12（2）、54.13（2）及其注释。
[3] 有关的论述，参见本书命题41。

律体系持有纯粹主观的价值判断，质疑或反驳"制度化价值"；[1]（3）质疑或反驳对实在的法或法律体系所作的法教义学论证，质疑或反驳法教义学论证"范式"及法教义学学说。[2]

56.6 在下列情形出现时，对于实在的法或法律体系的有效性提出质疑，或者对实在的法或法律体系之确立理由，以及根据实在的法或法律体系所做出的个案裁决理由提出反驳，是可以得到证成并予以接受的：（1）质疑或反驳法律者所持的论证理由，比信守法律者的论证理由有更强的论证力或者信服力；（2）质疑或反驳法律的理由能够推翻"来自形式的单向性理由"；（3）质疑者或反驳者基于主观的价值判断，能够推翻"制度化价值"；（4）质疑者或反驳者能够推翻对实在的法或法律体系所作的法教义学论证，能够推翻法教义学论证"范式"及法教义学学说。[3]

56.7 在下列情形出现时，对于实在的法或法律体系的有效性提出质疑，或者对实在的法或法律体系之确立理由以及根据实在的法或法律体系所做出的个案裁决理由提出反驳，是不能得到证成的：（1）质疑或反驳法律者所持的论证理由，比信守法律者的论证理由在论证力或者信服力上更弱；（2）质疑或反驳法律的理由不能推翻"来自形式的单向性理由"；（3）质疑者或反驳者基于主观

---

[1] 相关的论述，参见本书命题50。
[2] 就此方面，亦见本书命题10。
[3] 参见本书命题10.17、10.22、10.23、10.24、10.25、10.26、10.27。

的价值判断,不能够推翻"制度化价值";(4)质疑者或反驳者,不能推翻对实在的法或法律体系所作的法教义学论证,不能推翻法教义学论证"范式"及法教义学学说。[1]

56.8 对于实在的法或法律体系的有效性提出质疑,或者对实在的法或法律体系之确立理由,以及根据实在的法或法律体系所做出的个案裁决理由提出反驳,无论是否能够得到证成,都必须经过"公共领域"的理性论辩,否则任何有关法律的主张都难以成立。

56.9 有关法律的主张若要成为"公共意见"或"一致意见",提出主张者不仅要在实际论辩中以有效的论证说服特定听众,而且还必须以说服"普泛听众"并使之接受或者认同作为论证合理性、客观性以及有效性的标准。

56.10 凡能够证成自己的质疑或反驳(实在的法或法律体系)的主张,即使实在法或法律体系是统一有效的,质疑者或反驳者依其证成理由所从事的"拒绝遵从法律"的行为能够产生"反于法律"的实践差异的结果。[2]

56.11 凡不能证成自己的质疑或反驳(实在的法或法律体系)的主张,却意图拒绝遵从法律者,其行为不产生"反于法律"的实践差异的结果。

56.12 然而,无论实在法或法律体系有效性之信守者,还是实

---

[1] 参见本书命题10.17、10.22、10.23、10.24、10.25、10.26、10.27。
[2] 相关的论述,参见本书命题51.18。

在法或法律体系有效性之质疑者或反驳者,都必须面对这样一个事实:所有实在的法或法律体系都在一定的时间结构中存在。

56.13 时间也构成了一切论辩的条件。有些论辩(比如代际论辩、自我论辩)可以不是空间性的,但必然是时间性的。

56.14 时间展开一切存在者存在的历史,也终结存在者存在的历史。人与法律的历史也是时间展开和终结的过程。

56.15 于是,时间、历史、人和法治的问题,就自然进入法哲学的视野。

# 八｜时间、历史、人与法治

· 命题 57—64

- 57. 一切法律均处于一定的时间结构之中
- 58. 法律的历史并非空洞的时间序列
- 59. 因为有了人，法律的历史才不是空洞的
- 60. 法律是人的造物，人也被法律塑造
- 61. 不同时代的法律塑造不同类型的人类形象
- 62. 人治是理想的，但未必是现实的
- 63. 法治不是完美社会的完美原则，但无法治则无完美的社会
- 64. 世界的未来尚未可知，法治的使命尚未完成

## 命题 57 | 一切法律均处于一定的时间结构之中

57.1 一切事物在时间中生成，也在时间中消亡。

57.2 凡是具有天然运动和生死的存在者，均处在一定的时间结构之中。时间成为一切具有天然运动和生死的存在者之存在的既成性条件或承载形式，即：任何存在者都不可能在时间结构之外存在，它们均不可能脱离时间结构。[1]

57.3 时间也必然是法律之存在的既成性条件或承载形式。或者说，所有的法律总是处在一定的时间结构之中。[2] 没有时间，就没有法律，至少没有实在的法或法律体系。[3]

---

[1] Jes Bjarup/Mogens Blegvad, *Time, Law and Society: Proceedings of a Nordic Symposium held May 1994 at Sandbjerg Gods, Denmark*（Archiv für Rechts- und Sozialphilosophie, Beihefte 64）, Franz Steiner Verlag, Stuttgart 1995, pp. 1-128.

[2] 从时间角度来考察法律现象的专门论述，另见格哈特·胡塞尔：《法与时间：法哲学五篇论文》，法兰克福1955年版（Gerhart Husserl, *Recht und Zeit*, Vittorio Klostermann, Frankfurt am Main 1955, SS. 1-225.）；莱斯特·J. 梅佐尔：《时间视角中的法律》（Lester J. Mazor, "Law in the Eye of Time", in:Eugene Kamenka, Robert S. Summers, William L. Twining, *Sociological Jurisprudence and Realist Theories of Law*, Berlin 1986, Rechtstheorie Beiheft 9, pp. 151-156）；舒国滢：《时间结构中的法律》，载氏著：《在法律的边缘》，中国法制出版社2016年版，第65页以下；舒国滢：《宪法的时间之维》，载《法学研究》1999年第3期；舒国滢：《由法律的理性与历史性考察看法学的思考方式》，载《思想战线》2005年第4期。

[3] 黑格尔说："没有任何一种国家制度是单由主体制造出来的"，"它是（转下页）

57.4 时间结构揭示了法律的实在性:法律的生成、发展和消亡都是作为"发生的事件"嵌入在时间结构之中;时间结构的客观实在表明了法律的客观实在。[1]

57.5 或者说,无论法律的生成,还是法律的发展或消亡,它们均作为客观发生的事件"经历过"时间,在"时间刻度"上留下过可以作为客体加以观察和描述的"时间印记"。

57.6 然而,所有实在的法律并非是同时生成和消亡的,它们作为存在者分有统一的时间秩序,从中分离出"前后相继"或"前后中断"的时间片段(历史时段)。这些时间片段(历史时段)构成了各个实在法所处的"时间结构"。

57.7 显然,每个法律所处的时间结构是不尽相同的,它们各自在被创制的那一"时刻"就分离出属于其独有的时间片段(历史时段),这些时间片段本身是一个复合的时间结构。

57.8 要理解这个复合的时间结构,首先必须看到这样一种现象:所有实在法的生成、发展和消亡作为"发生的事件"都是在不同空间中进行的。我们不可以想象只有"时间之维"而无空间之维的实在法,否则实在法就变成了无任何空间广延性的一个一

---

(接上页)多少世纪以来的作品,它是理念,是理性东西的意识,只要这一意识已在某一民族中获得了发展。"([德]黑格尔:《法哲学原理》,范扬、张企泰译,商务印书馆1982年版,第291页)这个观点也可以用来说明法律的时间性和历史制约性。

[1] 舒国滢:《由法律的理性与历史性考察看法学的思考方式》,载《思想战线》2005年第4期,第42页。

个"时间线段",这样的"时间线段"仅仅可以假设,但绝非实然的存在体。

57.9 所有的存在体占据"空间",空间由于存在体的占据而被"切割"为无数的不均匀的、细碎的"区域";这些区域之间存在着可以用物理尺度测量的"距离",时间在经过这些空间距离时留有前后不同的"时差",或者说,时间不是"同时到达"这些所有被存在体所切分出来的"细碎空间"的。[1]这种时空性质恰好也构成了我们考察实在法的生成、发展和消亡之时间结构的出发点。[2]

57.10 笼统地说,法律所处的复合时间结构是呈现差异的"地方性时间"(或"区域时间")和统一的"世界时间"的相交叠的结构。"地方性时间"和"世界时间"都可以看作是空间化的时间和外部时间:世界时间是统一的外部空间化时间,地方性时间是呈现差异的外部空间化时间。从空间和时间的关系角度看,统一的世界时间中内嵌着无数的差异化的地方性时间。

57.11 所有的实在法都是在特定的空间(特定的国家或地区)生成、发展和消亡的,所以也可以说,实在法最初各自存续于差异

---

[1] 所以,经济学家杰瑞米·瑞夫金(Jeremy Rifkin)在《时间的战争》中指出:"每一种文化都有它自己独特的时间指纹。认识一个民族,其实就是去认识它如何使用时间。"(引自[美]罗伯特·列文:《时间地图》,范东生、许俊农等译,安徽文艺出版社2000年版,第1页)
[2] 舒国滢:"由法律的理性与历史性考察看法学的思考方式",载《思想战线》2005年第4期,第43页。

化的"地方性时间"之中:"地方性时间"作为一定空间的外部时间既是各个实在法的标度时间和记录时间(古老的民族各有自己的标度时间和记录时间,比如中国的"农历"),也是实在法作为"发生的事件"所经历的物理时间(生效的物理时间,失效的物理时间等)。

57.12 既然实在法不是在整个世界的所有空间有效的,实在法的生成、发展和消亡不可能一开始就是在"世界时间"中统一发生的事件。[1] 相反,它们之间缺乏时间上的连续性的递增或递减关系,也就是说,最初的实在法相互间处在离散的状态。在这种状态中,所谓统一的世界时间仅仅是统一的标度时间和记录时间,它们被用来标度和记录处在"地方性时间"中的实在法所存续的时间("流经的物理时间"),比如人们利用"公元"纪年时间来标度和记录某个国家或地区的某一部法律制定的时间和废止的时间。

57.13 在这个意义上,最初处在"地方性时间"的实在法并没有方向性;或者说,实在法没有共同发展的时间方向,它们并非一开始就共同地随着统一的世界时间从文明的"低级阶段"向某种统一文明类型的"高级阶段"发展。相反,实在法最初在地方性时间中"自生自灭",它们是本地化的、多类型的、孤立分布的。

57.14 既然最初的实在法的发展没有统一的时间方向,我们也

---

[1] 有关"世界的时间"概念,详见[法]费尔南·布罗代尔:《资本主义论丛》,顾良、张慧君译,中央编译出版社1997年版,第3章。

不可以将纯粹用作标度和记录功能的世界物理时间作为内在（主观）的价值时间来评断本地化的、多类型的、孤立分布的实在法，说它们中间的某些是"进步的"，另一些是"落后的""滞后的"或"脱节的"。[1]

57.15 本地化的、多类型的、孤立分布的实在法本身也不是推动世界向统一的时间方向演进的力量，应该说，世界经济的一体化才是这种推进的力量。[2] "世界经济的一体化"是在"世界时间"

---

[1] 故此，不应从短时段或单一的核心地区的文明标准来评价所谓"法治的进步"。在近现代法治的发展历史中，西方推动着世界的时间，与世界的时间的节奏同步，甚至主导和控制着世界的时间，相形之下，那些非西方国家在法治的发展上则似乎表现出某种"滞后"或"脱节"，所以，法治过程在更大的时空范围（超越西方文明圈）内呈现出"非均衡发展"（uneven development）的态势，甚至具有某种"颤动"（palpitating）的性质。但文明（包括法治文明）是一个长寿命—长时段的实在，我们不能用单个人的寿命去衡量它，甚至不能以单一的核心地区的文明标准来评价各种文明的短长优劣，或者更不能像某些人那样，把文明看作是单数的名词。尽管西方法治"在时间上的领先"也许使它在有关法治进步的判断上处于优势地位，但仅从短时间的角度来观察这个问题可能还是不够的，因为我们很难把在某一时间段中居于优位的"法治文明"看作是整个人类的"世界历史精神"或人类"统一的精神本质"的绝对反映。或者如汤因比所言，不管你同意还是不同意，文明具有多种，而不是只有一种。故此，对法治进步的评价，有时须参照多元文化的知识框架。关于空间的哲学分析，见［英］R. J. 约翰斯顿：《哲学与人文地理学》商务印书馆2000年版。关于法律地理的概念以及法律的地理学分析，见Kim Economides, "Law and Geography: New Frontiers", in: Philip A. Thomas（ed.）: *Legal Frontiers*, Dartmouth 1996, p. 180ss. 关于"非均衡发展""颤动"现象的描述，见安东尼·吉登斯：《社会的构成》，李康、李猛译，三联书店1998年版，第201页，第221页。

[2] 在此方面，可以参见美国历史学家、社会学家伊曼纽尔·沃勒斯坦（Immanuel Wallerstein, 1930—2019）的"世界体系"的论述。他认为：人类各民族的历史不是孤立地发展的，而是相互联系着发展和演变的，总是形成一定的"世界性体系"。但16世纪以前，"世界性体系"主要表现为一些"世界性帝国"（如罗马帝国、中华帝国等），到了16世纪，随着资本主义生产方式的发展，开始以西北欧为中心，形成"世界性经济（转下页）

中发生的事件,它打破了地方性经济的"地方性时间"结构,要求世界范围内的一切经济活动、经济行为与"一体化经济"的世界时间同步。由此,"一体化经济"的世界时间就不再仅仅是描述经济事件的标度时间和记录时间,它同时也成为世界内经济活动和经济行为的规范时间和评价时间。至少在一定的时期,"世界市场"主导和引领着"世界时间"的方向。

57.16 "世界经济的一体化"也把本地化的、多类型的、孤立分布的实在法"拖进"了经济的世界时间的过程。由此,本地化的、多类型的、孤立分布的实在法不可能只在"地方性时间"结构中生成和发展,它们必须因应经济的世界时间:要么与这种世界时间保持同步,要么被动地被这种世界时间拖行。无论如何,所有的实在法不再可能摆脱"世界经济的一体化"的时间结构。[1]

57.17 尽管"世界经济的一体化"未必导致"世界法律的一体化"的结果,也未必出现一个"法律统一的世界时间",但本地化的、多类型的、孤立分布的实在法在"世界经济的一体化"的时间结构中由碰撞、摩擦、冲突、竞争逐渐走向部分或整体的融

---

(接上页)体系"——资本主义的世界经济体,它是由中心区,半边缘区和边缘区这三个组成部分联结成的一个整体结构。([美]伊曼纽尔·沃勒斯坦:《现代世界体系》(第1卷)尤来寅等译,高等教育出版社1998年版,中文版序,第4页)

[1] 法国年鉴派史学的第二代代表人物费尔南·布罗代尔(Fernand Braudel, 1902—1985)曾经谈到"世界时间不可抗拒",见[法]费尔南·布罗代尔:《资本主义论丛》,顾良、张慧君译,中央编译出版社1997年版,第199页。

合、趋同。

57.18 但实在法在"一体化经济"的世界时间中的融合、趋同,并不表明它们的发展有明确的时间方向,也不表明它们呈现一种不偏离正轨的单线发展趋势。

57.19 总之,在"世界经济的一体化"作为"事件"发生之后,一切实在法的生成、发展和消亡均处在更加复杂的时间结构之中。[1]

57.20 每个观察者试图以有限的"时间视野"尽览复杂的时间结构中的法律之变迁因素,并且试图通过自己的时间构想来人为地规划法律发展、演进的时间方向,但是这种努力根本难以奏效。

57.21 立法者只可以在时间结构中筹划立法,但他们不能筹划时间结构,不能规划和确定时间的方向。

---

[1] 美国法人类学家霍贝尔(E. Adamson Hoebel,1906—1993)所指出的:"在法的进化过程中,没有一条笔直的发展轨迹可循,作为社会进化一个方面的法的进化,同生物界中各种生命形式的进化一样,不是呈一种不偏离正轨的单线发展态势。"([美]E. A. 霍贝尔:《初民的法律——法的动态比较研究》,周勇译,罗致平校,中国社会科学出版社1993年版,第323页)

## 命题 58 | 法律的历史并非空洞的时间序列

58.1 诚如上述,没有任何一种法律是无时间(适用一切时代)的,反过来说,所有的法律都具有它们各自的历史。

58.2 从外在观察者的角度看,法律在复合的时间结构中生成、发展和消亡所经历的时间过程就是它们各自的"历史"。[1]

58.3 法律的历史也可以看作是整个世界的"时间之流"上的"时间线段",[2] 这种时间线段可以用某种数学方法加以描述,因而又可以称为"时间序列"。

58.4 因为法律的生成、发展和消亡都是在复合的时间结构中发生过或正在经历的事件,它们的历史就是已经"流逝的"时间过程。

58.5 描述法律历史的时间单位可以是统一确定的标度时间单位,比如公历的"年""月""日(天)""时""分"等,[3] 也可以是不统一、不精确的约定时间单位,比如"阶段""时期""时代"等。前者多用来描述法律所实际经历的物理时间,

---

1 舒国滢:《由法律的理性与历史性考察看法学的思考方式》,载《思想战线》2005年第4期,第41—42页。
2 相关的论述,参见本书命题57.8。
3 参见吴国盛:《时间的观念》,北京大学出版社2006年版,第1章第1节。

后者既可能被法律历史研究者作为约定的时间单位来描述法律实际经历的物理时间，也可能更多地被法律历史研究者用来作为内在（主观）的价值时间单位，来评价法律实际经历的时间过程。

58.6 处在不同的"地方性时间"中的诸实在法之间不一定具有时间上的连续性关系，[1]但它们本身作为单个发生过或正在经历的事件，其时间过程则具有连续性、单向性、序列性，并且总是不断地向前流逝，尽管它们的"前方"未必有统一固定的方向。

58.7 正是在这个意义上，我们说，法律的历史作为已经"流逝的"时间过程是客观的、不可逆转的。人们不能把法律流经的时间过程倒转或重复，人们可以修改法律本身，但不可以修改法律的历史。

58.8 由于单个法律的历史具有连续性、单向性、序列性，我们同样可以用只表示次序先后、不表示方向的带箭头的"时间轴"来刻画其发生、发展和消亡的时间过程，将这个过程分解成不同的时间序列，譬如，"法律发生的时间序列""法律发展的时间序列""法律消亡的时间序列"等。

58.9 我们把法律历史的不同时间序列又可以分解为三种时间状态，即"开始的时刻""持续的间隔""结束的时刻"。无论法律的发生，还是法律的发展或消亡，它们的时间序列中均包含"开始的时

---

1 相关的论述，参见本书命题57.12。

刻""持续的间隔"和"结束的时刻"这三种时间状态。因为任何法律的历史都不可能是"瞬间"产生又"瞬间"消失，其变化速度接近于零的时间过程。迄今为止，人类历史上，还从未出现过时间短暂到需要用"标准秒"（1967年，第13届国际计量大会规定，以基态铯-133原子的两超精细结构能级之间的辐射周期的91926217700倍为1标准秒）来计算其发生、发展和消亡历史的法律。

58.10 当然，迄今也没有人尝试用精确化的计时单位（比如"标准秒"）来描述法律历史的时间序列。这取决于两个因素：（1）法律作为发生、发展和消亡的事件在时间过程中是相对"缓慢的"，没有必要以精密的时间测量单位对其时间过程进行监控和观察；（2）研究者对法律历史的认识兴趣不在于其经历的物理时间过程，而在于它们作为事件在历史上所产生的影响及其意义。

58.11 出于上述原因，研究者往往会采取不同的时间标准和时间单位来定位其所观察的法律所经历的时间过程，他们所描述法律历史的时间序列可能是不同的。比如，法国年鉴派史学的第二代代表人物费尔南·布罗代尔（Fernand Braudel）在《菲利浦二世时代的地中海和地中海世界》一书中提出了地理时间、社会时间、个体时间三个概念，[1]后来他把这三种时间称为"长时段""中

---

1 参见［法］费尔南·布罗代尔：《菲利浦二世时代的地中海和地中海世界》（第1卷），唐家龙、曾培耿等译、吴模信校，商务印书馆1996年版，"第一版序言"，第8—10页。

时段"和"短时段",其各自对应的历史事物分别称为"结构"（structures）、"局势"（conjunctures）和"事件"（evenements）。他认为,短时段是最变幻莫测的时间,对认识历史无济于事。短时段的历史只有在长时段、中时段的基础上才有意义。在布罗代尔看来,对人类社会发展起长期的决定性作用的是长时段历史,即结构。地理结构、社会结构、经济结构和思想文化结构支承或阻碍着历史,因此只有在长时段中才能把握和解释一切历史现象。历史学家只有借助于长时段历史观,才能够更深刻地把握和理解人类社会及其历史。[1] 布罗代尔的时间概念对于考察法律历史的时间序列无疑是可资利用的。但这并不妨碍另一些研究者（比如法社会学家）对法律作为"短时段"内所发生"事件史"的关注,他们会重视法律发生、发展和消亡的"随机"时间序列,重视短时段法律史中随机变化因素和变化量。

58.12 无论如何,法律历史的时间序列绝非仅仅是毫无意义、空洞的时间过程在时间轴上的次序显现、表示和记录,而是充实着"意义的"。

58.13 这种意义有待研究者们去发现、揭示并予以诠释。

---

[1] 费尔南·布罗代尔：《资本主义论丛》,第100—204页；高承恕：《布罗代尔与韦伯——历史对社会学理论与方法的意义》,载《社会学理论与方法研讨会论文集》,台湾地区1982年7月版,第104页及以下页。

## 命题 59 | 因为有了人，法律的历史才不是空洞的

59.1 归根结底，法律的历史是人的历史，是人存在（心理存在、社会存在与文化存在）的历史。

59.2 人在时间结构中生存，并非总是被动地受外在客观（物理）时间宰制。正是因为感受到外在客观（物理）时间流逝的不可逆转性，人类个体和整体均会自觉或不自觉地"利用"时间或时间机缘（时机），并以此来抗拒时间的流逝。在"用"的意义上，时间成了有价值的存在物、稀缺的资源：以"机不可失，时不再来"作为人的普遍时间意识，构成人们积极应对时间、创造超越人的生命时间限制之物的动力来源。

59.3 时机反映着人类行动与行动条件（包括自然条件和社会文化条件）之间的时间关系：当行动条件具备时，人们须"应时"行动，否则就"错失良机"；当没有行动条件或时机不成熟，人们须等待时机，否则"一失足成千古恨"，错误后果不可挽回。[1]

59.4 人类总是寻找时机采取行动以避免外在客观（物理）时间的

---

[1] 参见吴国盛：《时间的观念》，北京大学出版社2006年版，第2章"中国传统时间观"。

流逝，反抗时间宰制或者避免时间上不可逆转的行动失败或行动错误后果。而那些急于通过变革来抵抗时间之惯性流逝的人（比如革命者或改革家）甚至会通过行动来创造时机，企图以筹划时间来"压缩"时间演进的客观进程。

59.5 由此看来，在时间或时机的利用上可能存在着一个矛盾，即时间或时机流逝的必然与人们利用时间或时机的自由之间的矛盾，这个矛盾会影响人类的生存及相互行为的合作。故此，如何应对时间、使用时间和分配时间，成为需要规范的事项之一。

59.6 相应的，与时机相关的时间规度（历法、纪年、农时、时令、时效、祭日、劳动时间等）也构成法律规定的内容。比如，我国南朝《陈律》规定：当刑于市者，夜须明，雨须晴；晦（月末）、朔（月初）、八节（立春、春分、立夏、夏至、立秋、秋分、立冬、冬至）、六斋日（每月的八日、十四日、十五日、二十三日、二十九日、三十日）、月在张心日，并不得行刑。《唐律》规定，不论刑不待时或待时的案件，断屠月即正月、五月、九月，禁杀日即每月十直日：一日、八日、十四日、十五日、十八日、二十三日、二十四日、二十八日、二十九日、三十日，都不得行刑。这是我国古代"司法时令"规定的典型例证。不按时间规度进行活动的人有可能被认为是违反法律的，其应承担相应的法律责任或不利的法律后果（我国古代刑法对违反行刑时间都规定有轻重不等的刑罚）。[1]

59.7 法律本身的制定、颁行、修改和废止更是重要的时间规度事项，故此，法律一般要明文规定其生效的时刻、效力持续的时间以及终止效力的时刻。这样，行为人可以根据法律效力的时间规度来判断已行行为的法律性质，及时调整现行行为，或者按照生效时间范围内的法律筹划将行行为。[2] 裁判者也可以按照法律效力的时间规度来发现和鉴别"正式的法律渊源"和"非正式的法律渊源"，进而对待决事项做出合法裁判。

59.8 法律文本的意义也是在时间展开的过程（历史）中逐渐充实的。法律被创制之初，只是一个尚待完成的作品，它需要由时间来补充、完善并使之成熟。法律在一定的时间之点（时刻）上被立法者所创制，而又要经过一定时间的实践来逐渐展现其实际的作用，从"本本上的法"转化为"行动中的法""活的法律"（lebendiges Recht），从"宣示性"的法律嬗变为"可诉性"的法律。

59.9 上述过程再一次显示出人对法律"历史"的独特参与方式：法律适用者并非机械、被动地利用凝固在历史时间中的立法者作品，而是通过"解释"来参与法律意义的重构，不断在规范与规

---

[1] 见舒国滢、宇培峰：《"司法时令说"及其对中国古代司法制度的影响》，载《政法论坛》1996年第4期，第89—93页。
[2] 相关的论述，参见本书命题19.1。

范之间、规范与事实之间双向对流解释中将其意义期待、目的愿望和功能意向重构"投射"于法律之上,[1]从而澄清法律文本的意义。或许我们可以用德国哲学家伽达默尔(Hans-Georg Gadaner)的哲学解释学(诠释学)的思想说,法律适用者在适用、解释法律的过程中从其当下的解释学(诠释学)处境和自己特有的视域出发,通过弥平自我与立法者或法律文本之间所存在的"历时性鸿沟",拉近处在不同历史情境中的主体之间的"时间距离",通达立法者的历史情境,实现一种融通立法者视域与法律适用者/解释者视域而又超越这两者视域的"视域融合"(Horizontverschmelzung),这种视域融合最终体现在一种效果历史(Wirkungsgeschichte)之中。在时间结构上,效果历史本身则表现出"外在客观时间"与人作为主体的"内在时间"(主观时间)之差异和统一。

59.10 我们从人对时间过程或历史的参与方式也可以看出人作为主体的"内在时间"(主观时间)在构成上的复杂性:由于人的精神具有可以超越物理时空的性质,人的"内在时间"(主观时间)也可能超越外在客观的线性时间之轴。也就是说,在人的"内在时间"(主观时间)结构中会混合多种时间或时间序列,比如在人的内在"共时态"时间中包含着不同的"历时态"时间。或者如德国哲学家莱布尼兹(Gottfriend Wilhelm von Leibniz)所言,现在

---

[1] 就此内容,亦见本书命题17.18。

包含着过去，而又充满了未来。[1]

59.11 法律作为人类创造的一种"文化"，在其流传过程中也具有与人的"内在时间"（主观时间）相似的时间性质和时间结构。或者说，法律文化在历史流转中，有可能产生前后期时间形态在内在时间上的交织缠绕，呈现出不同历时态的文化时间形态，在共时态结构上的同时聚合现象。比如，在中国当代法律文化的这个"共时态"结构中，同时混合有前现代（传统）、现代与后现代三种"历时态"法律文化的时间形态，形成了一种由前现代、现代与后现代混合构成的"时间叠合"现象。[2]

59.12 总之，在法律的历史中交织着时间的宰制（有人称"时间的暴政"）与人的时间因应及反抗，扭结着客观（物理）时间的流逝与人类对时机的利用之紧张关系，混合着"外在客观时间"与人作为主体的"内在时间"（主观时间）之对立统一。[3]

---

[1] 引自［德］恩斯特·卡西尔：《人论》，甘阳译，上海译文出版社2013年版，第83—84页。另见吴国盛：《时间的观念》，北京大学出版社2006年版，第7章（尤其是有关"莱布尼茨—克拉克论战"的论述）。
[2] 参见舒国滢：《中国法治建构的历史语境及其面临的问题》，载《社会科学战线》1996年6期，第70页。
[3] 近代以来，西方的法治知识，借助西方文明在近代史上的成功以及西方国家目前在经济、政治、军事等领域的强势而不断向后发展中国家渗入，愈来愈成为世界走向趋同和一体化的整合性知识和力量之一，表现为由"核心地区"向"半边缘地带"和"边缘地区"的推进。在这个过程中，既有半边缘地带—国家和边缘地区—国家对核心地区—国家的法治文化—知识的主动继受，也有它们的被动选择；既有核心地区—国家对半边缘地带-国家和边缘地区—国家的纯文化的输出和交流，也有前者对后者在军事、政治、经济和文化等方面的征服。而且，随着技术—经济一体化进程的加快，便利交通所造成的时间—空间距离的"收缩"或"时空收敛"现象（time-space convergence）（安东尼·吉（转下页）

59.13 法律的历史之所以不是空洞的,就在于人类个体和群体对时间的参与。[1]

---

(接上页)登斯:《社会的构成》,第200页及以下页),人类的活动也愈来愈趋向一种所谓机械的"标准化运动"(罗伯特·列文:《时间地图》,第89页),这在客观上强化了法治知识的整合和趋同性,使西方法治的传播呈现出某种惯性。但问题的另一面是,随着世界整合与一体化趋势的出现,一种与自然生态平衡失调相伴行的所谓"文明—文化生态平衡失调"现象也就出现了:文明的趋同性将破坏现有的世界文明—文化的生态多样性。在此情形下,那些处于"低发展阶段"的或属于弱势的文化圈的民族—国家(地区),反而激活其"族性意识"(ethnic consciousness)和本命文化的认同感,以求得在文化生态竞争中续造本民族—国家文化的生存力和竞争力。就法治而言,其趋同过程中也必将遭受到多样态文明—文化的阻力,各民族在应对西方法治知识普遍化的压力时将从本民族文化的语境来解释甚至解构这种知识,所以,未来的法治话语中也必然会包含有非西方知识的内容,这不是纯粹意志的妥协,而是文明—文化生态平衡的结果(参见舒国滢、程春明:《西方法治的文化社会学解释框架》,载《政法论坛》2001年第4期,第142页)。
[1] 舒国滢:"由法律的理性与历史性考察看法学的思考方式",载《思想战线》2005年第4期,第42页。

## 命题 60 | 法律是人的造物，人也被法律塑造

60.1 法律的历史作为人的历史，绝不仅仅因为人是创制法律的主体，而且更重要的原因在于：人创制法律的目的也是为了人。[1]

60.2 从上述一点出发，我们可以说，法律的问题，也是一个法律如何想象（设想）人，如何打算对人起作用，法律采取什么方式对待人的问题。

60.3 换言之，如何想象（设想）人，如何打算对人起作用，采取什么方式对待人的问题，是一个如何在法律上呈现并准备加以法律规定的人类形象（das Bild des Menschen）问题。[2]

---

[1] 关于历史中的"人"本身的思考，一直构成近代思想家的主题。比如，17世纪法国著名数理科学家、詹森派宗教哲学家巴莱西·帕斯卡尔（Blaise Pascal, 1623—1662）所写的《思想录》中说："人类并不知道要把自己放在什么位置上。他们显然是走入了歧途，从自己真正的位子上跌下来而再也找不到它。他们到处满怀不安地而又毫无结果地在深不可测的黑暗之中寻找它。"（［法］帕斯卡尔：《思想录》，何兆武译，商务印书馆1995年版，第186页）德国哲学家马克斯·舍勒（Max Scheler, 1874—1928）也指出："……所有核心问题均可归结为这样一个问题：人是什么，人在存在、世界和上帝的整体中占据何种形而上学的位置？"（［德］M. 舍勒：《爱的秩序》，林克等译，三联书店1995年版，第183页）

[2] 古斯塔夫·拉德布鲁赫指出，这样一种人类形象在不同的法律发展时代是变化着的。人类呈现的形象的变化是法律史上的"划时代"的变化。对于一个法律时代的风格而言，重要的莫过于对人的看法，它决定着法律的方向（Gustav Radbruch, *Der Mensch im Recht*, Vandenhoeck & Ruprecht Verlag, Goettingen, 1957, S. 9. 另见［德］古（转下页）

60.4 不过，在认识"人"的本质及其存在的形而上学地位时，自古以来智者们解说各异，尚无定见，诸如："唯人万物之灵"（《尚书·泰誓》），"人是理性的存在"，"人是万物的尺度，是存在者存在的尺度和不存在者不存在的尺度"（普罗泰戈拉），[1] 人在本能上"是一个政治（城邦）的动物"（亚里士多德），[2] "人是机器"（拉·梅特里），[3] 人是"制造工具的动物"（富兰克林），[4] 人是"一个感性实体"（爱尔维修），人是一个"感性"的类存在物（费尔巴哈），人的本质是"一切社会关系的总和"（马克思），[5] 人是"符号（文化）的动物"（恩斯特·卡西尔），人是"尚未决定的动物"和"有病的动物"（尼采），等等。

60.5 "人"也是法律加以定义的概念，因为法律针对什么"人"

---

（接上页）斯塔夫·拉德布鲁赫：《法律上的人》，载氏著：《法律智慧警句集》，舒国滢译，中国法制出版社2016年版，第168页）。

1 北京大学哲学系外国哲学史教研室编译：《西方哲学原著选读》，商务印书馆1988年版，第54页。

2 亚里士多德指出："等到由若干村坊组合而为'城市（城邦，πόλις）'，社会就进化到高级而完备的境界，在这种社会团体以内，人类的生活可以获得完全的自给自足；我们也可以这样说：城邦的长成出于人类的'生活'的发展，而其实际的存在却是为了'优良的生活'。……由此可以明白城邦出于自然的演化，而人类自然是趋向于城邦生活的动物（人类在本性上，也正是一个政治动物）。凡人由于本性或由于偶然而不归属于任何城邦的，他如果不是一个鄙夫，那就是一位超人……"（［古希腊］亚里士多德：《政治学》，吴寿彭译，商务印书馆1983年版，第7页）

3 参见［法］拉·梅特里：《人是机器》，顾寿观译、王太庆校，商务印书馆1996年版，第11—74页。

4 引自马克思：《资本论》，人民出版社1975年版，第204页。

5 《马克思恩格斯选集》第1卷，人民出版社1974年版，第18页。

而制定，保护什么"人"的利益和权利，对什么"人"课予义务和责任是一切法律必须首先解决的问题。相应的，如何看待人、人性及人在社会生活中呈现的映像，对于立法者如何正当地制定法律，执法者如何正确地应用法律具有重要的意义。

60.6 人类形象的各个侧面，如好与坏、善与恶、贫与富、强与弱、自利与利他、仁爱与残暴、文明与野蛮、和平与好战，等等，矛盾地交织、组合，就构成了一个人、一个团体、一个民族和国家的现实形象。[1] 法律在历史上的作用表现在：它通过规定人们的行为模式，树立"理想类型的"人类形象，作为一种"架构"（Gestell）的技术引导人类"先行筹划"（vorentwerfen）自己的生活。[2]

60.7 如果借用所谓"分层思考"（Schichtgedanken）的图式，[3] 我们可以把上述有关人的想象化约为一个"人类分层构造"（Schichtenaufbau des Menschen）[4] 的观点：人实际上生存于多种秩序

---

[1] 舒国滢："战后德国法哲学的发展路向"，载《比较法研究》1995年第4期，第347页。

[2] "架构"（Gestell）是德国现代哲学家、20世纪存在主义哲学的创始人和主要代表之一的马丁·海德格尔（Martin Heidegger, 1889—1976）用来分析技术的性质而使用的概念。在德文中，Das Gestell的日常用语指"座架"，海德格尔赋予该词新的含义，指"构设"。在他看来，Gestell是一种去蔽的方式，它统辖着近现代技术的本质，而近现代的根本地位"是技术性的"，技术构成了近现代的人与其置身的世界维持的关系类型的特征（见［法］阿兰·布托：《海德格尔》，商务印书馆1996年版，第97—101页）。

[3] 对此问题，德国法学家海因里希·亨克尔（Heinrich Henkel, 1903—1981）在其出版的《法哲学导论》中的分析是有参考价值的。（Heinrich Henkel, *Einführung in die Rechtsphilosophie: Grundlagen des Rechts*, 2. Aufl., C. H. Beck'sche Verlagsbuchhandlung, München 1977, S. 242ff.）

[4] Erich Rothacker, *Die Schichten der Persoenlichkeit*, 5. Aufl., H. Bouvier Rysdorp, Bonn 1952.

之中[1]——人是自然的存在体（生物学意义上的"人"，Mensch），他具有动物的生命本性，遵循着体现某些动物本能的规律性；人是社会的存在体（社会关系意义上的"人"，具有"类本质"的人，Gattung，或者 Menschen），其具有社会（关系）的属性；人是制度—规范的存在体（社会规范赋予人格意义上的"人"——"人格体"或"主体，Person，Subject"），他具有抽象的人格属性。[2]

60.8 人的这三个向度的存在，从本质上讲是有层别高低的差别的：人的自然存在是最低的存在形式，但这种存在又为其社会存在和制度—规范存在提供了"质料"（没有自然存在，就没有其他形式的存在）；人的制度—规范存在是比前两种存在更高的一种存在形式，它吸收了人的自然存在和社会存在的"质料"，而又赋予人更抽象的、更高的精神本质（geistiges Wesen）。之所以说它是人的存在的较高阶段（层别），是因为人在前两种存在中具有不可避免的缺陷［人在自然进化中身体结构的"非专门化"[3]可能使人的

---

[1] 托马斯·阿奎那指出：在人的身上存在着一个三重性的秩序：由理性的统治所产生的秩序；与神法为指导原则的秩序；社会—政治秩序（［意］托马斯·阿奎那：《阿奎那政治著作选》，马清槐译，商务印书馆1963年版，第104页）。

[2] 黑格尔在《法哲学原理》第3篇第2章谈到"需要的体系"时如此阐释"人"的概念："在法中对象是**人**（Person），从道德的观点说是**主体**，在家庭中是**家庭成员**，在一般市民社会中是**市民**（即bourgeois［有产者］），而在这里，从需要的观点说是具体的**观念**，即所谓**人**（Mensch）。"（［德］黑格尔：《法哲学原理》，范扬、张企泰译，商务印书馆1982年版，第205—206页）

[3] 关于人体构造的非专门化的哲学分析，见［德］蓝德曼：《哲学人类学》，彭富春译，工人出版社1988年版，第210页及以下页。

某些自然本能退化或丧失，不能像其他动物那样依靠本能抵御天敌的进击，人的群居生活（社会存在）弥补了这种缺损；[1]但人在社会存在中同样是有缺陷的，如竞争，利益冲突，奴役，社会纠纷等］，需要人的制度—规范存在作为它们的补救。

60.9 换言之，正是由于在自然存在和社会存在中具有不完善性，人在逻辑上和本质上必然是要选择制度—规范的存在形态。在这个意义上，我们似乎可以依循亚里士多德的思路接着说：人在本能上是一个制度的动物。

60.10 人的法律存在是其制度—规范的存在的一个特殊部分，是人类社会"朝着人的情绪愈益得到控制，社会愈益整合的方向前进"所必然要求的一种存在形式，我们甚至还可以说这种存在使人在趋向"文明"的同时，避免过早地走向种群的灭绝。进入文明时代以后，人类社会离开人的法律存在，是不可想象的。

60.11 法律上的"人"是一个由法律赋予其身份—角色的人，一个抽象的人格体（Person），一个通过法律获取其相应本质的主体（权利和义务的担当者），一个戴着法律"面具"的人（拉丁文 Persona，本义指"泥制或木制的面具"，转义为"角色""人

---

[1] 德国哲学家约翰·戈特利布·费希特（Johann Gottlieb Fichte，1762—1814）指出："人只有在人之中才能成为人。如果人全然存在，那么人必然是复数。"（引自蓝德曼：《哲学人类学》，第267页）

格"），¹一个"经验的（人）平均类型"（Durchschnittstypus）。²

60.12 在这里，人格这样一个抽象的法律概念具有多方面的意义：³（1）它是法律上拟制的"人"的属性，在此意义上，一个生物意义上的"人"（Mensch，如罗马法上的"奴隶"），未必就是一个法律上的"人"（Person）。⁴（2）法律上的"人"在法律上的地位取决于他/她所具有的人格构成（如国籍、性别、年龄、出身等），不同的人格构成决定着"人"具有不同的权利和义务。（3）法律人格的泛化，使法律上的"人"不仅指自然人，也可能指法人（组织、团体或国家）。（4）人格使人的法律地位具有继承—延续和可以变更的性质（如罗马法上的"人格减等"，Captis

---

1 Sir William Smith and Sir John Lockwood, *Chambers Murray Latin-English Dictionary*, London/Edinburgh 1976, p. 534.
2 Radbruch, *Der Mensch im Recht*, S. 16. 汉译，见古斯塔夫·拉德布鲁赫："法律上的人"，载氏著：《法律智慧警句集》，第172页。
3 见舒国滢：《"人"的法律意义》，载《法律学习与研究》1990年第2期，第63页及以下页。
4 Persona这个拉丁词，"最初是指演戏时使用的面具，并引申出'角色'的含义。在法律术语的含义上最初是指权利的客体，例如物品和奴隶，后来逐渐被改指'个人'，并且要将奴隶排除在外，人们甚至说奴隶不具有人格（non habent personarm）。"（黄风编著：《罗马法词典》，法律出版社2002年版，第197页）故此，盖尤斯在《法学阶梯》中有如下论述："所有的人，或者是自由人（liberi）或者是奴隶（servi）。"（［古罗马］盖尤斯：《盖尤斯法学阶梯》，黄风译，中国政法大学出版社2008年版，第3页）"在自由人中，有些是生来自由人（ingenui），有些是解放自由人（libertini）。""那些出生就自由的人是生来自由人。那些摆脱了法定奴役地位的人是解放自由人。"（同上）"解放自由人也有三种，或者是罗马市民（cives romani），或者是拉丁人（latini），或者属于归降者（dediticiorum）。"（同上）在笔者看来，这是一种典型的"人类分层构造"的法学观点。

deminutio[1]）。

60.13 从人作为自然的存在体、社会的存在体和制度—规范的存在体相区分的角度，从法律上的"人"和生物学意义上的"人"之不同，我们可以看出，人也被法律塑造。

---

[1] 盖尤斯指出："人格减等（Captis deminutio）是对先前地位的改变，它以三种方式发生：实际上，人格减等或者是最大的，或者次之，有人称之为中等的，或者是最小的。"（盖尤斯：《盖尤斯法学阶梯》，第44页）"当某人同时丧失市民籍和自由权时，人格减等是最大的"（上揭书，第44页）；"当丧失市民籍、但仍保留自由权时，人格减等次之，或者叫中等的"（上揭书，第45页）；"当市民籍和自由权仍然保留，但个人地位却被改变时，人格减等是最小的"（上揭书，第45页）。

## 命题 61 | 不同时代的法律塑造不同类型的人类形象

61.1 一般而言，正确的法（richtiges Recht）在很大程度上取决于正确的人类想象或者以人的某种理想类型（Idealtypus Des Menschen）、人类理想形象作为出发点。

61.2 但在法律上，什么样的人类想象才是"正确的"？什么样的人的类型或人类形象才是"理想的"？对这样的问题，不同时代的法律是通过塑造不同类型的人类形象加以回答的。

61.3 所处时代的社会团体的生活式样、财产占有—分配形式以及个人的社会角色，构成法律塑造人类形象的现实基础：所有的法律均基于这样的现实基础来想象人或者设计其所要求的人类形象，而不是预先已经有正确的人类想象或理想的人类形象。

61.4 最早的法律大体上均诞生于那种血脉相系的、"温热的"社会母体，即作为"直接伦理关系"[1]和"自然生活"形式的礼俗社会（die Gemeinschaft）。在这样的社会，"团体"（氏族、部

---

[1] 黑格尔把家庭定义为"直接的或**自然的**伦理精神"，认为"婚姻作为**直接伦理关系**首先包括**自然生活**的环节"（［德］黑格尔：《法哲学原理》，范扬、张企泰译，商务印书馆1982年版，第173页，第176页）。

落、家庭、公社、乡村及其他"特定团体")被视为"永久的和不能消灭的",而法律的创制则不过是为了要适应这样一个独立团体的制度。在此制度之下,法律以人的义务为出发点和重心,[1]强调"集体(团体)人格"和集体利益。权利和义务的分配决定于一个人在礼俗社会中所具有的角色(领主与家臣、族长与一般家族成员、家长与家子、丈夫与妻子,等等)、身份和地位。换言之,在"团体"之中,权利义务绝非"个人之事",而是共同体之事。[2]

61.5 进一步讲,在礼俗社会中,每个人的"人格"来自其归属的"团体",人与人之间的法律关系也来自其所归属的"团体",而且该"团体"也承认此人归属于它。[3]在"团体"(比如家庭)之内,每个人必须为集体的利益做出贡献(比如,为了家族的和平承担战争的义务),反过来,集体也一定会为此人提供必要帮助和社会安全。在法律关系中,真正能够代表团体之集体人格的是团体的首领,即族长、家长或者其他类似的主体,他们对内发号施令,对外享有团体的"全权",并承担义务或责任。故此,早期礼俗社会的法律制度所塑造的人类形象是一种"良家父"的形象或者标准。

---

[1] 在伦理关系中,"法律和权力这些实体性的规定,对个人来说是**一些义务**,并拘束着他的意志的……。在义务中,个人得到解放而达到了实在性的自由。"(黑格尔:《法哲学原理》,第167—168页)

[2] 黑格尔论述家庭时指出:"家庭的权利严格说来在于家庭的实体性应具有定在,因此它是反对外在性和反对退出这一统一体的权利。"(黑格尔:《法哲学原理》,第176页)

[3] 例如,"在家庭中,人们……意识到自己是在**这种统一中**,……从而使自己在其中不是一个独立的人,而成为一个**成员**"(黑格尔:《法哲学原理》,第175页)。

61.6 "良家父"（bonus pater familias）是谨慎的、勤勉的、奉行诚实信用、有责任担当之人的代名词。只有当一个人不仅在角色和身份上是"家父"，而且确实能够妥善管理家庭事务，能够尽到家父之责，才会是一个合格的"家父"或"良家父"，其享有处理家族事务的全权。以这种标准来考察礼俗社会的法律对权利的赋予，我们就会注意到，这个时期的权利并不是以权利人的个人自由、个人利益为基础，而是以权利人个人的角色—责任担当或者义务为基础。或者说，礼俗社会的法律权利是一种渗透着义务、承载着义务的权利，是满足按照义务要求履行之期待的权利。

61.7 早期礼俗社会的法律正是以"良家父"形象或标准来安排或设计各项制度的。譬如，在私法上，无论所有权制度，还是债权、婚姻、继承制度，乃至法律责任制度，都不同程度地体现出"良家父"形象或标准。于是，"良家父"形象或标准在礼俗社会的法律上就具有了规范的意义，成为事实上的人是否属于法律上的人之评价尺度。[1]

61.8 随着传统的礼俗社会逐渐解体，取而代之的是强调"独立

---

[1] "在评价某人是否履行了一般人的勤谨义务（diligentia）时，罗马法学家通常把'善良家父'作为'一般人'的榜样，从而使其成为一种抽象的尺度。在有些情况下，法律把是否履行了善良家父的勤谨注意确定为某人是否具有过失（culpa）的标准。"（黄风编著：《罗马法词典》，法律出版社2002年版，第43页）

的个人""自我管理"的市民社会。[1] 市民社会中的"人"不再是传统礼俗社会中被"团体"赋予人格的"共同体伙伴",而是"个人"或"私人"。这种"个人"或"私人"可以从不同的侧面来加以观察:(1)他/她是一种脱离了礼俗社会关系的"陌生人"。这里的"陌生人"应该理解为:在市民社会中,任何个人均把自身以外的人(他人)或集体看作是其利益上的"异己者",而非礼俗社会团体关系中利益休戚相关、不可析离的熟悉"伙伴"或自我利益托管者。(2)他/她"把本身利益作为自己的目的"。[2] (3)他/她是理性的"意志自由的"主体,是能够独立表达意志、分享利益的人,是自我行为的主宰者。(4)他/她是能够判断自己的行为性质,并能够独立承担责任的主体,即享有"权利能力"和"行为能力"的自然人。(5)他/她是可以通过与他人签订"契约"(合同)来自由交换利益的"权利人"或者"义务人"。(6)他/她是真正意义的"法律上的人",即独立的法律关系主体。

---

[1] 按照黑格尔的理解,市民社会"是处在家庭和国家之间的差别的阶段",在这个阶段,"特殊的人在本质上是同另一些这种特殊性**相关**的,所以,每一个特殊的人都是通过他人的中介","每个人都以自身为目的,其他一切在他看来都是虚无。……因此,其他人便成为特殊的人达到目的的手段。"(黑格尔:《法哲学原理》,第197页)。
[2] 也就是说,在市民社会中,"个别的人,作为这种国家的市民来说,就是**私人**,他们都把本身利益作为自己的目的。"(黑格尔:《法哲学原理》,第201页)在这里,"利己的目的,就在它的受普遍性制约的实现中建立起在一切方面相互倚赖的制度。个人的生活和福利以及他的权利的定在,都同众人的生活、福利和权利交织在一起,它们只能建立在这种制度的基础之上,同时也只有在这种联系中才是现实的和可靠的。"(上揭书,第198页)

61.9 这样,市民社会中的"人",就从礼俗社会、家庭中蜕离出来,以利益为联系纽带形成新的有规则的关系。这是一种抽象的和一般性的社会关系,"人"在此抽象关系中获得其抽象的人格,它抽离了生物人(Mensch)的物理性质,抽离了精神—道德人的个性差异,抽离了"生活人"之多样性需求。人,仅仅成了一个"经济人"(homo economicus),一个按照"商人"的形象塑造出来的、完全逐利的、精于算计的"聪明人",[3] 一个懂得完全行使"自由意志"的"权利的动物"。[4]

61.10 法律在其一切部门中均将目标定向于个人主义的、理智主义的人之(形象)类型,它们不再把义务,而是把引诱单个人的利益作为法(权利)的出发点。

61.11 自此,"商人"的形象取代"良家父"形象而在法律上具有规范意义:不管社会中实际存在的人是否都像商人一样"精明",但法律上把所有的人都一视同仁地当作"商人"看待,甚至劳工也被视为"苦力"这种商品的出卖者。

61.12 将人类形象想象为"商人"形象的法律有一个基本的预设:法律只为聪明人而立。社会中可能实际上存在着大量"肠柔心软、愚拙憨脑和慵懒随意"之人,存在着不知法律和权利为何物的

---

[3] Radbruch, *Der Mensch im Recht*, S. 12ff. 汉译,见古斯塔夫·拉德布鲁赫:"法律上的人",载氏著:《法律智慧警句集》,第171页。
[4] 参见谢鸿飞:《现代民法中的"人"》,载《北大法律评论》第3卷第2辑,法律出版社2001年版,第139页。

芸芸众生，存在着精神病人、弱智者，但在法律看来，这些形形色色的事实上的人不是人的理想类型，不是法律所要确立的典型人类形象。这些事实上的人在法律上是否具有权利，具有什么样的权利，完全取决于其是否符合以及在多大程度上符合或接近"商人"形象。

61.13 在以"商人"作为理想的人类形象的社会中，一系列以个人权利为本位的法律原则（如"法律面前人人平等""私有财产神圣不可侵犯"）、法律制度得以确立。这些法律制度将个人在政治、经济、社会生活诸领域的权利神圣化和具体化，使个人的权利（人权、公民权、财产权，如此等），逐渐积淀为近现代政治法律的内在精神——自由主义精神，成为各种利益集团、国家之间在处理政治（民主）、经济事务乃至国际关系时相互较力的筹码。

61.14 于是，"人"的权利，越来越具有某种拜物教的地位。[1]一个的崇尚"权利"的时代从此产生。[2]

---

[1] 参见舒国滢：《我们这个时代需要什么样的法律精神？——戴维·塞尔本新著〈义务原则〉的视角》，载《社会科学战线》1995年第6期，第273页。

[2] 英国法学家亨利·詹姆斯·萨姆纳·梅因（Sir Henry James Sumner Maine, 1822—1888）指出：在西方法律的发展史上，也就开始一个从"身份"到"契约"的演进运动（[英]梅因：《古代法》，沈景一译，商务印书馆1984年版，第97页）。从另一方面看，它也是从"义务本位"到"权利本位"的演进运动。一个崇尚"权利"的时代产生了，西方法治制度也同时相伴而生。不过，在这些抽象的制度生存中，那些"肠柔心软、愚拙悲脑和慵懒随意"之人被"制度的光芒"遮蔽了，我们有时根本看不到其在制度上的身影（Radbruch, Der Mensch im Recht, S. 13. 汉译，见古斯塔夫·拉德布鲁赫：《法律上的人》，载氏著：《法律智慧警句集》，第173页）。

61.15 不过，总体上看，法律上的"人"必然也是一个关系的概念，它反映着"人—规范（法律）—社会"之间宏观架构的关系，同时在"人"这个界面上又反映着"国家（统治者，治理者）—公民（被统治者，被管理的对象）"之间的具体联系。而且，它也涉及治理理性与市民社会，统治权力与基础权力，政府治理与自我治理之间复杂的相互作用关系。[1]

61.16 对处在这些关系中的"人"的想象和认识不同，就构成了历史上一切人类社会治理技术（制度）设计的出发点，由此也形成了所谓"人治"理念和"法治"理念的知识分野。[2]

---

[1] 参见李猛：《论抽象社会》，载《社会学研究》1999年第1期，第3-30页。
[2] 舒国滢、程春明：《西方法治的文化社会学解释框架》，载《政法论坛》2001年第4期，第144—145页。

## 命题 62 | 人治是理想的，但未必是现实的

62.1 人类治理本身是一门艺术。[1]

62.2 既然治理是艺术，那么，它首先得遵循和符合"美学法则"。所谓治理的"美学法则"，是指治理社会或国家时所应体现的美学标准，比如"统一协调""对称均衡""自然和谐"。[2]

62.3 按照美学法则来治理社会或国家，来自这样的一种想象或者一种期待：在人类历史的长河中一定存在一幅符合"美学"标准的理想社会或理想国家的图画；[3] 即使不存在这样一幅图画，人类依靠自身的努力也可以亲手勾勒出这样一幅"又新又美的"图画。[4]

---

1 李猛：《论抽象社会》，载《社会学研究》1999年第1期，第3—30页。
2 比如，柏拉图在《理想国》中指出："一个按照自然建立起来的国家……是有智慧的。"（［古希腊］柏拉图：《理想国》，郭斌和、张竹明译，商务印书馆1995年版，第147页）
3 柏拉图借苏格拉底之口提问："无论哪一个城邦，如果不是经过艺术家按照神圣的原型加以描画，它是永远不可能幸福的？"（柏拉图：《理想国》，第253页）
4 柏拉图《理想国》中有这样两段对话："阿……但是请你告诉我，这个图画怎么描法呢？苏：他们将拿起城邦和人的素质就像拿起一块画板一样，首先把它擦净；这不是件容易事；但是无论如何，你知道他们和别的改革家第一个不同之处就在这里：在得到一个干净的对象或自己动手把它弄干净之前，他们是不肯动手描画个人或城邦的，也不肯着手立法的。"（柏拉图：《理想国》，第253—254页）

62.4 不同时代的理论家们笔下曾经描绘过这幅图画，其图画中的"唯美的人间世界"，曾经被冠以不同的名称，如"理想国""乌托邦""太阳城"，等等。

62.5 要像绘画一样来治理社会或国家并非轻而易举之事，它应具备一些必要的条件：（1）必须要有一位适格的"政治画家"，即治理者；（2）这位政治画家（治理者）不仅具有绘画的天赋（治国天才），而且必须经过"政治绘画"的专门训练和严格选拔；（3）这位经过训练、选拔而最终达到适格要求的政治画家，必须在特定的时刻具有政治绘画创作的冲动或激情；（4）最重要的，这位政治画家必须有"一块干净的画布"（古希腊哲学家柏拉图语），即：他具有可供其进行政治治理试验的"城邦"（国家）以及经过"精神纯化"的人民。[1]

62.6 这就是自古以来流传甚广，我们已经耳熟能详的"人治"理念。

---

[1] 卡尔·波普尔对柏拉图"擦净画布"的唯美主义政治纲领的批判是非常深刻的（Karl Popper, *Open Society and Its Enemies*, Vol. 1., Routledge, London 1945, Chap. 9. 汉译，见〔英〕卡尔·波普尔：《开放社会及其敌人》第1卷，陆衡等译，中国社会科学出版社1999年版，第9章）。艾伯特·A. 埃伦茨威格（Albert A. Ehrenzweig）在他的论文《美学与法哲学：一个心理学的探索》中警告说："一个独裁者喜欢在其权力的弱暗处，在抽象的艺术中为他的'具体的'法寻找和追求某种恐怖……"他具体分析了当代"非诗"（Nicht-Gedicht）、非画（Nicht-Bild）、非表演戏剧等新潮艺术可能导致一种"非法"（Nicht-Recht）的可能性（Albert A. Ehrenzweig, "Ästhetik und Rechtsphilosophie: Ein psychologischer Versuch", in: Michael Fischer, Raimund Jakob, Erhard Mock, Helmut Schreiner〔Hrsg.〕, *Dimensionen des Rechts: Gedächtnisschrift für René Marcic*, Erster Band, Duncker & Humblot, Berlin 1974, SS. 3-20）。

62.7 显然，在人治理念中，有其独特的人类想象或者理想的人类形象的设计，这又包括两个方面：（1）治理者的"人类形象"。人治理念中的治理者是一个至强、至辨、至明的"圣人"（或具备"士魂治才"的哲学王，贤良君主）的形象，即拥有全知的智慧、理性和完善的品德之统治者，比如，柏拉图所言的"哲学王"形象，中国古代孔孟学说中的"内圣外王"之贤君形象，莫不如此。但无论"哲学王"还是"贤君"，均须由"武士"护国或"文臣"辅政。（2）被治理者的"人类形象"。在人治理念中，被治理者是应当予以道德教化之民，只有通过"以德化民"，使民"有耻且格"（孔子），则国家或者社会可达"大治"。

62.8 经过"政治画家"勾勒出来的"人治"图景是一幅人人"各安其位，各司其职"的均衡、和谐的美景；或如先秦荀子所描绘的那样："故仁人在上，则农以力尽田，贾以察尽财，百工以巧尽械器，士大夫以上至于公侯莫不以仁厚知能尽官职，夫是之谓至平。"（《荀子·荣辱篇第四》）

62.9 在这幅美丽图景中，法律的作用不是最重要的，重要的是人而不是法律，所谓"有治人、无治法"（荀子）。孔子提出，为政在人，"其人存，则其政举，其人亡，则其政息"（《礼记·中庸》）。后世之人更是明确指出，"德礼为政教之本，刑罚为政教之用"（《唐律疏议·名例》）。若从美学观点看，治国不首选刑与罚，乃因法律、刑杀不符合理想国治理之美学法则，为"人治"

理念所不尚。

62.10 人治理念所勾画的图景虽然至善至美（或许是人类自我设想出来的愿景最美的社会—国家治理模式），却未必能够得以实现。

62.11 其实，愈是美好的理想，离实现的目标愈远。在人治的理念与现实中间，在道德理想国的蓝图、美景与现实的政治治理中间，事实上存在着遥远的距离或无以跨越的鸿沟。[1]任何世俗政治都不可能承受弥平这个鸿沟之重。

62.12 在人类历史上，我们看到：人治的实践者愈是急于弥平这个鸿沟，则离人治的理念愈远。政治画家们愈是频繁动笔涂改理想城邦的图画，其图画则愈加不理想，他的画布不是被涂抹得愈来愈干净，而是愈来愈脏乱。

62.13 这就是人治模式的历史吊诡现象：本来是美好的事物，却恰好走向了它的反面。[2]人治理念的实践图景几乎成为"病态制度"的典型，现实人治制度下的"人"也成为形象扭曲的"人"，而"人治"一词本身几乎沦为当代政治—法律理论上的一个"贬义词"。

62.14 这或许应了那句话：美好的东西，一旦经过了"人"的手，就会腐败变质了。

---

1 相关的论述，参见本书命题44.3，44.4，44.5。
2 这使我们每每想起德国诗人F. 荷尔德林（F. Hölderlin，1770—1843）的警告："常常使一个国家变成地狱的，正好是试图把国家变成天堂的东西。"（其中文参考译文，见［英］哈耶克：《通往奴役之路》，王明毅等译，中国社会科学出版社1997年版，第29页）

## 命题 63 | 法治不是完美社会的完美原则，但无法治则无完美的社会

63.1 法治同样可以被看作是一种治理艺术。[1]

63.2 但法治作为治理艺术却不同于人治，原因在于法治不会真正把治理者当作艺术家，法治理念的图景也不是一幅唯美主义的绘画图景。法治奉行的准则是：绘画的归绘画，法律的归法律。

63.3 法治的艺术更多地体现在制度和程序的设计上：法治（Rule of Law）作为"规则之治"和"理由之治"（Rule of Reasons），其所关心的始终是治理或统治及其规则的理由证成。[2]

---

[1] 我们借用马丁·海德格尔的"架构"（Gestell）这样一种"近现代的人与其置身的世界维持的关系类型的"技术概念（见［法］阿兰·布托：《海德格尔》，商务印书馆1996年版，第97—101页），也可以说：法治属于海德格尔哲学意义上的"技术"的范畴，属于一种社会"治理术"。另见本书上文命题60.6及其注释。

[2] 美国康涅狄格大学（University of Connecticut）法学院教授玛蒂尔德·柯恩（Mathilde Cohen）在2010年所发表的文章中认为，给出理由是法治的程序性主张的主要成分。因为根据这一观点，法治所要求的无非是，国家无论做什么都是以一种可预期的、持续一致的方式做出，并通过理由加以证成。同样地，给出理由可以作为实质性主张的核心加以描述。实质法治观旨在通过法律的治理方式来产生某些公正的结果。与其他做出决定的形式相比，要求法律决定的做出者给出理由被认为更易于保护我们免受权力的滥用。概言之，给出理由是理想法治必不可少的成分，因为如果缺少它，一个实现了法治的政权就不再遵循法治（Mathilde Cohen, "The Rule of Law as the Rule of Reasons", in: *Archiv für Rechts - und Sozialphilosophie*, Vol. 96, No. 1, 2010, （转下页）

法治所要求的无非是，国家或社会无论做什么都是以一种可预期的、持续一致的方式做出，并通过理由加以证成。若一种治理或统治及其规则不能有足够的理由支持并加以证成，那它就不符合法治。[1]

63.4 表面上看，法治是一种"见法而不见人"的制度，一种"去人化"（dehumanizing）、非个人的制度，它在调整和管理社会生活中要求排除管理者自己的爱憎和一切纯粹个人的、不可计算

---

（接上页）pp. 1-16. 汉译，见［美］玛蒂尔德·柯恩：《作为理由之治的法治》，杨贝译，载《中外法学》2010年第3期，第354—366页）。

[1] 从理论上讲，有三个这样的价值和目的是法治所要追求的：第一，法治应当对抗专制和英国政治家、哲学家托马斯·霍布斯论述过的"一切人反对一切人的战争"。第二，法治应当允许人们通过理性的自信来筹划他们自己的事务，因为他们能够预先知道各种行动的法律后果。第三，法治应当保证防止至少某些种类的官员专断。根据这些目的背景，法治有至少五个方面的构成要素：（1）第一个要素是法律规则、标准或原则的性质（能力），它们能够指导人们从事一定的行为。人们必须能够理解法律并遵守它们。（2）法治的第二个要素是实效性：法律应该实际上指导人们。按照约瑟夫·拉兹的术语，"人们应该受法律的统治并遵循它。"（Joseph Raz, *The Authority of Law: Essays on Law and Morality*, The Clarendon Press/Oxford University Press, New York 1979, p. 213）（3）第三个要素是稳定性。法律应当是足够稳定的，以便使所规制的主体（个人或机构）能够安排筹划和做出相应的行为。（4）法治的第四个要素是法律（权威）至上（supremacy of legal authority）。法律应当宰制国家最高统治者和包括立法者、执法者和法官在内的官员以及普通公民。（5）最后一个要素涉及公正司法的操作性（工具性），即司法机关（法院）应当能够实施法律和应使用公正的程序。澳大利亚法律学者沃克（Geoffery de Q. Walker）提出了法治的标准有十二项之多：（1）法律能够制止私人的强迫；（2）政府在法律之下；（3）法律具有确定性、普遍性和平等性；（4）法律和社会价值一致；（5）实施非私人强迫的法律；（6）实现法律下政府的原则；（7）司法独立；（8）法律职业的独立；（9）自然正义和不偏不倚的审判；（10）法院的可接近性；（11）中立和诚实地实施法律；（12）合法性态度（Geoffery de Q. Walker, *The Rule of Law: Foundation of Constitutional Democracy*, Melbourne University Press 1988, p. 23ss）。

的情绪因素。[1] 法治不会取消人类的情感，当然也不会干预人类在生活中表达情感和热诚，然而法治不会把人类的情感或热诚当作规则之治的根本。从法治的观点看，凡是不凭感情因素治事的统治者总比感情用事的人们较为优良（亚里士多德语）。[2]

63.5 所以，就统治者和管理者而言，法治所要求的形象是"只服从法律的"，没有"激情和憎恨"，没有"爱"和"狂热"的人；他们在严密的制度之网中生活，通过一系列复杂的过程最终完成了"自我的治理"，构成国家—社会机器中的一个"官僚—公务体系"的组织因素；国家—社会制度"照料"其私人生活，训练其思考方式和行为方式，甚至连同他们的道德情操、日常情趣和世俗愿望也完全被制度"机械化"了。生活在这种"安定性的政治和法律"中的统治者和管理者，在抽象的秩序中运用"远距离"的、"看不见的"控制方式，操作社会治理术，不知不觉中变成了社会

---

[1] 法治这种"去人化"、非个人的制度符合马克斯·韦伯所讲的"法理型统治"（韦伯在《三种纯粹的正当性统治类型》[Max Weber, *Die drei reinen Typen der legitimen Herrschaft*, 1922]一文中使用的德文legale Herrschaft一词，在汉语中通译为"法理型统治"。其实，legale Herrschaft与英文rule of law是可以对译的，在汉语上直接译作"法治"也并无不妥）。按照韦伯的解释，"法理型统治"具有如下特征：（1）一种官职事务的持续、受规则约束的运作；（2）这种运作是在一种权限（管辖范围）之内；（3）职务等级制原则；（4）技术性规则和准则要求应用必须有专业训练；（5）官职与生产或管理工具的所有权相分离；（6）职务的占有要服务于保障职务上纯粹事务的、只受准则约束的工作；（7）行政管理档案制度原则（见［德］马克斯·韦伯：《经济与社会》，上卷，林荣远译，商务印书馆1997年版，第242—245页）。
[2] 亚里士多德的原话是："凡是不凭感情因素治事的统治者总比感情用事的人们较为优良。法律恰是全没有感情的；人类的本性（灵魂）便谁都难免有感情。"（［古希腊］亚里士多德：《政治学》，吴寿彭译，商务印书馆1983年版，第163页）

治理术的组成部分,甚至成为被这种技术宰制的"单向度的人"(赫伯特·马尔库塞语)。[1]或许,"单向度的人"已经丧失了合理地批判现实的能力,只有在管理的事务、运用的技术和操作的程序中识别出自己存在的身份,找到自我的同一性。

63.6 在过程上,"法治"所体现的是一种形式合理性(formal rationality),它是社会治理的一种程序技术统治:"由法律所支配","法律关系的体系化","基于抽象阐释意义的法律分析方法",这些就构成了该技术统治的"合理性"的内容。在技术层面上,该统治技术的核心在于创制刚性的构成制度之硬度的法律规则,设定"起弹性调节—衡平作用"的法律原则以及保障法律自治、独立和至上性的民主—宪政制度(如分权制衡制度、代议制度、政党制度、人权保障制度等)。内部和外部层层构建的制度块垒——规则、原则、程序和官僚体制,相互切合、相互支撑,共同承受着整个法治大厦的重力,并使这样一个大厦能够经受社会-历史的风雨的蚀损,而长久地保持其稳定的基础和坚韧的体积。[2]

63.7 这样,法治这一"形式主义的非个人的统治"就很容易给人们造成错觉:它不是完美的制度,法治中的"人"没有人性,没

---

[1] 对"单向度的人"的特征和成因的分析,见[美]赫伯特·马尔库塞:《单向度的人——发达工业社会意识形态研究》,张峰、吕世平译,重庆出版社1988年版。
[2] 见舒国滢:《从"司法的广场化"到"司法的剧场化"》,载《政法论坛》1999年第3期,第12页。

有人的温情，完全表现出某种"异化"的、冰冷的面貌。[1]

63.8 其实，说法治是"去人化"（dehumanizing）、非个人的制度，是从它的作用方式而言，而不是说法治是完全否定人、取消人的，它所否定和取消的是直接以语境化而不稳定的所谓"圣贤"智慧或者掺杂着审美情趣的个人好恶标准（情感）来取代规则之治和理由之治。

63.9 法治满足于一种有限的完善人性的目标：法治中的"人"是一个"中人"（中人标准的统治者和中人标准的被治理者[2]），一个"常人"或"明理人"（英美法上的"a reasonable man"），一个"经验的（人）平均类型"，一个"众人"（海德格尔在日常性意义上讲到的"人"，Das Man）；法治作为社会治理术，它所关注的，不是"实质上高尚的创造性的个人"，不是人的任何个性和独特性，不是"道德上的个性体验"和"精神的道德斗争"，而是社会的日常生活，[3] 是"日常性"社会中的人及其他们之间外在抽象的（行为）关系。法治把它的生命寄托在外在的"理性化"的

---

[1] 笔者认为，相对于"人治论"的理念，"法治论"理念则是基于对人之"不完善"形象的想象和认识来构筑"法治"之社会治理术的。（舒国滢、程春明：《西方法治的文化社会学解释框架》，载《政法论坛》2001年第4期，第145页）

[2] 不过，在先秦法家的"法治"论中，被统治者往往被描述为"小人"（斗筲之人）形象。其理论的视角变成了"治国者"的视角，这也是法家理论与近现代法治论的根本分歧。

[3] 参见［俄］别尔嘉耶夫：《论人的使命》，张百春译，学林出版社2000年版，第122—123页。

制度,¹而不是被统治者个性的"卡理斯玛"²魅力、传统—道德的正当性和完美的"乌托邦"理想所遮蔽的"内在隐秘的秩序"。

63.10 法治不是宗教,它不可能完全以纯化人的灵魂、提升人的精神,并且把人在其死后"送进天堂"作为自身的使命。³

---

1 舒国滢:《中国法治建构的历史语境及其面临的问题》,载《社会科学战线》1996年6期,第70页。

2 "卡理斯玛式"一语,见Max Weber, *Die drei reinen Typen der legitimen Herrschaft* (1922)。也见Max Weber, *Staatssoziologie*, Hg. von Johannes Winckelmann, 2, Aufl., Berlin 1996, S. 99 ff。该书中文版移译为"魅力型的",见马克斯·韦伯:《经济与社会》,上卷,第241页及以下页。

3 不过,另一方面,美国法学家哈罗德·J. 伯尔曼(Harold J. Berman, 1918—2007)在所写的一系列著作(如《法律与革命》《法律与宗教》)中指出,宗教理想是我们了解西方法律制度传统的关键之点,假如不去探讨西方法律传统的(宗教)神学渊源的话,要理解其法律传统的革命性质是不可能的(事实上,美国法学家昂格尔在其所著的《现代社会中的法律》中也以大量的篇幅论证:超验宗教的宇宙观与支持法律秩序的信仰和机构之间存在着密切的联系;没有超验的宗教信仰,就没有所谓的"法治"。参见昂格尔:《现代社会中的法律》,吴玉章、周汉华译,中国政法大学出版社1994年版,第70页及以下页)。这是因为,在伯尔曼看来,法律和宗教"代表了人类生活的两个方面,法律意味着秩序,宗教意味着信仰"([美]伯尔曼:《法律与宗教》,梁治平译,三联书店1991年版,第3页)。没有法律,人类无法维持社会存续所需要的平衡及稳定基础;失去信仰,人类无以面对未知的未来,否则,社会将式微,将衰朽,将万劫不复。所以,宗教因法律而具有社会性,法律因宗教而获得神圣性:没有信仰的法律将退化为僵死的教条,而没有法律的信仰将蜕变为迷信(梁治平:《死亡与再生——〈法律与宗教〉译后》,载《读书》1988年第5期)。伯尔曼在1993年出版的文集《信仰与秩序》序言中再次强调这一点:"一个社会的法律秩序,即正式的制度、结构、规则和由这些规则所规定的程序,在本质上与关涉生命的终极意义和历史的终极目的之基本信仰,也就是宗教信仰连结在一起。"(Harold J. Berman, *Faith and Order: The Reconciliation of Law and Religion*, Scholars Press, Atlanta 1993, Preface, p. ix)考察西方11世纪的政治法律史,我们大体可以得出这样的结论:"宗教与经济、教皇与商人,对近代西方法律体制的形成有同样的重要性与塑造力,我们不可能从任何单一的角度来真正理解这一漫长、曲折而又复杂的革命过程。"(陈方正:"法律的革命与革命的法律"[代序],载[美]泰勒、利维:《法律与资本主义的兴起》,纪琨译,学林出版社1996年版,第6页)

63.11 法治也不可能将实现人类的现世幸福作为根本的任务,它本身没有这样的能力,也无以承受连人治理念也难以承受的重负。法治所孜孜念念的主要还是如何保障人们的财产、生命、安全等权利不受侵犯,如何避免"在政治中混入了兽性的因素"(亚里士多德语)。[1]

63.12 所以,尽管法治不是完美的,但离开法治,也难以确保现实的人类社会就是完美的。[2]

63.13 也可以说,法治只是人类通向完美社会的一个必经的阶梯。[3]

---

[1] 亚里士多德指出:"谁说应该让一个个人来统治,这就在政治中混入了兽性的因素。常人既不能完全消除兽欲,虽最好的人们(贤良)也未免有热忱,这就往往在执政的时候引起偏向。法律恰恰正是免除一切情欲影响的神祇和理智的体现。"(亚里士多德:《政治学》,第169页)

[2] 所以,我们在一定意义上赞同这样的观点:"法治不是良好社会的完美原则,但无法治则无良好的社会。"(Geoffery de Q. Walker, *The Rule of Law: Foundation of Constitutional Democracy*, p. 47)

[3] 法治目标在于:"法治不会取消人的本性,而只会使本性更加完善。"(舒国滢、程春明:《西方法治的文化社会学解释框架》,载《政法论坛》2001年第4期,第145页)

## 命题 64 | 世界的未来尚未可知，法治的使命尚未完成

64.1 自古以来，还未曾有一个人能大致认识其本身所处的时代。如果说人最难认识的是他自己，一个时代最难做到的便是发现其时代的问题，深刻认识其自身的本质。[1]

64.2 同样，人也不可能完全认识世界的未来。[2] 未来是世界尚未展开的时间，也是人类尚未经历的时间，这种时间没有确定的方向：未来充满无数不确定的可能性。

---

1 参见舒国滢：《在法律的边缘》，中国法制出版社2016年版，第7页。
2 早在1014年，英国约克郡大主教伍尔夫斯坦（Wulfstan）宣称说："这个世界正急匆匆地走向它的尽头。"（引自［英］安东尼·吉登斯：《失控的世界——全球化如何重塑我们的生活》，周红云译，江西人民出版社2001年版，"引言"，第1页）无独有偶，英国著名社会学家安东尼·吉登斯（Anthony Giddens, Baron Giddens, 1938—　）在研究当代的全球化时也看到其中暗含的风险，因而惊呼"失控的世界"（Run Away World）（参见上揭书，"译者的话"）。日裔美籍学者弗朗西斯·福山（Francis Fukuyama, 1952—　）于1992年出版《历史的终结与最后的人》（*The End of History and the Last Man*, 1992）一书，据此提出"历史的终结"概念，认为在历史终结之后，"自由、民主"的理念已作为社会进步的常识而为世人所普遍接受。"获得普遍平等认可"的社会称为"后历史社会"或"后历史世界"，而此前的社会称为"历史社会"或"历史世界"（参见［美］弗朗西斯·福山：《历史的终结》，本书翻译组译，远方出版社1998年版，"序论"，第1—14页）。由此，人类已经进入了一个非常令人难熬的"史后时期"，长达几个世纪的没有理想、没有目标的厌烦的前景，将展现在人们面前（参见李永炽：《近现代的乌托邦世界》，载《当代》［台湾地区］1991年第5期［总第61期］）。

64.3 这也意味着：世界是没有完成的，[1]人类依旧在未完成的世界中生存，用自己的行动为其生存的世界"添附"造物和意义。

64.4 但人类行动对世界的"添附"并不能保证人类的未来必然

---

1 德国著名社会学家诺贝特·埃利亚斯（Nobert Elias, 1897—1990）指出："文明尚未结束，它还在形成之中。"（诺贝特·埃利亚斯：《文明的进程：文明的社会起源和心理起源的研究》[II]，袁志英译，三联书店1999年版，第358页）但这也不一定理解为人类的历史时不断朝着"进步"迈进的。埃利亚斯认为："文明"是人类在物质上和生活方式上不断积累的成果，社会发展的进程是没有计划的，或者说文明和国家的形成并非以任何"合理"的方式进行的；由于进程没有目标，所以也不可将发展进程视为进步的进程。对社会发展的进程不可以单方面的因果关系来加以解释，相互依存的水平和情绪的调控，竞争和分化，暴力独占和税务独占，社会发展和心理发生，都是相互制约、相互促进的，我们无法确定哪些是原因，哪些是后果。但任何的变迁皆不是偶然的，都不是一片混乱，而是有序的。发展的进程是有一定阶段性的，有一定结构性的，是有一定方向的，是朝着人的情绪愈益得到控制，社会愈益整合的方向前进的（参见诺贝特·埃利亚斯：《文明的进程：文明的社会起源和心理起源的研究》[I]，王佩莉译，三联书店1998年版，序言；袁志英："埃利亚斯和他的《文明的进程》"，载埃利亚斯：《文明的进程：文明的社会起源和心理起源的研究》[II]，第359—415页）。英国历史学家阿诺德·约瑟夫·汤因比（Arnold Joseph Toynbee, 1889—1975）在《历史研究》中也持相同观点："把进步看成直线发展的错觉，可以说是把人类的复杂的精神活动处理得太简单化了。"（[英]汤因比：《历史研究》上卷，曹未风等译，上海人民出版社1997年版，第48页）德国阿尔弗雷德·韦伯（Alfred Weber, 1868—1956）的文化社会学研究告诉我们：每个民族、每个时代都有其独特的文化气质，从希腊、罗马、中古到近代的艺术风格各自不同，它们的价值关注和审美标准不一定是连续发展的，也就是后来的并不必然比早先的更好、更"进步"（引自顾中华：《人类的文明与命运——埃利亚斯的学术关怀》，载《国外社会学》1994年第5期，第2页）。有关"进步"的话题，瑞士苏黎世大学曾在1969年组织各学科（历史、文学、艺术、心理学、物理学、神学、法学、经济学、音乐、医学、语言学等）的教授进行研讨，后出版论文集，题为《进步的问题——当代》。其中，苏黎世大学法学院国际法—国家法—宪法史教授维尔纳·凯基（Werner Kaegi, 1909—2005）从法律进步的观点谈当代为权利而斗争的文章，颇有参考价值（Siehe Werner Kaegi, "Vom Kampf um das Recht in der Gegenwart", in: Rudolf W. Meyer [Hrsg.], *Das Problem des Fortschrittes—Heute*, Darmstadt 1969, SS. 164-182）。

是"不断朝着改善前进"的（康德语），[1]当然，我们也不能因此得出结论：人类的未来必定是"继续朝着更坏倒退"的。[2]

64.5 或许在未来的历史中，人类仍然免不了要在漫无目的的对抗与"忙忙碌碌的愚蠢"之间艰难地跋涉，但所有的人必须经历其每一个"当下"的时间片段。

64.6 并非所有的人都尊重"当下"时间，他们会把生命的当下时间看作是漫长而腻烦的，因而产生一种"被弃"的受伤感觉，[3]人类"善感性"的心灵同样不能接受贫乏的"日常"生活秩序所造成的腻烦和人的制度生存带来的压抑感。[4]

64.7 另一方面，正因为未来是未知的，人类会采取盲动的行为来急于撩开未来历史的面纱，这种"向着未来的冲动"必然与形形色色的乌托邦渴望、想象之间产生千丝万缕的联系。[5]

---

1 ［德］康德：《历史理性批判文集》，何兆武译，商务印书馆1996年版，第145页及以下页。
2 就历史观而言，中国的孔子曾一度持"退步"论，他在社会政治思想上坚持"法先王""克己复礼"，重建文武周公时代的"礼制"，以拯救其所处的"礼崩乐坏"时代（参见姚军毅：《论进步观念》，中国社会科学出版社2000年版，第53页）。
3 "人是从低于人的自然而发迹，还是'失去宝座的废君'？人类由低处晋升到了他本身，还是从高位降谪到了他本身？"（M. 舍勒：《爱的秩序》，第183—184页）这一带有神学拷问的难题很容易使我们生活在"当下时代"的人有一种"被弃"的受伤感觉。
4 法国19世纪政治家和外交家塔莱朗（Charles Maurice de Talleyrand Périgord, 1754—1838）说，生活于1789年（法国大革命）之后的人，已不知生活的欢乐（引自M. 舍勒：《爱的秩序》，第234页）。
5 弗朗西斯·福山就此发问："我们在不再是人却是'智人'（homo sapiens）属动物的处境下，会害怕自己觉得幸福'又'满足吗？或者，我们在某个层面上会觉得幸福，在另一个层面上却依然对自己觉得不满，因此想把世界拉回充满战争、不（转下页）

64.8 故此,浪漫主义者们"向往世界的无限性,渴望冲向天空"的情怀,[1]永远看不到边际和轮廓的乌托邦想象,没有明确目标界限的"革命"冲动,如此等等,都将成为生活在世俗社会中的人的一种诱惑,而这种诱惑必定会形成抵拒制度生存的力量。[2]

64.9 面对未来,我们人类可能遭遇古希腊神话中科林多国王西西弗斯(Sisyphus)的命运:在未知的世界里被罚将巨石搬运上山,巨石永无休止地从山上滚下来,而人又永无休止地将巨石搬运上山。[3]

64.10 在这个过程中,法律生活本身或许"丧失了恩赐的和令人愉快的能量",甚至拥有"退化为恶的能力"(俄罗斯哲学家别尔嘉耶夫语),但历史的实践也证明:法治制度维系着人类生活、

---

(接上页)公正与革命的历史——我们会有这种危险吗?"([美]弗朗西斯·福山:《历史的终结》,本书翻译组译,远方出版社1998年版,第355页)

[1] 关于"浪漫主义运动"的精彩评述,见[英]罗素:《西方哲学史》(下卷),马元德译,商务印书馆1982年版,第18章。

[2] 舒国滢、程春明:《西方法治的文化社会学解释框架》,载《政法论坛》2001年第4期,第147页。

[3] 法国作家阿尔贝·加缪(Albert Camus,1913—1960)在其1942年的散文《西西弗斯神话》中,将西西弗斯视为人类生活荒谬性的人格化("众神判处西西弗斯永不休止地把一块大石头滚到山顶,到了山顶石头又在自身重量的作用滚落下去。他们的理由是,再没有比看不到希望的徒劳更可怕的惩罚方法了"),但是加缪得出的结论是:"西西弗斯告诫我们,还有更高的忠实,它可以否定神灵,举起巨石。他最终也发现,一切安好。从此,这个没有主人的宇宙在他看来,既不贫瘠、也非无望。那块石头的每一颗微粒,那座夜色笼罩的山上的每一片矿石,本身都是一个世界。迈向高处的挣扎足够填充一个人的心灵。人们应当想象西西弗斯是快乐的。"(See Albert Camus, *The Myth Of Sisyphus And Other Essays*, trans. Justin O'Brien, Alfred A. Knopf, Inc, New York 1955, pp. 210, 217-218. 汉译,见[法]阿尔贝·加缪:《西西弗斯神话》,载氏著:《西西弗斯神话》,张清、刘凌飞译,中国对外翻译出版有限公司2013年版)有关西西弗斯,另见康德:《历史理性批判文集》,第149页及注释1。

社会构成以及文化延续力乃至整个社会个体生存的基础,至少对世俗的(或许罪恶的?)世界和人类还是必须的,还是不能被"机械地替代"的。[1]

64.11 尽管我们坚信这个世界的和谐、美丽的韵致才是人性最终的栖息之地,但这并不构成未来若干世代抛弃法治的理由。[2]

64.12 法治的使命尚未完成[3]——这不是阿布德拉主义

---

[1] 别尔嘉耶夫指出:尽管"日常性"可能意味着生命创造热情的冷却,法律或许"丧失了恩赐的和令人愉快的能量",甚至拥有"退化为恶的能力",它在保护人的自由的同时又在抑制着自由的发展(这是"历史上的自由的悖论");但历史的实践也证明:法治制度维系着人类生活、社会构成以及文化延续力乃至整个社会个体生存的基础,至少对世俗的(罪恶的?)世界和人类还是必须的,还是不能被"机械地替代"的(参见别尔嘉耶夫:《论人的使命》,第123页,127页)。另见美国哲学家理查德·罗蒂有关"实用主义的平庸性和正义诗学"以及"失败的语言、光荣的希望"的论述([美]理查德·罗蒂:《形而上学希望——新实用主义社会、政治和法律哲学》,张国清译,上海译文出版社2003年版,第200—211页,第345—353页)。

[2] 确实,在世俗的制度设计中我们找不到一种力量能够把地球变成有"一道生命水的河,明亮如水晶,从神和羔羊的宝座流出来"的天堂(《新约·启示录》第22章第1节)。但我们还是希望未来的"法治理想国"能够吸纳人治中的某些理念和价值,以关怀"人"、尊重"人"、保护"人"和激活"人"为制度考量的出发点,将"价值理性"和"工具理性"、制度建构与制度解构(批判)结合起来,形成规则体系与自由裁量、制度的硬度与弹性之间的协调,保持法治制度在应对社会问题、整合社会机体、促进社会文化延续和社会个体生命活力中的优越性(参见谢鸿飞:《现代民法中的"人"》,载《北大法律评论》第3卷第2辑,法律出版社2001年版,第158页;周天玮:《法治理想国——苏格拉底与孟子的虚拟对话》,商务印书馆1999年版;[德]Christian Starck:《法制度的弹性》,陈爱娥译,载《中兴法学》[台湾地区],总第42期)。

[3] 法治是一个文明过程。在西方,法治的意义充实表现为历史的过程,这个过程同样"是朝着人的情绪愈益得到控制,社会愈益整合的方向前进的"。在近现代史上,西方社会所发生的一系列事件,如商人阶级的崛起,资产阶级革命,宗教的改革,民族国家的建立,议会权力的加强,独立的司法制度的形成,法典的编纂,等等,不仅改变了封建的制度体系,而且从内在精神的层面导致了人们行为方式的变迁。从此,以强调"人民主权"、"个性自由"为价值基础而以"国家(权力)克制"("限制权力")、"法律至上"、(转下页)

（Abderitismus）的预言，[1]而是人类此在的自我述说。

64.13 未来以它自己的方式向人类绽开……

---

（接上页）"司法独立"、"严格法定"、"法律平等"为内容要素的法治知识才通过社会学习机制逐渐成为西方各国普遍接受的"典型"知识，而法治的传统也就构成了西方近现代文明传统的一个组成部分。显然，法治如何转化具有"自然态度性"或惯性的制度事实，如何由"宣示性的制度"变为"实效性的制度"，由法律的"社会强制"（外部强制）转化为法律的"自我强制"（内部强制），乃至形成非外部强制的"以法而治""普遍守法"的集体惯域，是非常重要的。这一过程在整体上显现出渐进的理性化和通过制度塑造人类心灵的文明转化，在这里，"法律上的制度"（die rechtlichen Institutionen）成为文明进化的一个承担者（Traeger，载体）；或者说，正是通过法治过程，人类习得抑制本能、理性化解冲突、尊重个人权利和价值尊严以及和平相处的品德（参见舒国滢、程春明：《西方法治的文化社会学解释框架》，载《政法论坛》2001年第4期，第140—141页）。

[1] 阿布德拉（Abdera）系古希腊色雷斯沿海的城镇，哲学家普罗泰戈拉（Protagoras）和德谟克利特（Democritus，希腊文：Δημόκριτος /Dēmókritos，公元前460—前370）的家乡。相传普罗泰戈拉原先是一个挑夫，有一天，德谟克利特发现其有敏锐和聪慧的心智，开始传授其哲学，使普罗泰戈拉成为一名智者。在历史上，普罗泰戈拉曾与学生埃伐斯卢斯（Evathlus）之间曾约定：埃伐斯卢斯在学业开始前支付一半学费，学业完成后在第一次上法庭论辩且胜诉的情况下支付余下的另一半，后来埃伐斯卢斯从不接手案子，普罗泰戈拉于是将埃伐斯卢斯告上法庭，埃伐斯卢斯辩称无论自己胜诉或败诉，普罗泰戈拉都拿不到另一半学费，这个论辩被称为"法庭悖论"（Paradox of the Court），也被称作"埃伐斯卢斯辩驳困局"（counterdilemma of Euathlus），结果普罗泰戈拉精心设计的诡辩遭到失败（Aulus Gellius, *The Attic Nights of Aulus Gellius*, Trans. William Beloe, J. Johnson, London 1795, Book V, pp. 288-291, 305-307. 汉译，见奥卢斯·革利乌斯：《阿提卡之夜》，周维明、虞争鸣、吴挺、归伶昌译，中国法制出版社2014年版，第262—263页，第276—277页）。18世纪德国诗人、作家维兰德（Christoph Martin Wieland，1733—1813）于1766—1767年撰写2卷本的《阿布德拉人的故事》，说阿布德拉的空气使人愚蠢，故此，阿布德拉人常常被后世引申为"愚人"；相应的，阿布德拉主义（Abderitismus）就被解释为"人类的愚蠢"。康德在1797年（时年74岁）时写了一篇文章，题为"重提这个问题：人类是在不断朝着改善前进吗？"，其中讨论了三种主张，即"道德的恐怖主义""千年福主义"和"阿布德拉主义"。他把"阿布德拉主义"看作这样一种现象：大多数"忙忙碌碌的"普通人匆忙地走上善的道路，却并不坚持走下去，而是把进步的计划不断地颠倒过来，建设就是为了能破坏（见康德：《历史理性批判文集》，第147页以及注释3，第149页）。有关阿布德拉地名，参见《简明不列颠百科全书》（1），中国大百科全书出版社1985年版，第58页。

# 参考文献

## 一、外文文献

Albert, Hans, *Traktat über kritische Vernunft*, 3. Aufl., J. C. B. Mohr (Paul Siebeck), Tübingen 1975.

Aarnio, Aulis, "Argumentation Theory—and Beyond: Some Remarks on the Rationality of Legal Justification", in: *Rechtstheorie*, Bd. 14, Heft 4, 1981.

Aarnio, Aulis, *The Rational as Reasonable: A Treatise on Legal Justification*, D. Reidel Publishing Company, Dordrecht 1987.

Alexy, Robert, "A Defence of Radbruch's Formula", in: David Dyzenhaus [ed.], *Recrafting the Rule of Law: The Limits of Legal Order*, Hart Publishing, Oxford 1999.

Alexy, Robert, "The Dual Nature of Law", in: *IVR 24th World Congress Papers Plenary Sessions*, Peking 2009.

Alexy, Robert, "Zum Begriff des Rechtsprinzips", in: *Rechtstheorie*, Beiheft 1, 1979.

Alexy, Robert, *Maürschützen. Zum Verhältnis von Recht, Moral und*

*Strafbarkeit: Vorgeleg in der Sitzung vom 17. April 1993*, Vandenhoeck & Ruprecht, Göttingen1993.

Alexy, Robert, *The Argument from Injustice: A Reply to Legal Positivism*〔first pub. 1992〕, trans. Stanley L. Paulson and Bonnie Litschewski Paulson, Clarendon Press, Oxford 2002.

Alexy, Robert, *Theorie der Grundrechte*, Nomos Verlagsgesellschaft, Baden-Baden 1985.

Alexy, Robert, *Theorie der juristischen Argumentation: Die Theorie des rationalen Diskurses als Theorie der juristischen Begruendung*, 2. Aufl., Suhrkamp Verlag, Frankfurt am Main 1991.

Austin, J. L., *How to Do Things with Words*, London/Oxford/New York 1962.

Austin, John, *Lectures on Jurisprudence or The Philosophy of Positive Law*, Vol. One, 5th edn, John Murray, London 1885.

Ávila, Humberto, *Theory of Legal Principles*, Springer, Dordrecht 2007.

Baron, Jonathan, Spranca, Mark, "Protected Values", in: *Organizational Behavior and Human Decision Processes*, Vol. 70, Issue 1, 1997.

Barth, E. M., Krabbe, E. C. W., *From Axiom to Dialogue: A Philosophical Study of Logics and Argumentation*, Walter de Gruyter,

Berlin/New York 1982.

Behrends, Okko, "Jherings Evolutionstheorie des Rechts zwischen Historischer Rechtsschule und Moderne", in: *Rudolf von Jhering, Ist die Jurisprudenz eine Wissenschaft?* Okko Behrends (Hrsg), Wallstein Verlag, Göttingen 1998.

Berkowitz, Roger, *The Gift of Science: Leibniz and the Modern Legal Tradition*, Harvard University Press, Cambridge, Mass., 2005.

Berman, Harold J., *Faith and Order: The Reconciliation of Law and Religion*, Scholars Press, Atlanta 1993.

Binmore, K., *Game Theory and Social Contract, Vol. I: Playing Fair*, The MIT Press. Cambridge, Mass. 1994.

Bjarup, Jes/ Blegvad, Mogens, *Time, Law and Society: Proceedings of a Nordic Symposium Held May 1994 at Sandbjerg Gods*, Denmark (Archiv Für Rechts- und Sozialphilosophie - Beihefte 64), Franz Steiner Verlag, Stuttgart 1995.

Bodenheimer, Edgar, *Jurisprudence: The Philosophy and Method of the Law*, Harvard 1974.

Camus, Albert, *The Myth Of Sisyphus And Other Essays,* trans. Justin O'Brien, Alfred A. Knopf, Inc, New York 1955.

Canaris, Claus-Wilhelm, *Die Feststellung vonLücken im Gesetz: Eine methodologische Studie über Voraussetzungen und Grenzen der richterlichen Rechtsfortbildung praeter legem*, 2. Aufl., Verlag von Duncker & Humblot, Berlin 1983.

Cardozo, *The Nature of the Judicial Process*, 1921.

Castañeda, Hector-Neri, *Thinking and Doing: The Philosophical Foundations of Institutions*, D. Reidel Publishing Company, Dordrecht/Boston/London 1975.

Chang, Ruth (ed.), *Incommensurability, Incomparability, and Practical Reason,* Harvard University Press, Cambridge, Massachusetts, London 1997.

Chisholm, Roderick M., "Contrary-to-Duty Imperatives and Deontic Logic", in: Analysis, Vol. 24, 1963.

Cohen, Mathilde, "The Rule of Law as the Rule of Reasons", in: *Archiv für Rechts - und Sozialphilosophie*, Vol. 96, No. 1, 2010.

Coing, Helmut, *Juristische Methodenlehre*, Walter de Gruyter & Co., Berlin/New York 1972.

Cotterrell, Roger, *Law's Community*, Oxford University Press, New York 1995.

Coyle, Sean, "Two Concepts of Legal Analysis", in: Sean Coyle/George Pavlakos(ed.), *Jurisprudence or Legal Science? A Debate about the Nature of Legal Theory*, Hart Publishing, Oxford and Portland, Oregon 2005.

Dewey, John, *Theory of Valuation*, University of Chicago Press, Chicago 1972.

Dombeck, Bernhard, "Das Verhältnis der Tübinger Schule zur deutschen Rechtssoziologie" (Dissertation), vorgelegt der juristischen Fakultät der Freien Universität Berlin, 1968.

Dreier, Ralf, "Rechtstheorie und Rechtsgeschichte", in: Okko Berends, Malte Dießelhorst, Ralf Dreier(Hrsg.), *Rechtsdogmatik und praktische Vernunft. Symposion zum 80. Geburtstag von Franz Wieacker*, Vandenhoeck & Ruprecht, Göttingen 1990.

Dworkin, Ronald, *Law's Empire*, The Belknap Press of Harvard University Press, Cambridge, Mass., 1986.

Dworkin, Ronald, *Taking Rights Seriously*, Harvard University Press, Cambridge, Mass., 1978.

Economides, Kim, "Law and Geography: New Frontiers", in Philip A. Thomas(ed.): Legal Frontiers, Dartmouth 1996.

Ehrenzweig, Albert A., "Ästhetik und Rechtsphilosophie: Ein psychologischer Versuch", in: Michael Fischer, Raimund Jakob, Erhard Mock, Helmut Schreiner (Hrsg.), *Dimensionen des Rechts: Gedächtnisschrift für René Marcic*, Erster Band, Duncker & Humblot, Berlin 1974.

Ehrlich, Eugen, *Die juristische Logik*, J. C. B. Mohr(Paul Siebeck),

Tübingen 1918.

Elze, Hans, *Lücken im Gesetz. Begriff und Ausfüllung: ein Beitrag zur Methodologie des Rechts* (Dissertion, Halle, 1913), Verlag von Duncker & Humblot, München/ Leipzig 1916.

Esser, Josef, *Grundsatz und Norm in der richterlichen Fortbildung des Privatrechts: Rechtsvergleichende Beiträge zur Rechtsquellen- und Interpretationslehre*, J. C. B. Mohr(Paul Siebeck), Tübingen 1956.

Fikentscher, Wolfgang, *Methoden des Rechts in vergleichender Darstellung*, Bd. 3., J. C. B. Mohr (Paul Siebeck), Tübingen 1976.

Fikentscher, Wolfgang, *Methoden des Rechts in vergleichender Darstellung*, Bd. 4., J. C. B. Mohr (Paul Siebeck), Tübingen 1977.

Frändberg, Åke, *The Legal Order: Studies in the Foundations of Juridical Thinking*, Springer International Publishing AG, Cham 2018.

Freeman, James B., *Dialectics and the Macrostructure of Arguments: A Theory of Argument Structure*, Foris Publications, Berlin/New York 1991.

Grimm, Jacob, *Von der Poesie im Recht, in: Zeitschrift füer geschichtliche Rechtswissenschaft*, Band II, 1816.

Habermas, Jürgen, " Wahrheitstheorien", in: H. Fahrenbach [Hrsg.], *Wirklichkeit und Reflexion: Festschrift für W. Schulz zum 60. Geburtstag*, Neske-Verlag, Pfullingen 1973.

Habermas, Jürgen, *Faktizität und Geltung: Beiträge zur Diskurstheorie des Rechtes und des demokratischen Rechtsstaats*, Suhrkamp Verlag, Frankfurt am Main 1992.

Hart, H. L. A., "The Ascription of Responsibility and Rights", in: A. Flew (ed.), *Logic and Language*, Blackwell Publishers, Oxford 1951.

Heck, Philipp, "Gesetzesauslegung und Interessenjurisprudenz" (1914), in: Roland Dubischar (Red.), Philipp Heck, *Das Problem der Rechtsgewinnung. Gesetzesauslegung und Interessenjurisprudenz. Begriffsbildung und Interessenjurisprudenz*, Bad Homburg, Berlin/Zürich 1968.

Heck, Philipp, "Was ist diejenige Begriffsjurisprudenz, die wir bekämfen?" (1909), in: Günter Ellscheid und Winfried Hassemer (Hrsg.), *Interessenjurisprudenz, Wissenschaftliche BucHgesellschaft*, Darmstadt 1974.

Henkel, Heinrich, *Einführung in die Rechtsphilosophie: Grundlagen des Rechts*, 2. Aufl., C. H. Beck'sche Verlagsbuchhandlung, München 1977.

Herstein, Ori J., "A Legal Right to Do Legal Wrong", *Oxford Journal of Legal Studies*, Vol. 34, Issue 1, 2014.

Hoecke, Mark van, *What is Legal Theory?* Acco, Leuven 1985.

Holmes, Oliver Wendell, *The Common Law*, Little, Brown and

Company, Boston 1881.

Huhn, Wilson, *The Five Types of Legal Argument*, Second Edition, Carolina Academic Press, Durham 2008.

Husserl, Gerhart, *Recht und Zeit*, Vittorio Klostermann, Frankfurt am Main 1955.

Illich, Ivan, *Deschooling Society*, Harper & Row, New York 1971.

Jakobs, Horst Heinrich, *Wissenschaft und Gesetzgebung im bürgerlichen Recht: nach der Rechtsquellenlehre des 19. Jahrhunderts*, Ferdinand Schöningh, München 1983.

Jaspers, Karl, *Way to Wisdom: An Introduction to Philosophy*, Yale University Press, New Haven/ London 1954.

Jhering, Rudolf von, *Der Geist des römischen Rechts auf den verschiedenen Stufen seiner Entwicklung*, I., 2. Aufl., Druck und Verlag von Breitkopf & Härtel, Leipzig 1866.

Jørgensen, Stig, *Fragments of Legal Cognition*, Aarhus University Press, Aarhus 1988.

Kaegi, Werner, "Vom Kampf um das Recht in der Gegenwart", in:Rudolf W. Meyer (Hersg.), *Das Problem des Fortschrittes—Heute*, Darmstadt 1969.

Kant, Immanuel, Kritik der praktischen Vernunft, Felix Meiner Verlag GmbH, Hamburg 1993.

Kant, Immanuel, *Kritik der Reinen Vernunft*, Felix Meiner Verlag GmbH, Hamburg 1993.

Kantorowicz, Hermann, *The Definition of Law*, A. H. Campbell (ed), Cambridge University Press 1958.

Kaufmann, Arthur, "Rechtsphilosophie, Rechtstheorie, Rechtsdogmatik", in: A. Kaufmann und W. Hassemer (Hrsg.), *Einfuehrung in Rechtsphilosophie und Rechtstheorie der Gegenwart*, 3. Aufl. C. F. Mueller Juristischer Verlag GmbH, Heidelberg/Karlsruhe, 1981.

Kaufmann, Arthur, *Rechtsphilosophie*, 2. Aufl., C. H. Beck'sche Verlagsbuchhandlung, München 1997.

Kelsen, Hans, *The Pure Theory of Law*, 2nd edition, trans. M. Knight Berkeley, 1967.

Kirsh, David/ Richard Caballero, Shannon Cuykendall, "When doing the wrong thing is right", in: *Proceeding of the 34 th Annual Cognitive Science Society*, Lawrence Erlbaum 2012.

Kleinheyer, Gerd, Schröder, Jan (Hrsg.), *Deutsche Juristen aus fünf Jahrhunderten: eine biographische Einführung in die Geschichte der Rechtswissenschaft*, 3., neubearbeitete und erw. Aufl., C.F. Müller Verlag, Heidelberg 1996.

Larenz, Karl, *Methodenlehre der Rechtswissenschaft*, 6. Aufl., Springer-Verlag, Berlin, Heidelberg 1991.

Lodder, Arno R., *DiaLaw: On Legal Jusitification and Dialogical Models of Argumentation*, Springer Science+Business Media, Dordrecht 1999.

Lorenzen, Paul/Lorenz, Kuno, *Dialogische Logik*, Wissenschaftliche BucHgesellschaft, Darmstadt 1978.

Luhmann, Niklas, "Sinn als Grundbegriff der Soziologie", in: Jiirgen Habermas/Niklas Lhumann, *Theorie der Gesellschaft oder Sozialtechnologie— Was Leistet die System forschung?*, 1. Aufl., Suhrkamp Verlag, Frankfurt am Main 1971.

Luhmann, Niklas, *Legitimation durch Verfahren*, Luchterhand, Neuwied/Berlin 1969.

MacCormick, Neil, *Legal Reasoning and Legal Theory* (Clarendon Law Series), Clarendon Press, Oxford 1978.

Makadok, Richard, "Doing the Right Thing and Knowing the Right Thing to Do: Why the Whole Is Greater Than the Sum of the Parts", in: *Strategic Management Journal*, Vol. 24, Issue 10, 2003.

Mazor, Lester J., "Law in the Eye of Time", in: Eugene Kamenka, Robert S. Summers, William L. Twining, *Sociological Jurisprudence and Realist Theories of Law*, Berlin 1986.

Medicus, Dieter, *Bürgerliches Recht: Eine nach Anspruchsgrundlagen geordnete Darstellung zur Examensvorbereitung*, Carl Heymanns Verlag, Köln 1968. 29th edition (with Jens Petersen),

Verlag Franz Vahlen, München 2014.

Mittelstraß, Jürgen, "Dialogische Logik: Eine Einführung", in: Jürgen Mittelstraß, Christopher von Bülow (Hrsg.), *Dialogische Logik*, mentis Verlag GmbH, Müster 2014.

Moreso, J. J./Chilovi, Samuele, "Interpretive Arguments and the Application of the Law", in: Giorgio Bongiovanni, Gerald Postema, Antonino Rotolo, Giovanni Sartor, Chiara Valentini, Douglas Walton (ed.), *Handbook of Legal Reasoning and Argumentation*, Springer Nature B.V. 2018.

Palandt, *Bürgerliches Gesetzbuch*, 52. neu bearbeitete Auflage Bearbeitet von Bassenge, Diedrichsen, Edenhofer, Heinrichs, Heldrich, Putzo, Thomas, C. H. Beck Verlag, München 1993.

Pavlakos, George, "Normative Knowledge and the Nature of Law", in: Sean Coyle/George Pavlakos (ed.), *Jurisprudence or Legal Science? A Debate about the Nature of Legal Theory*, Hart Publishing, Oxford and Portland, Oregon 2005.

Peczenik, Aleksander, *Grundlagen der juristischen Argumentation*, Springer-Verlag, Berlin/New York 1983.

Peczenik, Aleksander, *On Law and Reason*, Springer Science + Business Media B. V., 2008.

Peczenik, Aleksander, *The Basis of Legal Justification*, Infotryck AB

Malmö, Lund 1983.

Perelman, Chaïm/ Olbrechts-Tyteca, Lucie, *Die neue Rhetorik: Eine Abhandlung über das Argumentieren*, Josef Kopperschmidt (Hrsg). 2. Bd. Frommann-Holzboog, Stuttgart 2004.

Perelman, Chaïm, "Betrachtungen über die praktische Vernunft", in: *Zeitschrift für philosophisce Forschung*, Vol. 20., 1966.

Perelman, Chaïm/Lucie Olbrechts-Tyteca, *Die neue Rhetorik: Eine Abhandlung über das Argumentieren*, Josef Kopperschmidt (Hrsg), 1. Bd., Frommann-Holzboog, Stuttgart 2004.

Perry, Ralph Barton, *Realms of Value*, Greenwood Press, New York 1968.

Popper, Karl, *Open Society and Its Enemies*, Vol. 1., Routledge, London 1945.

Puchta, G. F., *Cursus der Institutionen*, Erster Band, Siebente neu vermehrte Auflage, Nach dem Tode des Verfassers besorgt von Adolf Friedrich Rudorff, Verlag von Breitkopf & Härtel, Leipzig 1871.

Puppe, Ingeborg, *Kleine Schule des juristischen Denkens*, 2. Aufl., Vandenhoeck & Ruprecht, Göttingen 2011.

Radbruch, Gustav, *Rechtsphilosophie*, K. F. Koehler Verlag Stuttgart, 1963.

Radbruch, Gustav, *Der Mensch im Recht*, Vandenhoeck & Ruprecht

Verlag, Goettingen, 1957.

Raz, Joseph, "The Relevance of Coherence", in: Joseph Raz, *Ethics in the Public Domain*, Clarendon Press, Oxford 1994.

Raz, Joseph, *Practical Reason and Norms*, Oxford University Press, Oxford 1999.

Raz, Joseph, *The Authority of Law: Essays on Law and Morality*, The Clarendon Press/Oxford University Press, New York 1979.

Riley, Patrick, *Leibniz' Universal Jurisprudence*, Harvard University Press, Cambridge, Mass., 1996.

Rokeach, Milton, *The Nature of Human Values*, The Free Press, New York 1973.

Rothacker, Erich, *Die Schichten der Persoenlichkeit*, 5. Aufl., H. Bouvier Rysdorp, Bonn 1952.

Rottleuthner, Hubert, *Rechtswissenschaft als Sozialwissenschaft*, Fischer-Taschenbuch-Verlag, Frankfurt am Main 1973.

Rümelin, Max, "Developments in Legal Theory and Teaching during my Lifetime" (1930), in: M. Magdalena Schoch (ed.), *The Jurisprudence of Interests*, Harvard University Press, Cambridge, Mass., 1948.

Sartor, Giovanni, "defeasibility in Law", in: Giorgio Bongiovanni, Gerald Postema, Antonino Rotolo, Giovanni Sartor, Chiara Valentini, Douglas Walton (ed.), *Handbook of Legal Reasoning and Argumentation*,

Springer Nature B. V. 2018.

Savigny, Friedrich Carl von, *Das Recht des Besitzes: Eine civilistische Abhandlung*, 7. Auflage, Adolf Friedrich Rudorff (Hrsg), Carl Gerold's Sohn, Wien 1865.

Schank, R. C., "Conceptual Dependency: A Theory of Natrual Language Understanding", in: *Cognitive Psychology*, Vol. 4, N. 3. 1972.

Schapp, Jan, "Das Zivilrecht als Anspruchssystem", in: Ders., *Methodenlehre und System des Rechts – Aufsätze 1992-2007*, J. C. B. Mohr (Paul Siebeck), Tübingen2009.

Schlapp, Thomas, *Theorienstrukturen und Rechtsdogmatik: Ansätze zu einer strukturalistischen Sicht juristischer Theoriebildung*, Duncker & Humblot, Berlin 1989.

Schlossmann, Siegmund, *Der Vertrag*, Druck und Verlag von Breitkopf & Härtel, Leipzig 1876.

Schmitt, Carl, "Die Tyrannei der Werte" (1959), in: *Säkularisation und Utopie. Ebracher Studien: Ernst Forsthoff zum 65. Geburtstag*, W. Kohlhammer Verlag, Stuttgart /Berlin/Köln/Mainz 1967.

Schröder, Jan, *Recht als Wissenschaft: Geschichte der juristischen Methode vom Humanismus bis zur historischen Schule (1500-1850)*, C. H. Beck'sche Verlagsbuchhandlung, München 2001.

Schuhr, Jan C., *Rechtsdogmatik als Wissenschaft: Rechtliche*

*Theorien und Modelle*, Duncker & Humblot GmbH, Berlin 2006.

Searle, J. R. , *Speech Acts*, Cambridge 1969.

Searle, John R., *Construction of Social Reality*, The Free Press, New York 1995.

Shapiro, Scott J., "On Hart's Way Out", in: Jules Coleman (ed.), *Hart's Postscript: Essays on the Postscript to the Concept of Law*, Oxford University Press, Oxford 2001.

Shapiro, Scott J., "The Difference That Rules Make", in: Brian Bix (ed.), *Analyzing Law: New Essays in Legal Theory*, Clarendon Press, Oxford 1998.

Silberg, Sebastian, *Hermann Kantorowicz und die Freirechtsbewegung*, Logos Verlag, Berlin 2005.

Smith, Richard, "Can Practice Do Without Theory? Differing Answers in Western Legal Education", in: *Archiv für Rechts - und Sozialphilosophie* (ARSP), Beiheft Nr. 80, 1994.

Smith, William/ Lockwood, John, *Chambers Murray Latin-English Dictionary*, London/Edinburgh 1976.

Sophocles, *The Plays and Fragments*, Vol. III, trans. Richard C. Jebb, Servio, Publishers, Amsterdam 1962.

Stelmach, Jerzy/ Brożek, Bartosz, *Methods of Legal Reasoning*, Springer, Dordrecht 2006.

Strauss, Leo, *Natural Right and History*, University of Chicago Press, Chicago 1953, reprinted with new preface, 1971.

Sunstein, Cass R., *Legal Reasoning and Political Conflict*, Oxford University Press, Oxford 1996.

Toulmin, Stephen, *The Uses of Argument*, updated edition, Cambridge University Press, Cambridge 2003.

Varga, Csaba, *The Paradigms of Legal Thinking*, Szent István Társulat, Budapest 2012.

Vecchio, Giorgio Del, *Philosophy of Law*, trans. T. O. Martin, Washington 1953.

Viehweg, Theodor, *Topik und Jurisprudenz*, 5. Aufl., C. H. Beck'sche Verlagsbuchhandlung (Oscar Beck), München 1974.

Wach, Adolf, *Handbuch des deutschen Civilprozeßrechts*, Bd. 1., Verlag von Duncker & Humblot, Leipzig 1885.

Waldron, Jeremy, "A Right to Do Wrong", in: *Ethics*, Vol. 92, No. 1, 1981.

Walker, Geoffery de Q., *The Rule of Law: Foundation of Constitutional Democracy*, Melbourne University Press 1988.

Walton, Douglas/Reed, Chris/Macagno, Fabrizio, *Argumentation Schemes*, Cambridge University Press, New York 2010.

Weber, Max, *Die drei reinen Typen der legitimen Herrschaft*, 1922.

Weber, Max, *Staatssoziologie*, Johannes Winckelmann(Hg.), 2. Aufl., Berlin 1966.

Wieacker, Franz, *Privatrechtsgeschichte der Neuzeit unter besonderer Berücksichtigung der deutschen Entwicklung*, Vandenhoeck & Ruprecht, Göttingen 1996.

Windscheid, Bernhard, *Die Actio des römischen Civilrechts vom Standpunkte des heutigen Rechts*, Verlagshandlung von Julius Buddeus, Düsseldorf 1856.

Windscheid, Bernhard, *Lehrbuch des Pandektenrechts*, Bd. I, 3. Aufl., Verlagshandlung von Julius Buddeus, Düsseldorf 1870.

Wolf, Erik, "Bernhard Windscheid", in: Ders., *Große Rechtsdenker der Deutschen Geistesgeschichte*, 4. Aufl., J. C. B. Mohr (Paul Siebeck), Tübingen 1963.

Wright, G. H. von, "Deontic Logic", in: *Mind*, Vol. 60, No. 237, 1951.

Zimmermann, Reinhard, "Heutiges Recht, Römisches Recht und heutiges Römisches Recht", in: *Reinhard Zimmermann*, Rolf Knütel und Peter Meincke (Hrsg.), *Rechtsgeschichte und Privatrechtsdogmatik*, Verlag C. F. Müller, Heidelberg 1999.

Zuleta-Puceiro, Enrique, "Scientific Paradigms and The Growth of Legal Knowledge", in: *ARSP*, Beiheft 25, 1985.

## 二、中文文献（含汉译文献）

［意］托马斯·阿奎那：《阿奎那政治著作选》，马清槐译，商务印书馆1963年版。

［德］诺贝特·埃利亚斯：《文明的进程：文明的社会起源和心理起源的研究》（Ⅰ），王佩莉译，三联书店1998年版。

［德］诺贝特·埃利亚斯：《文明的进程：文明的社会起源和心理起源的研究》（Ⅱ），袁志英译，三联书店1999年版。

［奥］欧根·埃利希：《法社会学原理》，舒国滢译，中国大百科全书出版社2009年3月版。

［德］罗伯特·阿列克西：《法概念与法效力》，王鹏翔译，台湾地区五南图书出版有限公司2013年版。

［德］罗伯特·阿列克西：《法律论证理论》，舒国滢译，商务印书馆2019年版。

［美］曼瑟尔·奥尔森：《集体行动的逻辑》，陈郁、郭宇峰、李崇新译，格致出版社／上海三联书店／上海人民出版社1995年版。

［英］威廉姆·奥斯威特：《哈贝马斯》，沈亚生译，黑龙江人民出版社1999年版。

［英］约翰·奥斯丁：《法理学的范围》，刘星译，中国法制出版社2002年版。

［古希腊］柏拉图：《理想国》，郭斌和、张竹明译，商务印

书馆1995年版。

北京大学哲学系外国哲学史教研室编译：《西方哲学原著选读》，商务印书馆1988年版。

［德］奥科·贝伦茨：《耶林的法律演化论：在历史法学派与现代之间》，载鲁道夫·冯·耶林：《法学是一门科学吗？》，奥科·贝伦茨编注，李君韬译，法律出版社2010年版。

［俄］别尔嘉耶夫：《论人的使命》，张百春译，学林出版社2000年版。

［英］卡尔·波普尔：《开放社会及其敌人》第1卷，陆衡等译，中国社会科学出版社1999年版。

［美］波斯纳：《法理学问题》，苏力译，中国政法大学出版社1994年版。

［美］罗杰·伯科威茨：《科学的馈赠——现代法律是如何演变为实在法的？》，田夫、徐丽丽译，法律出版社2011年版。

［英］以赛亚·伯林：《自由论》，胡传胜译，译林出版社2011年版。

［美］伯尔曼：《法律与革命》，贺卫方等译，中国大百科全书出版社1993年版。

［美］伯尔曼：《法律与宗教》，梁治平译，三联书店1991年版。

［法］阿兰·布托：《海德格尔》，吕一民译，商务印书馆

1996年版。

［法］费尔南·布罗代尔：《菲利浦二世时代的地中海和地中海世界》（第1卷），唐家龙、曾培耿等译，吴模信校，商务印书馆1996年版。

［法］费尔南·布罗代尔：《资本主义论丛》，顾良、张慧君译，中央编译出版社1997年版。

曹卫东：《交往理性与诗学话语》，天津社会科学院出版社2001年版。

陈景辉：《存在做错事的权利吗？》，载《法律科学》2018年第2期。

陈向新、王则柯：《阿罗不可能定理溯源》，载《自然杂志》1993年Z1期。

陈心想：《公众、专家和舆论》，载《书屋》2013年第8期。

［美］罗纳德·德沃金：《认真对待权利》，信春鹰、吴玉章译，中国大百科全书出版社1998年版。

［德］卡尔·恩吉施：《法律思维导论》，郑永流译，法律出版社2004年版。

范立波：《权利的内在道德与做错事的权利》，载《华东政法大学学报》2016年第3期。

［德］特奥多尔·菲韦格：《论题学与法学》，舒国滢译，法律出版社2012年版。

[美] J. H. 弗拉维尔、P. H. 米勒、S. A. 米勒：《认知发展》（第四版），邓赐平、刘明译，缪小春审校，华东师范大学出版社2002年版。

[德] 维尔纳·弗卢梅：《法律行为论》，迟颖译，米健校，法律出版社2013年版。

[美] 弗朗西斯·福山：《历史的终结》，本书翻译组译，远方出版社1998年版。

[美] 富勒：《法律的道德性》，郑戈译，商务印书馆2005年版。

[德] 汉斯-格奥尔格·伽达默尔：《真理与方法》（下卷），洪汉鼎译，上海译文出版社1999年版。

[古罗马] 盖尤斯：《盖尤斯法学阶梯》，黄风译，中国政法大学出版社2008年版。

高承恕：《布罗代尔与韦伯——历史对社会学理论与方法的意义》，载《社会学理论与方法研讨会论文集》，台湾地区1982年版。

[英] 威廉·葛德文：《政治正义论》，第1卷，何慕李译，关在汉校，商务印书馆1982年版。

[意] 葛兰西：《实践哲学》，徐崇温译，重庆出版社1990年版。

顾豪：《论多元社会中公共理性的可能》，中国海洋大学2011年博士论文。

顾肃:《自由主义基本理念》,中央编译出版社2005年版。

顾中华:"人类的文明与命运——埃利亚斯的学术关怀",载《国外社会学》1994年第5期。

国务院新闻办公室:《中国特色社会主义法律体系》白皮书,2011年10月27日。

［英］H. L. A.哈特:《法律的概念》(第二版),许家馨、李冠宜译,法律出版社2011年版。

［荷兰］雅普·哈赫:《法律逻辑研究》,谢耘译,中国政法大学出版社2015年版。

［德］哈贝马斯:《从康德到黑格尔:罗伯特·布兰顿的语用学语言哲学》,韩东晖译,载《世界哲学》2005年第6期。

［德］哈贝马斯:《公共领域的结构转型》,曹卫东、王晓珏、刘北城、宋伟杰译,学林出版社1999年版。

［德］哈贝马斯:《交往行为理论》第1卷,曹卫东译,世纪出版集团/上海人民出版社2004年版。

［德］哈贝马斯:《认识与兴趣》,郭官义、李黎译,学林出版社1999年版。

［德］哈贝马斯:《在事实与规范之间——关于法律和民主法治国的商谈理论》,童世骏译,三联书店2003年版。

［英］哈耶克:《通往奴役之路》,王明毅等译,中国社会科学出版社1997年版。

何怀宏编：《西方公民不服从的传统》，吉林人民出版社 2001 年版。

［美］塔玛尔·赫尔佐格：《欧洲法律简史：两千五百年来的变迁》，高仰光译，中国政法大学出版社 2019 年版。

［以色列］尤瓦尔·赫拉利：《人类简史》，中信出版社 2014 年版。

［德］黑格尔：《法哲学原理》，范扬、张企泰译，重印本，商务印书馆 1982 年版。

［德］威廉·冯·洪堡特：《论人类语言结构的差异及其对人类精神发展的影响》，姚小平译，商务印书馆 1999 年版。

黄风编著：《罗马法词典》，法律出版社 2002 年版。

黄茂荣：《论民法中的法理》，载《北方法学》2018 年第 3 期。

［美］E. A. 霍贝尔：《初民的法律——法的动态比较研究》，周勇译，罗致平校，中国社会科学出版社 1993 年版。

［德］N. 霍恩：《法律科学与法哲学导论》，罗莉译，法律出版社 2005 年版。

［英］霍布豪斯《自由主义》，朱曾汶译，商务印书馆 1996 年版。

［德］J. H. 冯·基尔希曼：《作为科学的法学的无价值性——在柏林法学会的演讲》，赵阳译，载《比较法研究》2004 年第 1 期。

［英］安东尼·吉登斯：《社会的构成》，李康、李猛译，三联书店1998年版。

［英］安东尼·吉登斯：《失控的世界——全球化如何重塑我们的生活》，周红云译，江西人民出版社2001年版。

［法］阿尔贝·加缪：《西西弗斯神话》，载氏著：《西西弗斯神话》，张清、刘凌飞译，中国对外翻译出版有限公司2013年版。

贾可春："罗素的摹状词理论"，载《哲学研究》2004年第9期。

《简明不列颠百科全书》（1），中国大百科全书出版社1985年版。

［德］鲁道夫·卡尔那普：《世界的逻辑构造》，陈启伟译，上海译文出版社1999年版。

［德］恩斯特·卡西尔：《人论》，甘阳译，上海译文出版社2013年版。

［奥］凯尔森：《纯粹法理论》，张书友译，中国法制出版社2008年版。

［奥］凯尔森：《法与国家的一般理论》，沈宗灵译，中国大百科全书出版社1996年版。

［德］康德：《纯粹理性批判》，邓晓芒译，杨祖陶校，人民出版社2004年版。

［德］康德：《法的形而上学原理——权利的科学》，沈叔平

译，林荣远校，商务印书馆1991年版。

［德］康德：《历史理性批判文集》，何兆武译，商务印书馆1996年版。

［德］康德：《实践理性批判》，邓晓芒译，杨祖陶校，人民出版社2003年版。

［德］阿图尔·考夫曼：《古斯塔夫·拉德布鲁赫传——法律思想家、哲学家和社会民主主义者》，舒国滢译，法律出版社2004年版。

［德］阿图尔·考夫曼：《法律哲学》，刘幸义等译，台北五南图书出版公司2001年版。

［美］玛蒂尔德·柯恩："作为理由之治的法治"，杨贝译，载《中外法学》2010年第3期。

［美］朱尔斯·L.科尔曼：《原则的实践》，丁海俊译，法律出版社2001年版。

［德］格尔德·克莱因海尔、扬·施罗德主编：《九百年来德意志及欧洲法学家》，许兰译，法律出版社2005年版。

［美］托马斯·库恩：《科学革命的结构》（第四版），俞吾金、胡新和译，北京大学出版社2012年版。

［德］古斯塔夫·拉德布鲁赫："法教义学的逻辑"，白斌译，载《清华法学》2016年第4期。

［德］古斯塔夫·拉德布鲁赫：《法律智慧警句集》，舒国滢

译，中国法制出版社2016年版。

［德］古斯塔夫·拉德布鲁赫：《法哲学》，王朴译，法律出版社2013年版。

［德］卡尔·拉伦茨：《法学方法论》，陈爱娥译，商务印书馆2003年版。

［英］约瑟夫·拉兹：《法律体系的概念》，吴玉章译，中国法制出版社2003年版。

［英］约瑟夫·拉兹：《法律与权威——法律与道德论文集》，朱峰译，法律出版社2005年版。

［英］约瑟夫·拉兹：《实践理性与规范》，朱学平译，中国法制出版社2011年版。

［英］约瑟夫·拉兹：《自由的道德》，孙晓春等译，吉林人民出版社2006年版。

［德］蓝德曼：《哲学人类学》，彭富春译，工人出版社1988年版。

黎靖德：《朱子语类》卷第十八（二），王星贤点校，中华书局1986年版。

［美］沃尔特·李普曼：《公众舆论》，阎步克、江红译，上海人民出版社2002年版。

李典蓉：《清朝京控制度研究》，上海古籍出版社2011年版。

李猛："论抽象社会"，载《社会学研究》1999年第1期。

李永成：《论辩术当代复兴综述》，载《重庆工学院学报》（社会科学版），2009年第4期。

李永炽：《近现代的乌托邦世界》，载《当代》（台湾地区）1991年第5期。

梁治平：《死亡与再生——〈法律与宗教〉译后》，载《读书》1988年第5期。

［美］罗伯特·列文：《时间地图》，范东生、许俊农等译，安徽文艺出版社2000年版。

［法］列维-布留尔：《原始思维》，丁由译，商务印书馆1997年版。

林来梵、张卓明：《论法律原则的司法适用——从规范性法学方法论角度的一个分析》，载《中国法学》2006年第2期。

刘方荣、张蕴：《法律事实证明的论辩对话逻辑结构模型论》，载《理论与改革》2016年第1期。

刘佳秋：《直觉主义否定及其变种》，暨南大学出版社2013年版。

刘建辉：《论列维纳斯"绝对他者"背后的主体性》，载《教育界》2019年第7期。

刘万瑚：《胡塞尔在〈观念（Ⅰ）〉中对存在设定的悬搁》，载《清华西方哲学研究》2016年第2期。

《六法全书》（袖珍），吴经熊勘校，上海会文堂新记书局

1941年版。

［匈］卢卡奇：《理性的毁灭：非理性主义的道路——从谢林到希特勒》，王玖兴等译，山东人民出版社1988年版。

［德］卢曼：《法社会学》，宾凯译，上海人民出版社2013年版。

鲁家铭：《罗素摹状词理论研究》，吉林大学2010年博士论文。

［美］理查德·罗蒂：《形而上学希望——新实用主义社会、政治和法律哲学》，张国清译，上海译文出版社2003年版。

［美］约翰·罗尔斯：《正义论》，何怀宏等译，中国社会科学出版社1988年版。

［美］约翰·罗尔斯：《政治自由主义》（增订版），万俊人译，译林出版社2011年版。

［英］罗素：《西方哲学史》（下卷），马元德译，商务印书馆1982年版。

［荷兰］阿尔诺·R.洛德：《对话法律：法律证成和论证的对话模型》，魏斌译，中国政法大学出版社2016年版。

［英］洛克：《政府论》（下编），叶启芳、瞿菊农译，商务印书馆1983年版。

吕世伦主编：《法的真善美——法美学初探》，法律出版社2004年版。

《马克思恩格斯选集》第1卷，人民出版社1974年版。

《马克思恩格斯选集》第3卷,人民出版社1976年版。

[德]马克思:《资本论》,人民出版社1975年版。

[美]赫伯特·马尔库塞:《单向度的人——发达工业社会意识形态研究》,张峰、吕世平译,重庆出版社1988年版。

[英]尼尔·麦考密克:《法律推理与法律理论》,姜峰译,法律出版社2005年版。

[德]迪特尔·梅迪库斯:《德国民法总论》,邵建东译,法律出版社2000年版。

[法]拉·梅特里:《人是机器》,顾寿观译、王太庆校,商务印书馆1996年版。

[英]约翰·斯图亚特·穆勒:《逻辑系统》,郭武军、杨航译,上海交通大学出版社2014年版。

[德]尼采:《上帝死了》,戚仁译,上海三联书店2007年版。

[德]尼采:《苏鲁支语录》,徐梵澄译,商务印书馆1995年版。

[德]乌尔弗里德·诺伊曼:《法律论证学》,张青波译,法律出版社2014年版。

[英]G. H. R.帕金森主编:《文艺复兴和17世纪理性主义》,田平等译,冯俊审校,中国人民大学出版社2009年版。

[法]帕斯卡尔:《思想录》,何兆武译,商务印书馆1995年版。

［美］罗斯科·庞德：《通过法律的社会控制·法律的任务》，沈宗灵、董世忠译，商务印书馆1984年版。

［瑞典］亚历山大·佩策尼克：《论法律与理性》，陈曦译，中国政法大学出版社2015年版。

［德］塞缪尔·普芬道夫：《人和公民的自然法义务》，鞠成伟译，商务印书馆2010年版。

［德］英格博格·普珀：《法学思维小学堂》，蔡圣伟译，北京大学出版社2011年版。

［德］莱因哈德·齐默尔曼：《罗马法、当代法与欧洲法：现今的民法传统》，常鹏翱译，北京大学出版社2009年版。

［斯洛文尼亚］斯拉沃热·齐泽克：《敏感的主体——政治本体论的缺席中心》，应奇、陈丽微、孟军、李勇译，江苏人民出版社2006年版。

强世功：《文学中的法律：安提戈涅、窦娥冤和鲍西娅——女权主义的法律视角及检讨》，载《比较法研究》1996年第3期。

［日］桥爪隆：《论原因自由行为》，王昭武译，载《苏州大学学报》（法学版）2018年第3期。

《瑞士民法典》，戴永盛译，中国政法大学出版社2016年版。

［美］约翰·R. 塞尔：《社会实在的建构》，李步楼译，上海人民出版社2008年版。

［美］约翰·R. 塞尔：《意向性——论心灵哲学》，刘叶涛

译，上海人民出版社2007年版。

［美］约翰·塞尔：《心灵、语言和社会：实在世界中的哲学》，李步楼译，上海人民出版社2008年版。

［德］M. 舍勒：《爱的秩序》，林克等译，三联书店1995年版。

沈家本："法学名著序"，载氏著：《历代刑法考》，中华书局1985年版。

《世界近代史辞典》，上海辞书出版社1998年版。

舒国滢、程春明：《西方法治的文化社会学解释框架》，载《政法论坛》2001年第4期。

舒国滢、王夏昊、梁迎修等：《法学方法论问题研究》，中国政法大学出版社2007年版。

舒国滢、宇培峰：《"司法时令说"及其对中国古代司法制度的影响》，载《政法论坛》1996年第4期。

舒国滢：《"法理"：概念与词义辨正》，载《中国政法大学学报》2019年第6期。

舒国滢：《"人"的法律意义》，载《法律学习与研究》1990年第2期。

舒国滢：《"争点论"探赜》，载《政法论坛》2012年第2期。

舒国滢：《19世纪德国"学说汇纂"体系的形成与发展——基于欧陆近代法学知识谱系的考察》，载《中外法学》2016年第1期。

舒国滢：《从"司法的广场化"到"司法的剧场化"》，载《政法论坛》1999年第3期。

舒国滢："从方法论看抽象法学理论的发展"，载《浙江社会科学》2004年第5期。

舒国滢："从美学的观点看法律——法美学散论"，载《北大法律评论》，第3卷第2辑，法律出版社2001年版。

舒国滢："法律原则适用中的难题何在"，载《苏州大学学报》（哲学社会科学版）2004年第6期。

舒国滢："法学实践知识之困与图尔敏论证模式"，载《国家检察官学院学报》2018年第5期。

舒国滢："法学是一门什么样的学问"，载《清华法学》2013年第1期。

舒国滢："逻辑何以解法律论证之困？"，载《中国政法大学学报》，2018年第2期。

舒国滢："我们这个时代需要什么样的法律精神？——戴维·塞尔本新著《义务原则》的视角"，载《社会科学战线》1995年第6期。

舒国滢："西方古代修辞学：辞源、主旨与技术"，载《中国政法大学学报》2011年第4期。

舒国滢："寻访法学的问题立场——兼谈'论题学法学'的思考方式"，载《法学研究》2005年第3期。

舒国滢：《亚里士多德论题学之考辨》，载《中国政法大学学报》2013年第2期。

舒国滢：《由法律的理性与历史性考察看法学的思考方式》，载《思想战线》2005年第4期。

舒国滢：《战后德国法哲学的发展路向》，载《比较法研究》1995年第4期。

舒国滢：《战后德国评价法学的理论面貌》，载《比较法研究》2018年第4期。

舒国滢：《中国法治建构的历史语境及其面临的问题》，载《社会科学战线》1996年6期。

舒国滢：《走出概念的泥淖——"法理学"与"法哲学"之辨》，载《学术界》2001年1期。

舒国滢：《走近论题学法学》，载《现代法学》2011年第4期。

舒国滢：《在法律的边缘》，中国法制出版社2016年版。

舒国滢主编：《法理学导论》（第三版），北京大学出版社2019年9月版。

［波兰］耶日·司泰尔马赫、巴尔托什·布罗热克：《法律推理的方法》，孙海涛、孙江潮译，中国方正出版社2014年版。

［荷兰］斯宾诺莎：《笛卡尔哲学原理》，王荫庭、洪汉鼎译，商务印书馆1997年版。

［德］斯威布：《希腊的神话和传说》，楚图南译，人民文学出版社1958年版。

［日］穗积陈重：《法律进化论》，黄尊三等译，中国政法大学出版社1997年版。

［美］凯斯·R.孙斯坦：《法律推理与政治冲突》，金朝武、胡爱平、高建勋译，法律出版社2004年版。

孙国华主编：《中华法学大辞典·法理学卷》，中国检察出版社1997年版。

［瑞士］费尔迪南·德·索绪尔：《普通语言学教程》，高名凯译，岑麒祥、叶蜚声校注，商务印书馆2002年版。

［古希腊］索福克勒斯：《悲剧二种》，罗念生译，人民文学出版社1979年版。

［印度］罗宾德拉纳特·泰戈尔：《人生的亲证》，宫静译、章坚校，商务印书馆2007年版。

［美］泰勒、利维：《法律与资本主义的兴起》，纪琨译，学林出版社1996年版。

［英］汤因比：《历史研究》上卷，曹未风等译，上海人民出版社1997年版。

佟剑秋、张林学：《黑格尔的理论与实践辩证同一性思想概述》，载《北华大学学报》（社会科学版）1996年第4期。

［英］斯蒂芬·图尔敏：《论证的使用》，谢小庆、王丽译，

北京语言大学出版社2016年版。

王晨光：《法律的可诉性：现代法治国家中法律的特征之一》，载《法学》1998年第8期。

王俊：《当前中国社会的实践同一性问题——从道德哲学的视角到应用伦理的视角》，载《长春市委党校学报》2010年第5期。

（明）王守仁：《王阳明全集》（上），吴光、钱明、董平、姚延福编校，上海古籍出版社1992年版。

王卓娅：《在方法论视域下的建构主义理性批判——论爱尔兰根学派的初始问题和根据问题》，复旦大学博士学位论文2010年10月16日。

［德］马克斯·韦伯：《经济与社会》（上卷），林荣远译，商务印书馆1997年版。

［德］弗朗茨·维亚克尔：《近代私法史》（下），陈爱娥、黄建辉译，上海三联书店2006年版。

［意］维科：《新科学》，朱光潜译，商务印书馆1989年版。

［奥］维特根斯坦：《逻辑哲学论及其他》，维特根斯坦全集（第1卷），陈启伟译，河北教育出版社2003年版。

［奥］维特根斯坦：《哲学研究》，陈嘉映译，上海人民出版社2001年版。

［德］魏德士：《法理学》，丁晓春、吴越译，法律出版社2005年版。

文兵、李勇：《价值多元与和谐社会》，中国政法大学出版社2007年版。

［美］J.沃尔德伦：《做错事的权利》，朱万润译，载《世界哲学》2012年第4期。

［加］道格拉斯·N.沃尔顿：《对话逻辑的新方向》，冷述美、孙爱军节译，载《中华女子学院学报》，1994年第1期。

［美］伊曼纽尔·沃勒斯坦：《现代世界体系》，第1卷，尤来寅等译，高等教育出版社1998年版。

吴邦国：《全国人大常委会工作报告》，2011年3月10日。

吴国盛：《时间的观念》，北京大学出版社2006年版。

吴经熊：《正义之源泉：自然法研究》，张薇薇译，法律出版社2015年版。

吴香香：《法律适用中的请求权基础探寻方法——以"福克斯被撞致其猎物灭失案"为分析对象》，载《法律方法》2008年第1期。

武秀波、苗霖、吴丽娟、张辉：《认知科学概论》，科学出版社2007年版。

谢鸿飞：《现代民法中的"人"》，载《北大法律评论》第3卷第2辑，法律出版社2001年版。

邢福石：《论价值多元性与一元性的统一》，载《江汉论坛》2000年第1期。

熊哲宏：《认知科学导论》，华中师范大学出版社2002年版。

［英］休谟：《人类理解研究》，关文运译，商务印书馆1981年版。

徐显明主编：《法理学原理》，中国政法大学出版社2009年版。

徐向东：《道德哲学与实践理性》，商务印书馆2006年版。

［古希腊］亚里士多德：《工具论》（上），余纪元等译，中国人民大学出版社2003年版。

［古希腊］亚里士多德：《政治学》，吴寿彭译，重印本，商务印书馆1983年版。

颜厥安：《法与道德——由一个法哲学的核心问题检讨德国战后法思想的发展》，载《政大法学评论》（台湾地区）第47期。

［德］H.R.姚斯、［美］R.C.霍拉勃：《接受美学与接受理论》，周宁、金元浦译，辽宁人民出版社1987年版。

姚军毅：《论进步观念》，中国社会科学出版社2000年版。

［德］鲁道夫·冯·耶林：《为权利而斗争》，胡宝海译，中国法制出版社2004年版。

［日］野家启一：《库恩——范式》，毕小辉译，陈化北校，河北教育出版社2002年版。

［葡］叶士朋：《欧洲法学史导论》，吕平义、苏健译，中国政法大学出版社1998年版。

［美］伊凡·伊里奇：《非学校化社会》，吴康宁译，台北桂冠图书公司1994年版。

［英］R.J. 约翰斯顿：《哲学与人文地理学》，商务印书馆2000年版。

［美］约翰·R. 扎勒：《公共舆论》，陈心想、方建锋、徐法寅译，中国人民大学出版社2013年版。

翟学伟：《中国人行动的逻辑》，三联书店2017年版。

张家龙：《逻辑史论》，中国社会科学出版社2016年版。

张健：《中国法学中的研究问题：一次有关学术规范的理论铺陈》，载《法律科学》2019年第6期。

张明楷：《法律不强人所难》，载《法律与生活》2016年第21期。

张明楷：《刑法格言的展开》，北京大学出版社2013年版。

郑戈：《法学是一门社会科学吗？》，载《北大法律评论》（第1卷第1辑），法律出版社1998年版。

《中国大百科全书·法学》，中国大百科全书出版社1984年版。

［日］中冈成文：《哈贝马斯：交往行为》，王屏译，河北教育出版社2001年版。

周剑君：《论原因自由行为的可罚性》，载《湖南工业大学学报》（社会科学版）2018年第3期。

周天玮:《法治理想国——苏格拉底与孟子的虚拟对话》,商务印书馆1999年版。

朱建平:《论克里普克与普特南自然类词项语义学观之异同》,载《电子科技大学学报》(社会科学版)2011年第1期。

# 后 记

写这本《法哲学沉思录》纯属偶然。近些年来，我的兴趣所在乃所谓"法学方法论"，用力尚勤，耗时亦多。2009年春节回家乡湖北随州，游忤水关塔汝山寺，登七级"福星塔"，击钟八度，顿生些许空灵之意。返京之后，本打算系统整理亚里士多德以降的"论题学"（Topica）文献，便随手在一张纸片上写下本书开头的八个命题，当时极其兴奋，尝试将各命题予以展开论证，这样一路写下来，竟不能辍笔，于是就信马由缰，任由思想自由驰骋，不知不觉，到今日恰好经时十月有余，得六十四个命题，展开论证二十余万言，小有规模，缀而成册。

本书并未按照时下流行套路写作，灵感所致，顺应文字；或许因为平素喜好海顿、巴赫、柴可夫斯基、拉赫玛尼洛夫诸贤的音乐，又经年阅读逻辑之书，乃试图将逻辑与音乐表现风格融合起来，展开逻辑思考的节拍起伏、律韵承转。

本次修订，正文只对个别文字进行了删减，主要工作在于为每个命题增加一些必要的注释，以帮助读者理解作品文字之用，当然也着力使本书的内容获得一定程度的支撑力，让整个作品看起来更像是一部严肃的学术著作。或者说,在作者这里,本书注释版已经有了完全新的生命和新的面貌,所添加的内容亦为作者近年研究成果之部分呈现,注释与正文有相互诠释之效用。笔者期待再过若干年后,在不改变本书框架结构的情况下,对各命题之展开作更为细化的处理(细部论证)。如此安排,其得与失,个人自知,文字或有部分尚可与人分享,亦不无快慰矣。

舒国滢

2020年1月30日(农历正月初六)

于元大都土城西夕峰吟斋